Bojadžijev
Die windige Internationale

Manuela Bojadzijev, Prof. Dr. phil., Professorin für Migration in globaler Perspektive an der Humboldt Universität zu Berlin und Prodekanin für Internationales der Philosophischen Fakultät sowie stellvertretende geschäftsführende Direktorin des Instituts für Europäische Ethnologie/Europäische Ethnologie und Migrationsforschung. Co-Abteilungsleitung der Abteilung „Integration, soziale Netzwerke und kulturelle Lebensstile“.

Manuela Bojadžijev

Die windige Internationale

Rassismus und Kämpfe der Migration

WESTFÄLISCHES DAMPFBOOT

Bibliografische Information der Deutschen Bibliothek
Die Deutsche Bibliothek verzeichnet diese Publikation in der Deutschen Nationalbibliografie; detaillierte bibliografische Daten sind im Internet über http://dnb.ddb.de abrufbar.

3., erweiterte Auflage Münster 2025

Umschlag: Lütke Fahle Seifert AGD, Münster
Druck: Druckhaus Bechstein GmbH, Wetzlar
Gedruckt auf FSC-zertifiziertem Papier
ISBN 978-3-89691-667-9

Inhalt

Vorwort zur 3. Auflage

In den letzten Jahren erlebte die Rassismusforschung in Deutschland eine neue Konjunktur. Diese Entwicklung wurde durch eine Reihe von Ereignissen provozierte. Dazu gehört im Jahr 2011 die Aufdeckung der Attentatsserie des selbsternannten neonazistischen Nationalsozialistischen Untergrunds (NSU) und die nach und nach immer deutlicher werdende, aber selbst im über fünfjährigen Verfahren letztlich nie vollständig aufgeklärte Verstrickung und der Dilettantismus sicherheitsstaatlicher Institutionen. Es folgten rechtsextreme Anschläge, zunächst in Halle im Oktober 2019 und wenig später in Hanau im Februar 2020.

Schließlich kam es zur beeindrucken Black-Lives-Matter-Bewegung, die durch rassistische Polizeigewalt in den USA ausgelöst wurde. Sie fand auch hierzulande ein Echo und brachte, wie der Anschlag von Hanau, einige Sommerwochen Massen gegen rassistische Gewalt und Gängelei auf die Straßen. (Bojadžijev et al. 2019). Diese Serie rechtsextremer Gewalt führte zu einer breiten gesellschaftlichen und kulturellen Gegenbewegung. Zu den Ergebnissen zählen unter anderem parlamentarische Untersuchungsausschüsse, der Einsatz von Kommissionen zu Rassismus auf Bundesebene, eine Diskussion über die Entfernung des Begriffs „Rasse" aus dem Grundgesetz, politisch breit getragene Manifestationen sowie eine eher kurzzeitige Förderbereitschaft für die Rassismusforschung (vgl. Bojadžijev 2025).

Aber zu dieser Entwicklung gehörte auch eine Gegenbewegung. Der global ausgeprägte Aufstieg autoritärer und antidemokratischer Kräfte ging mit einer Schwächung der Linken einher. Dieser Prozess hat sich insbesondere seit den Flüchtlingsbewegungen im Jahr 2015 recht schnell durch einen gesellschaftlichen Streit um und mittlerweile eine deutliche und relativ breite Opposition gegen Flucht und Migration angeheizt. Die enorme Solidaritätsbewegung seit 2015, in der sich zunächst über die Hälfte der Bevölkerung in Deutschland engagiert hatte, kam durch systematische politische, mediale Entmutigung sowie rechtliche Verschärfungen im Bereich Asyl zum Erliegen. Zunächst führte die Covid 19-Krise zwar im Frühjahr 2020 zu breiter gesellschaftlicher Solidarität, aber natürlich auch zu Verunsicherung. Diese Verunsicherung wurde von rechten Kräften mit verschwörungstheoretischen Ideologien kapitalisiert. Wer hätte sich damals vorstellen können, dass die Topoi der querdenkerischen Mobilisierungen, durchsetzt mit rechtsextremem Gedankengut Jahre später so viel Aufwind erhalten würden? Hier wurde auch die Kritik an demokratischen Institutionen einstudiert, der wir uns heute in Form von Angriffen auf zivilgesellschaftliche Organisationen gegenübersehen. In Kulturen der Ablehnung verdichtet, gaben sie solchen Stimmungen und Bewegungen An- und Auftrieb (Bojadžijev und Opratko 2022). Diese haben sich in den enthemmten, rechtsautoritär angestifteten Anti-Migrationsdiskursen intensiviert. In Opfererzählungen und einer nationalkonservativen Nostalgie für eine imaginär friedvolle Vergangenheit werden die Ablehnungskulturen gepflegt, aktualisiert und verstärkt, rassistische Ideologeme in massive mediale Kampagnen und Kulturkämpfe überführt. Insbesondere durch die Macht Sozialer Medien lassen sich diese noch viel flächendeckender und zugleich unaufwändiger in Form anonymer Propaganda und verantwortungsloser, schriller Spektakel verwirklichen.

Die dafür typischen diskursiven Muster sind seit Jahrzehnten bekannt. Es liegen zahllose Beschreibungen, Analysen und Theorien über die Operationsweisen vor, die die für alle Gesellschaften konstitutive Mobilität von Bevölkerungen zum Ankerpunkt und Feindbild autoritärer Mobilisierungen nehmen. In diesen Kampagnen des Kontrollbegehrens werden immer wieder neue Figuren des Hasses hervorgebracht gehen, die aber auf bekannte Stereotype zurückgehen. Es werden immer wieder neue Namen erfunden, doch in ihren schillernden Variationen der Projektion bleiben sie stets die üblichen: Ausländer. Nicht nur die unbotmäßigen Jugendlichen aus den ärmeren Stadtteilen und die ankommenden Flüchtlinge, sondern generell alles Nichtkonforme und „Unerwünschte"[1] wird zum der Gesellschaft Nichtzugehörigen, ihr Äußerlichen erklärt. Das gilt auch für das, was angeblich durch die Globalisierung hereinbricht und nicht selten personifiziert wird – durch Städte- und Ländernamen wie Brüssel, China, Russland und inzwischen auch die USA.

Im Zuge dieser Entwicklungen und als Teil der darin initiierten Kulturkriege mussten wir die absurdesten Erklärungen darüber hören, was unter Rassismus zu verstehen sei. Fast jede verallgemeinernde Beschimpfung, die eine gesellschaftliche Gruppe adressierte – und sei es eine Berufsgruppe wie die Polizei – wurde auf einmal als „rassistisch" attribuiert. Der Rassismusbegriff verlor Schärfe und wurde durch die unendliche Inflation des Begriffs eher diffamiert und der Lächerlichkeit

1 Stefanie Schüler-Springorum verwendet in ihrem gleichnamigen Buch den Begriff „die Unterwünschten" (2025) für die verschiedenen Gruppen, die nach dem Ende des deutschen Faschismus mit seinen rassistischen und eugenischen Gesetzen und Vernichtungspolitiken weiterhin ausgegrenzt wurden. Gerade im Kontext der gegenwärtigen Migrationsdebatte arbeitet ihre Analyse die Kontinuitäten einer rassistischen Herrschaft heraus, die allgemein als vorbildlich aufgearbeitet gilt.

preisgegeben. Seine Spezifizität verkam zu „etwas mit Feindlichkeit" gegenüber „Gruppen". Der Vorwurf der Moralisierung war nicht weit. Das Terrain der Rassismusanalyse und -kritik ging immer mehr verloren. Es mag daran liegen, dass die neu aufkeimende Rassismusforschung weniger an die bisher erarbeiteten Traditionen anknüpfte, vorwiegend monokausale Erklärungen lieferte und aus Unkenntnis beziehungsweise Opportunismus irrige Konzepte aufnahm oder importierte, wodurch sie eher schwächelte.

Merkmale eines neuen Anti-Anti-Rassismus traten zutage, die sich in den Jahrzehnten zuvor eher durch eine Verknappung der Diskurse über Rassismus, das Ignorieren und Unterbleiben von Reden darüber sowie das Unterbinden von Konflikten und Widerständen gegen Rassismus ausgezeichnet hatten. Von nun an ging es offenbar darum, durch Aufblähen, Vermehren und Beschleunigen des Diskurses einen Gegensturm zum Zweck der Erneuerung von Rassismus zu erzeugen. Dieser stets entschlossener werdende Anti-Anti-Rassismus versuchte andere Antworten auf die gleichen Fragen zu geben, die die kritische Rassismusanalyse stellte. Die Frage danach, wie wir mit Menschen umgehen, die vor dem Elend der Welt fliehen, erfuhr neue Antworten. Nur richtete der neue Anti-Anti-Rassismus sich zugleich gegen humanistische Standards und die Integration von Asylbewerbern in den Arbeitsmarkt. Kämpferisch äußerte er die Bereitschaft, jetzt nicht nur die europäischen, sondern auch die nationalen Grenzen, die innerhalb des seit Schengen geschaffenen Raums der Freizügigkeit bestehen, zu schließen – ja, sie zusätzlich noch weiter als bisher über Europa hinaus zu verschieben, sie durch allerlei Technologieeinsatz noch dichter zu machen und Menschen in ihrem Elend mit vorgeblich humanitärer und notfalls militärischer Hilfe festzusetzen. Enthemmt werden völker- und menschenrechtliche Standards abgeschafft, ein „migrationsfeindliches Klima" geschaffen, Flüchtende als Invasoren bezeichnet, Gelder für die Seenotrettung gestrichen, sodass selbst potentielle Fachkräfte inzwischen angeben, aufgrund ihrer Sorge vor Rassismus weniger gerne nach Deutschland übersiedeln zu wollen[2]. In den zynischsten Momenten werden solche Maßnahmen sogar als Flüchtlingsschutz ausgegeben. Dieser neu gestiftete anti-anti-rassistische Common Sense interpretiert das durch die nationale und europäische Krise der Migrations- und Asylpolitik zu allererst produzierte Elend auf seine Weise und führt die seit Jahrzehnten aufgebauten Praktiken der Ret-

2 Liebig, Thomas, Maria Huerta del Carmen (2024): Wer will nach Deutschland? Und wer schafft es? Neue Erkenntnisse aus einer Befragung ausländischer Fachkräfte, OECD Berlin Centre, 31.1.2024, https://blog.oecd-berlin.de/wer-will-nach-deutschland-und-wer-schafft-es-neue-erkenntnisse-aus-einer-befragung-auslaendischer-fachkraefte.

tung vor dem Tod, der menschenrechtlichen Unterstützung und der alltäglichen Solidaritätsnetzwerke in eine entpolitisierte Erschöpfung über. Er lässt sie sich an den neu geschaffenen „Tatsachen" verausgaben.

Welchen Beitrag kann die Neuauflage eines vor fast zwei Jahrzehnten erschienenen Buches zum Verständnis dieser neuen Konstellation überhaupt liefern? Sicherlich ist das Buch Teil einer aus den Cultural Studies inspirierten kritischen Geschichtsschreibung, die zugleich einen konzeptionellen und methodischen Vorschlag zum Verständnis von Rassismus und Antirassismus macht. Ich untersuche hier, *wie* wir in den Konturen und Aspekten von Rassismus und seiner historischen Wandlungen auch Umrisse dessen erkennen können, was die Inhalte, die Eigenschaften und das Potential eines Widerstands gegen Rassismus ausmacht. Mein Vorschlag besteht darin, Rassismus nicht zu „falsch" zu verallgemeinern und für ewig zu erklären. Eine genaue Beschreibung rassistischer Realitäten ist dafür unausweichlich. Denn darin sind Konturen jener anderen Welt zu erkennen, die sich weigert, nach rassistischen Kategorien und Ordnungen zu denken, zu reden und zu handeln. Es sind auch diese Verweigerung und die Praktiken des Widerstands gegen Rassismus, die den Ausgangspunkt bilden können, um Rassismus besser zu verstehen und für die Analyse auch seine historisch je erneuerte Qualität zu bestimmen. Mich interessiert, der Frage genau dort empirisch nachzugehen, wo sich ein Bruch finden lässt, der Bruch, der durch antirassistisches Wissen und Praxis erfolgt: ein Ort, ein Zeitpunkt, eine bestimmte Art zu denken und zu handeln, wo, wann und wie die Operationsweise und -fähigkeit von Rassismus zusammenbricht oder sogar von vornherein scheitert (Bojadžijev 2020). Das „Ende des Rassismus beginnt", wie Frantz Fanon einmal geschrieben hat, „mit einem plötzlichen Unverständnis" (Fanon 2022, 63) gegenüber jener Welt, die der Rassismus – es auch auf rassistische Weise – zu erklären verspricht. Die Studie will in gewisser Weise diesem Unverständnis, der fehlenden Akzeptabilität von Rassismus im Archiv der Auseinandersetzungen nachgehen.[3]

---

3 Die Arbeit hat keinen explizit methodischen Teil. Um die Dokumente zu finden, auf denen die Untersuchung beruht, habe ich zahlreiche Archive durchgearbeitet, zu einer Zeit als weder „Rassismus" noch „Migration" Suchbegriffe in den relevanten Mediensammlungen darstellten. Ich habe Leute in verschiedenen Städten aufgesucht und mit ihnen viele Hintergrundgespräche geführt, in einer Zeit, in der mir kein Social Media zur Verfügung stand, um diese Kontakte und Netzwerke aufzufinden, die mich im Schneeballprinzip unterstützend oftmals weiterreichten und meiner Suche den nötigen Halt gaben.

Mit meinem Vorgehen möchte ich zugleich eine erweiterte gesellschaftstheoretische Perspektive eröffnen, die Rassismus nicht isoliert behandelt, sondern relational betrachtet: Wie kann eine Analyse von Rassismus seine strukturellen, vergesellschaftenden Elemente bloßlegen? Im Rahmen der historischen Untersuchung anti-rassistischer Auseinandersetzungen im Feld der Arbeit geht es mir um ein konkretes Verständnis der Übergänge von freier und unfreier Arbeit sowie um das Verhältnis von Ausbeutung und Rassismus — die ohne die Mobilität der Arbeit und ihre Regulation nicht denkbar sind. Zusätzlich haben mich Widerstandspraktiken in den Bereichen Wohnen und urbanes Leben, also insgesamt zentrale Dimensionen der sozialen Reproduktion, unter Bedingungen der Einwanderung in einem selbsterklärten Nichteinwanderungsland interessiert. Wie diese beiden Sphären von Produktion und Reproduktion mit (den Kämpfen um) menschliche Mobilität und den rechtlichen Bedingungen des Aufenthalts zusammenhängen, ist Gegenstand meiner Untersuchung. Dabei erhellt sich nicht nur das Verständnis von Rassismus, wie ich hoffe. Es lässt sich auch, umgekehrt, durch die analytische Brille des Rassismus und Antirassismus gesellschaftstheoretisch und historisch verstehen, wie Migration, Ausbeutung und Unterdrückung zusammenhängen (können).

Dieses Buch macht also einen Vorschlag, wie wir Rassismus sowohl gesellschaftstheoretisch als auch -analytisch begreifen können, nicht nur konzeptuell erklären, sondern auch konkret verstehen können, wie er sich historisch transformiert. Ausgangspunkt meiner Überlegungen und Motivation für das Buch waren die turbulenten Veränderungen der 1990er Jahre. Die sich nach dem zweiten Weltkrieg weitgehend durchsetzende globale Dekolonisationsbewegung und die über Jahrzehnte hinweg durch die Blockkonstellation „stillgelegten" geopolitischen Konflikte wichen zu jener Zeit einer im „ehemaligen Westen" vorherrschenden Euphorie über das „Ende der Geschichte" und entfesselten die Globalisierung mit einer „freien Zirkulation von Waren und Menschen" auf neue Weise. Diese Zeit ist in Europa zugleich gekennzeichnet von einem vielfach attestierten Erstarken von Nationalismus und Rassismus, von dem was seit den 1990er Jahren die Festung Europa genannt wird. Die „Befreiung" der Zirkulation von Waren und Menschen zeigte sich somit auch in ihrer paradoxen Kehrseite, den gesellschaftlichen, politischen und territorialen Schließungen. Diesen Zusammenhang wollte ich anhand einer damals zu Ende gehenden Zeit verstehen, die in vielerlei Hinsicht bis heute paradigmatisch ist und in unsere damalige Gegenwart hineinragte.

Den Begriff „Kämpfe der Migration" habe ich den Arbeiten von Mogniss Abdallah entnommen. Er hat seit den 1980er Jahren die Auseinandersetzungen in den Pariser Banlieues begleitet. Vor Ort produzierte er Filme, schrieb Texte und leistete mit vielen anderen Solidararbeit im Rahmen verschiedener Organisierungen. Ein Teil dieser wichtigen Anstrengungen bestand darin, antirassistische Archive zu füllen und der Vergangenheit der „Kämpfe der Migration" einen Ort in der Gegenwart zu geben, um sie für die Zukunft zu bewahren. Es war eine Zeit, in der Migration vorwiegend staatszentriert als menschliche Bewegung verstanden wurde, die sich durch Grenz- und Ausländerpolitiken regulieren ließe, auch wenn ich zeige, dass dies von Anfang nicht der Fall, sondern eben erkämpft und umstritten war (vgl. dazu auch Karakayalı 2008). Die steigende Zahl der Aussiedler:innen, Asylbewerber:innen und Bürgerkriegsflüchtlinge, die seit den 1980er Jahren und verstärkt in den 1990er Jahren in Westeuropa Zuflucht suchten, machte jedoch deutlich, dass diese Vorstellung von Grenzen kaum aufrechtzuerhalten war. Auch wenn 1973 in den meisten westeuropäischen Ländern der Anwerbestopp verkündet und umgesetzt wurde, rückte eine vollständige Abschottung Europas erst nach und nach (parallel zur Entwicklung der innereuropäischen Freizügigkeit) in den Vordergrund.

Die Mobilität der Arbeit schien, insbesondere für meinen Untersuchungszeitraum, noch fester Bestandteil des fordistischen Kapitalismus zu sein. Mein Interesse galt den Entwicklungen der spezifischen Auseinandersetzungen von Arbeitsmigrant:innen seit ihrer Anwerbung in der Bundesrepublik. Dies stellt nun aber nicht die zeitliche, räumliche und konzeptionelle Grenze der Arbeit dar: die Phase des Gastarbeiterregimes in der Bundesrepublik Deutschland. Wie daraus das Integrationsregime als Rekuperation der Kämpfe der Migration im Gastarbeiterregime entstanden ist, das sollte mit ausgearbeitet werden. Das Ende dieser Phase lässt sich auf das Jahr datieren (mit dem Anwerbestopp 1973), die Effekte halten jedoch bis heute an. Bereits Mitte der 1970er Jahre beginnen die ersten Bemühungen der Europäischen Gemeinschaft (EG) um eine Migrationspolitik, die Vereinheitlichung der Asylpraxis und vor allem den Abbau der Grenzkontrollen zwischen den Mitgliedstaaten. Internationale Krisen seit den frühen 1970er Jahren veränderten zeitgleich die Fluchtmotive: der Coup d'Etat Augusto Pinochets in Chile, die sogenannten „Boat People" aus Vietnam, das Entstehen der Islamischen Republik und der erste Golfkrieg zwischen dem Iran und dem Irak, der Militärputsch in der Türkei – um nur die größeren Ereignisse bis Anfang der 1980er Jahre zu nennen. Viele Menschen aus diesen Ländern flüchteten, suchten Exil. Zugleich aber war und blieb Asyl, neben der Familienzusammenführung, die einzige legale Einreisemöglichkeit nach Westdeutschland. Wir werden nie erfahren, welche Möglichkeiten des Zusammenlebens es gegeben hätte, hätten andere Einwanderungsmöglichkeiten existiert. Denn wie ich in der Untersuchung gezeigt habe, prägt, strukturiert und hierarchisiert die Einwanderungspolitik die Kategorien von Einwanderung, die Namen, denen wir jenen geben, die unter bestimmten Bedingungen einwandern. Die Entwicklungen bis in die 1990er Jahre stehen nicht mehr im Mittelpunkt meiner Untersuchung. Das Gleiche gilt für das Vertragsarbeiterregime der DDR seit Mitte der 1960er Jahre, das in der Untersuchung ebenfalls fast keine Rolle spielt.

Was mich interessierte, war die Frage, wie dieses Gastarbeiterregime mit der westdeutschen Aspiration nach Vollbeschäftigung, festen Arbeitsverträgen, Lohnhierarchien sowie dem Zugang zum sozialen Schutz durch Arbeitslosen-, Bildungs-, Gesundheits-, Sozial- und Wohnpolitik zusammenhing. Entsprachen die besonderen, häufig migrantischen Beschäftigungsformen die diesen Aspirationen eben nicht (vollständig) gerecht wurden, eher einer Ausnahme, einer Randerscheinung, waren sie etwas, das nach und nach durch Integrationsmaßnahmen ausgeglichen werden konnte? Oder stellten sie ein Strukturmerkmal der Verfasstheit unserer Gesellschaft dar? Das besser zu verstehen, versprach den Zusammenhang von kapitalistischer Produktionsweise, Migration und Rassismus zu erhellen.

Mich interessierten auch die konzeptuellen und politischen Schwierigkeiten ihrer Übersetzung ins Politische. Wie kam es zur „Spaltung der Arbeiterklasse", wie es damals hieß, nach rassistischen Merkmalen oder aufgrund migrantisierter Stratifikation und welche strukturellen Hürden ließen sich bei Organisierungsversuchen analysieren? Anstatt schlicht von einem bestehenden Rassismus auszugehen, der sich hier „Bahn bricht", einem dauernden Vorurteil, das in Krisen nur aktualisiert werden musste, wollte ich diese Zusammenhänge genauer verstehen. „Gleiche Gegner" bedeuteten seit jeher nicht „gleiche Interessen" oder „gleiche Bewusstseinsformen". Auch die Zusammenfassung der Kämpfe zu einem Ganzen schien gar nicht erstrebenswert, das ließ sich erkennen. Dieser politischen Vorstellung standen strukturelle Hindernisse entgegen. Für deren Überwindung bedurfte es günstiger Umstände und praktischer politischer Konzepte, es erforderte kein einheitliches Subjekt, keine einheitliche Identität, wie sich zeigen ließ. Ein solches Subjekt existierte nicht, sondern entstand vielmehr durch politische Subjektivierungen und Entidentifizierungen im Prozess der Organisierung, der Neuformierung von Beziehungen und der Formierung politischer Subjektivitäten.

Das gilt ebenso für unsere Gegenwart. Um sich gegen den Nationalismus von heute und morgen zu richten, muss auch Rassismus immer wieder neu verstanden werden. Das erfordert methodisch, die Konflikte und ihre Entwicklungen nicht nur durch ihre historischen Akteure und ihre Bündnis- bzw. Konfrontationsstrategien zu verstehen, sondern eben auch durch die durchaus auch widersprüchlich sich vollziehende politische Subjektivierung. Letztere hängt, und das kann nicht genug betont werden, überhaupt erst vom Prozess der Bildung und Aufrechterhaltung rassistischer Hegemonie und der Macht der Widerstände dagegen ab. Deshalb bilden die rassifizierten Subjekte auch nicht den Ausgangspunkt meiner Untersuchung. Rassismus muss von der Seite der Herrschaft aus gedacht werden und kann von der Seite des Widerstands nur so konzeptualisiert werden, wenn die politische Formierung der Subjekte, die sich dagegen zur Wehr setzen, nicht in ihrer kulturellen oder identitären Subjektivität vorausgesetzt werden. Gerade weil ich die in den 1990er Jahren geführten Diskussionen darüber, wie „Rasse" gesellschaftlich konstruiert wird, ernsthaft in einer solchen Untersuchung umsetzen und einem Rassen-Empirismus entgehen wollte, konnte und wollte ich dieser Kategorie weder theoretisch noch analytisch einen Wert zumessen. „Sozial konstruiert" konnte nicht apostrophiert werden, es musste gezeigt werden. Dabei interessierte mich auch das historische Erbe, das mit der Erfahrung von Rassismus, aber auch von Anti-Rassismus einhergeht: Wie wird die Erinnerung an die Ausgrenzung der Vergangenheit auf die Gegenwart übertragen? Und worin münden die Bemühungen um Internationalismus im Denken und Handeln?

Dieses Stichwort, Internationalismus, das auch im Titel „Die windige Internationale" aufscheint, möchte ich zum Schluss noch aufnehmen. Ich habe die Formulierung der zeitgenössischen Aussage eines Journalisten in Bezug auf Arbeitsmigrant:innen entnommen. Die Frage der Migration, insbesondere der Arbeitsmigration, spielte aber tatsächlich schon sehr früh eine Rolle in den Debatten der Linken und des Internationalismus. Sie haben viele der heute noch diskutierten Fragen vorweggenommen. Das Präfix „inter" zeigt an, dass sie Teil einer breiteren Auseinandersetzung war – um die nationale Frage und das Verhältnis zwischen Internationalismus und nationaler Identität oder auch um die „Internationalisierung der Kultur" und die Auflösung der Nationen. Migration hat den Internationalismus immer auf die Probe gestellt. Aber natürlich hat sie auch den Nationalismus herausgefordert, etwa in grundlegenden Auseinandersetzungen über Föderalismus, Autonomie und die Rechte von „nationalen Minderheiten" innerhalb eines größeren Ganzen. Sie spielt auch in den Diskussionen zum Befreiungsnationalismus ebenso wie in Debatten zu (Post-)Kolonialismus und Rassismus eine nicht immer störungsfreie Rolle. Die hier vorgelegte Untersuchung einer „verlorenen“ Geschichte zielt somit nicht nur auf die Wiederherstellung der Vergangenheit ab, sondern soll auch neue Fragen zu den „Verbindungen, die hätten sein können” aufwerfen, die für gegenwärtige und zukünftige Befreiungen von Bedeutung sind.

Angesichts der aktuellen gesellschaftspolitischen Situation scheint es mir in diesem Sinne weiterhin dringlich, gegen Rassismus zu schreiben sowie konzeptionelle Angebote und konkretes Material dafür bereitzustellen. Der Vorschlag, dieses Buch neu aufzulegen, geht auf die stetigen Anfragen von Studierenden und Kolleg:innen zurück, ob mein Buch noch erhältlich ist. Der Verlag hat freundlicherweise angeregt, diese kurze Einleitung beizusteuern, um eine Retrospektive auf eine Arbeit zu geben, deren Forschung mehr als 20 Jahre zurückliegt. Diese Idee habe ich mit Begeisterung aufgenommen und möchte mich bei allen bedanken, die dieses Unterfangen unterstützt haben. Das Institut für die Wissenschaften vom Menschen (IWM) in Wien und insbesondere die herzliche Aufnahme durch Ayşe Çağlar haben mir mit einem großzügigen Fellowship einige ruhige Wochen beschert, in denen ich das Buch wieder lesen und über seine Stärken und Schwächen reflektieren konnte. Die internationale Summerschool zu „Racial Capitalism“ des Centre for Social Critique an der Humboldt-Universität zu Berlin im Juli 2025, zu der ich von Robin Celikates, Rahel Jaeggi und Christian Schmidt eingeladen wurde, hat mir die Möglichkeit verschafft, diese Arbeit mit einer herausragenden und herausfordernden Gruppe internationaler Kolleg:innen und Studierender intensiv zu diskutieren. Zwei der Studierenden waren Marthe Völker und Erkut Bükülmez. Sie haben mir aus der heutigen Perspektive einen besseren Eindruck davon vermittelt, wo das Buch von der Gegenwart abrückt. Alles, was nachzuholen und zu verbessern wäre, lässt sich in dieser kurzen Einleitung freilich keineswegs nachholen und verbessern. Ich möchte allen danken, die dazu beigetragen haben, dass ich wieder über diese Arbeit reflektieren konnte. Imran Ayata und Raya Ayata ist diese Neuauflage gewidmet. In dem Buch kommt der Impuls zum Ausdruck, noch in den Momenten größter Ohnmacht, nach jenen Potentialen zu suchen, die uns aus ihr herausführen können.

Manuela Bojadžijev, im August 2025

Literatur

Bojadžijev, Manuela (2020): „Anti-racism as method“. In: Solomos, J. (Ed.). (2020). *Routledge International Handbook of Contemporary Racisms.* London: Routledge.

Bojadžijev, Manuela/Opratko, Benjamin (2022): „Cultures of Rejection“. *Special Issue of Patterns of Prejudice, 56*(4–5): 205–218.

Bojadžijev, Manuela/Braun, Katherine/Opratko, Benjamin/Liebig, Manuel (2019): „Rassismusforschung in Deutschland“. In: Dürr, Tina/Becker, Reiner (Hrsg.): *Leerstelle Rassismus? Analysen und Handlungsmöglichkeiten nach dem NSU.* Frankfurt a.M.: Wochenschau Verlag, S. 59–73.

Bojadžijev, Manuela (2025): Racism or racisms? Rethinking differentiation and the significance of solidarity. *Ethnic and Racial Studies, 48*(7), 1319–1337.

Fanon, Frantz (2022) [1969]: „Rassismus und Kultur“. In: Ders.: *Für eine afrikanische Kultur.* Berlin: März Verlag.

Karakayalı, Serhat (2008): *Gespenster der Migration. Zur Genealogie illegaler Einwanderung in der Bundesrepublik Deutschland.* Bielfeld: transcript.

Schüler-Springorum, Stefanie (2025): *Unerwünscht. Die westdeutsche Demokratie und die Verfolgten des NS-Regime.* Frankfurt a.M.: S. Fischer Verlag.

„Niemand schreibt alleine"

Viele Wegbegleiter, Gruppen und Institutionen haben zu dieser Arbeit in unterschiedlicher Weise beigetragen: Das Archiv für soziale Bewegungen (Hamburg), Rutvica Andrijašević, Ilker Ataç, Roland Atzmüller, Miguel Ayala, Peter Bach, Vanessa Barth, Jochen Becker, Jonas Berhe, Peter Birke, Malin Bode, Ljubomir Bratić, Claus Bredenbrock, Jonathan Burrows, Ben Carrington, Sun Ju Choi, Barbara Determann, Katja Diefenbach, Axel Diedrich, Helmut Dietrich, Christine Dombrowsky, Nikola Đurić, Jan Engelhardt, Michael Esch, Aytaç Eyrılmaz – DoMiT (Köln), Max Farrar, Folkard Fritz, Flüchtlingsinitiative Brandenburg, Paco Glez, Stefanie Gräfe, Sabine Grimm, Andrej Grubačić, Simone Güllich, Murat Güngör, Reiner Hartel, Nanna Heidenreich, Sabine Hess, Micha Hinz, Joachim Hirsch, Kirsten Huckenbeck, ID-Archiv im IISG (Amsterdam), Institut für Sozialforschung (Frankfurt), Kanak Attak, Serhat Karakayalı, Christian Kolbe, Iris Kus, Eric Lenke, Boy Lüthje, Celia Lury, Juan Marin, Tania Martini, Elisabeth Matthias, Ingeborg Maus, Laura Mestre Vives, Sandro Mezzadra, Tamás Geza Moricz, Jan Motte, Jost Müller, Christiane Müller-Lobeck, Tobias Mulot, Badia Ouahi, Miltiadis Oulios, Marion von Osten, Gottfried Oy, Günter Pabst, Efthimia Panagiotidis, Massimo Perinelli, Jannis Politis, Hans Pühretmeyer, Rosa-Luxemburg-Stiftung, Nora Räthzel, Martin Rapp, Regina Römhild, Tony Rizzi, Klaus Ronneberger, Axel Ruehle, Isabelle Saint-Saëns, Mark Saunders, Peter Scheiffele, Reiner Schmidt, Liza Schuster, Ulaş Şener, John Solomos, Martina Sproll, Lars Stubbe, Mark Terkessidis, Çevat Tipisier, Vassilis Tsianos, Ultra-red, Satnam Virdee, Inge Werth, Michael Willenbücher, Georg Wissmeier, Gürsel Yildirim, Ünal Zeran, Aljoscha Zinflou, Beate Zimmermann. Mein Dank gilt auch den Redaktionen zahlreicher Zeitungen und Zeitschriften und Buchherausgebern, die durch den Abdruck von Auszügen und früheren Fassungen zu einer kritischen Bearbeitung beigetragen haben und all den Personen, die mich zu Vorträgen eingeladen haben und mir damit die Möglichkeit zur Diskussionen meiner Überlegungen gegeben haben. Selbstverständlich möchte ich den Mitarbeitern und Mitarbeiterinnen des Westfälischen Dampfboots und insbesondere Günter Thien danken, der schon sehr früh an einer Veröffentlichung des Buches Interesse gezeigt und mich dadurch ermutigt hat.

Ganz besonders möchte ich Thomas Atzert, İmran Ayata, Ellen Bareis, Alex Demirović, Cornelia Eichhorn, Martin Glasenapp, Minu Haschemi Yekani, Ulf Heidel, Heike Kleffner, Christiane Müller-Lobeck, Massimo Perinelli, Dont Rhine, Thomas Seibert sowie Saša Vukadinović danken, die auf entscheidende Weise oder im Verlauf des gesamtem Forschungs- und/oder Schreibprozesses diese Arbeit in besonderer Weise unterstützt haben. Widmen möchte ich dieses Buch meinen Eltern, Irmgard und Predrag Bojadžijev, die mit ihrer unendlichen Großzügigkeit mir weitaus mehr zu diesem Thema erklärt haben, als sie ohnehin schon wissen.

Einleitung

„Senhor Rodrigues, seien Sie in der Bundesrepublik herzlich willkommen. (...) Daß man zu Ihrer Begrüßung auch 'Auf in den Kampf, Torero' gespielt hat, hat durchaus symbolischen Charakter. Jetzt geht es an die Arbeit. (...) Wir wären ganz froh, wenn wir in unserem Land nicht gezwungen wären, soviel Ausländer fern der Heimat beschäftigen zu müssen. Nun sind Sie aber da, wir brauchen Ihre Hilfe, und Sie sollen es so gut haben, wie es eben geht, so gut wie es ein Gast erwarten darf. Vergessen Sie nur nicht, Deutsche denken etwas anders als Portugiesen, und Portugiesen empfinden manches anders als die Deutschen. Das kann man nicht ändern. Tusch!
In diesem Sinne: 'Auf in den Kampf, Senhor Rodrigues!'"

„Willkommen, Senhor!", Handelsblatt, 11.9.1964

Die Geschichte der Migration hat erst in den letzten Jahren eine gewisse Beachtung gefunden. Die einschlägigen sozialgeschichtlichen Arbeiten für die Zeit nach dem Zweiten Weltkrieg in der Bundesrepublik verhandeln vor allem die Anwerbung von so genannten Gastarbeitern. Das erste Anwerbeabkommen, das 1955 zwischen der deutschen und der italienischen Regierung geschlossen wurde, gilt als ein Wendepunkt in der deutschen Sozialgeschichte und der 50. Jahrestag wurde zum Anlass genommen, sich auf die Geschichte der Migration zu besinnen und die Notwendigkeit zu erklären, der deutschen Geschichte ein neues Kapitel hinzuzufügen. Besonders gerne wird dafür ein symbolisches Ereignis herangezogen, bei dem die Worte des Eingangszitats gefallen sind: Am 10. September 1964 übergab die Bundesvereinigung der deutschen Arbeitgeberverbände dem Portugiesen Armando Rodrigues de Sá, der per Fingerzeig auf einer Anwerbungsliste zum einmillionsten Gastarbeiter erklärt und am Bahnsteig des Bahnhofs Köln-Deutz willkommen geheißen wurde, ein Moped. Das Foto, das ihn mit seinem Willkommensgeschenk abbildet, gilt bis heute als Symbol der „Gastarbeiter-Ära". Der Bezug auf die „Ankunft der Gastarbeiter" in der historischen Migrationsforschung lässt allerdings meist zwei Aspekte unthematisiert, nämlich den Rassismus und die Kämpfe der Migrantinnen und Migranten, die Gegenstand meiner Arbeit sind. In der offiziellen Begrüßung des millionsten Gastarbeiters wird nicht nur in warnendem Ton über die unterschiedlichen kulturellen Eigenschaften von Deutschen und Portugiesen, über deren Unveränderlichkeit unterrichtet, sondern auch zum Ausdruck gebracht, dass man lieber keine „Gäste" zum arbeiten in „unserem Land" hätte. Ironischerweise wird mit der Aufforderung „Auf in den Kampf, Senhor Rodrigues!", die auf den „Kampf" der Arbeitsmühen gemünzt ist, eben jener Aspekt verdrängt, der mich interessiert:

die Tatsache, dass zu jener Zeit die Einwanderungspraktiken der Migrantinnen und Migranten bereits in die Kämpfe der Migration gemündet waren.

Es ist hervorzuheben, dass die Geschichte des Widerstands von Migrantinnen und Migranten noch nicht systematisch wissenschaftlich aufbereitet ist und die Praktiken des Widerstands immer wieder gewaltsam unterbrochen worden sind, mithin das Wissen über diese Geschichte unterblieben ist. Eine der leitenden Vorstellungen beim Schreiben dieses Buchs bestand für mich in der Notwendigkeit, eine historische Verbindung zwischen den antirassistischen Praktiken heute und den mehrheitlich von Migrantinnen und Migranten getragenen Mietboykotts, Betriebskämpfen und wilden Streiks seit den 1960er Jahren zu ziehen, mithin unserer Zeit die Erinnerung an jene sozialen Kämpfe zurückzugeben, deren Wissen nicht tradiert worden ist. Als ich dieses Projekt in Angriff nahm, wurde ich von vielen Seiten desillusioniert: Es wurde behauptet, dass ich zu diesem Thema nichts finden würde. Es wurde behauptet, es existiere keine Geschichte von Widerständen, die Migranten seien hierher gekommen, um zu arbeiten und hätten sich weitgehend angepasst. Rassismus im Kontext der Migration wurde in Deutschland ja tatsächlich auch explizit erst zu einem Zeitpunkt thematisiert und konzeptualisiert als die Phase der Arbeitskämpfe mit starker migrantischer Beteiligung längst vorbei war. Es war klar, dass in den 1960er und 1970er Jahren der antirassistische Gehalt jener Auseinandersetzungen allzu oft auf Fragen des Klassenkampfs reduziert worden war. Die darin zum Ausdruck kommenden Widerstandspraktiken gegen Rassismus blieben auf ambivalente Weise darunter subsumiert und ein Verständnis der Eigenständigkeit rassistischer Unterdrückungsverhältnisse ging verloren. Mir ging es um ein Verständnis der Artikulation von antirassistischen Praktiken in diesen sozialen Kämpfen. Ich fragte mich, was sich in den Arbeitskämpfen der 1960er und 1970er Jahre jenseits der Parole „Ein Gegner, ein Kampf!“ artikuliert hatte, welche Kooperationen möglich waren, welche Praktiken eingeführt, welche Forderungen erhoben worden waren. Was existierte im Widerstand von Migrantinnen und Migranten, der als eigenständiges Handeln fortan nicht mehr dokumentiert wurde?

Es ist eine gängige Erfahrung, dass die Geschichte des Widerstands auch unter Migrantinnen und Migranten und ihren Kindern kaum bekannt ist. Meist existiert die Vorstellung, dass erst jene Generation, die im Verlauf der 1990er Jahre gegen das Erstarken von Rassismus und Nationalismus Widerstand leistete, die Anpassungshaltung ihrer Eltern abgelöst habe. Das hat mit der Geschichtsschreibung zu tun, die – wie sich mit Walter Benjamin sagen lässt – eine Geschichte der „Sieger“ ist. Es hat aber auch etwas damit zu tun, dass in den Erzählungen der so genannten ersten Generation die Ausbeutung, Unterdrückung und die Erfahrungen rassistischer Diskriminierung, mit der sie lebten, selten in den Vordergrund gerückt werden. In der eigenen Erinnerung nicht Opfer sein zu wollen, ist eine nachvollziehbare Haltung. In meiner Arbeit interessiert mich die Gegenüberstellung von Tätern und Opfern nicht. Die Geschichte des Widerstands aufzuspüren heißt meines Erachtens anderes zu tun, nämlich nach den Bedingungen einer Geschichtsschreibung zu fragen, unter denen im Rückblick Migrantinnen und Migranten nicht als naive Opfer und Objekte von Rassismus oder Migrationspolitiken reduziert und stigmatisiert werden, zu zeigen, dass Rassismus nicht immer die gleichen Gruppen auf die gleiche Weise unterwirft. Wie müsste ein Bezug auf Geschichte aussehen, der die Vergangenheit für eine Perspektive der Befreiung vom Rassismus in der Gegenwart und Zukunft öffnet? Drei Vorstellungen wollte ich vermeiden: Weder wollte ich voraussetzen, dass in Deutschland ein rassistisches Einstellungspotential existierte, bevor es zu den Einwanderungsbewegungen kam, noch behaupten, dass das Gastarbeitersystem den Rassismus erst hervorgebracht hat. Schließlich wollte ich die Vorstellung einer ahistorischen Gegebenheit des Rassismus in Zweifel ziehen. Statt also den Rassismus vorauszusetzen und in einer historischen Untersuchung bloß noch aufzudecken, wollte ich die Perspektive wechseln und untersuchen, welche Formen und Praktiken migrantischen Widerstands es gegeben hat, wie diese zu einer Reorganisation des Rassismus beigetragen haben.

Étienne Balibar hat zu Recht angemerkt, dass gerade durch die zahlreichen Verwendungen, die Denunziationen und Kritiken des Rassismus, dass aufgrund der aktuellen Transformationen der gesellschaftlichen Verhältnisse, in denen Rassismus sich zu Praktiken und Diskursen entwickelt und in andere Formationen übergeht, der Begriff inzwischen so mehrdeutig geworden ist, dass sein Ursprung, seine Einheit, die Fähigkeit, darunter verschiedene Phänomene und Erscheinungsformen zusammenzufassen, in Frage steht. Theoretisch gesehen, stehen wir mit einer solchen Herangehensweise vor einem erkenntnistheoretischen Paradox: Wir setzen den Rassismus nicht voraus, müssen aber konstatieren, dass es ihn immer gegeben hat. Wenn wir darum den Fokus der Untersuchung auf ein spezifisches Verständnis der Konstitution von Rassismus richten, die Gründe analysieren, warum Rassismus so resistent gegenüber Kritik ist, dann verschwimmen die Argumente in einen Bereich, in dem nicht länger klar ist, ob wir überhaupt noch den Rassismus theoretisieren.

Die Inflation des Begriffs und damit der Verlust einer analytischen Schärfe haben mit dem Einfluss der Kritik des Rassismus zu tun. Die kritische Rassismustheorie sprach von Rassismus, wenn andere von Fremdenfeindlichkeit, Ausländerfeindlichkeit sprachen und weiterhin Ethnizität oder Rasse wenn nicht als gegebene empirische, so doch als analytische Kategorien verwendeten. Dieser Ansatz zielte auf ein Verständnis von Ethnizität und Rasse als soziale Konstruktion, auf ein Verständnis dafür also, warum eigentlich ein Glaube an die Existenz von Ethnizität und Rasse fortbesteht und warum Menschen ihr Leben und ihre Beziehungen danach organisieren. Das bedeutet aber auch, dass Ethnizität und Rasse weiterhin als Signifikanten fungieren, wenn auch in invertierter Form, und dass dies zu gewissen Ermessensspielräumen in der Interpretation von Rassismus führt. Während es zu Zeiten eines biologisch argumentierenden Rassismus noch so schien, als könnten damit verschiedene Rassismen – etwa der Antisemitismus und der koloniale Rassismus – theoretisch vereint werden, als unterlägen sie einem hierarchischen und räumlich organisierten Muster von unterschiedlichen Kulturen, einer linear bestimmten Vorstellung von Fortschritt, einer Bevorzugung von Reinheit gegenüber Hybridität etc., ist das mit dem differentiellen oder Neo-Rassismus, der kulturalistisch argumentiert, komplizierter geworden. Gerade weil die praktischen Formen des Widerstands gegen Rassismus an Stärke gewonnen haben und die Arbeit an unterschiedlichen Erinnerungen, an unterschiedlichen Geschichten des Rassismus die Unterschiede zwischen verschiedenen Politiken und Erfahrungen des Rassismus haben hervortreten lassen, gerade in diesem historischen Moment bekommen die Kontroversen darüber, ob eine Form des Rassismus die anderen in der Vergangenheit und Gegenwart ersetzt hat oder in der Zukunft ersetzen wird, an Schärfe. Damit tritt die Frage nach der Essenz des Rassismus in den Vordergrund (vgl. Balibar 2005). Warum nennen wir Rassismus überhaupt „Rassismus“?

Solche Überlegungen fordern dazu heraus, eine relationale Theorie des Rassismus zu entwickeln, in der die Konjunkturen des Rassismus im Verhältnis zu sozialen Kämpfen bestimmt werden, ein Verständnis von Rassismus zu erzielen, das sich die Kämpfe gegen Rassismus zur Grundlage macht und nicht die durch den Rassismus produzierten Subjekte – mithin die Geschichte der Migration neu zu verstehen. Aus diesem Grund spreche ich auch nicht nur von den Kämpfen der Migrantinnen und Migranten, sondern auch von den Kämpfen der Migration. Eine Geschichtsschreibung dieser Kämpfe muss die Formen rassistischer Subjektivierung in Betracht ziehen, und zwar im doppelten Sinne: im Sinne der Rekonstruktion der Beharrlichkeit und Hartnäckigkeit der Migrantinnen und Migranten, die sich in den sozialen Auseinandersetzungen zu Subjekten konstituieren, aber auch im Sinne der Geschichte ihrer Unterwerfung. Denn solange es die Gruppe der Migrantinnen und Migranten gibt, gibt es sie nur unter Verhältnissen, die sie zu einer solchen machen. Solange es sie aber gibt, gibt es ihre Kämpfe. Nur in diesem Spannungsverhältnis kann die Wirkungsmächtigkeit der Geschichte der Kämpfe der Migration verstanden werden. Eine relationale Theorie des Rassismus, wie ich sie in diesem Buch entwickeln möchte, kann nachweisen, dass es die Kämpfe sind, die den Rassismus immer wieder zwingen, sich zu reorganisieren. Es ist das Ziel dieser Kämpfe, solcher Reorganisation letztlich die Grundlage zu entziehen.

Eine Rassismusanalyse kann nicht umhin, den historischen Prozess zu berücksichtigen, wie, wann und warum sich Rassismus transformiert. Theoretisch war die Linke nicht auf das Erstarken des Rassismus in den 1990er Jahren vorbereitet, der durch die sozialen Machtverhältnisse und die politische Hegemonie der Konservativen befördert wurde. Erst auf Druck selbst organisierter Migrantengruppen, die sich Anfang der 1990er Jahre wahrnehmbar zu artikulieren begannen, und durch die eindeutige Abschottungs- und Ausgrenzungspolitik der Kohl-Regierung setzte in dieser Zeit in Deutschland eine breitere Rezeption der internationalen Rassismustheorien ein. Der Zusammenhang von Rassismus, Migrations- und Bevölkerungspolitik konnte auf diese Weise thematisiert werden, ideologietheoretische und diskurstheoretische Fragestellungen rückten in den Blick und Konzepte zur Analyse alltäglicher Diskriminierungspraktiken wurden entwickelt, mit denen sich die Rede von der Ausländer- oder Fremdenfeindlichkeit kritisieren ließ.

Im ersten Kapitel dieses Buchs geht es zunächst darum, die wesentlichen theoretischen Entwicklungslinien der Rassismustheorien in Deutschland zu erfassen und zu diskutieren. Die Arbeiten der kritischen Rassismustheorie geben mir ein theoretisches Instrumentarium an die Hand, um zentralen Fragen nachzugehen: Wie kann Rassismus gesellschaftstheoretisch konzeptualisiert werden? Was sind die sozio-historischen Bedingungen der Ausbreitung des Rassismus nach 1945? Da eine Historisierung der Kämpfe der Migration und des Widerstands gegen Rassismus allein nicht genügt, müssen Kategorien bestimmt werden, mit denen an eine Analyse herangegangen werden kann. Eine Kritik des Rassismus beginnt mit der Kritik der rassistischen Kategorien und untersucht von diesem Punkt aus die sozio-historische Situation, die diese Kategorien mit einer manchmal tödlichen Geltung ausstatten.

Im zweiten Kapitel nähere ich mich der Frage der Geschichtsschreibung von sozialen Kämpfen im Kontext von Rassismus und Migration an. Ich erweitere zunächst den Blick und diskutiere drei internationale Beispiele einer solchen Geschichtsschreibung. Die ersten beiden sind der US-amerikanischen Tradition der Labour History zuzurechnen und thematisieren zum einen die Zeit der Sklaverei und zum anderen die der Migrationsbewegungen aus Europa, die Epoche der Entstehung des Fordismus. Das letzte Beispiel wendet sich der neueren Geschichte in Frankreich zu und deckt damit zu gewissen Teilen den gleichen Zeitabschnitt ab, der in meiner Arbeit behandelt wird. Die Zusammenstellung dieser drei Ansätze ermöglicht mir, einen Überblick über die sozialen Kämpfe gegen Rassismus in unterschiedlichen kapitalistischen Gesellschaftsformationen und der ihnen inhärenten Migrationsgeschichte zu gewinnen. In einem weiteren Kapitel gebe ich einen Überblick über die Geschichtsschreibung der Migration, wie sie in den letzten zirka zehn Jahren in Deutschland entwickelt wurde, und problematisiere ihre Verengungen sowohl in rassismus- wie auch in gesellschaftstheoretischer Hinsicht. Mit diesen drei ersten Kapiteln erarbeite ich mir ein begriffliches Instrumentarium und einen historischen Überblick, um meine eigene Analyse der Geschichte der Kämpfe der Migration zu beginnen.

Diese Analyse erfolgt im vierten Kapitel, dessen verschiedene Abschnitte ich hier kurz skizzieren werde: Einwanderung in der Bundesrepublik hat – im Gegensatz zu gängigen Vorstellungen – nicht erst mit den Anwerbeverträgen eingesetzt. Diese These möchte ich zu Beginn des vierten Kapitels belegen, indem ich zeige, dass die Anwerbeverträge ein Versuch seitens der Herkunftsländer wie der Bundesrepublik darstellten, die zuvor bereits existierenden Migrationsbewegungen unter Kontrolle zu bringen (4.1.). Damit möchte ich auch die These einer „Autonomie der Migration“ diskutieren, die Einwanderungspraktiken nicht allein determiniert von ökonomischen Pull- und Push-Faktoren analysiert. Des Weiteren will ich zeigen, dass Einwanderung keineswegs so geordnet abgelaufen ist, wie dies häufig in den Repräsentationen von historischen Migrationsbewegungen nahe gelegt wird. Geht man in der Betrachtung nicht von den staatlichen Maßnahmen zur Kontrolle von Einwanderung und von den ökonomischen Interessen nach Arbeitskraftmobilität aus, sondern nimmt die Perspektive der Migration ein, lässt sich zeigen, dass Migrantinnen und Migranten die legalen Möglichkeiten der Einwanderung durch ihre Praktiken und Taktiken großzügig ausgelegt haben und auf diese Weise auch die nationalstaatliche Verfasstheit von Bürgerrechten und den Rahmen von Einwanderungspolitiken beeinflusst und infrage gestellt haben. Weil die Illegalisierung der Migration fälschlicherweise als ein Phänomen gilt, das erst mit den 1990er Jahren auftaucht, widme ich den nächsten Schritt meiner historischen Untersuchung jenen Migrationspraktiken, die sich – nicht erst seit dem Anwerbestopp von 1973 – an staatlichen Politiken vorbei organisierten, Grenzen überschritten und dabei mitunter eine Illegalisierung in Kauf nahmen (4.2.). Seit Anfang der 1970er Jahre, als die Beschäftigung migrantischer

Arbeiter und Arbeiterinnen zur Disposition gestellt wurde, begannen Letztere darüber hinaus für Aufenthalts- und Bleiberecht zu kämpfen und zu organisieren. Die in der Migrationsforschung häufig konstatierte Widersprüchlichkeit oder Inkonsistenz ausländer- und migrationspolitischer Regelungen möchte ich deshalb eher als Ausdruck einer Entgegnung auf die selbst organisierte Mobilität der Migrantinnen und Migranten fassen.

Ebenso wie man davon ausgehen kann, dass Rassismus sich nicht immer durch explizit rassistische Handlungen und Artikulationen manifestiert, muss man auch bei Migrantinnen und Migranten nicht unbedingt unterstellen, dass sich ihr Widerstand immer explizit gegen Rassismus richtet. Denn dieser Widerstand ist und war auch ein Teil anderer sozialer Kämpfe. Die unterschiedlichen Formen des Widerstands werden also historisch ihrem Selbstverständnis nach nicht notwendigerweise als antirassistische Praktiken durchgeführt. In meiner Untersuchung der Kämpfe der Migration habe ich meinen Fokus auf die Formen und Praktiken autonomer Organisierung gelegt, die nicht von Parteien und Gewerkschaften getragen wurden. Bezogen auf die Arbeitskämpfe (4.3.) zählt der mehrheitlich von Migrantinnen und Migranten initiierte und getragene „wilde Streik" 1973 bei Ford in Köln zu den bekanntesten und bedeutsamsten Arbeitskämpfen in der Bundesrepublik. Ich möchte zunächst einen Überblick über das Ausmaß und die Formen der „wilden Streiks" geben, an denen Migrantinnen und Migranten beteiligt waren oder die von ihnen ausgingen. Die Themen, die in diesen Auseinandersetzungen zum Ausdruck kommen, überschreiten ein enges Verständnis „ökonomischer" Kämpfe. Welche Kooperationen und Ansätze es etwa zwischen Migrantinnen und Migranten und linken Gruppen oder zwischen linken migrantischen Gruppen und feministischen Gruppen gegeben hat, welche Formen der Organisierung existierten, wie sie versuchten, gegen die Spaltungen im Betrieb anzugehen und die Fragen des Lebens und des Alltags, mithin den Rassismus, zur Sprache zu bringen, ist Gegenstand meiner Untersuchung.

In vielen Fällen des migrantischen Widerstands handelt es sich um Kämpfe des Alltags und deshalb untersuche ich die Auseinandersetzungen um Wohnverhältnisse, die Fragen von Bildung und Gesundheit, die eine erhebliche Rolle in den sozialen Netzwerken der Migration spielten, die mit der Zeit transnationale Räume etabliert haben (4.5.). In der Selbstorganisierung von Zentren bestand für die Migrantinnen und Migranten eine Form, über Orte zu verfügen, die eine Möglichkeit autonomer Organisierung erlaubten und halfen, die tägliche Reproduktion und den Alltag zu bestreiten. Es geht mir auch darum, herauszustellen, welcher Art die Wirkungen des Widerstands auf die Widerständigen und auf die Organisierungen des migrantischen Alltags waren, wie sich dieser also veränderte.

Mich interessieren die Kooperationen, die in den sozialen Kämpfen zum Ausdruck gekommen sind, woran es scheiterte, diese auf Dauer zu stellen. Anhand der konkreten Analysen dieser Formen des Widerstands im vierten Kapitel beschäftigt mich auch, wie das theoretische Instrumentarium zu erneuern wäre.

In allen untersuchten Auseinandersetzungen kommt zum Ausdruck, dass die Kämpfe von Migrantinnen und Migranten nicht allein als Reaktion auf verschiedene staatliche und gesellschaftliche rassistische Praktiken zu lesen sind; sie entwickeln vielmehr eine davon unabhängige Dynamik. Auch der Rassismus bleibt nicht derselbe, er restauriert nicht einfach repressiv die alte gesellschaftliche Ordnung, die durch Widerstand zerrissen wird. Denn auch wenn der Widerstand gebrochen wird, muss sich der Rassismus auf neue Weise restrukturieren und konsolidieren. Widerstand und Herrschaft gehen von den gleichen Voraussetzungen aus, versuchen das gegnerische Terrain zu besetzen und zu kolonisieren, indem sie durch Reinterpretation entgegengesetzte Antworten auf dieselben Fragen geben (vgl. Virno 1983, 83 f.). Weil man gezwungen ist, in jedem Aspekt der herrschenden Ordnung auch die Umrisse, die Inhalte und die Bedingungen des Widerstands zu entdecken, gehe ich im letzten Abschnitt des vierten Kapitels auf die Rekuperation der Kämpfe der Migration im Laufe der 1970er Jahre ein, indem ich die Genealogie des Diskurses der Integration, wie er sich zu jener Zeit in Deutschland etabliert hat, ausarbeite und abschließend bis heute skizziere (4.6.). Im Verlauf und maßgeblich am Ende der 1970er Jahre setzt sich Integration als Dispositiv der Ausländerpolitik in der Bundesrepublik durch. Gleichzeitig finden sich in den staatlichen Erklärungen zur Bemühung um Integration alle Themen wieder, die in den Kämpfen der Migration artikuliert worden waren. Es handelt sich, so meine These, hier um staatliche Entgegnungen, die von Migrantinnen und Migranten auch als Rekuperation ihrer Forderungen aufgefasst wurden.

Geschichtsschreibung hat ihre Geschichtlichkeit selbst in Betracht zu ziehen. Meine Untersuchung soll nicht die eine Geschichtsschreibung um eine andere, „wahre Geschichte" ergänzen. Bei meinem Versuch, den Widerstand von Migranten und Migrantinnen zu analysieren, kann ich nicht *die* Geschichte des Widerstands für die Bundesrepublik beschreiben. Es geht mir um die „singuläre Geschichte" (vgl. Wallerstein/Balibar 1990), die den historischen Entwicklungsweg der Kämpfe der Migration nachzeichnet. Im fünften und letzten Kapitel entwickle ich in einer Diskussion historischer wie theoretischer Ansätze die genauere Bestimmung einer relationalen Theorie des Rassismus und eine Vorstellung, was die Geschichtsschreibung des Rassismus im Kontext von Migration zu einem Verständnis und einer Kritik der Verhältnisse in Europa heute beitragen kann.

Dem Ausspruch eines Kommentators, es handele sich bei den Migrantinnen und Migranten um eine „windige Internationale“, ohne politische Dauerhaftigkeit und geographische Stetigkeit, möchte ich eine andere Wendung geben: Es sind genau die unsteten, temporären und flüchtigen Aspekte ihrer Organisierung, die ein anderes Verständnis sozialer Kämpfe, ihrer Geschichte und Zukunft zu denken ermöglichen.

1. Rassismus als soziales Verhältnis

„Race does not exist. But it kills people."
Colette Guillaumin 1995: 107

Es herrscht Unruhe in der Rassismusforschung. Immer wieder entgleitet ihr der Gegenstand. Wie ist Rassismus zu definieren, setzt die Definition die Existenz von Rassen und Ethnien voraus? Gibt es Rassen und Ethnien oder bilden sie nur die mehr oder weniger ephemere Grundlage, von der aus ihre soziale Konstruiertheit betont, der Rassismus aber definiert werden muss? Wenn es sie aber nicht gibt und der Rassismus sogar älter ist als die Rassen, kann er sie (und wenn ja, dann wie) auch überleben? Zahllose Male für tot erklärt, weigert der Rassismus sich zu sterben und tötet aufs Neue. Er ist ein Wiedergänger (vgl. Bhatt 2008).

Angesichts dieser Ausgangssituation verständigt man sich in der Forschung derzeit darauf, dass Rassismus eine solch komplexe Struktur und derartig viele Erscheinungsformen aufweise und er genügend flexibel und transformationsfähig sei, um sich auf neue Weise zu reproduzieren (Back/Solomos 1996; Hund 2007). Von der Heterogenität auszugehen, führt umgekehrt schnell zu dem Argument, den so unterschiedlichen Argumentationsweisen sei wenig gemeinsam: national oder regional verschieden, historisch variierend, als Teil unterschiedlichster Staats-, Regierungs- und Organisationsformen, in seiner alltäglichen Erscheinung, sich gegen unterschiedlichste Gruppen richtend, kulturalistisch oder biologistisch argumentierend, mit ungleichen Konjunkturen und unterschiedlichen Intensitäten. Diese Formen haben so wenig gemein, dass immer neue Bilanzen erstellt und zu Unterscheidungszwecken das Inventar der Begriffe erweitert wird. Angesichts einer solch heterogenen Ausgangslage lauten einige der Fragen, die sich für ein Verständnis und eine Bestimmung von Rassismus stellen: Aus welchen Rassismen setzt sich eine Konjunktur historisch zusammen? Wie lässt sich die Heterogenität und Komplexität bestimmen? Wie lässt sich Rasse als soziale Konstruktion begreifen? Gibt es überhaupt eine Invarianz des Rassismus, das heißt etwas, das allen seinen Erscheinungsformen gemeinsam wäre? Wie bildet er sich aus, wie transformiert und reproduziert er sich?

1.1. Historische Konjunkturen des Rassismus

Rassismus hat historisch unterschiedliche Artikulationen erfahren. Es lässt sich nachweisen, dass er sich erneuert und nuanciert hat, dass er also nicht immer die gleichen Gruppen und Personen auf die gleiche Weise unterworfen hat und unterwirft. Eine Wahrnehmung der sich verändernden Formen des Rassismus lässt den historischen, damit zugleich auch den überwindbaren Charakter von rassistischen Ideologien hervortreten. Rassismus ist nicht stabil, er verändert sich, verbindet sich mit neuen Praktiken, entwickelt neue Konjunkturen (vgl. Bojadžijev/Demirović 2002). Drei historische Konjunkturen lassen sich typologisch abgrenzen. Der universelle Rassismus des 18. Jahrhunderts unterstellt eine Vorstellung des universellen, sich in Stufen vollziehenden Fortschritts der menschlichen Kultur als eines Ganzen. Gegenüber dem zivilisierten Europa galten Vergesellschaftungsformen in anderen Teilen der Erde als primitiv. Der superiore Rassismus im 19. und zu Beginn des 20. Jahrhunderts behauptet eine kulturschöpferische Superiorität Europas und die Inferiorität der übrigen „Völker". Historiografisch ist er sowohl verfallsgeschichtlich als auch aufstiegsgeschichtlich (im Sinne der Darwinschen Evolutionstheorie) angelegt. Im Zuge der Nationalstaatsbildung findet eine Ausdifferenzierung und Grenzziehung auch innerhalb Europas statt. Der ungefähr seit dem Ende des Zweiten Weltkriegs – nach dem Ende der NS-Herrschaft, ihres spezifischen Antisemitismus und der Vernichtungspolitik – entstehende differenzielle Rassismus ist eng verzahnt mit den antikolonialen Kämpfen und der säkulären Krise des kapitalistischen Weltsystems Anfang der 1970er Jahre. Den differenziellen Rassismus zeichnet als zentraler Aspekt ein Kulturalismus aus. Für Europa ist maßgeblich, dass er sich sozial um die Migrationsprozesse dynamisiert.

Gemeinsam ist allen hier genannten Artikulationen des Rassismus ein Eurozentrismus, der die kulturalistische Ideologie der Herrschenden produziert und reproduziert; Vermischung bedeutet darin Verfall. Der existierende soziale Antagonismus wird zu Lasten der Opfer ausgebeutet. Die unterschiedlichen Artikulationen enthalten alle ein genealogisches Schema, das besagt, dass wir immer etwas von den vorherigen Generationen erben, das in diesem Sinne gemeinschaftsbildend wirkt. Darüber hinaus kombinieren historische Formationen in der Realität meist jeweils mehrere Rassismen, treten also in spezifischer Ausprägung auf, etwa im Nationalsozialismus als Mischung von superiorem und differenzialistischem Rassismus oder unter der südafrikanischen Apartheid als Zusammenspiel von Nazismus, Kolonisierung und Sklaverei. Rassismus zeigt sich also niemals gleich. Dies erschwert die Analyse oder macht sie zumindest ebenso wie die Kritik des Rassismus zu einem komplizierten Unterfangen. (Vgl. Demirović 1992; Müller 1992.)

Herauszustellen ist nun die These, dass der Rassismus historisch seit etwa Mitte des 20. Jahrhunderts eine neue Konfiguration angenommen hat. Frantz Fanon war einer der ersten, der bereits auf dem Ersten Kongress schwarzer Schriftsteller und Künstler 1956 in Paris in seinem Vortrag „Rassismus und Kultur" diese Verschiebung der historischen Konjunktur konstatierte: „Der Rassismus konnte nicht verknöchern. Er bedürfte der Erneuerung, der Nuancierung, der Veränderung der Physiognomie. (...) Der Rassismus, der sich rational, individuell, genotypisch und phänotypisch determiniert gibt, verwandelt sich in einen kulturellen Rassismus." (Fanon 1972, 39 f.)[1]

Die Aufmerksamkeit in Deutschland für diese historische Veränderung eröffnete vor allem die Rezeption des Buches *Rasse – Klasse – Nation. Ambivalente Identitäten* von Étienne Balibar und Immanuel Wallerstein. In dem Aufsatz „Gibt es einen Neo-Rassismus?" fragt Balibar nicht nur nach den Veränderungen innerhalb der Theorien, die den Rassismus legitimieren und „rationalisieren", er geht auch der politischen Situation nach, in der solche Theorien überhaupt „greifen" und historisch relevant werden, in der sie Hegemonie erlangen (vgl. Balibar 1992e, 27). Die theoretische Dimension des Rassismus gehört ihm zufolge in ein Feld mit vielfältigen Praxisformen und Diskursen. Rassismus organisiert Stimmungen und Gefühle und stereotypisiert seine Objekte wie auch seine Subjekte. Dies erklärt sowohl die Herausbildung einer rassistischen Gemeinschaft als auch, „wie die Individuen und Kollektive, die dem Rassismus ausgesetzt sind (also dessen 'Objekte'), sich selbst als Gemeinschaft wahrnehmen" (ebd. 24). Die rassistischen Theorien erfüllen die beiden zentralen, sich wechselseitig verstärkenden Funktionen der Verkennung und des Willens zum Wissen. Sie sind nicht nur in der Lage, das von Individuen Erlebte zu interpretieren, sondern auch diesen eine Erklärung zu liefern, was sie innerhalb der gesellschaftlichen Welt sind: „Rassismus ist ein Versuch des Rassisten, sich die eigene Wut, die Wahrnehmungsweise des Anderen und die Verfolgungspraxis zu erklären." (Demirović 1992, 80) Rassismus erklärt die Welt, stellt kausale Erklärungsschemata über Zusammenhänge von Wesen und Erscheinung her und gibt vor, verborgene Zusammenhänge aufzudecken

1 Die UN-Konvention gegen Rassismus (verabschiedet im Dezember 1965) hatte noch den superioren und biologistischen Rassismus des Nationalsozialismus vor Augen.

und soziale Verhaltensweisen dechiffrieren zu können.[2] Fanon hat beschrieben, wie dieses Wissen als ein maßgebliches Moment des Rassismus im Verlauf der antikolonialen und antirassistischen Kämpfe gebrochen wird und auch wie die historischen Subjektformen sich verändern: „Im Verlauf des Kampfes versucht die herrschende Nation die rassistischen Argumente neu aufzulegen, aber das Machwerk des Rassismus erweist sich als immer ineffektiver. Man spricht von Fanatismus, von primitiven Verhaltensweisen dem Tod gegenüber, aber nochmals, der schon ausgeleierte Mechanismus funktioniert nicht mehr. Die einst Unbeweglichen, die von Natur aus Feigen, die Ängstlichen, die ewig Inferiorisierten spannen ihre Kräfte an und errichten sich zu ihrer vollen Größe. Der Okkupant versteht nichts mehr. Das Ende des Rassismus beginnt mit einem plötzlichen Unverständnis." (Fanon 1972, 52)

Dem neuen Rassismus ist bei aller Ausdifferenzierung gemeinsam, dass es sich um einen „Rassismus ohne Rassen" handelt, der von unaufhebbaren kulturellen Differenzen spricht. Weniger Überlegenheit als Unvereinbarkeit der „Eigenen" mit den „Anderen" behauptend, geht es ihm um die Erhaltung aller kulturellen Identitäten und Differenzen für eine territoriale Trennung; die „eigene" Kultur wird dabei als die bedrohte und zu schützende vorgestellt. Differenzialismus und Kulturalismus bezeichnen zwei verschiedene Dinge: Während Letzterer die diskursive Verschiebung vom Biologismus anzeigt, benennt der Erstere eine Verschiebung von der Rassenhierarchie zur gesellschaftlichen Segregation. Segregation ist demzufolge der Effekt unterschiedlicher Leistungen. Sie bezeichnet im rassistischen Diskurs keine absoluten Kategorien, sondern graduelle Unterscheidungen ethnischer Gruppen.

Die historischen Veränderungen markieren einen doppelten Retorsionseffekt des differenziellen Rassismus, dem es gelingt, die Mechanismen des traditionellen (humanistischen) Antirassismus insofern zu erschüttern, als er in der Lage ist, dessen Argumentation umzukehren. Zum einen tritt die Betonung auf biologisch isolierbare Rassen in den Hintergrund, ihre Nichtexistenz wird inzwischen sogar weitgehend zugegeben, in den Vordergrund tritt hingegen ein Kulturalismus, dessen Modus der Naturalisierung jetzt über die klar zu unterscheidenden kulturellen Differenzen und Distanzen verläuft, und der von Traditions- und Identitätswahrung spricht. Zum anderen und in der Folge wird – so die rassistische Argumen-

2 Nimmt man etwa die Bildung von Stereotypen, dann gilt die allgemeine Vorstellung (etwa in der Sozialpsychologie), dass diese dazu dienen, sozial zunehmend komplexe Realitäten auf verwaltbare und verständliche Teile zu reduzieren, denen entsprechend Personen dann agieren bzw. von anderen Personen erwartet wird zu reagieren. Tatsächlich liegt ihre Funktion in der Orientierung und Sinnstiftung.

tation – jede Verwischung dieser behaupteten Differenzen Abwehrreaktionen und „interethnische Konflikte" auslösen. Auf diese Weise liefern die rassistischen Lehren selbst noch eine quasi präventive Erklärung des Rassismus mit. Von den Vorstellungen des Kampfes der Rassen entsteht ein Übergang zur Vorstellung „ethnischer Beziehungen", die nicht mehr die rassische Zugehörigkeit, sondern das rassistische Verhalten zu einem natürlichen Faktor erklärt.

Es ist wichtig zu betonen, dass der Neorassismus, selbst wenn von der Gleichwertigkeit der Kulturen gesprochen wird, nicht ohne Hierarchien auskommt. Deshalb handelt es sich beim Rassismus auch nicht einfach um einen Ausschließungsmechanismus. Vielmehr kann die Ausschließung durchaus die Gestalt der Einschließung annehmen. Sie kann zum Element der Hierarchisierung werden, denkt man etwa an die Assimilierungsanforderungen, die vonseiten autorisierter, institutionell etablierter Kulturen erhoben und bestimmte – etwa national codierte – Lebens- und Denkweisen für allein legitim erklären.[3] Balibar hebt auch deutlich hervor, dass es sich beim differenzialistischen Rassismus keineswegs um ein absolut neues Phänomen handelt. Unter Bezug auf den Antisemitismus des Nationalsozialismus weist er auf die Verschränkungen von biologistischen und kulturalistischen Elementen bereits in historischen Formen des Rassismus hin (vgl. Balibar 1992e).

Dass die neue Konfiguration des Rassismus nicht allein kulturalistische Ausformungen hat, die Verschiebung von einem Biologismus zu einem Kulturalismus so schematisch nie stattgefunden hat, betont auch Jost Müller, der in seinem Aufsatz „Rassismus und die Fallstricke des gewöhnlichen Antirassismus" (1992) und später, weiter ausformuliert, in seinem Buch *Mythen der Rechten* (1995) an die Überlegungen Balibars anknüpft. Er argumentiert, dass es in der Geschichte der Rassismen niemals einen reinen biologistischen Rassismus gegeben hat, sondern dass sich das Phantasma der biologischen Reinheit, der Überordnung und Unterordnung, der Ein- und Ausgrenzung immer an kulturellen Normen orientiert hat, die der Rassismus dann biologistisch substanzialisiert hat. Umgekehrt wird versucht, auch eine biologistische Stigmatisierung durch den Verweis auf eine vermeintlich völlig andere Kultur evident zu machen (vgl. auch Fanon 1972, 39).

---

3 Beispielhaft ist die Diskussion um die von der CDU initiierte Leitkulturdebatte zu nennen (vgl. hierzu Ronneberger/Tsianos 2001) oder das Integrationsdispositiv in der bundesdeutschen Einwanderungspolitik (vgl. hierzu Bojadžijev/Ronneberger 2001).

In diesem Sinn war und ist jeder Rassismus immer schon eine projektive Konzeption, die soziale Differenzen, soziale Hierarchien und Herrschaftsverhältnisse affirmativ zu erklären versucht. Hierzu changiert er ständig zwischen biologistischen und kulturalistischen Erklärungsmustern, Zuschreibungen und Stigmatisierungen, denen er eine essenzielle Bedeutung zukommen lässt. Bei der Bestimmung der Konjunktur des Rassismus geht es nicht um eine Analyse, wie rassistisch eine Gesellschaft ist, sondern um das Herausarbeiten seiner Dynamik und Artikulationen sowie seiner Verankerung in den herrschaftlich strukturierten Verhältnissen, deren Ausdruck er zugleich ist. Ich spreche von Konjunkturen, auch, um die Singularität der Fälle zu bezeichnen, das heißt um eine Verallgemeinerung über den Rassismus zu vermeiden. Bei der Herausarbeitung einer Konjunktur geht es nicht nur um eine Zusammenfassung ihrer Elemente, das heißt um eine Art Inventur, und um die Aufzählung ihrer diversen Bedingungen, die politische, kulturelle, geografische, ökonomische Faktoren etc. umfasst. Konjunkturen ergeben immer auch ein widersprüchliches System mit den daraus resultierenden theoretischen sowie politischen Problemen, die uns damit auferlegt sind. Einige, zentrale Probleme der Theoriebildung möchte ich deshalb hier aufgreifen.

1.2. Kritische Rassismustheorie in Deutschland

In der in Deutschland entwickelten Rassismustheorie, die ich im Folgenden darstellen und diskutieren möchte, stehen die Analyse des Rassismus in der deutschen Gesellschaft und verschiedene Zugänge und Anstrengungen, Rassismus zu theoretisieren, im Mittelpunkt. Ich beziehe mich auf Ansätze, die mehrheitlich zu Beginn der 1990er Jahre, also zur Hochphase des erneuten Erstarkens der gegenwärtigen Form von Rassismus und Nationalismus in Deutschland entstanden sind. Sie stellen eine avancierte Theoriebildung bereit und bilden ein begriffliches und analytisches Instrumentarium aus, das in der Lage ist, theoretische und praktische Verengungen der Rassismustheorie zu kritisieren.

Es war in der Bundesrepublik seit etwa Ende der 1980er Jahre vor allem Sache der publizistischen und politischen Tätigkeit kleiner linker Verlage, Zeitschriften, Zeitungen sowie linker und migrantischer Gruppen, eine kritische Rassismustheorie und -praxis zu entwickeln, die eine Selbstverständigung über die zunehmenden rassistischen Übergriffe erlaubten, und einen Wissenstransfer über die Debatten zu Rassismus in den USA, Frankreich und Britannien zu organisieren. In diesem Kapitel soll die Entwicklung theoretischer Ansätze in Deutschland nachgezeichnet werden, die vom universitären Betrieb relativ marginalisiert stattgefunden hat.[4]

Rassismus versus Fremdenfeindlichkeit

Der Rassismus reorganisiert und bestimmt sich historisch nicht nur immer wieder neu, auch die Begriffe, die zu seiner Benennung verwendet werden, sind Ausdruck dieser umstrittenen Transformationen.[5] War es zunächst der Begriff der „Ausländerfeindlichkeit", der in Deutschland die Perspektive auf den Rassismus reduzierte (vgl. Kalpaka/Räthzel 1994), setzte sich kurze Zeit später der bis heute in staatlichen Apparaten, Medien, aber auch in der Migrationssoziologie gebrauchte Begriff der Fremdenfeindlichkeit durch, der den Rassismus vor allem gegenüber Migrantinnen und Migranten markieren und erklären sollte (vgl. Hoffmann/Even 1984; Griese 1989; Friedrichs 1998). Mit den Theorien der Xenophobie ist die Annahme verbunden, es gehe um „Vorurteile" gegenüber „Fremden" innerhalb der deutschen Gesellschaft. Es gelingt ihnen aber nicht zu erklären, wer wie und wann überhaupt als „fremd" wahrgenommen wird (vgl. kritisch dazu Demirović 1992; Müller 1995; Rommelspacher 1997). Dieses Muster in der Analyse des Rassismus wiederholt in den meisten Fällen die juristischen Kategorisierungen und reproduziert staatliche Einwanderungsnormen – der Fremde ist der Eingewanderte – und liefert keine hinreichenden Erklärungen der alltäglichen Diskriminierungen. „Der Fremde" selbst ist hier Schlüssel zur Diskriminierungspraxis, die als eine individuelle oder kollektive Reaktionsweise auf Fremde oder Andere gilt. Es bleibt völlig unklar, wie sich das „Fremde" bestimmt. Auf diese Weise suggeriert der Begriff zwar die Rede von diskriminatorischen Praktiken und Diskursen und bringt scheinbar eine systematisierende Ordnung in die unterschiedlichen Diskriminierungspraxen, unterstützt aber durch die Voraussetzung des „Fremden" eine Funktionsweise des Rassismus. Diese empiristische Engführung berührt allerdings eine Grund-

4 Vgl. Müllers (2002a) Überlegungen zur Marginalität der Rassismus-Debatte seit Ende der 1980er Jahre, in denen er die öffentliche Verleugnung des Rassismus, die sozialwissenschaftliche Ausgrenzung des kritischen Rassismusbegriffs und die Stagnation der kritischen Rassismustheorie aufgrund ihrer Verknappung und Marginalisierung als Gründe hervorhebt, aber auch ihre eigenen Verengungen nachzeichnet.

5 Ebenso verhält es sich mit den Ausdrücken, mit denen die Objekte des Rassismus benannt werden. In Deutschland existieren im Kontext der Arbeitsmigration, um nur wenige zu nennen: Fremdarbeiter, Gastarbeiter, ausländische Arbeiter, ausländische Arbeitnehmer, ausländische Mitbürger, Migranten, Menschen mit Migrationshintergrund.

schwierigkeit jeder Rassismusanalyse, auf die ich deshalb in einem ersten Schritt ausführlicher eingehen möchte.

Selbst kritische Ansätze, die eine soziale Konstruktion von Differenz zu bestimmen suchen, wie der von Albert Memmi (1987), verfangen sich in dieser Schwierigkeit. Memmi, der mit dem Begriff der Heterophobie die Angst vor dem Anderen zu bezeichnen sucht, greift zum einen auf den sozialpsychologischen Erklärungsansatz der angstbesetzten Abwehr des Rassisten und zum anderen auf die soziologische Erklärung zurück, die sich auf die Präsenz oder Repräsentanz des Anderen bezieht. In seiner Erklärung erlangen die fiktiven bzw. tatsächlichen Differenzen legitimatorische Bedeutung für seine Definition. Reale Präsenz und imaginäre Repräsentanz des Anderen geraten zur sozialen Grundlage einer Bestimmung, die funktionalistisch bleibt. Auch wenn Memmi sagt, dass es sich beim Rassismus nicht einfach um ein „Wahngebilde" handelt, kann er den Konstitutionsprozess dieser Differenzen selbst nicht bestimmen. Dieser ist erst im soziohistorischen Kontext zu eruieren, wozu Memmis Theorie aber keine Hinweise liefert. Woher kommt der Fremde?

Der soziohistorische Kontext – es liegt auf der Hand – ist in der Migration zu finden. Es geht um die Überschreitung der räumlichen Ordnungen: Der Fremde kommt und bleibt. Als Zugezogener gehört er einerseits zur jeweiligen sozialen Gruppe, behält aber zugleich eine „objektive Außenstellung" zu dieser, die ihn dazu prädestiniert, außerhalb der Gesellschaft zu gelten. Georg Simmel hat sich in seinem bekannten Artikel „Exkurs über den Fremden" (1992) dieses Falls angenommen. Die ambivalente und zugleich prekäre Stellung des Fremden könne es einer „angegriffenen Partei" erlauben, zu gegebener Zeit diskriminierende Zuschreibungen gegenüber dem Fremden vorzunehmen. Simmel verfällt auf eine Sündenbock-Theorie: Die Fremden werden dabei aufgrund ihrer sozialen Stellung und ihrer Bindungslosigkeit an die Gesellschaft für alle möglichen sozialen Konflikte verantwortlich erklärt, während zugleich die Aufnahmegesellschaft als unveränderlich gedacht wird (vgl. Müller 1995, 87 f. und Simmel 1992). Der Vorteil von Simmels Ansatz ist zwar, so Müller, dass er „die Immigration in den Begründungszusammenhang rassistischer Angriffe" (1995, 90) aufnimmt, die Sündenbock-Theorie suggeriert aber eine Verbindung zwischen dem Machtanspruch der Aufnahmegesellschaft mit der realen Präsenz der Fremden. (Vgl. auch Müller 2002a, 229.)

Zwar ist im Begriff der Fremdenfeindlichkeit das Thema Migration immer präsent, die Konzentration auf die Psychologie des rassistischen Subjekts wie auf die sozial räumlichen Beziehungen, die den Migrationsprozess konstituieren, führt jedoch nicht zu einer Konkretisierung der Bedingungen von alltäglicher

Diskriminierung und politischer Ausgrenzung. Die Trennung zwischen dem vermeintlich Eigenen und dem Anderen wird in diesen Ansätzen nur hypostasiert: „Die soziale Existenz von Migrantinnen und Migranten wie auch das gesellschaftlich vorherrschende Bild von ihnen werden enthistorisiert." (Müller 1995, 90) Xenophobie erscheint als letztlich doch universalistisch auffindbare und anthropologisch fundierte Folge der realen Präsenz und der imaginären Repräsentanz der Fremden. Die Ansätze folgen einem theoretischen Realismus, der das Verhältnis von Realem und Imaginärem unzulänglich bestimmt. Die Logiken der Herrschaft, in denen das Selbst in der Spaltung von den Anderen konstituiert wird, bleiben ausgeblendet. Dies ist bis heute so, wenn die Unterscheidung zwischen Rassismus und Fremdenfeindlichkeit dazu dienen soll, Angriffe auf und Diskriminierung von „Schwarzen" und „Migrantinnen und Migranten" zu unterscheiden. Ganz besonders deutlich findet sich eine solche Unterscheidung immer wieder in der aktuellen Rassismusdebatte in Britannien, wo antirassistische Traditionen und Kämpfe gegen Rassismus zur Selbstbezeichnung als Schwarze und nicht als Migrantinnen und Migranten geführt haben. Die jüngeren Migrationsbewegungen stellen die dortige Rassismustheorie vor das Problem, die sich historisch verändernde Formation des Rassismus zu definieren. Begrifflich wird deshalb von Xenophobie gesprochen, wenn es um Rassismen gegen „nicht-schwarze" Migrantinnen und Migranten geht.[6] Oft bekommt man Zweifel an der Ernsthaftigkeit der dort seit den 1990er Jahren geführten Diskussion um „Rasse als soziale Konstruktion", wenn deutlich wird, dass die Anführungsstriche bei der Verwendung des Begriffs „race" zwar eine kritische Distanzierung signalisieren sollen, aber theoretisch der Kategorie weiterhin ein analytischer Wert zugemessen wird.[7] Gerade weil der Rassismus nämlich zu

---

6 Was als schwarz und weiß angesehen wird, wird entsprechend elastisch. So erklärte mir ein angesehener Rassismustheoretiker aus Britannien auf meine Frage, welchen analytischen Wert die Unterscheidung von Rassismus und Xenophobie in den neueren Diskussionen um Einwanderung hat, dass man bei Diskriminierung von Bürgerkriegsflüchtlingen aus dem ehemaligen Jugoslawien von Xenophobie, bei Kurden bereits von Rassismus sprechen könnte. Kurden seien nicht weiß.

7 Eine Kritik dieser Entwicklung in der britischen Rassismustheorie bietet u.a. Kushner (2005). Er zitiert darin eine Behauptung Harry Gouldbournes, eines Rassismustheorikers aus Britannien: „... to 'collapse' exclusion on the basis of colour/race with exclusion 'on the basis of nationality, culture or religion' ... may ... have political appeal as a form of unified resistance to racism, but on an analytical level, it involves unacceptable 'compromise'" (ebd., 208). Demgegenüber geht Kushner davon aus, dass solche Verbindungen gerade aufgrund ihrer analytischen Notwendigkeit vorgenommen werden müssen und von Prozessen der Rassialisierung zu sprechen wäre.

einer historischen Verschiebung in der Lage ist, erscheint die Unterscheidung von Rassismus und Xenophobie erst plausibel und opportun.[8] Wir müssen einen Schritt weitergehen, um dem Problem des Empirismus in der Theorie auf die Spur zu kommen: Wenn sich Rassismus nicht auf etwas bezieht, was „in der Sache liegt", was bedeutet dann „soziale Konstruktion"? Und warum ist es nicht genug, von sozialen Konstruktionen zu sprechen?

Ideologische Rassenkonstruktion: Was heißt Rasse als soziale Konstruktion?

Die in der Definition des Neo-Rassismus implizierte These des „Rassismus ohne Rassen" besagt im Grunde – wie jede kritische Arbeit über Rassismus –, dass Rassismus nicht über seine primären Effekte zu erklären, zu konzeptualisieren oder zu verstehen ist. Eine der Funktionen des Rassismus besteht in der Konstruktion von etwas, das es nicht gibt: Rassen. Zugleich macht der Begriff durch die Bezeichnung Neo-Rassismus kenntlich, was der Rassismus zu verbergen sucht (vgl. Demirović 1992, 22). „Der Gegenstand (die Zielscheibe) des gegenwärtigen europäischen Rassismus ist mitnichten nur der Schwarze oder der Araber oder der Moslem, wenngleich sie zweifellos die Hauptleidtragenden sind. Dieser Punkt ist auch deswegen wichtig, weil er uns einmal mehr zwingt, über die abstrakten Interpretationen hinauszugehen, die sich an Identitätskonflikten oder der Ablehnung der Anderen, der 'Andersheit' als solcher festmachen – als wäre die Andersheit ein apriorischer Tatbestand –, Erklärungen, die in Wirklichkeit nur einen Teil des rassistischen Diskurses selbst reproduzieren." (Balibar 1993, 123)

Müller geht angesichts des Bedeutungsverlustes biologischer Rassekonzeptionen und eines entwickelten kulturalistischen Rassismus der Frage nach, wie dieser zu fassen wäre, will man nicht von einer Wesen-Erscheinung-Beziehung ausgehen, die eine soziale Konstruktion von „Rasse" als Wesenskern der rassistischen Artikulation begreift. Rassismus fasst er als intrinsische Logik von Herrschaft. Eine solche Definition impliziert, dass Rassismus nicht als universalgeschichtliches Phänomen gedeutet werden kann, sondern als Ausdruck historisch spezifischer

8 Eine ähnliche Entwicklung ist heute in Südafrika zu beobachten. Es handelt sich dabei um einen Staat, der aus den antirassistischen Kämpfen gegen das Apartheid-System hervorgegangen ist und sich konstitutionell als antirassistisch versteht. Inzwischen ist Südafrika mit einer transnationalen Migrationsbewegung konfrontiert. Im Kontext von Diskriminierung gegenüber Arbeitsmigranten aus anderen Teilen Afrikas ist von Xenophobie die Rede und nicht von Rassismus, der als Begriff der Unterdrückung von „Schwarzen" durch „Weiße" vorbehalten bleibt.

politischer und ökonomischer Bedingungen interpretiert werden muss, die an kapitalistische Gesellschaftsformationen gebunden sind. Eine solche Perspektive unterläuft zugleich die monokausale Annahme, Rassismus ließe sich einfach aus kapitalistischen Produktionsverhältnissen ableiten: Ob und inwiefern Rassismus der Herrschaftssicherung dient, wäre demnach erst zu zeigen (vgl. Müller 1995, 90). Beiträge aus ideologietheoretischer und diskursanalytischer Perspektive vermeiden einen theoretischen Realismus und einen historizistischen Empirismus, um die Logiken der Herrschaft freizulegen. Ihre Kritik richtet sich gegen Erklärungsmodelle, die einerseits den Rassismus auf den Modernisierungsdruck („Modernisierungsverlierer" und neustens auch „Globalisierungsverlierer"), die Wirtschaftskrise, die Wohnungsnot oder die Arbeitslosigkeit zurückführen oder andererseits pauschal auf den Kapitalismus und seine ökonomischen Gesetzmäßigkeiten verweisen. Auch wenn diese ideologietheoretischen und diskursanalytischen Ansätze zur abstrakten Definition neigen und auf diese Weise die historischen und aktuellen Artikulationen von Rassismus (im Kontext der Migration) bisher weitgehend unkonzeptualisiert gelassen haben, mithin Gefahr laufen, eine transhistorische Gültigkeit solcher Artikulationen anzunehmen, ermöglichen sie dennoch ein Verständnis für eine relationale Theorie des Rassismus zu gewinnen, mit der eine historische Analyse, wie ich sie hier vornehme, überhaupt erst möglich wird: Mit ihrer Hilfe lassen sich Verschiebungen im Diskurs markieren, die es uns gestatten, Kontinuitätsthesen zu verabschieden, zugleich begünstigen sie, (Dis-)Kontinuitätslinien zu bestimmen. Mithin ist das Herausarbeiten der Konjunkturen des Rassismus möglich, in ihrer je unterschiedlichen Zeitlichkeit und Räumlichkeit. Ein solcher Zugang stellt zugleich für eine Analyse der Kämpfe der Migration ein nützliches Instrumentarium dar. In ihnen artikuliert sich weithin kein Selbstverständnis als antirassistische Kämpfe, als welche wir sie mit der heutigen Begriffsbildung fassen würden. Auch wenn ich persönlich keinen diskursanalytischen Zugang wähle, erlaubt diese Methode eine Analyse, die die Kämpfe nicht bewerten muss, ihre rassismustheoretische Bestimmung aber möglich macht. Schließlich wird eine Kritik an identitären Politiken, auch als strategische Option, möglich. Jenseits dessen, wie sie selbst gedacht oder konzeptualisiert werden, können mit einem solchen Instrumentarium historische Kriterien zur Beurteilung des Nutzens bestimmter Politiken entwickelt werden.

Wie funktioniert die ideologische Rassenkonstruktion? Wie bestimmt sich der rassistische Ein- und Ausschlussmodus? Müller beantwortet diese Frage in Anlehnung an die Ideologietheorie Louis Althussers. Dieser hat eine negative These, „nach der die Ideologie das 'imaginäre Verhältnis der Individuen zu ihren realen Existenzbedingungen' repräsentiert, und eine positive These, die der materiellen Existenz der Ideologie in den Staatsapparaten, formuliert. In ihren Prozeduren sieht er schließlich die Konstitution von Subjektivität durch Anrufung der Individuen als Subjekte verankert" (Müller 2002, 238 f.). Mit Althusser lassen sich Müller zufolge zwei grundlegende Merkmale der ideologischen Rassenkonstruktion bestimmen: 1. Ein strukturelles Merkmal des Imaginären: „Der rassistische Ein- und Ausschlußmodus stellt bezogen auf das strukturelle Merkmal die imaginäre Form der Identifikation eines Selbst und der Spaltung von den Anderen dar." (Müller 1995, 95) 2. Ein funktionelles Merkmal, „wonach die Individuen als Subjekte in gesellschaftlich koexistierenden Gruppen (Familie, Nation und so weiter) leben, die durch die in den ideologischen Staatsapparaten verbundenen Institutionen" (ebd., 94 f.) zusammengefasst sind.

Das Imaginäre knüpft sich an Zuschreibungen, die als körperliche und kulturelle Stigmata fungieren, meist amalgamiert und konstruiert als spezifisches Profil biologischer und kultureller Eigenschaften. Das imaginäre Selbst kann sich nur in der Spaltung von den Anderen fixieren, alle Zuschreibungen des eigenen Selbst sind negative Identifikationen, die „im Prozeß der Bedeutungskonstitution von 'Rasse' erst zusammengebracht werden müssen" (ebd., 95). Wenn sich das imaginäre Selbst und die imaginären Anderen in der Rassenkonstruktion derart bedingen, kann der Rassismus nicht als „Selbstbetrug" aufgefasst werden, der den Rassisten über sich selbst und andere täuscht, um an die eigene Überlegenheit und Rechtmäßigkeit glauben zu können, wie das bei Memmi gefasst ist. Die ideologische Rassenkonstruktion erfüllt nach Müller vielmehr die „zentrale Funktion der Verkennung" des gesellschaftlichen Reproduktionszusammenhangs, der ökonomischen und politischen Kräfteverhältnisse zwischen den Klassen und Fraktionen sowie innerhalb der postkolonialen Unterordnungsverhältnisse, indem durch sie die Individuen als Subjekte einer „Rasse" oder „Ethnie" angerufen werden.

Allerdings wäre es Müller zufolge nicht hinreichend, diese Ideologeme allein als soziale Konstruktionen zu charakterisieren. Die Identifikationen selbst wären näher zu bestimmen. Das Imaginäre breitet sich auf fiktiven Linien aus, die den Ein- und Ausschlussmodus markieren und die Identifikation eines Selbst und die Trennung vom Anderen stützen. Unter Rückgriff auf Balibar geht Müller davon aus, dass es sich um eine vom Nationalstaat produzierte „fiktive Ethnizität" handelt.

Fiktiv heißt hier, dass zwischen dem Imaginären und dem Realen eine Relation der Eindeutigkeit installiert wird, indem bestimmte Kennzeichen in eine narrative Beziehung gesetzt werden: „Die Narration spielt dabei auf Tatsächliches an, das andere Quellen als solches verbürgen, bringt beobachtete und erfundene Handlungen, habituelle Gesten und körperliche Merkmale in einen gemeinsamen

Kontext, schafft Verknüpfungen zwischen heterogenen Elementen, transponiert und universalisiert sie, zitiert, paraphrasiert und kommentiert dazu andere Texte, so daß in einem fast unentwirrbaren Konglomerat aus fiktiven Zuschreibungen und realen Begebenheiten ein ideologischer Effekt hervorgerufen wird, der sich in einem einfachen Satz zusammenfassen läßt: So ist es!" (Müller 1995, 96)

Rassismusanalyse als Interdiskurs

Ideologietheoretisch müsste man von Rassismen und staatlich reguliertem Rassismus sprechen, wenn erklärt werden soll, wie sich körperliche und kulturelle Stigmatisierungen reproduzieren, sodass sie sich aufdrängen und als solche wieder- und anerkannt werden. Müller schlägt vor, von ideologischen Rassenkonstruktionen und nicht von Rassismus als Ideologie oder Rassenideologien zu sprechen, da sonst die Gefahr bestehe, von einer Wesen-Erscheinung-Beziehung auszugehen, indem die soziale Konstruktion von „Rasse" als Wesenskern der rassistischen Artikulation aufgefasst wird. Theoretisch-methodisch bliebe das essenzialistisch: „Ist 'Rasse' abstrakt als soziale Konstruktion dekuvriert, bilden die einzelnen Rassismen nur noch das notwendige, konkretisierte Anschauungsmaterial." (Müller 1995, 100) Es verhält sich aber umgekehrt: Die rassistischen Artikulationen realisieren die ideologischen Rassenkonstruktionen, indem sie sie aktualisieren und konkretisieren. Dafür spricht ideologietheoretisch gesehen die Unterscheidung zwischen Struktur und Funktion, imaginärer Form und institutioneller Formierung der Spaltung des Selbst von den Anderen.

Für die Erklärung des Zusammenhangs von Körper und Kultur in rassistischen Artikulationen bietet sich der diskursanalytische Ansatz an, um die diskursive Produktion dieser Artikulationen zu erläutern und den Ein- und Ausschlussmodus zu konkretisieren. Die aktuelle Diskriminierungs- und Verfolgungspraxis kann auf diese Weise erfasst werden. Die rassistische Diskriminierung ist ein Bedeutungsprozess, in dem vorgefundenes wie auch erfundenes Material, Reales und Fiktives immer aufs Neue verknüpft werden. Das heißt, was als Rasse oder Ethnie bezeichnet wird, ist diskursiv hergestellt. Ohne diese diskursive Produktion zu berücksichtigen, kann man die Ausbreitung und Intensivierung des Rassismus überhaupt nicht verstehen.

Wann immer „Rasse" oder „Ethnie" artikuliert werden, müssen sie keineswegs rassistisch erscheinen. In vielen Institutionen sind die Artikulationen des Rassismus präsent, ohne dass die ideologische Konstruktion von „Rasse" als deren Zentrum gelten kann. Das „rassistische Subjekt" ist eine Art Phantom, es tritt als

Subjekt der Familie, der Nation, der Kultur usw. auf, in deren Namen es spricht und die es als Eigenes zu behaupten und vor den Anderen zu schützen hat.

Um Rassismus in vielfältigen Artikulationen, in Verkopplungen mit anderen Praxisformen zu bestimmen, greift Müller auf das theoretische Modell des „Interdiskurses" bei Michel Pêcheux zurück, der sich auf Althussers Analyse der „ideologischen Anrufung" bezieht: „Der Interdiskurs ist bei Pêcheux als das soziohistorisch geprägte, diskursive Gedächtnis der Subjekte aufgefaßt, in das sich das 'Vor-Konstruierte' (préconstruit), das Bereits-Gesagte, als evidente Referenz der aktuellen Aussage einerseits und der 'Quer-Diskurs' (discours-transvers), das Anderswo-Gesagte, als eine Art Bedeutungsaxiom der aktuellen Aussagen andererseits einschreiben." (Ebd., 101) Im soziohistorischen Gedächtnis der Subjekte stellen die Diskurse über „Rassen" die vorkonstruierten und quer laufenden Elemente zur Verfügung, in denen explizit oder implizit die ideologischen Rassenkonstruktionen aktualisiert werden. Das Konzept des Interdiskurses hilft, die quer zu bestimmten diskursiven Anordnungen fungierenden Aussagen in ihrer axiomatischen Bedeutung zu erkennen. Der Interdiskurs stellt eine spezifische Verkettung der in unterschiedlichen Kontexten produzierten Diskurse her, die die Bedeutungskonstitution von „Rasse" in einem Diskurs durch die in den anderen stabilisiert.

Auch antirassistische Strategien, die eine Vorstellung von Widerstand implizieren, der sich in kritischer Absicht auf das Spiel von Identität und Gegen-Identität, auf eine Politik der Repräsentation einlässt, kann mit diesem Verständnis kritisiert werden (vgl. etwa den Ansatz von Hall 1994, 2000 und 2004). Der spielerische oder strategische Charakter verschleiert nämlich seine Nähe zur Praxis der Kontrolle und Überprüfung von Identitäten, worauf Pêcheux (1982) aufmerksam macht. Was damit einhergeht, ist Folgendes: Die Evidenz[9] der Identität verschweigt die Tatsache, dass sie ein Resultat der Identifizierung/Anrufung des Subjekts ist, dessen fremde Herkunft ihm aber trotzdem „merkwürdig bekannt" vorkommt. Ein Widerspruch entsteht in dieser Diskrepanz, in der Rückkehr von Fremdheit ins Bekannte, die den Effekt der Vorkonstruiertheit hervorbringt. Denn egal, ob die Subjekte darunter leiden oder damit versöhnt sind, einer Identität unterworfen zu sein, oder sich ironisch oder strategisch davon distanzieren, tauchen sie in jedem Fall als Objekte in einem Prozess auf, der sie

9 Pêcheux zufolge bezeichnet das den materiellen Charakter der Bedeutung von Worten und Behauptungen: Es ist die Ideologie, die für die Evidenz sorgt, dass „jeder weiß", was ein Chef, eine Fabrik, ein Streik, ein Ausländer, ein Illegaler etc. ist. Die Evidenz, die ein Wort oder eine Behauptung „meinen läßt, was es/sie sagt" und sie gleichzeitig in der „Transparenz der Sprache" verschleiert. (Vgl. Pêcheux 1982, 111)

verdoppelt und trennt, um mit sich selbst umzugehen – als andere als sie selbst. Pêcheux nennt das den Münchhauseneffekt, in Erinnerung an den Baron, der sich am eigenen Zopf aus dem Morast gezogen hat. (Vgl. Pêcheux 1982, 107 ff.)

Herrschafts- wie Widerstandspraxen bekämpfen sich auf einem Feld, das mit Pêcheux durch die Begriffe Identifikation, Gegen-Identifikation und Ent-Identifizierung erschlossen und umgrenzt werden kann. Er spricht vom „ideologischen Subjekt": Dieses „entzweit sich in ein einzelnes *subjekt*, das in der empirischen Evidenz seiner Identität ('ja, ich bin es!') und seiner Stellung ('es ist wahr, hier bin ich, Arbeiter, Unternehmer, Soldat') befangen ist, und in ein universales SUBJEKT, das große Subjekt, das in der Gestalt Gottes, der Justiz, der Moral oder des Wissens etc. die Evidenz vermittelt, dass 'es so ist', immer und überall, und dass es so gut ist." (Pêcheux 1984a, 62)[10] Im Prozess der Identifikation fallen das kleine *subjekt* (empirisches Individuum, das z. B. eine Staatsbürgerschaft besitzt) und das universale SUBJEKT (der Staat selbst, und mit ihm die nationale Bevölkerung) so zusammen, dass ersteres in seiner Identifikation mit letzterem von sich aus nach dessen ideologischen Maßgaben „funktioniert" – ein Vorgang, den Althusser *assujettissement* nennt, Unterwerfung durch und als Subjektivierung. In der Gegen-Identifikation lösen sich die einzelnen *subjekte* aus dieser Subjektivierung, bleiben jedoch gemäß der Figur der Umkehrung an sie gebunden. Erst die dritte ideologische Modalität im Verhältnis von *subjekt*/SUBJEKT, die Ent-Identifizierung, bricht die Symmetrie von Identifikation und Gegenidentifikation. Von ihr sagt Pêcheux ausdrücklich, dass es sich dabei „nicht um eine unmögliche Ent-Subjektivierung des Subjekts, sondern um eine Transformation der Subjekt-Form" (Pêcheux 1984b, 64) handelt, die, so lässt er sich interpretieren, nur unter der Einwirkung politischer Praxis möglich wird.

Mit dem Begriff der Ent-Identifizierung kann versucht werden, die positive Fixierung auf ein historisches Subjekt (die Arbeiterklasse, die neuen Ethnizitäten) aufzugeben. „Für Pêcheux handelt es sich bei der Ent-Identifizierung um einen genuin ideologischen Effekt, um einen Effekt, der anzeigt, dass das bei Althusser angedeutete gewaltvolle Drama von Identifikation und Gegenidentifikation nicht hinreicht, um ideologische Transformationsprozesse zu bestimmen. Denn das ideologische Material besitzt keine vorgegebene Eindeutigkeit, sondern ist selbst in den 'Kampf um den Sinn der Wörter, Ausdrücke und Äußerungen' (Pêcheux 1988, 12) einbezogen. Dieser Kampf verschiebt permanent das Terrain der ideologischen Anrufungen, sodass die unterschiedlichen regionalen

10 Vgl. auch Althusser 1977, 108 ff.

oder besonderen Ideologien immer wieder neu diskursiv gegeneinandergestellt oder zusammengefügt und hierarchisiert werden. Ideologie ist nach diesem Verständnis nicht einfach eine die Handlungen und das Bewusstsein der Subjekte regulierende Befestigung von Herrschaft, sondern ein 'paradoxer Raum', in dem sich sinnvolles Tun und Subjektivation, Herrschaft und Widerstand gegen sie stets neu lokalisieren und diskursiv formieren." (Müller 2003, 308) Kritik der Ideologien bedeutet demnach eine Strategie zu erfinden, die so an die Effekte der Ent-Identifizierung anknüpft, dass sie den Mechanismus der Ein- und Ausrichtung von Pluralismus angreift, das heißt die Konstruktion einer Welt, in der Differenzen auf bestimmte Weise ausgerichtet und normiert sind. Mit Pêcheux kann eine flexible Ideologiekritik ins Auge gefasst werden, die all jene politischen Formen in Zweifel zieht, wie sie sich innerhalb der Grenzen einer Partizipation durch Repräsentation abspielen. (Vgl. Müller 2003, 308 f.)

Theorie der Ethnizität

Auch wenn der Begriff der „Rasse“ an Bedeutung verloren hat, ist der semiologische Komplex, als das Bündel an Bedeutung, das sich in diesem Wort verdichtet hat, keineswegs verschwunden. Der Begriff entfaltet bis heute eine solche Intensität, die es erlaubt, eine Vielfalt von Bedeutungen zu regulieren, zu synthetisieren und auszuführen. Dies erklärt auch, warum es nicht einfach genügt, Rasse für ungültig zu erklären. Obwohl es eine Aufgabe antirassistischer Kritik ist, die Existenz von Rassen anzufechten, gilt es zugleich, das breite Potenzial zu berücksichtigen, mit dem Rasse in bestimmte soziale Verhältnisse überführt wird und wie, gleichzeitig, neue Bedeutungen von Rasse in bestimmten sozialen Verhältnissen für zukünftige Konstellationen generiert werden. Rasse beruft sich in gewisser Weise gerade auf „die Grenzenlosigkeit“ von Bedeutungen. (Vgl. Bhatt 2008.)[11]

Heute bezeichnet das Wort „Ethnie“ oft den synkretistischen Holismus, in dem soziologische, symbolische, phantasmatische und somatische Merkmale zusammengefasst werden. Semantisch ist es zwischen der Konnotation „kulturell“ und „rassisch“ aufgehoben, sodass es je nach Verwendung unterschiedlich eingesetzt werden kann – zwischen kulturalistischen und genealogischen Aussagen. Keine Definition von „Ethnie“ kommt ohne den Rekurs auf eine „gemeinsame Herkunft“ aus, „die das interdiskursive Scharnier zwischen dem historizistischen

11 Bereits zur Hochzeit der Rassentheorie war strittig, in wie viele Rassen die Menschheit aufzuteilen wäre; zwischen 4 und 63 variierten die Mutmaßungen. (Vgl. Hund 2007, 93f.)

Diskurs der Überlieferung und dem biologischen Diskurs der Abstammung darstellt" (Müller 1995, 103). Der bedeutungsaxiomatische Akzent von „Rasse" oder „Ethnie" verschiebt sich permanent zwischen Biologismus und Kulturalismus. Das ermöglicht die wechselseitige Übersetzung der Rassismen, wobei die Aussagen über Kultur letztlich doch auf körperliche Stigmatisierungen anspielen, die im soziohistorischen, ethnozentrisch beherrschten Gedächtnis mit dem Wort „Rasse" verknüpft sind.

Vorkonstruierte Bedeutungskonstitutionen von „Rasse" oder „Ethnie" erlauben den Ideologien rassistischer Artikulationen eine flexible Strategie, theoretische Konstrukte in Alltagswissen zu überführen. Diskurse über „Rasse" sind ohne Übersetzung in Kultur kaum denkbar, da sie sich so vor allem in soziale Praxisformen einschreiben. Kultur im homogenisierenden Sinne (wie etwa in „Kultur eines Volkes") und im hierarchisierenden Sinne (wie etwa in „ein Mensch von Kultur") erlaubt den Rassismus zu artikulieren und ihn gleichzeitig zu verdecken. Die vielfältigen Formen und Transportwege (über Ehe, Vaterlandsliebe etc.) lassen die Rassismen auf einem kulturalistischen Terrain quasi multifunktional bewegen, was den Kampf gegen sie schwierig gestaltet.

Die phantasmatischen Zuschreibungen sind in der Regel unabhängig von jeder Präsenz von Migrantinnen und Migranten.[12] Erfahrungen mit den Objekten des Rassismus sind gar nicht nötig. Das ist, so hat Alex Demirović unter Rückgriff auf die ältere Kritische Theorie betont, ein wichtiges Argument gegen ideologiekritische Annahmen, die beim Rassismus rationalistische Einstellungen unterstellen, wogegen sich durch Kenntnis des Sachverhalts und Reflexion oder durch sozialarbeiterische Maßnahmen wie das Kennenlernen von Migrantinnen und Migranten oder das Herausstellen ihrer positiven Eigenschaften für die Gesellschaft (wie im Multikulturalismus) Abhilfe schaffen ließe (vgl. Demirović 1992, 28). Müller vergleicht diesen Vorgang, bei dem die konkreten Opfer andere sein können, mit dem Antisemitismus: „Wenn man so will handelt es sich um einen postmodernen Antisemitismus, der zitierend, nicht agitierend, verdeckt, nicht offen vorgetragen wird." (Müller 1995, 126) Hatte Adorno den Antisemitismus in der Minima Moralia aphoristisch als „das Gerücht über die Juden" (Adorno 1997, 141) bezeichnet, zieht Müller eine Analogie, wenn er den Neorassismus als „verallgemeinerten Rassismus" bezeichnet und schreibt, dass die so genannten

12 Nora Räthzel hat auf dieses Paradox in seiner Absurdität sehr richtig hingewiesen: „Sind es zu viele, machen sie den Eingeborenen Angst, sind es zu wenige, ebenfalls, weil der Gewöhnungseffekt nicht eintritt. EinwanderInnen sollten demnach darauf achten, in genau der richtigen Zahl aufzutreten, denn offenbar gibt es neben der maximalen auch eine minimale Toleranzschwelle." (Räthzel 1997, 212)

„ethnischen Realitäten" nichts anderes als das Gerücht über die Migrantinnen, Migranten und Flüchtlinge sind. (Vgl. Müller 1995, 127)

Gerüchte sind ein wesentlicher Aspekt des Alltagslebens. Eine allgemeine Theorie des Rassismus stößt da an ihre Grenzen, wo sie die Praxisformen und mikrologischen Prozesse bestimmen will, die im Alltag zum Tragen kommen und jene diskriminierenden Praktiken transportieren, die wir aus Redeweisen, Witzen, Gesten, Sprichwörtern und Ritualen kennen. In zahlreichen Romanen, Kurzgeschichten und Autobiografien von Migrantinnen und Migranten kommt zum Ausdruck, in welche widersprüchlichen und komplexen Situationen der Rassismus die Menschen verstrickt. Wie im Alltag durch Gesten und Worte Trennungen und Gegensätze aufgebaut werden, die die rassistische Gemeinschaft reproduzieren, während sie den Migrantinnen und Migranten suggerieren, nicht dazuzugehören. In der Tat existieren viele Institutionen, in die der rassistische Ein- und Ausschlussmodus eingelassen ist: Schule, Familie (Sprachgemeinschaften, Genealogie), der kulturelle Apparat, Polizei und Justiz, Bevölkerungswissenschaft, Sozialmedizin, rechtsextreme Organisationen als Teil des politischen Systems, Massenmedien, Stadt- und Regionalplanung.[13] In Verbindung mit diesen Institutionen ergeben sich diverse Praxisformen wie etwa Heiratsregeln, diskriminierende Bilder, Kulturkreis-Definitionen, Kriminalisierungsstrategien. Sie liefern Orientierungsmaßstäbe und versprechen Kontrolle; sie sind auf allen Ebenen der Gesellschaft aufzuspüren.[14] Nicht zuletzt bieten sie Angebote zur Identifikation, die institutionell vermittelt werden.

Rassismus und Staat: Institutionelle Formierung

Es ist bisher noch ungeklärt, wie die ideologische Konstruktion im politischen Raum präsent ist. Es gibt keine Identifikation, die nicht in einem institutionellen

13 Es ist immer wieder betont worden, dass eine Veränderung von Gesetzen nicht hinreichend ist, um den sogenannten Alltagsrassismus zu bekämpfen. Auch Gesetze wie etwa ein Antidiskriminierungsgesetz, das an der Schnittstelle von Institutionen und Alltag stehen will und dieses Problem anzugehen verspricht, sind in eben jenem Widerspruch verfangen, den der Rassismus antirassistischen Praktiken auferlegt (vgl. kritisch Demirović 1992, 43 ff.; Müller 1992; Tsianos 2001; affirmativ Wilpert 2003). Zu den Engpässen einer *affirmative action*-Politik in den USA vgl. Wallerstein 1997.

14 Für eine ausführliche Thematisierung des Verhältnisses von Alltags- und Rassismustheorien vgl. Müller 2002a.

Rahmen vor sich geht. Der Begriff der Identifikation bezeichnet einen Prozess, in dem ambivalente oder uneindeutige Identitäten hergestellt werden. Identität ist in diesem Sinne eine Fiktion. Es handelt sich bei der Identität um soziale Konstrukte, die den für die Konstitution von Subjektivität entscheidenden Prozess der Identifikation still zu stellen und in einen Mechanismus zu verwandeln suchen, der mögliche Identifikationen verknappt.

Die Subjekte erfordern für ihre gelingende Identitätsbildung „symbolische Garantien" (vgl. Balibar 1992b, 75), die ihnen die Institutionen innerhalb der Staatsapparate zur Verfügung stellen und die bestimmte Handlungsweisen und rituelle Verkehrsformen vorschreiben. Die Herstellung einer einzigen Identität ist auf diese Weise ebenso unmöglich, wie sie zugleich erfordert wird (ebd.). „Identitäten als geronnene, in Institutionen materialisierte Identifikationen repräsentieren eine paradoxe Konstellation: Sie sind zugleich fiktiv und uneindeutig, da sie niemals mit sich identisch sind." (Müller 1995, 98) Es handelt sich um eine „erzwungene Identifikation". Die fiktive Ethnizität, wie sie einer Nation zugeordnet wird, ist ein Beispiel hierfür, der Patriotismus ein anderes (vgl. Balibar 1992b). Die intrinsische Logik der Herrschaft zeigt sich weniger „im tatsächlichen Festhalten am Identischen als in den Reglementierungen der Identifikationen, in ihrer Beziehung von Differenz und Unterordnung, wie sie sich in den ideologischen Staatsapparaten reproduziert" (Müller 1995, 98).[15] Da die Pluralität von Identifikationsprozessen niemals vollständig aufgehoben werden kann, gibt es keine Identität ohne die Festsetzung einer Hierarchie von Verbandsbezügen und Zugehörigkeiten, die von Institutionen ausgearbeitet werden.

Institutionen sind bemüht, die Vielfalt von Identifikationen zu reduzieren, indem sie zum einen die Zugehörigkeit von Individuen zu einem Verband, zum anderen die Zugehörigkeit des Verbands zu den Individuen regeln und zugleich diese vergesellschaften, indem sie ihre wechselseitige Zugehörigkeit festzulegen versuchen. Als Beispiel: „Keine Nation beruht historisch auf einer 'reinen' ethnischen Basis, aber jede Nation konstruiert mittels ihrer Institutionen eine fiktive Ethnizität." (Balibar 1992b, 76) Da aber eine einzige Identität kaum hergestellt werden kann, geht es immer um eine Pendelbewegung zwischen der Unmöglichkeit ihrer „Erfüllung" und dem Erfordernis, sie zu reduzieren. In dieser Bewegung darf man sich die Ausbildung einer Hegemonie nicht als die totalitäre Herrschaft einer Identität – etwa einer fiktiven Ethnizität – vorstellen. Vielmehr lässt sich sagen, dass „Zugehörigkeiten" sortiert, abgegrenzt und hierarchisiert, das heißt die

15 Das gilt auch als Einwand gegen politisch-theoretische Strategien wie die der „neuen Ethnizität" von Rassismustheoretikern wie Stuart Hall (vgl. Hall 1994).

Verbandsbezüge reguliert werden. Diese „Zugehörigkeiten" können durchaus in einem antagonistischen Verhältnis zueinanderstehen. Die Bedingung dauerhafter Herrschaft ist, über ihre Vermittlung zu verfügen, das heißt die dauerhaften Kämpfe um Partizipation zu regeln (vgl. Balibar 1992b).[16]

„Institutioneller Rassismus"

Sowohl politisch wie theoretisch ist häufig und gerne die Rede vom „institutionellen Rassismus". Sie soll ausdrücken, dass rassistische Denk- und Handlungsweisen nicht Sache einzelner Individuen sind, sondern in der Organisation des gesellschaftlichen Zusammenlebens verortet sind, die die „Anderen" gegenüber den Angehörigen der eigenen Gruppe systematisch entrechtet, die gesellschaftlichen Gruppen und Individuen trennt; sie in Subjekte mit „ethnischer" und „rassischer" Identität überführt. Alltagssprachlich und politisch ist damit meist vom Rassismus die Rede, der institutionell verankert ist, das heißt von Behörden ausgeht, oder es soll schlicht Diskriminierung in Ämtern, wie etwa dem Ausländer- oder Ordnungsamt, bezeichnet werden. Ansätze, die sich eine theoretische Ausarbeitung zum Ziel gemacht haben, verfehlen oftmals die Komplexität. In Deutschland haben Margarete Jäger und Siegfried Jäger (2002) am Duisburger Institut für Sprach- und Sozialforschung (DISS) an einem solchen Ansatz gearbeitet. Sie unterscheiden zwischen Rassismus auf gesellschaftlicher und auf institutioneller Ebene. Ihrer Definition zufolge basiert der Rassismus gesellschaftlich auf rassistischen Diskurselementen. Institutioneller Rassismus ist dagegen gleichbedeutend mit administrativem Handeln auf der Grundlage von Gesetzen. Den staatlichen Instanzen sei eine „(Mit-)Verantwortung" für die rassistischen Handlungen zuzusprechen, vor allem weil der Staat durch sein Gewaltmonopol und seine demokratische Legitimation „sich jeder Kritik entziehe". Institutionen werden hier im Wesentlichen als Staat verstanden, der mit seinen diskriminierenden Handlungen gegenüber Migranten die Grundlage für rassistische Einstellungen liefert. Der Rassismus ist somit „Folge des hegemonialen, in Gesetzen gefassten und in der Politik vertretenen Rassismus" (ebd., 219). Nicht nur, dass hier der Zusammenhang von Gesellschaft und Institutionen reichlich unklar bleibt, auch woher der Rassismus und die definitorische Arbeit kommt, die zur Ausgrenzung führt, ist völlig undurchsichtig (vgl. Miles 1991,

---

16 Dies kann durchaus in einem Ausschluss bestehen, entscheidend sind aber die Bedingungen von Ein- und Ausschluss, der Grad der Partizipation und ihr Verhältnis zueinander.

113 ff.). Mark Terkessidis macht außerdem zu Recht darauf aufmerksam, dass in diesem Ansatz überhaupt nicht deutlich wird, wie Diskurse und das staatliche Handeln zusammenhängen, das auf dem Wissen über Gesetze und Verordnungen basiert (vgl. Terkessidis 2004, 86). Ein solches Verständnis unterstützt die tautologische Erklärung, nach der der bürgerliche Staat an sich und grundsätzlich rassistische Politik verfolgt, weil sie für seine Organisation und Struktur konstitutiv ist. Zudem wird unterstellt, dass der Rassismus staatlicherseits bloß strategisch zur Verwendung kommt, ihm also eigentlich äußerlich ist.

Staat und Kämpfe

Für eine Reflexion der spezifischen Art und Weise, in der rassistische Praktiken in staatlichen Apparaten überhaupt existieren und eine Infrastruktur ausbauen können, bedarf es eines materialistischen Begriffs von Institutionen. Zentral hierfür ist der Ansatz des Staatstheoretikers Nicos Poulantzas (1978), der den Staat unter einem theoretischen Gesichtspunkt als durch soziale und politische Auseinandersetzungen konstituiert in den Blick nimmt. Der bürgerliche Staat ist kein einheitliches Handlungszentrum, sondern besteht aus einer Reihe von Apparaten, die in Konkurrenz zueinander stehen, durch Machtverhältnisse verbunden und intern davon durchzogen sind. Diese Auseinandersetzungen haben für das Verständnis von Politik ein analytisches Primat. Der Staat kann nicht mehr von seiner Struktur her analysiert werden (vgl. Demirović 1990: 24). So bestimmte Poulantzas den Staat als „materielle Verdichtung" von Kräfteverhältnissen (vgl. Poulantzas 1978, 119). Poulantzas geht nicht davon aus, dass die Interessen einer bestimmten gesellschaftlichen Gruppe immer schon in den Staat eingelassen sind, dass also die Herrschaftsfunktion des Staates darin bestünde, die politischen Auseinandersetzungen im gesellschaftlichen Raum an sich zu ziehen, sie zu kooptieren und ihnen eine Form zu geben, die ihnen ihre sozialrevolutionäre Bedeutung nimmt. Der Staat müsse vielmehr selbst als ein Element sozialer Auseinandersetzungen verstanden werden, das in diesen erst produziert wird (vgl. Poulantzas 1978; vgl. auch Demirović 1987 und 1990). Dieses relationale Verständnis von Staat widersetzt sich der Vorstellung, dass die Kämpfe ihm äußerlich wären. Das heißt, dass die sozialen Kämpfe, ihre historischen Errungenschaften, „im Staat anwesend" sind, seine hegemoniale Wirkung allerdings darin besteht, diese zu regulieren. Die Sozialpolitik ist dafür im Rahmen der Nation-Form des Staates nur ein Beispiel. Balibar spricht deshalb für eine bestimmte Phase der Geschichte vom national-sozialen Staat (vgl. Balibar 2003; 2005). Ein Punkt, auf den ich unten zu sprechen kommen möchte.

Was kann eine solche relationale Theorie des Staates zum Verständnis der institutionellen Formierung von Rassismus beitragen? Eine Staatstheorie, die wie die von Poulantzas Fraktionen in den sozialen Auseinandersetzungen unterscheidet, geht dabei auf deren jeweilige Zusammensetzung nicht ein. Für die Rassismustheorie bekommt jedoch dieser Aspekt eine entscheidende Bedeutung. Rassismus wird nicht einfach vom Staat gemacht oder ausgeübt, vielmehr hängt er unter anderem mit Prozessen der Migration zusammen, in deren Wirkungszusammenhang sich rassistische Ausschließungs- und Unterwerfungspraktiken heute vielfach überlagern. Transnationale Migration kann als Prozess der permanenten Neuzusammensetzung der Klassen gelesen werden. Um Migration und Rassismus im strukturellen und institutionellen Aufbau des kapitalistischen Staates bestimmen zu können, bedarf es über Poulantzas' These hinaus einer Perspektive auf den Zusammenhang von Ethnisierung und Migration in ihren Wirkungen auf die beherrschten Klassen und ihre Spaltungen. (Vgl. Bojadžijev 2002b)

Serhat Karakayalı und Vassilis Tsianos (2002; 2004) haben einen Vorschlag gemacht, wie über das Verhältnis von Rassismus, Staat und Ökonomie nachgedacht werden könnte. Unter Rückgriff auf die Weltsystem-Theorie von Immanuel Wallerstein konstatieren sie, dass Arbeitsmigration aus den Funktionserfordernissen des sich ständig verändernden kapitalistischen Weltsystems und seines Zwangs zum Wachstum entsteht. Prozesse der „Ethnisierung" der Weltarbeitskraft und die rassistische Segmentierung des Arbeits- und Wohnmarktes sind davon begleitet. Rassismus ist demnach ein Ausdruck der Institutionalisierung der durch die internationale Arbeitsteilung durchgesetzten Hierarchien. Die strukturellen Spannungen und Ungleichheiten in der internationalen Arbeitsteilung existieren nicht automatisch und unvermittelt, sondern wirken über den Staat in die Strukturen der nationalen Segmentierung von Arbeitsmärkten. Ethnisierung könnte demnach als ein konstitutives Element der Klassenbildung bestimmt werden, und zwar nicht auf der Ebene der Klasse als Produktivkraft, sondern in Bezug auf das kapitalistische (Staats-) Regime, das in der strukturellen Desorganisation der Beherrschten besteht.

Der kapitalistische Staat reguliert innerhalb des jeweils etablierten Migrationsregimes nicht nur die Segmentierung der Arbeitskraft, sondern er kontrolliert auch eine Struktur der differenzierten Reproduktion der Arbeitskräfte. Um zu verstehen, wie diese Reproduktion entlang ethnisierender Kategorien funktionieren kann, muss der Ein- bzw. Ausschlussmodus, wie er in der Nation-Form des Staates funktioniert, genauer bestimmt werden. Mit anderen Worten, wenn in Poulantzas' Konzeption des Staates dieser durch den Klassenkampf strukturiert ist und die Kräfteverhältnisse im Klassenkampf die Art und Weise sowie den Umfang markieren, in dem die Arbeiterklasse „im Staat anwesend" ist, so müsste auch geklärt werden können, so Karakayalı und Tsianos, auf welche Weise der Rassismus im Staat anwesend ist.

Bezogen auf das Politische sind die rassistischen Zuschreibungen funktionell in den kapitalistischen Staat eingegliedert. Die imaginäre Form der biologistischen und kulturalistischen Zuschreibungen ist in die Grenzziehungen eingeschrieben, innerhalb derer der Staat die Einheit des Volkes als Nation homogenisiert. Im Nationalstaat materialisiert sich die Einheit in raum-zeitlicher Ausdehnung, die die Mythenbildung befördert und die den „fremden" Körper und seine „fremde" Kultur tendenziell ausschließt. „Diese Aus- und Einschließungspraktiken, die die sozialen Beziehungen regeln, (...) verdichten sich im institutionellen System des Staats und werden von den staatlichen Institutionen ausgearbeitet." (Müller 1995, 128) Die Verzahnung von Nationalismus mit Rassismus ist der nationalstaatlichen Beziehung von Geschichte und Territorium geschuldet. Eine Tendenz besteht darin, die Tradition und Kultur der vom Rassismus Beherrschten auszulöschen.

An dieser Stelle komme ich noch einmal auf die Konzeption des „national-sozialen Staats"[17] von Balibar zurück. Ihm zufolge ist „die Regulierung [...] der Klassenkämpfe durch die Sozialpolitik und die Institutionen zur kollektiven Sicherung zumindest eines Teiles der Lohnarbeiter, die als 'Wohlfahrtsstaat', Welfare State oder Sozialstaat bezeichnet wird, seit dem Ende des 19. Jahrhunderts absolut unentbehrlich für die Erhaltung der nationalen Form des Staates" (Balibar 2001). Der „national-soziale Staat" etabliert ein Migrationsregime, das auf die Zusammensetzung der Klassen Einfluss nimmt. Die staatliche Einwanderungs- und Ausländerpolitik führt zwangsläufig zu einer Hierarchisierung von Rechtsverhältnissen zwischen Migrantengruppen auf der einen Seite[18] und Deutschen auf der anderen Seite. Inländerprimat sowie die Koppelung von

17 Balibar betont an mehreren Stellen, dass es sich beim national-sozialen Staat um ein räumlich und zeitlich begrenztes Projekt handelt und dass darüber hinaus seine Existenz immer umkämpft war. In der aktuellen Situation spricht er sogar von der Unmöglichkeit, einen solchen (global gesehen: wenn überhaupt einen) Staat zu errichten: „Davon sind auch das Innere der sozialen Situation und damit die Möglichkeit der kollektiven Repräsentation und der Organisation von Politik, sogar der Gedanke der 'Rechte' der Individuen weltweit bestimmt." (Balibar 2001)

18 Aktuell wären unter anderem zu unterscheiden: Einwanderung der IT-Fachkräfte per Green Card, Asylbewerber, Aussiedler, Undokumentierte, Einwanderer der 1., 2., 3. Generation ohne deutsche Staatsbürgerschaft, Familiennachzug, als Studierende, Saisonarbeit, Werkvertrag u.ä. Formen der Arbeitsmigration, EU-Binnenmigration. Vgl. den Migrationsbericht 2004 des Bundesministeriums des Innern.

Arbeits- und Aufenthaltserlaubnis sind unter anderem Rechtsinstrumente, die den rechtlichen Status mit der Position auf dem Arbeitsmarkt verbinden und regulieren. Es sind die Bedingungen der „sozialen Staatsbürgerschaft", wie Balibar es nennt, die eine Nationalisierung materiell fundiert. Die staatliche Kontrolle von Einwanderung ist der institutionelle Ort, an dem einem Teil der Bevölkerung soziale beziehungsweise politische Rechte vorenthalten werden. Der Grad von Bürgerrechten, die errungen oder erzwungen werden, so hat Balibar argumentiert, werden nie außerhalb von sozialen und politischen Kämpfen errungen (vgl. Balibar 1997, 776). Die Trennung von Lohnarbeit und Staatsbürgerschaft für einen Teil der Bevölkerung liefert dann die Grundlage dafür, dass sich der Rassismus konstitutiv in die institutionelle Materialität des Staates einschreibt. (Vgl. Balibar 2001)

Rassismus und Bürgerrechte

Étienne Balibar setzte sich bereits 1990 in seinem Aufsatz „Es gibt keinen Staat in Europa" mit der Entwicklung des Verhältnisses von Rassismus und Migration in Europa auseinander. Er spricht von unterschiedlichen Verhältnissen, im Plural, weil er zu Recht darauf verweist, dass es eine Vielfalt von „nationalen" Situationen in Europa gibt, mit unterschiedlichen Ursprüngen und Umgängen, bei denen die Arten der Diskriminierung, die Niveaus sozialer Spannungen und die Dimensionen der politischen Folgeerscheinungen, der rassistischen und antirassistischen Bewegungen variieren.[19] Zugleich speist und beschleunigt der „Aufbau Europas" eine neue Konfiguration des Rassismus (der nicht einfach eine Spielart der bisherigen Rassismen ist), einen europäischen Rassismus, den Balibar als einen Anti-Immigranten-Rassismus definiert, „der sich gegen die 'Gastarbeiter', ihre Familien und ihre Nachkommen richtet" (Balibar 1992a, 10). Dieser umfasst ganz unterschiedliche Aspekte und Traditionen in den jeweiligen Staaten Europas und gründet historisch auf zwei ideologischen Schemata: dem kolonialen und dem antisemitischen Schema – wobei der existierende Antiislamismus sich aus einer Verdichtung dieser beiden Schemata ergibt, die „einander wechselseitig durch die Vorstellung von rassischer Überlegenheit und von kultureller und religiöser Rivalität verstärken" (ebd., 19).[20] Balibar plädiert für

19 So spricht man zum Beispiel in Britannien selten von Migranten und Flüchtlingen, die Opfer von Rassismus werden, sondern von Schwarzen.

20 In Folge des 11. September 2001 in New York und Washington und im Kontext des inzwischen vorangeschrittenen „Aufbau Europas" haben die Anschläge am 11.

einen europaweiten Antirassismus, der sich die Frage des Bürgerrechts in Europa stellen muss, die er insofern präzisiert, als er es zum einen von einer „europäischen Staatsbürgerschaft" und zum anderen vom Bürgerrecht der Europäer abgrenzt, womit eine enge Definition der Europäer im Gegensatz zu allen Bewohnern Europas gemeint ist. (Vgl. Balibar 2003a, 286)[21]

Balibars Analyse enthält meines Erachtens neben der Arbeit am Begriff eine zweifache Kritik: zum einen auf politischer Ebene die Kritik an einer Kontinuitätsthese, die den heutigen Rassismus, anstatt ihn in seinen Konjunkturen zu begreifen, als bloße Fortsetzung des kolonialistischen bzw. nationalsozialistischen Erbes sieht und damit in seiner Historizität verkennt; zum anderen auf theoretischer Ebene eine Kritik an Analogisierungen, die, um den Rassismus zu verstehen, Begrifflichkeiten übernehmen, die in anderen „nationalen Situationen" entwickelt wurden. Die Notwendigkeit, ein Verständnis von der Geschichte des Rassismus in Europa zu gewinnen, muss die nationale Situation berücksichtigen, um seine Konjunkturen zu erfassen, mithin es möglich machen, eine relationale Theorie des Rassismus zu entwickeln, also Rassismus als soziales Verhältnis zu konzipieren. Balibar spricht deshalb auch davon, dass es sich beim Rassismus um eine *„singuläre* Geschichte" handelt, mit Wendepunkten, Latenzphasen und Explosionen. Weder könnten bestimmte Formationen von Rassismus als Modelle herhalten, noch kann an ihnen der aktuelle Grad ihrer Reinheit oder ihre Gefährlichkeit bestimmt werden. Diese Formationen bleiben jedoch im Gedächtnis, wirken bis in die Gegenwart hinein und tragen dazu bei, die heutigen Verhaltensweisen und

---

März 2004 in Madrid, die Ermordung des Filmemachers Theo van Gogh im November 2004 in Amsterdam und die Debatten und Abstimmungen um EU-Konstitution und Erweiterung in Bezug auf die Türkei europaweit zu einer erhitzten Debatte um den Islamismus im Konkreten, aber auch um den Islam im Allgemeinen geführt. Der sich darin rekonstituierende Antiislamismus kann entsprechend als eine sich im Beginn befindende „transnationale Situation" in Europa interpretiert werden. (Vgl. Balibar/Mezzadra 2006)

21 Auch in seinen neueren Arbeiten betont Balibar, wie wichtig es ist, die Geschichte des Kolonialismus in die Frage der Verfasstheit und der Bürgerrechte in Europa einzubeziehen. Die transnationale Migration als ein Resultat des „kolonialen Projekts" bringt neue Spannungen und Gewalten mit sich und formt auf diese Weise ein eigenes unumgängliches Element der europäischen Identität, ihrer Möglichkeit und Macht. Die einschließenden Mechanismen der Bürgerrechte bedeuten für die Migranten einen einschließenden Ausschluss als Bürger zweiter Klasse. Er nennt diesen Prozess eine Rekolonialisierung der Migration. (Vgl. Balibar 1992a, 2003a, 2003b, vgl. auch Mezzadra/Rahola 2003)

Bewegungen zu strukturieren, die sich aus den aktuellen Bedingungen ergeben (vgl. Balibar 1992 f., 53).

Die Etablierung eines Migrationsregimes, staatlicher Einwanderungs- und Ausländerpolitik, kann als institutioneller Kompromiss eines historisch immer wieder neu auszuhandelnden Kräfteverhältnisses verstanden werden, auf das gesellschaftliche Akteure wie Unternehmen und ihre Verbände, Gewerkschaften, supra-nationale Agenturen und Nichtregierungsorganisationen, Kirchen, Migrantenvereine und -organisationen, Wissenschaft, Medien, aber auch die Migrationsbewegungen selbst einwirken. In ihnen werden die Lebens- und Arbeitsbedingungen einer Bevölkerung hierarchisiert; soziale und politische Rechte regeln den Grad des Ein- und Ausschlusses. Der Kampf um Rechte war und ist einer der zentralen Aspekte der Kämpfe der Migration. Das Konzept der Bürgerrechte hat minorisierten Gruppen bis heute immer wieder dazu gedient, Partizipation und Repräsentation einzufordern. Der Ausschluss von politischen Entscheidungen betraf historisch nicht nur immer bestimmte soziale Gruppen und betrifft sie weiterhin – ihre Ausgrenzung trug darüber hinaus maßgeblich zu ihrer Stigmatisierung, etwa als „Frauen“, „Ausländer“ oder „Schwarze“, bei.

In diesem Sinne kann das Konzept der Bürgerrechte, darauf hat Sandro Mezzadra hingewiesen, im formalen, institutionellen Sinn aufgefasst werden. Ebenso können die Bürgerrechte als Formen sozialer Praxis konzeptualisiert werden, in der politische und soziale Kräfte zusammenwirken, die die formalen Institutionen der Staatsbürgerschaft infrage stellen. Für die zweite Dimension sind all jene Praktiken zu nennen, bei denen sich AkteurInnen ihre Rechte nehmen, ohne dass sie ihnen gewährt werden. Mit den Worten Hannah Arendts ließe sich vom „Recht, Rechte zu haben“ (Arendt 1986, 462) sprechen. Etwa wenn Menschen die Grenzen ohne Papiere überschreiten oder ihren Aufenthalt eigenhändig verlängern, wenn sie ihre Kinder zur Schule schicken oder ihre Gesundheitsversorgung sichern, ohne dass diese ein Recht darauf hätten, oder wenn sie sich eine weitere Staatsbürgerschaft beschaffen. Viele soziale Kämpfe äußern sich darum in der Form der Rechte, die zugleich ihre Praxis erweitert. Meist beginnen sie damit, bestimmte Gesetze oder Verordnungen in Frage zu stellen, die ihnen etwa einen bestimmten Zugang verweigern. Es sind dies Praktiken von Menschen, die zu einem unterschiedlichen Grad als Bürgerinnen und Bürger in einem politischen Raum anerkannt sind. Einwanderungspraktiken haben in den vergangenen Jahrzehnten erheblichen Druck auf die Beschränkung formaler Bürgerrechte ausgeübt. (Vgl. Mezzadra/Neilson 2003 und Bojadžijev/Karakayalı/Tsianos 2003a) Insofern können die Bürgerrechte als eine dynamische Kategorie bezeichnet werden. Moderne Bürgerschaft, so Mezzadra, stellt immer ein umkämpftes Feld dar. Um ihre Transformationen sowohl auf theoretischer wie auch auf historischer Ebene zu fassen, müssen immer „beide Seiten" der Bürgerschaft Berücksichtigung finden: der objektive, souveräne Raum und die sozialen und politischen Praktiken, die Prozesse der autonomen Subjektivierung, die ihrerseits Form und Grenzen des objektiven Raums in Frage stellen (vgl. Mezzadra 2004b).

Der Kampf um Bürgerrechte hat in der Geschichte der Migration immer eine hervorragende Rolle gespielt. Nicht nur dass sie, wie oben angesprochen, selbst ein umkämpftes Terrain und Produkt von Kräfteverhältnissen darstellen. Sobald sie erkämpft werden, sind auch weniger prekäre Lebensbedingungen denkbar und es öffnet sich zugleich eine neue Ausgangslage für politische Organisierung. Darüber hinaus können sich im Prozess der Organisierung selbst neue Formen der Subjektivierung ergeben. Trotzdem stellt sich in der Geschichte der Kämpfe gegen Entrechtung sicherlich das Problem, dass sie bestimmte Formen des Kampfes wenn nicht vorgeben, so doch nahe legen (vgl. Bojadžijev 2005a). Vielfach ist ihr reduktionistischer Gehalt kritisiert worden, wenn es etwa um Legalisierungsforderungen von Sans Papiers geht. In der Tat haben sich staatliche Legalisierungsmaßnahmen in Europa meist als Abschluss eines Kampfzyklus herausgestellt. Oft wird aber übersehen, dass es in diesen Kämpfen zu Kollaborationen mit anderen sozialen Kämpfen kommt oder Forderungen erhoben werden, die jenseits staatlich kooptierender Maßnahmen stehen. (Vgl. Bojadžijev/Karakayalı/Tsianos 2001)

Perspektivwechsel

Die zu Anfang des Kapitels in der Rassismusforschung diagnostizierte Unruhe zum Motiv nehmend und Schlüsse aus den zuvor diskutierten theoretischen Überlegungen ziehend, wagt dieses Buch eine weitgehende These für eine relationale Theorie des Rassismus: Konjunkturen des Rassismus bestimmen, organisieren und reorganisieren sich in Kämpfen, das heißt in sozialen und politischen Auseinandersetzungen, die ihre Opponenten (die vielfältige sein können) erst in ihrer Identität und Formation hervorbringen, reproduzieren und transformieren. Eine der beständigen Anstrengungen, den Rassismus zu untergraben, besteht folglich darin, Identitätspositionen aufzulösen. Will eine Rassismusanalyse dazu ihren Beitrag leisten, sollte sie sich nicht die durch den Rassismus produzierten Subjekte, sondern die Kritik der rassistischen Kategorien zu ihrer konzeptuellen Grundlage machen. Die Konjunkturen des Rassismus hängen nicht nur von seiner internen Reproduktionsfähigkeit ab. Seine Reorganisation und Entwicklung ist entscheidend geprägt von denen, die sich gegen ihn zur Wehr setzen. Zur Bestimmung der Konjunkturen lassen sich folglich die Kämpfe gegen Rassismus zum Ausgangspunkt nehmen. Rassismus ist selbst eine Form der sozialen Auseinandersetzung, in welcher er sich erneuert und zur komplexen Form kapitalistischer Entwicklung beiträgt. Eine Theorie der Rassismen muss deshalb nicht nur die antirassistischen Praktiken in die theoretische Analyse und Kritik aufnehmen, sondern auch die Kämpfe der Migration erfassen, das heißt jene Konflikte, die über den Widerstand gegen Rassismus hinausgehen, in denen sich die Auseinandersetzungen und Kritiken nicht notwendigerweise als antirassistische artikulieren (vgl. Bojadžijev 2002, 284; Pühretmayer 2002, 298).

Wie lässt sich Rassismus analysieren, ohne eine Perspektive einzunehmen, in der die vom Rassismus Betroffenen bloß seine Opfer sind? Migrantinnen und Migranten waren und sind nie nur Objekte und Opfer von Rassismus, sondern haben sich gegen diesen in unterschiedlichen Formen und Praktiken zur Wehr gesetzt. Historisch entstanden in direkter oder indirekter, kollektiver oder individueller Auseinandersetzung entwickelten sich migrantische Widerstandsformen, die bestimmten Identitätsmustern folgten (als Linke, ihrer Herkunft nach, als Internationalisten, Antideutsche etc.). Aber in den seltensten Fällen artikulierten sie innerhalb der jeweiligen Kräfteverhältnisse die Frage nach gesellschaftlicher Veränderung als Frage nach Identität oder nach Veränderung an sich. Sie sind als Suche nach einer Veränderung zu verstehen, in der immer wieder und immer anders die Bedingungen der Möglichkeit eines besseren Lebens in rassistischen Verhältnissen und gegen sie gefunden werden sollen.

Für antirassistische Politiken ist ihre Geschichte erheblich. Erheblich ist dabei auch, wer die Akteure einer antirassistischen Politik sind, weil Migrantinnen und Migranten in ihrem Alltag, in Arbeitsverhältnissen und Einwanderungspraktiken bereits Formen des Widerstands entwickelt haben, an die eine Politik anknüpfen muss, will sie den Dynamiken des Rassismus ihre Kritik und Praktiken entgegensetzen. Aber das bedeutet nicht, dass deshalb der Widerstand allein auf eine Frage von Identitätspolitik reduziert oder historisch und aktuell als solche konzeptualisiert werden kann. Um der Falle der Identitätspolitik – Identitäten entweder (strategisch) zu akzeptieren oder aber kategorisch zurückweisen, sich zwischen Essenzialismus und Nominalismus zu entscheiden – konzeptuell zu entgehen, lassen sich die konkreten Formen des Widerstands danach beurteilen, was von ihnen beibehalten und verteidigt werden soll, lassen sich (mitunter historische) Kriterien zur Beurteilung des Nutzens bestimmter Politiken entwickeln. Ein Kriterium zur Beurteilung findet sich in einer Wendung, die vielleicht als dialektisch bezeichnet werden kann. Denn von Interesse sind jene Elemente, die wir in den Spuren des Widerstands nachzeichnen können, die Identitätszwänge beseitigen mussten, um bestehen zu bleiben. Wir müssten den Listen auf die Spur kommen, die in den Konflikten zum Tragen kommen, und bestimmen lernen, welche Transformationen der Identifikation innerhalb einer Praxis existieren. Historische Formen der Identitätspolitik ließen sich mit den Bedingungen ihres Entstehens und ihren politischen Anliegen in Beziehung setzen, ohne sie auf die Frage nach der Identität zu beschränken. Erst dann öffnet sich für die Analyse inmitten von Mechanismen, Zwängen, Begrenzungen und Ambivalenzen, in denen sich die Kämpfe der Migration konstituieren, die Möglichkeit zu ihrem Verständnis und zu ihrer Kritik.

Bevor ich die Kämpfe der Migration der Bundesrepublik in den 1960er und 1970er Jahre darstelle und analysiere, möchte ich zunächst auf internationale Beiträge eingehen, die die Kämpfe der Migration und gegen Rassismus in den Mittelpunkt ihrer historischen Arbeiten stellen. Sie liefern den Hintergrund für die Diskussion einer Reihe von methodischen Problemen und Möglichkeiten, die den bisher dargelegten rassismustheoretischen Überlegungen für eine Geschichtsschreibung entsprechen. Außerdem möchte ich einen Überblick über jene Ansätze geben, die sich, verstärkt erst in den letzten Jahren, mit der deutschen Migrationsgeschichte seit dem Zweiten Weltkrieg beschäftigt haben, ihre Stärken und Schwächen herausarbeiten.

2. Migration und Geschichte

Im Bereich der Sozialgeschichte der Arbeit gibt es, sowohl in den USA wie in Europa, inzwischen eine Reihe von Untersuchungen, deren Schwerpunkt auf Migration und Rassismus liegt (vgl. unter anderem Tabili 1994, Jacobson 1998, Roediger 1999). Aus dieser Debatte möchte ich in diesem Kapitel drei Aspekte der Arbeiter- und Migrationsgeschichte in den USA und Frankreich in den Vordergrund stellen. Die dazu von mir verwendeten, für die deutsche Diskussion relativ unbekannten Arbeiten stechen durch eine Analyse des Verhältnisses von Klasse und Rassismus hervor, das sie im Kontext der Transformationen des Kapitalismus und der ihnen inhärenten Migrationsgeschichte behandeln; sie bieten mir die Gelegenheit, einen methodischen und analytischen Rahmen für meine eigene Arbeit zu diskutieren. Die erste Arbeit ist die zwei Bände umfassende Untersuchung Theodore W. Allens, *Die Erfindung der weißen Rasse*, in der er einen historischen Vergleich der Kolonisierung des katholischen Irland vom 16. bis zum 18. Jahrhundert und der Versklavung schwarzer Arbeiter auf den Tabakplantagen Virginias unternimmt. Die zweite Arbeit ist die in den 1970er Jahren erschienene Untersuchung der Industrial Workers of the World von Gisela Bock, *Die andere Arbeiterbewegung in den USA von 1909–1922*. Schließlich widme ich mich den Analysen von Mogniss Abdallah und Abdelmalek Sayad zu den Bedingungen und Kämpfen der Immigration in Frankreich, Untersuchungen, deren Schwerpunkt die Zeit vom Zweiten Weltkrieg bis heute ist. Alle drei Ansätze haben wichtige Stationen in den Kämpfen der Migration zum Gegenstand und dienen mir methodisch und inhaltlich als Anknüpfungspunkte für meine eigene historische Analyse.[1]

Allen geht es darum, die Funktionsweise des Rassismus für Ausbeutungsverhältnisse zu bestimmen, die er in den Kämpfen der Sklaven beziehungsweise Leibeigenen der atlantischen Kolonialgeschichte untersucht, in einer Zeit, in der die industrielle Bourgeoisie sich durchsetzte, was mit der effektivierten Restitu-

1 Diese Ansätze haben in unterschiedlicher Weise, wenn überhaupt, Eingang in die akademischen Debatten gefunden bzw. sind an ihren Rändern verblieben. Allen und Abdallah haben ihre Arbeiten aus ihrem theoretischen Engagement in Zusammenhang mit ihrer politischen Arbeit entwickelt. Das gilt auch für die Arbeit von Gisela Bock, deren spätere wissenschaftliche Tätigkeit als feministische Historikerin mit dieser Veröffentlichung begonnen hat. Viele Arbeiten, so auch die hier für meine Argumentation einflussreichen Ansätzen von Frantz Fanon, Harry Chang und John La Rose, entstanden weniger in einem akademischen als vielmehr in einem politischen Kontext.

ierung der Plantagenökonomie im Übergang zum Baumwollanbau historisch koinzidierte. Bock dagegen interessieren die Prozesse der Neuzusammensetzung der beherrschten Klassen und die Rolle der Migration darin zu Beginn des Fordismus in den USA sowie die Organisierungsformen der Migrantinnen und Migranten, die es vermochten, rassistische Schranken nachhaltig zu überwinden. Abdallah schließlich untersucht in der Krise des Fordismus die Traditionen und Schwierigkeiten in den Selbstorganisierungen der Migrantinnen und Migranten in Frankreich. Alle drei Arbeiten lassen sich typologisch als Beispiele einer Geschichtsschreibung nennen, der es gelingt, Kämpfe der Arbeit und des Alltags, Rassismus und Migration in einen Zusammenhang zu stellen und damit signifikante historische Momente beziehungsweise Stationen in der kapitalistischen Reproduktion von Gesellschaft und Rassismus von der Seite der Kämpfe der Migration her zu beschreiben. Dabei geht es allen drei Beiträgen nicht um eine Heroisierung der historischen Auseinandersetzungen: ihre Begrenztheiten und Niederlagen werden klar benannt. Trotzdem besitzen die Untersuchungen der von der herkömmlichen Geschichtsschreibung verstellten Kämpfe eine erzählerische Kraft, der es gelingt, die Kooperationen jenseits von Klassenkompromiss und rassistischer Spaltung auch in historischen Momenten politischer Unbeweglichkeit hervorzuheben.

Bei der Darstellung der ersten beiden Beiträge konzentriere ich mich nicht so sehr auf die Kämpfe selbst als vielmehr auf die Weise, wie – im Sinne meines Anliegens – die Konstellation von Rassismen, Migration und Klassenkämpfen in den Arbeiten konzeptualisiert wird. Bei den Kämpfen der Immigration in Frankreich gehe ich dagegen ausführlicher auch auf die historischen Auseinandersetzungen selbst ein, weil diese zeitliche Überschneidungen zum historischen Horizont meiner Untersuchung aufweisen und insofern bereits eine Vorstellung davon geben, welche Formen und Praktiken die Kämpfe der Migration in Europa, trotz unterschiedlicher nationaler Situationen, seit den 1960er Jahren annahmen.

2.1. Soziale Kontrolle: Die „Erfindung der weißen Rasse"

Im Zentrum von Allens Analyse des Rassismus steht der Begriff der sozialen Kontrolle. Darunter versteht er – ganz allgemein – die Konstruktion eines Herrschaftssystems, das durch soziale Stratifikation eine wirksame Kontrolle der Arbeitskräfte ermöglicht. Seiner These zufolge etabliert die herrschende Klasse eine Pufferschicht, die sich üblicherweise aus selbstständigen, kleinen Landbesitzern oder Pächtern, selbstständigen Handwerkern und Teilen jener Berufe zusammensetzt, die in relativer ökonomischer Sicherheit leben, die zugleich in sozialer Unterordnung gegenüber den herrschenden Klassen und im täglichen Kontakt mit deren Untergeordneten stehen. Die unteren Klassen bilden jene, die nur über ihrer Hände Arbeit verfügen, die Mehrheit der Bevölkerung stellen und deren extreme Abhängigkeit und Unsicherheit essenziell für die Zwecke der herrschenden Klasse sind. Die Einrichtung eines sozialen Bollwerks im geschilderten Sinn kostet weniger und ist insofern effizienter als militärische Gewalt.

Der allgemeine Begriff sozialer Kontrolle wird von Allen erweitert, weil er zwar für eine Erklärung des Phänomens der Klassenunterdrückung nützlich ist, die Funktionsweise des Rassismus aber damit noch nicht gefasst ist. Allen verweist auf eine Reihe historischer Beispiele, in denen sich klassenbedingte und rassistisch bedingte gesellschaftliche Spaltungen auf eine Weise überschneiden, die den Klassenbegriff obsolet erscheinen lässt. Die soziale Zwischenschicht, deren gesellschaftliche Stellung rassistisch determiniert ist, bedingt in solchen Fällen ein Unsichtbarwerden der sozialen Klassen. Aufgrund dieser Situation bringt eine Analyse der sozialen Klassen allein nicht weiter. Allen interessiert nun, wie eine Gesellschaftsstruktur, für die rassistische Unterdrückung charakteristisch ist, mit Hilfe einer Theorie der sozialen Kontrolle erklärt werden kann. Wie funktioniert rassistische Unterdrückung, für die gerade das Leugnen der Bedeutung von Klassenunterschieden kennzeichnend ist?

Allens Konzept der sozialen Kontrolle bezieht sich nicht nur auf die Kontrolle über die Arbeitskräfte, sondern auch darauf, wie die Aufrechterhaltung einer gesellschaftlichen Hierarchie ermöglicht wird. Er betont beim Begriff der rassistischen Unterdrückung, dass Rassenunterschiede nicht nur eingesetzt, sondern selbst bereits konstruiert seien. Ein Beispiel sind ihm unterschiedliche Definitionen von „schwarz", die historisch etwa in Gesetzestexten oder bei Volkszählungen vorkommen und variieren.[2] Allen geht weder von einer Existenz von Rassenunterschieden aus, noch findet er die Annahme ihrer sozialen Konstruiertheit als Erklärung hinreichend: „Legitimationsmuster führen nicht automatisch zur Einsetzung eines Unterdrückers; bevor man rassistische Unterdrückung legitimiert, muß man sie erst etablieren und aufrechterhalten können – und das ist das eigentlich Erklärungsbedürftige." (Allen 1998a, 25; vgl. auch Roediger 1999)

2 Allen nennt das Beispiel, dass ein Kind in den USA dem National Center for Health Statistics zufolge 1983 ein als schwarz definiertes Elternteil besitzen musste, um als schwarz zu gelten, während zur gleichen Zeit in Texas die Hautfarbe des Vaters den Ausschlag für die Entscheidung gab. In den 1970er Jahren kam es zu einer Reihe von Rechtsstreitigkeiten über diese Frage.

„Weiße Superiorität" und sozialer Tod

Allen wendet sich der Kolonisierung Irlands zu und entdeckt dabei überzeugende Parallelen zur sozialen Genese von Rassismus und „weißer Superiorität" in den USA: Die irische Geschichte liefert ihm das Beispiel einer rassistischen Unterdrückung ohne Bezug auf eine bestimmte Hautfarbe, die aber Parallelen zur Unterdrückung der Afrika-Amerikaner aufweist. Allen kann so die konstitutiven Elemente rassistischer Unterdrückung als System sozialer Kontrolle herausarbeiten: wirkungsvolle Administration, stehendes Heer, Rekrutierung einer Mittelschicht als Pufferzone, Vernichtung sozialer Mobilität – Elemente der Herrschaftssicherung, die der absolutistische Staat hervorgebracht und an den bürgerlichen Staat vererbt hat. Allen stützt sich auf das Konzept vom „sozialen Tod"[3], das gesellschaftliche Prozesse wie Entsozialisierung, Entzivilisierung und Entpersönlichung bezeichnet. Die wesentlichen Elemente, die rassistischer Unterdrückung den Charakter gaben, waren zunächst die Zerstörung der sozialen Identität der unterworfenen Bevölkerung und dann ihr Ausschluss von jener sozialen Identität, die für die kolonisierende Macht bestimmend war. Das bedeutet, dass weder die Systeme der sozialen Unterscheidungen, denen sie ihrer Herkunft nach angehörten, etwas zählten, noch die Ausbildungen, die sie zuvor erlangt hatten, Geltung hatten, und dass sie zudem ihrer Namen beraubt wurden. Die irisch-katholische Bevölkerung war im Irland des 17. Jahrhunderts dem sozialen Tod ausgesetzt, während nach der Migration in die USA (auch vor deren Gründung) die katholischen Iren quasi die Seiten wechselten und sich zum Teil auf der der rassistischen Unterdrücker wiederfanden. (Vgl. Müller 1998, 21) Allen nimmt hier eine Analogisierung vor. Die Kodifizierungen der Penal Laws, der Zwangsgesetze gegen die Katholiken in Irland nach 1689, und der anglo-amerikanischen Sklavenordnung enthalten vier beiden Regimes gemeinsame Merkmale: 1. eine deklassierende Gesetzgebung, die den Deklassierten Grundbesitz verwehrte, ein Handels-, Gewerbe- und Berufsverbot sowie das Verbot, über Eigentum zu verfügen, 2. der Entzug von Bürgerrechten (Verweigerung eines Rechtsbeistands), 3. das Verbot, lesen und schreiben zu lernen, 4. die Auflösung von Familienrechten

3 Der Begriff des sozialen Tods geht unter anderem auf den Soziologen Orlando Patterson zurück, der die Sklavenhaltergesellschaften der Welt von der Antike bis zur Abschaffung der Sklaverei vergleicht. Für das Machtverhältnis zwischen Sklaven und Sklavenbesitzern prägt er den Begriff des sozialen Tods: Sklaven sind Menschen ohne Verwandtschaft, ohne eigene Vergangenheit und ohne Ehre – Objekte und nicht Subjekte des Rechts (vgl. Patterson 1982). Der Begriff findet sich auch in den Arbeiten des Anthropologen Claude Meillassoux (1989).

sowie die Aufstellung von Heiratsregeln und –verboten. Diese institutionellen Maßnahmen übersetzten die rassistische Unterdrückung in den Alltag. Die „Erfindung der weißen Rasse“ machte aus Rassismus eine Staatsangelegenheit, und aus Menschen, deren Haut alle möglichen Farben hatte, wurden „Weiße“, „Schwarze“, „Rote“ und „Gelbe“, kurz: „Rassen“ und ethnifizierte Minderheiten. (Vgl. Müller 1998, 16; Roediger 1999; Moulier Boutang 2002b, 2.)

Die Bedeutung der Revolte

Die Untersuchung der historischen Dokumente des Kolonialismus in Irland auf der einen Seite und die Plantagenökonomie in den amerikanischen Kolonien auf der anderen Seite führt Allen zu einem Verständnis der „Erfindung der weißen Rasse“. Durch die Analyse offizieller Akten aus dem Virginia jener Zeit gelingt es Allen nachzuweisen, dass der Begriff „weiß“ als ein Merkmal des sozialen Status bis zur Einführung eines Gesetzes im Jahr 1691 keinerlei offizielle Verwendung fand. Diesen Befund ergänzt er durch die Beschreibung von gemeinsamen solidarischen Fluchtversuchen aus der Leibeigenschaft sowie Hinweise auf das Fehlen einer Mittelschicht und den bis dato unklaren Status der Afrika-Amerikaner, deren rechtliche Situation Gegenstand von direkten und indirekten Auseinandersetzungen wurde. Allen macht anschaulich, dass zu jener Zeit nur jeder vierte Leibeigene afrikanischer Herkunft war. Das Kolonialsystem zwang Neuankömmlinge zu mehreren Jahren Frondienst als *indentured servants*, um die Kosten der Überfahrt abzuarbeiten. 1660 setzte ein Gesetz die Länge dieses Dienstes auf fünf Jahre für alle „Fremden“ fest, reduzierte zugleich aber die Zeitbegrenzung auf die Christen, die – so die Intention dieser Rechtssprechung – nur aus Europa kommen konnten. Allen zeigt auch, dass erst ein Erlass aus dem Jahr 1670 Afrika-Amerikanern verbot, Leibeigene in Dienst zu stellen. Die Gleichsetzung von Afrika-Amerikanern mit lebenslanger und vererblicher Sklaverei war durch eine Reihe von Faktoren verstellt: So durch ihren Widerstand und die Flucht aus der Leibeigenschaft, der weiteren durch zahllose Bittschriften an die Gerichte, in denen der Nachweis erbracht wurde, dass zu Beginn der Leibeigenschaften eine Zeitbegrenzung vereinbart worden war oder sie aus einem christlichen Land nach Amerika gekommen oder gebracht worden seien. Darüber hinaus denunzierten während des ganzen 17. Jahrhunderts christliche Prediger den lebenslangen Frondienst.

Große Bedeutung misst Allen der Bacon-Rebellion[4] bei, die im April 1676 begann und in deren Verlauf sich Leibeigene, Sklaven und besitzlose Freie gegen

4 Ausführlich zur Analyse der Bacon Rebellion vgl. Allen 2002.

die Herrschaft der kolonialen Eliten verbündeten. Nur die Revolte kann den sozialen Tod abwerfen, schreibt Allen an anderer Stelle. Nach dem Ende der Bacon-Rebellion begann eine ausführliche öffentliche Debatte darüber, wie ein solcher Aufstand in der Zukunft zu verhindern sei, und welche Änderungen in der Gesetzeslage dafür notwendig seien. Die „Erfindung der weißen Rasse" zu Beginn des 18. Jahrhunderts lässt sich als Antwort auf die Solidarität und Beteiligung der Leibeigenen, Sklaven und der armen freien Bevölkerung an der Bacon-Rebellion lesen. Sie markiert den Einschnitt einer rassistischen Spaltung, die eine Verbindung der beherrschten Klassen verhindern sollte. Es ging darum, die soziale Kontrolle zu erhalten, während die Ökonomie weiterhin auf mobiler Leibeigenschaft gründen sollte. Die Verhinderung sozialer Mobilität der beherrschten Klassen wurde durchgesetzt, indem ein kleiner Teil der arbeitenden Bevölkerung zur „weißen Rasse" aufstieg. Das Arrangement übertrug diesen Teil der Privilegien – so etwa das Recht, Waffen zu besitzen, vor Gericht zu bezeugen und zu plädieren, sowie das Recht auf Freizügigkeit –, beließ sie zugleich aber als Ausgebeutete und Beherrschte. Damit wurden Rechte, die in England Geburtsrechte waren, in Amerika zu Privilegien und jenen vorenthalten, die afrikanischer Herkunft waren. (Vgl. Allen 1998b) Zusammenfassend ist zu konstatieren, dass die „Erfindung der weißen Rasse" in zweifacher Weise Effekte zeitigte: 1. im Hinblick auf die Rekrutierung eines genau definierten Teils der arbeitenden Klassen, nämlich als „Einschwörung der besitzlosen 'Weißen' mittels des juristisch kodifizierten und staatlich institutionalisierten Privilegiensystems auf die rassistische Gemeinschaft mit der Plantagenbourgeoisie" (Müller 1998, 15), 2. im Hinblick auf die Desorganisation der Beherrschten insgesamt.

Allen zeigt, dass Rassismus eine Konsequenz der Krise sozialer Kontrolle ist, also einer Situation, in der keine Zwischenschicht entsteht oder ihr Spielraum politischer Vermittlung zu beschränkt ist, wodurch die soziale Polarisierung zunimmt. Auf den ersten Blick scheint er damit instrumentell zu argumentieren: Die „Erfindung der weißen Rasse" wäre eine politische Strategie der herrschenden Klasse. Die rassistische Unterdrückung diente dazu, soziale Gruppen aus dem gesellschaftlichen Leben auszuschließen. Allen definiert aber Rassismus als spezifische Unterdrückungsform, die anders als Klassenherrschaft, sexistische oder nationale Unterdrückung funktioniert[5]: Rassismus bedeutet die Verweigerung

5 Allen unterscheidet zwischen nationaler und rassistischer Unterdrückung: In Systemen mit rassistischer Unterdrückung werden existierende Klassenunterschiede innerhalb der unterdrückten Gruppe im Dienste herrschaftstechnischer Interessen geleugnet; in solchen mit nationaler Unterdrückung werden die sozialen Spaltungen innerhalb der unterdrückten Gruppe übernommen und verstärkt. Für die se-

fundamentaler Rechte, die Erzeugung herrschaftseigener Privilegien und die Produktion eines eigentümlichen sozialen Status. Anhand der konkreten historischen Bestimmungen gelingt es Allen die soziale Genese des rassistischen Unterdrückungssystems in den USA nachzuzeichnen, was ihn vor Instrumentalismus und Konstruktivismus in der Herrschaftsanalyse schützt, weil er auf diese Weise keine theoretischen Verallgemeinerungen vornimmt. (Vgl. Müller 1998, 16)

Rassismus, Geschichte und Kämpfe

Allens Arbeit ist insofern für mein eigenes Anliegen richtungsweisend als sie eine historische Analyse von Kämpfen im Kontext rassistischer Unterdrückung und von Ausbeutungsverhältnissen liefert und dabei eine kritische Rassismustheorie impliziert. Insbesondere ist Allens Untersuchung und Analyse der historischen Dokumente geprägt und informiert durch die Bürgerrechtsbewegungen des 20. Jahrhunderts (vgl. Allen 2002). Mit ähnlichem Blick möchte ich, informiert durch die Ansätze der kritischen Rassismustheorie und im Wissen um die aktuellen Auseinandersetzungen um Rassismus und Migrationspolitiken eine Analyse der historischen Kämpfe der Migration in Deutschland unternehmen. Rassismus lässt sich, wie Allen in der Spiegelung der irischen und amerikanischen Geschichte vorführt, nicht auf phänotypische Merkmale zurückführen; zugleich betont er, dass allein eine dekonstruktivistische Analyse oder eine historische Betrachtung noch nicht genügt, um das nachweisen zu können. In seiner Untersuchung kann er zeigen, wann die Unterteilung und Definition von „weiß" und „schwarz" historisch einsetzt. Rassismus kann nicht als Unterdrückung Schwarzer durch Weiße gefasst werden, sondern kann – wie in Irland – durchaus in einem Unterdrückungssystem von Weißen gegenüber Weißen resultieren. Mit dem Begriff der sozialen Kontrolle stützt sich Allen auf eine gesellschaftstheoretische Überlegung, die die rassistische Unterdrückung im Kontext des Klassenkampfes und der Kämpfe der Sklaven und Leibeigenen zu analysieren vermag. Auf diese Weise wird auch deutlich, wie das Verhältnis aufgebaut und aufrechterhalten wird, das dieses Unterdrückungssystem generiert. Zudem unterstützt Allens

---

xistische Unterdrückung gibt er die Heiratsregeln, die sich mit der rassistischen Unterdrückung kombinierten, als Beispiel an: Weiße Männer besaßen das Privileg sexueller Übergriffe auf schwarze Frauen. Dieses für Angehörige der herrschenden Klasse übliche Vorrecht gegenüber den beherrschten Klassen fand in Anglo-Amerika eine besondere Form, da hier das Privileg auch auf die weißen Männer der beherrschten Klassen gegenüber Frauen aus den beherrschten Klassen ausgedehnt wurde. (Vgl. Allen 1998a, 64 und 1998b.)

Analyse meine These einer relationalen Theorie des Rassismus, nach der sich dieser konjunkturell im Verhältnis zu den Kämpfen organisiert und reorganisiert. Wie sich der Rassismus durch staatliche Maßnahmen und Institutionen im Alltag konstituiert, kann Allen anhand der verschiedenen Erlasse zeigen, die selbst eine Antwort auf die Rebellionen und Fluchtbewegungen darstellen.

Die Stärke von Allens Arbeit besteht darin, nicht auf vereinfachende Gegenüberstellungen zu setzen und Widersprüche zu verwischen, wenn er etwa aufzeigt, dass Schwarze auch Grundbesitzer waren und Leibeigene besitzen konnten. Er zeichnet nach, dass es eine Klassensolidarität gegeben hat, die keine Schranken von „weiß" und „schwarz" kannte, bevor diese als Reaktion auf kollektive Aktionen rechtlich kodifiziert wurden. Diese Solidarität „avant la lettre" räumt dem Klassenkampf oder vielmehr einer Einheit der Arbeiterklasse meines Erachtens deshalb keinen Vorrang ein, weil Allens Absicht gerade darin besteht zu verstehen, wie die rassistische Unterdrückung eine intrinsische Form annimmt, die nicht durch die Besinnung auf den *eigentlichen* Kampf, den Klassenkampf, beseitigt werden kann, sondern die Solidaritäten umsortiert. Erst die Beschreibung dieser Entwicklung ermöglicht es aufzuzeigen, wie sich die Kräfteverhältnisse historisch verschieben, und macht drastisch deutlich, dass ab dem Zeitpunkt der legalen Unterscheidung von „schwarz" und „weiß" die Kämpfe nicht mehr umhinkommen, die strukturellen (in diesem Fall rassistischen) Spaltungslinien zu ihrem Ausgangspunkt zu machen, um überhaupt erfolgreich sein zu können.

Außerdem wird hier anschaulich, dass es keine allgemeine Theorie des Rassismus geben kann. Vielmehr, so Allen, lässt er sich nur als grundlegendes Herrschaftssystem begreifen, dessen ökonomische und politische Konstitutionsbedingungen genau angegeben werden müssen. Er wählt also eine Analyseform, die mit Balibar als „singuläre Geschichte" des Rassismus (vgl. Balibar 192f, 52; Müller 1998, 22) zu bezeichnen wäre und die in der Lage ist, seine historischen Konjunkturen zu bestimmen.

2.2. Die andere Arbeiterbewegung in den USA: Industrial Workers of the World

Gisela Bocks Untersuchung der Industrial Workers of the World (IWW), „Die andere Arbeiterbewegung in den USA von 1909–1922", beginnt mit der Darstellung des Streiks von Juli bis September 1909 bei U.S. Steel in McKees Rocks (bei Pittsburgh), dem Zentrum der US-amerikanischen Stahlindustrie. Es ist ein Ort, an dem die Bevölkerung sich in zehn Jahren mehr als verdoppelt hatte (von 7000 auf 15000) und zwei Drittel der Einwohner die so genannten New Immigrants der Jahrhundertwende waren. Nachdem das Management im Sommer jenes Jahres das Unternehmen zu einem so genannten *open shop*, einem gewerkschaftsfreien Betrieb, erklärt hatte, streikten 3500 – bis dahin vor allem unorganisierte und ungelernte – Migrantinnen und Migranten aus sechzehn Ländern und organisierten sich im Verlauf des Streiks in der 1905 gegründeten Industrial Workers of the World (IWW). Der Streik war charakteristisch für die auf ihn folgenden Streiks bis in die Nachkriegszeit hinein. Er richtete sich gegen neue Formen der Arbeitsorganisation und gegen Lohnkürzungen, ging aber auch über den Betrieb hinaus und bezog die Wohnbedingungen in den vom Unternehmen gestellten Werkswohnungen ein. Vor allem aber zeichnete den Streik aus, dass in seinem Verlauf Verbindungen im Kampf hergestellt werden konnten, die aufgrund der Hierarchisierung und Spaltung der Arbeiterschaft ungewöhnlich waren. Bock beschreibt die Ausgangslage so: „(...) einheimische und ausländische, gelernte und ungelernte, beschäftigte und arbeitslose Arbeiter, die Lohnarbeit der Männer in der Fabrik und die unbezahlte Arbeit der Frauen und Kinder im Haushalt wurden gegeneinander ausgespielt. Die Streikenden in McKees Rocks setzten diese Spaltungsmechanismen vorübergehend außer Kraft: die Kinder traten in den Schulstreik, die Frauen verteidigten die Werkswohnungen gegen Räumung und die städtische Reservearmee von 2-3000 Arbeitslosen schloß sich dem Streik an. Entscheidend für dessen Verlauf und Ausgang wurde jedoch das Verhältnis zwischen einheimischen und ausländischen Arbeitern, das weitgehend mit dem zwischen gelernten und ungelernten zusammenfiel. Amerikanische und eingewanderte Arbeiter waren seit langem gegeneinander eingesetzt worden, und die neueren Umstrukturierungen und Lohnsysteme hatten dafür die Möglichkeit eröffnet." (Bock 1976, 9)

„Neuzusammensetzung der Arbeiterklasse" und „Massenarbeiter"

Bock bezieht sich mit der Geschichte der IWW nicht nur auf eine historische Phase, in der die Aspekte Klassenkampf, Rassismus und Migration zusammentreffen, sie entwickelt auch einen analytischen Zugriff auf diese Geschichte. In ihrem Buch geht sie ausführlich auf die Reorganisation der Arbeit zu Beginn des Fordismus ein, die sie als Neuzusammensetzung der Arbeiterklasse durch die Dynamik der Migration und die Herausbildung eines neuen Typs des Arbeiters, des so genannten Massenarbeiters, begreift. Zwischen 1840 und 1924, dem Zeitpunkt, als die Einwanderung gesetzlich beschränkt wurde, immigrierten 35 Millionen Menschen in die USA und wanderten zum Teil wieder aus[6]. Aufgrund

6 Die Fluktuation war erheblich. Ein Beispiel: 44% der zuvor eingewanderten MigrantInnen und Migranten verließen die USA im Zeitraum zwischen 1908 und 1910 wieder.

des Übergangs des Produktionsprozesses zur industriellen Massenproduktion profitierten auch ungelernte Arbeiter – von denen viele Migrantinnen und Migranten waren – von den vergleichsweise hohen Löhnen.

Massenarbeiter, je nach Branche und Region unterschiedlich ausgeprägt, und die neue Klassenzusammensetzung entstanden in dieser Umstrukturierung – aber auch, wie Bock betont, aus dem Widerstand gegen sie. Der Typus des Massenarbeiters stellte eine Antwort seitens des Kapitals auf die Kämpfe und das Wissen der Facharbeiter dar. Zugleich wurden durch die Mechanisierungsprozesse in der Industrie einige der schwersten und lebensgefährlichsten Arbeiten abgeschafft. Der neue Typus waren dequalifizierte beziehungsweise ungelernte Arbeiter, die in den wichtigsten Branchen zwei Drittel der Arbeitskraft stellten. Diese konnten nur insofern als ungelernt gelten, als ihre bisherigen Tätigkeiten (in den Herkunftsländern) als Schmiede, Bäcker, Tischler, Bauern im Fabriksystem nicht mehr verwertbar waren, sie sich vielmehr an Fabrikdisziplin und -rhythmus zu gewöhnen hatten. Wichtig ist es, hebt Bock hervor, die politische Dimension des Massenarbeiters zu verstehen: der Typus bestimmte sich nicht so sehr negativ und berufssoziologisch aus einem Mangel an Qualifikation und damit an Macht, als vielmehr aus dem Kampf um mehr Lohn und weniger Arbeit als Quelle seiner Macht.

Seit den 1890er Jahren setzten sich für die Reorganisation der Arbeit Begriffe wie *shop management*, *work organization*, *production engineering* durch, die später, ab etwa 1910, über die unmittelbare Produktion hinausgehend als „Taylorismus" bzw. als Konzepte der *Wissenschaftlichen Betriebsführung* bekannt wurden. Der Arbeiterwiderstand machte die Umstrukturierung zu einem öffentlich heftig diskutierten Thema jener Zeit. Für die Herausbildung des Taylorismus benennt Bock zwei Motive: die Senkung der Kosten für den „Faktor Arbeit" und die Kontrolle über die Leistungszurückhaltung der Arbeiter. Die Macht der organisierten Facharbeiter, ihre faktisch erlangte Kontrolle über den Produktionsprozess durch das von ihnen darüber akkumulierte Wissen musste gebrochen, die Enteignung ihrer Kenntnisse und deren Einverleibung in neue Planungs- und Kontrollinstanzen des Managements gewährleistet werden, und schließlich sollten die Arbeitsverrichtungen in kalkulierbare Segmente unterteilt werden und in einen kontinuierlichen Prozess fließen, der die Bestimmung des Tempos durch die Arbeiter unmöglich machen sollte. Historisch trat das Fließband auf den Plan. Die Umstrukturierung setzte eine Umwälzung der Zusammensetzung der Arbeiterklasse voraus und Migration war ein entscheidender Faktor.

Einer der ergiebigsten Gesichtspunkte von Bocks Arbeit liegt darin, die Elemente der Rationalisierungsoffensive für die Arbeitergeschichte nicht so sehr aus den technologischen Veränderungen zu rekonstruieren als aus der Analyse der Arbeitskämpfe selbst. Wie hoch in den US-amerikanischen Betrieben die Unfallraten waren, tauchte in keiner Statistik auf, worin die Auswirkungen des Fließbands auf die Ungelernten bestanden, erfuhr man nicht, und ebenso verhielt es sich mit den einzelnen, häufig unbekannten Veränderungen der Arbeitsorganisation für den neuen Massenarbeiter: *speed-up*, Lohnsenkung, Arbeitsplatzbewertung, paramilitärische Repression in- und außerhalb der Fabrik, schleichende Hungersnot etc. All die Momente, an denen sich die Kämpfe der Un- und Angelernten dieser Zeit entzünden, sind erst durch ebendiese Kämpfe bekannt geworden. Das ist sicher einer der Gründe, warum dieser Geschichte Rechnung getragen werden muss; ein anderer liegt in den Formen und Inhalten der damaligen Auseinandersetzungen: Die Forderung nach mehr Lohn und weniger Arbeit stand in der Tradition der Kämpfe – auch der Facharbeiter – des 19. Jahrhunderts und betraf den Kern der Rationalisierung: den Angriff auf den relativen Lohn und auf die vielfältigen Formen der Arbeitszurückhaltung, der Sabotage, des Blaumachens (vgl. ebd., 29).

Rassismus und Integration

Die American Federation of Labor (AFL), die vor allem die Facharbeiterschaft repräsentierte, fürchtete die Organisierung der ungelernten, migrantischen Arbeiter in den IWW. In den Ausländern, die ihrer Auffassung nach die „amerikanischen Ideale nicht teilen", sah sie eine Gefahr für die Gewerkschaftsbewegung und beanspruchte die alleinige Repräsentation. Die AFL verstärkte so die rassistische Spaltung. Entsprechend sprach sie sich für eine Einwanderungsbeschränkung aus, weil sie sich um das Lohnniveau der „amerikanischen Arbeiter" sorgte. Eine Politik, die allerdings gegenüber den Unternehmen nicht durchzusetzen war. Diese wiederum setzten auf eine Kombination von open-shop-Politik und Welfare-Offensive. Durch eine hierarchisierte Lohnpolitik sollten Streiks und Unzufriedenheit möglichst eingedämmt werden. Diese Kombination von Maßnahmen bestimmte auch die Reaktion auf den von Bock beschriebenen Kampf bei U.S. Steel. An seinem Ende stand die Spaltung. Die Facharbeiter begannen sich in einer neugegründeten Organisation gewerkschaftlich zu organisieren, mit der die Unternehmensleitung bereitwillig Verhandlungen aufnahm. Zugleich wurden präventive Maßnahmen gegen ein Wiederaufleben der Aktivitäten der Migrantinnen und Migranten getroffen, die sich als integrativ verstehen lassen und sich vor allem auf die Planung und Kontrolle des außerbetrieblichen Bereichs erstreckten: Eine Amerikanisierungskampagne versprach Sprachunterricht in

Abendschulprogrammen, ein Reform- und Wohlfahrtsplan sollte jenen zugute kommen, die am „Fortschritt des Betriebes" Interesse zeigten, für die Frauen wurden etwa christliche Clubs eröffnet. Die Rationalisierungsoffensive bezog sich insofern nicht allein auf die Disziplinierung und Effizienzsteigerung in der Fabrik. Vielmehr galt es, das System auf die Gesellschaft insgesamt auszuweiten, was vor allem nach großen Streiks von Frauen in der Bekleidungsindustrie geschah: Familiendisziplin, allgemeine Schulpflicht, Einbindung der Frauen in die Fabrikarbeit bei gleichzeitiger Verpflichtung auf ihre Rolle als Mutter und die Institutionalisierung der unbezahlten Hausarbeit von Frauen waren Aspekte davon.[7] In dieser Politik der Integration lässt sich durchaus eine Parallele zu jenen Prozessen erkennen, die Allen mit dem Konzept der sozialen Kontrolle beschreibt, nämlich die Einbindung eines Teils der beherrschten Klassen, um die Kämpfe zu entschärfen.[8] Zugleich lassen sich entsprechende politische Ziele auch in den Analysen Abdallahs wiederfinden – politische Ziele, die, ohne hier auf den empirischen Teil meiner Arbeit vorgreifen zu wollen, auch für meine Untersuchung von Relevanz sein sollen.

Kultur und Kämpfe

Rationalisierung, Disziplinierung und „Amerikanisierung" in und außerhalb der Fabrik waren Leitmotive der gesellschaftlichen Transformation. Und das war kein Wunder: Die Kämpfe gingen über die Fabrik hinaus, hatten den Alltag und die Lebensbedingungen zu einem ihrer Konfliktfelder gemacht. Die „Amerikanisierung" oder die Rede von „amerikanischen Werten" spielte als Antwort eine nicht unerhebliche Rolle im Hinblick auf die Widerstandsformen der Arbeiter. Im Prozess der „Amerikanisierung" geschah in Bezug auf „Traditionen" der Migrantinnen und Migranten im Grunde zweierlei: Zum einen wurde eine „Tradition" erfunden oder ihnen zumindest nahegelegt, nämlich die der Herkunft bzw.

7 Bock nennt Beispiele: Die Bedingung für den 5-Dollar-Lohn bei Ford war die intakte Ehe; weitere Beispiele sind Einführung von Kindergeld, Beschränkung der Arbeitszeit der Frauen außer Haus, Beschränkung der Kinderarbeit, Systematisierung in der Schulbildung etc. Vgl. ausführlicher den bedeutenden Aufsatz zur Entwicklung der Hausarbeit im Kapitalismus und zur Situation der migrantischen Frauen zu jener Zeit in den USA von Bock/Duden 1977.

8 Eine Studie „Whiteness of a different colour" über das „Weißwerden" der europäischen Migrantinnen und Migranten in den USA, durchaus im Sinne Allens, hat Jacobson (1998) unternommen. Er zeigt, wie unterschiedliche europäische Einwanderergruppen wechselvoll in das rassistische Farbschema der USA eingeschrieben wurden.

kulturellen Identität, zum anderen wurde eine andere Tradition davon isoliert, nämlich die der Kämpfe, der Erfahrungen und des Wissens, das die Migrantinnen und Migranten mit nach Amerika gebracht hatten. Entsprechend galt die nichtamerikanische Herkunft mal als Vorteil für die Beschäftigung in den Fabriken, weil etwa die sprachlichen Verständigungsschwierigkeiten für die Arbeiter und Arbeiterinnen aus den unterschiedlichsten europäischen Ländern eine Hürde im Organisierungsprozess darstellten. Als diese sich aber zu widersetzen begannen, galt sie als Nachteil und man überlegte öffentlich, verstärkt Afrika-Amerikaner einzusetzen, weil diese mit den grundlegenden Idealen der Gesellschaft vertraut seien und auch keinen „kommunistischen oder sozialistischen Geist" mit sich brächten wie manche Europäer. Für die Migrantinnen und Migranten stellte ihre Herkunftskultur also eine ambivalente Ressource da. In der Konfrontation mit dem Fabriksystem bedeutete ihre Herkunft nicht so sehr eine „kulturelle Kontinuität", die sich gegenüber einem sozialen oder ökonomischen Wandel erhielt; sie geriet vielmehr in den Widerspruch, gleichzeitig Basis der Ausbeutung und Basis von Überleben und Widerstand zu werden. Der Auswanderungsprozess selbst hielt den Migrantinnen und Migranten die Zugehörigkeit zu einer bestimmten Nation überhaupt erst vor Augen. Bock zitiert den Historiker Herbert Gutman (vgl. auch Roediger 1994, 39), der eine Untersuchung der Arbeiterkultur dieses Zeitraums vorgelegt hat und darin dokumentiert: „'Die Immigrationsbeamten und Zensusstatistiker pflegten große Schwierigkeiten zu haben, diese Ausländer zu klassifizieren, die oft selbst nicht sagen konnten, zu welchem Land sie gehörten. (...) Erst die Erfahrungen in Amerika lehrten diese Leute, von den Unterschieden des Dialekts und der Sitten zwischen den eigenen Landsleuten abzusehen. Und schließlich nannten sie sich dann selbst Portugiesen, Griechen, Albaner, Syrer, Armenier, Polen und Litauer. (...) Sie beschrieben Zugehörigkeiten, die sich im Verlauf der Niederlassung im neuen Land ergaben.'„ (Gutman zit. nach Bock 1976, 37) Insofern waren die Traditionslinien, auf die Migranten sich bezogen, welche, die überhaupt erst geschaffen, wenn nicht erfunden werden mussten. Bock warnt deshalb davor, und hier liegt eine weitere Stärke ihrer Arbeit, von einer kulturellen Kontinuität und Anpassung auszugehen. Sie entwickelt einen kritischen Begriff von Kultur, wenn sie schreibt: „Angesichts der Totalität dieser Erfahrung ist es unhistorisch und wenig realistisch, diese in eine Dichotomie von 'ökonomisch' bestimmter 'Gesellschaft' und von einer durch 'Werte' bestimmten 'Kultur' erst zu zerbrechen, um die beiden 'Faktoren' dann in 'Interaktion' treten zu lassen, wobei dem ersteren 'Wandel', dem letzteren 'Kontinuität' zugeschrieben wird. Vielmehr geht es in der Arbeitergeschichtsschreibung darum zu sehen, *wie* 'Kultur *benutzt* wird': das heißt, es geht um die Formen von Subsumtion unter

Erfordernisse des Kapitals und den Widerstand gegen sie." (Ebd., 38) Tatsächlich nennt Bock Beispiele, in denen Besetzungen und Umkehrungen von rassistischen Zuschreibungen stattfinden. Ein Beispiel: Das Krankfeiern, das als „vormodernes" Arbeitsverhalten der Migrantinnen und Migranten charakterisiert worden war, lässt sich mit einer solchen Perspektive als Ausgangsbasis des Arbeiterwiderstands gegen Disziplinierung und Subsumtion unter die Kapitalverwertung interpretieren. „Es ist im wesentlichen hier, innerhalb der Kämpfe und der Verweigerung, wo der eingewanderte Massenarbeiter seine scharfe und autonome Phantasie entwickelt, außerhalb von 'Modellen' und 'Mustern' und jenseits des Bilds von einem Einwanderer als bloßem Opfer der Ausbeutung und einer kulturellen Kontinuität als bloßem Instrument der Anpassung." (Ebd. 39)

Subjekt der Geschichte und Kämpfe

Bocks historiographischer Ansatz unterstellt kein großes Subjekt „Kapital", sondern denkt die Entwicklung aus der Perspektive der Kämpfe. Diese romantisiert sie aber nicht, vielmehr ist Bock in der Lage, das Konfliktfeld zu bestimmen, auf dem sich die sozialen Transformationen abspielen. Darin ist sie ganz eindeutig vom italienischen Operaismus beeinflusst, für den die Kämpfe der US-amerikanischen Arbeiterbewegung einen nicht unerheblichen Stellenwert besaßen für die eigene Analyse der Herausbildung des Massenarbeiters und der Formen und Praktiken des Widerstands in Italien (vgl. Panzieri 1972; Alquati 1974). Ein Hinweis darauf ist, dass Bock selbst, deren Arbeit wiederum durch die Kämpfe der Migration in Deutschland beeinflusst war, in den 1970er Jahren Arbeiten über den Operaismus ins Deutsche übersetzt hat.[9]

In ihrem Buch beschreibt Bock, worin die politische und organisatorische Bedeutung der IWW lag, „die in einer Situation, wo Rationalisierung, offene Repression, Krise und Rassismus ihre Fabrikorganisation immer wieder zerstörten" (ebd. 68), offenbar eine reale Bedrohung für das Kapital darstellten. Eines der meistdiskutierten Probleme jener Zeit bestand, wie oben schon beschrieben, im „scabbing", dem Streikbruch, der wiederum Ausdruck von Spaltungen unter den Arbeitern war. Eine Spaltung, die sich vielfach und systematisch nach rassistischen, sexistischen, aber auch entlang von Qualifikations- und Lohnstrukturen bestimmte. Das Besondere der IWW, das stellt Bock heraus, bestand nun darin, diese Spaltungen und ständige Neuzusammensetzung der Arbeitskraft zum Ausgangpunkt der Organisierung zu machen. Sie verfolgten keine Strategie der

9 So etwa Tronti (1971).

Klasseneinheit, sondern zeigten vielmehr, dass Frauen, Schwarze, Migrantinnen und Migranten, Wanderarbeiter sich durchaus organisieren konnten und nicht „passiv und zurückgeblieben" waren, wie in der traditionellen Arbeiterbewegung zur Rechtfertigung ihrer Diskriminierung behauptet. Es ging den IWW der Analyse Bocks folgend also um eine „Orientierung an der realen Klassenzusammensetzung". Ich möchte fragen, inwiefern sich das auch für die Kämpfe, die ich untersucht habe, sagen lässt.

Nicht die von außen übergestülpten Organisationsformen der traditionellen Gewerkschaften, sondern die Anknüpfung an bereits existierende Formen von Arbeitskämpfen rückten Taktiken wie Sabotage oder direkte Aktion in den Vordergrund und brachten die IWW dazu, Forderungen nach „Mehr Lohn, weniger Arbeit" zu erheben. Weil sie die Hausarbeit als Form der Ausbeutung jenseits der Fabrik thematisierten wie sie die Bedingungen in den Stadtteilen und die Wohnsituationen zur Sprache brachten und in ihre Strategien einzubinden verstanden, weil sie also die politische Relevanz dieser Bereiche jenseits der Fabriken erkannten, erzielten die IWW eine Reihe von historischen Erfolgen.

Durch die Artikulation der komplexen Auseinandersetzungen ist ein Analysefeld umrissen, das mir Hinweise für meine Untersuchung liefert. Trotz der national unterschiedlichen Situation und des Blicks auf eine andere Zeit, nämlich eine, in der die von Bock analysierte Transformation kapitalistischer Produktion, der Fordismus, bereits in die Krise gerät, das heißt die 1960er und 1970er Jahre in Deutschland, ergeben sich doch eine Reihe von Parallelen. In meiner Analyse interessiert mich, darin Bock folgend, welche Verbindungen und Solidaritäten in den Kämpfen der Migration in Deutschland hergestellt und ob und wie darin die rassistischen Spaltungen überwunden werden konnten. Das in Bocks Arbeit entwickelte begriffliche Instrumentarium erschließt aber noch weitere Bereiche: So hat die Frage der Zusammensetzung der Arbeiterklasse und die Vorstellung vom Massenarbeiter durch die Migration nach Deutschland auch begrifflich eine erhebliche Rolle in den damaligen Auseinandersetzungen gespielt. Bocks kritischer Kulturbegriff, der in den Betrachtungen der deutschen Migrationsgeschichte selten so zu finden ist, hilft mir zudem, die üblichen Beurteilungen der Migrantinnen und Migranten in Deutschland kritisch zu hinterfragen und mit den Überlegungen der kritischen Rassismustheorie und deren ideologietheoretischer Kritik am Ethnizitätsbegriff zu verbinden. Schließlich und vor allem geht es auch mir darum, die historische Entwicklung aus der Perspektive der Kämpfe zu lesen, um das Konfliktfeld bestimmen zu können, das die Migrationsbewegungen eröffnen.

2.3. Soziale Kämpfe, Rassismus und Migration in Frankreich

Tatsächlich erhält die Geschichte der Migration einen anderen Rhythmus, wenn man sie als Geschichte ihrer Kämpfe liest und der Blick sich nicht allein auf die Veränderungen in der Ausländergesetzgebung und die Einwanderungsbestimmungen richtet. Für Frankreich geben eine Reihe von Texten Einblick in diesen Gesichtspunkt (vgl. Abdallah 2000 und 2002; Sayad 2006).[10] Hervorzuheben sind die Beiträge von Abdallah, der diese Geschichte aus der Perspektive der Migrantinnen und Migranten und ihrer politischen und alltäglichen Kämpfe erzählt hat. Abdallah interessiert sich dabei insbesondere für migrantische Selbstorganisierungsformen, das heißt solche, die sich autonom, nicht innerhalb bestehender Gewerkschaften oder anderer französischer Organisationen oder Parteien formierten. Abdallahs Aufsätze „Die Bewegung der Sans Papiers – ein Höhepunkt in Frankreichs Einwanderungsgeschichte" (2000) und „Kämpfe der Immigration in Frankreich" (2002) geben ein gutes Verständnis von den unterschiedlichen Strömungen, Themen und Auseinandersetzungen der migrantischen Politik in Frankreich. Die posthum veröffentlichten zwei Bände des Soziologen Sayad betonen dagegen die Bedingungen der Migration in Frankreich unter dem Aspekt des Provisorischen und dem des rechtlichen Status der Migranten und ihrer Kinder. Ich werde diese Geschichte hier in groben Zügen rekapitulieren, weil sich der Untersuchungszeitraum mit meinem in weiten Strecken deckt und weil dabei deutlich wird, dass die Entwicklungen in der Bundesrepublik im Kontext der europäischen Migrationsgeschichte durchaus nicht einzigartig sind.

Die Anfänge: Politik und Kultur

Für das Nachkriegsfrankreich seit 1945 beschreibt Abdallah die verschiedenen Strömungen migrantischer Aktivitäten. Viele Assoziationen gründeten sich zunächst auf der Basis ihrer nationalen Herkunft, die den sozialen und kulturellen Bedürfnissen der eingewanderten Arbeiter entsprachen und juristische, materielle

10 Vgl. die Texte, aber auch die Filmproduktionen der seit 1982 bestehenden Agence IM'média, einer migrantischen „Presseagentur für Immigration und städtische Kulturen" in Paris, die in Kooperation mit dem Mouvement de l'Immigration et des Banlieus (MIB), einem in verschiedenen französischen Städten seit 1995 organisierten Netzwerk von migrantischen Gruppen arbeitet. Als Teil ihrer politischen Arbeit sorgten die MIB zugleich für ein Bewusstsein der Geschichte der Kämpfe der Migration. (Vgl. Schmid 1998; Abdallah/Le Réseau No Pasaran 2000.) Für den bundesdeutschen antirassistischen Zusammenhang Kanak Attak hatte dieser Ansatz Beispielcharakter vgl. Kanak Attak (2001); vgl. für Österreich Bratić (2002).

und moralische Hilfestellungen anboten. Sie konzentrierten sich in ihrer Tätigkeit auf die Herkunftsländer, deren zeitgenössischen Regimes sie allerdings häufig oppositionell gegenüber standen. In ihrem öffentlichen Auftreten verschrieben sie sich nicht selten politischer Neutralität und verschanzten sich hinter kulturellen Aktivitäten. Unterschätzt werden sollte jedoch nicht, und das muss gegen eine kulturalistische Migrationsgeschichtsschreibung eingewandt werden, dass die Orientierung an der Kultur bisweilen dazu diente (insbesondere seit dem kulturellen Aufbruch markiert durch die Revolten im Mai 1968), das durch gesetzliche Auflagen geregelte Politikverbot für Migrantinnen und Migranten zu umgehen. Beispielhaft nennt Abdallah hier das von der Maison des Travailleurs Immigrés (MTI), einem 1973 gegründeten Zusammenschluss mehrerer Organisationen von Einwanderern aus Marokko, Algerien, Portugal und einigen afrikanischen Ländern südlich der Sahara, organisierte „Festival de théâtre populaire des travailleurs immigrés". Die Aktivitäten lassen sich jedoch nicht auf den kulturellen Bereich reduzieren. Vielen ging es um das Recht auf politische Meinungsäußerung im Herkunftsland, ihre Aktivitäten zielten weniger auf die Situation in Frankreich. Diese (Selbst-)Beschränkung sorgte mehrheitlich dafür, dass die Organisationen sich gegen Wahlrecht und Einbürgerung aussprachen. Die Aktivisten waren allerdings durchaus unterschiedlicher Auffassungen über die Richtung ihres politischen Engagements.

Die Frage der Bürgerrechte und die Aneignung von Rechten

Mit Beginn der 1970er Jahre traten neue migrantische Aktivitäten an die Öffentlichkeit, denen es sehr wohl um Politik in Frankreich ging. Etwa bei der Kandidatur des jungen Arabers Djillali Kamel anlässlich der Präsidentenwahl 1974, „die darauf zielte, die Rechte der Einwanderer zur Geltung zu bringen, indem sie für sich selbst eintraten" (Abdallah 2002, 109). Die Kandidaten provozierten eine Debatte über das Recht der Eingewanderten auf politische Artikulation. Insofern ging es ihnen nicht nur um die Frage der institutionell garantierten Rechte in den Auseinandersetzungen vollzieht sich bereits die praktische Aneignung von Rechten.

Von 1974 bis 1980 waren die Bewohner der von der *Société nationale de construction de logements pour les travailleurs* (Sonacotra) geführten Mietshäuser in einen der längsten überregionalen Mieterstreiks in Frankreich getreten. Der Koordinierungsausschuss *Comité de coordination des foyers* Sonacotra sprach im Verlauf des Aufstands auch die weiteren materiellen Lebensbedingungen unter der für die Migranten als provisorisch ausgerichteten Wohnsituation an (vgl.

Meillassoux 1980; Galano 2002, Sayad 2006). Es wurden Zeitungen wie etwa „Sans Frontière“, eine Wochenzeitung „von Immigranten für Immigranten“ herausgegeben; seit Anfang der 1980er Jahre wurden zudem Radioprogramme produziert. Teile dieser Strömung suchten Verbindungen zur französischen Linken und diskutierten über das Wahlrecht. Das *Collectif pour les droits civiques*, das Kollektiv für Bürgerrechte, entstand 1982 vor dem Wahlkampf für die Kommunalwahlen 1983 und trug „dem Auftauchen der Beurs[11] ebenso Rechnung wie dem damit verbundenen Versuch, die Stellung der aus der Migration hervorgegangenen Bevölkerungsgruppen innerhalb der französischen Gesellschaft neu zu definieren“ (Abdallah 2002, 111).

Die Frage der Bürgerrechte, und hier insbesondere des Wahlrechts, war zentral.[12] Die historische Stärke des „national-sozialen Staats“ (Balibar) zu jener Zeit machte diese Frage virulent. Wobei das Wahlrecht nicht nur als ein Problem zwischen Staat und Migranten galt, sondern auch zwischen Migranten untereinander und Migranten und Unterstützungsgruppen. Eine Ausgabe der Zeitschrift „Sans Frontière“ aus dem Jahr 1983 erklärte, dass die Rechte auf politische Artikulation unveräußerlich seien und sprach sich dafür aus, sich der Bürgerrechte zu bemächtigen, ohne die Nationalität zu wechseln. Sie initiierte damit eine Debatte über eine Entkopplung von Nationalität und Bürgerrechten. Diese Diskussionen und Aktionen können als Modell einer Politik gelten, die Bürgerrechte nicht nur einfordert, sondern als soziale Praxis begreift.

---

11 Tobias Mulot schreibt in einer Übersetzungsanmerkung: „Die Bezeichnung beur tauchte zu Beginn der achtziger Jahre als Selbstbezeichnung der Migranten der zweiten Generation auf. Das Wort kommt aus dem unter der Bezeichnung *verlan* damals verbreiteten Slang der Jugendlichen aus den Vorstädten. Verlan selbst ist ein Wort dieses Slangs, dessen Wortbildung auf der Umstellung von Wortbestandteilen basiert. Aus à l'envers (verkehrt) wird durch die Silbenumstellung verlan. Beur geht auf eine vergleichbare Umbildung des Wortes arabe zurück.“ (In: Abdallah 2002, 110, FN 35)

12 Sie blieb es auch und blieb auch umstritten. So folgte etwa erst 1985 die Kommunistische Partei Frankreichs dieser Forderung. Zum Umgang der PCF mit der Frage des Wahlrechts und zu dessen Verhältnis zu den rassistischen Ausschreitungen zu Beginn der 1980er Jahre, vgl. den 1981 erschienen Artikel „Von Charonne nach Vitry“ von Balibar (1993), in dem der Autor die Forderungen der Migranten unterstützte, was ihm den Ausschluss aus der Partei eintrug. Vgl. den 1983 in Le Monde erschienen Artikel „Allgemeines Wahlrecht!“ von Balibar (Balibar 1993, 30-35), in dem er eine Trennung von Staatsbürgerschaft und Nationalität fordert und die damaligen politischen Entwicklungen kommentiert.

Migration und Arbeitskampf

Im Laufe der Zeit nahmen auch die Gewerkschaften CGT (Confédération générale du travail) und CFDT (Confédération française du travail) die Forderungen nach gleichen gewerkschaftlichen Rechten auf. Zwar war es eingewanderten Arbeitern seit 1884 möglich, sich gewerkschaftlich zu organisieren, sie konnten sich aber nicht als Betriebsräte und Personalvertreter zur Wahl stellen. 1968 wurde diese Regelung für jene aufgehoben, die nach der Unterzeichung bilateraler Abkommen mit einigen Herkunftsländern (Algerien und Länder des französischsprachigen Westafrika) nach Frankreich gekommen waren, die so genannten „Privilegierten". Nachfolgend zielten die Bemühungen darauf, diese nominelle Änderung Realität werden zu lassen und auf alle eingewanderten Arbeiter auszudehnen.

In einer Reihe von Arbeitskämpfen nach 1968 entwickelten die Arbeiter die Praxis, Delegationen zu bestimmen und sie zu Verhandlungen mit der Unternehmungsleitung zu schicken; das Management versuchte daraufhin unter Berufung auf das Gesetz, Delegationen, unter denen sich „Nichtprivilegierte" befanden, zu delegitimieren. Die Gewerkschaften wiederum hatten angesichts solcher Selbstorganisierungen der Arbeiter Befürchtungen, es könnten sich linke Basisbewegungen oder autonome Gewerkschaften immigrierter Arbeiter bilden, und forderten, die gewerkschaftlichen Rechte anzugleichen und ein neues Antirassismus-Gesetz zu erlassen. Im Jahr 1972 wurde durch die Marcellin-Fontanet-Erlasse die Einwanderung strengen Kontrollen unterworfen, die perspektivisch auf ein Stopp der offiziellen Arbeitsmigration zielten,[13] und denjenigen Arbeitsmigranten, die seit einem Jahr in einer Firma arbeiteten, die Wählbarkeit als Betriebsräte und Personalvertreter gestatteten – allerdings unter der Bedingung, dass sie „französisch lesen und schreiben können". Politisch aktive Migranten konnten so an die Gewerkschaft gebunden werden. Es entstanden, gerade in der CFDT, Gewerkschaftssektionen von Migranten, insgesamt zielte die Politik jedoch darauf, die Einwanderer in die einheitlich vorgestellte französische Arbeiterschaft zu integrieren (vgl. Abdallah 2002, 113).

Die Gewerkschaften erklärten die Forderungen der Migrantinnen und Migranten, die nicht nur die Arbeits-, sondern auch ihre (nicht selten rassistischen) Lebensbedingungen zur Sprache brachten, als Grund der Spaltung, statt, wie etwa am Beispiel der IWW gezeigt, für die eigene Organisierung an den rassistischen Spaltungen anzusetzen. Es wurde nicht verstanden, dass die

13 Zu der Bewegung gegen diese Erlasse vgl. Abdallah 2000.

Kämpfe sich zum Bereich der Reproduktion hin bewegten und dass Fragen von Rassismus und Alltag, ebenso wie die nach den Bürgerrechten, einen immer entscheidenderen Stellenwert haben sollten.

Diesem konzeptionellen Mangel der Gewerkschaften stehen die Praktiken in den Kämpfen selbst gegenüber. Abdallah spricht von einer durchaus engen Verbindung zwischen den Kämpfen der französischen Arbeiter und den Kämpfen der Migranten; sie waren immer wieder in der Lage, die so genannten „spezifischen Forderungen" in einen breiten gesellschaftlichen Zusammenhang zu rücken, den Zusammenhang einer zunehmenden Ethnifizierung der Herrschaftsbeziehungen insgesamt. Rassismus konnte damit selbst als eine Form der sozialen Auseinandersetzung verstanden werden, in der er sich erneuert und zu einer bestimmten Form kapitalistischer Entwicklung beiträgt – statt ihn auf die von ihm produzierten Subjekte (Ausländer – Franzosen) zu reduzieren. Die in den Jahren zwischen 1969 und 1972 von der maoistischen *Gauche Prolétarienne* durchgeführten Aktionen gegen die rassistischen „petit chefs" (Abteilungsleiter in den Fabriken) zeigten die Konturen der Kämpfe gegen Hierarchisierung in den Fabriken, wie sie in den folgenden Jahren verstärkt aufkommen sollten.[14] Zu Beginn der 1970er Jahre nahmen die Angriffe auf arabische Arbeiter in den Straßen, auf dem Weg zur Arbeit oder sogar in den Fabriken zu; ebenso die Repressionen durch die Polizei. Zu trauriger Berühmtheit brachte es der Tod des algerischen Lastwagenfahrers Mohamed Diab, der 1972 auf einer Polizeiwache in Versailles mit einer Maschinenpistole erschossen wurde.[15] Außerdem kam es immer häufiger zu Abschiebungen, insbesondere bei politischer Betätigung von Migrantinnen und Migranten, die allerdings in einigen Fällen durch Mobilisierungen verhindert werden konnten.[16]

---

14 Für eine literarische Bearbeitung vgl. den Roman von Robert Linhart (1978): Eingespannt. Erzählungen aus dem Inneren des Motors.

15 Michel Foucault war in diesem Zusammenhang Teil einer Gruppe von Intellektuellen, die eine Gegenuntersuchung durchführten.

16 Fawzia und Saïd Bouziri sollten 1972 abgeschoben werden, weil sie ihre Aufenthaltsgenehmigung nicht verlängert hatten. Man warf ihnen außerdem politische Unterstützung von Palästinensern und Teilnahme an der Kampagne gegen den Mord an dem jungen Djillali Ben Ali im Jahr 1971 vor. Nach einem Hungerstreik und dem Engagement von Intellektuellen wie Jean-Paul Sartre, Michel Foucault, Gilles Deleuze und Claude Mauriac wird die Ausweisungsverfügung aufgehoben. Aus ihrem Unterstützungskomitee wird später das CDVDTI (Comité de Défense de la Vie et des Droits des Travailleurs Immigrés), das beim Generalstreik gegen Rassismus im September 1972, im Fall Mohamed Diab und bei der Bewegung ge-

Die erste Bewegung der Sans Papiers

Noch unter de Regierung von Georges Pompidou, ab 1974 dann unter der Regierung Valéry Giscard d'Estaings kommt es zur ersten Welle des Widerstands der Sans Papiers. Die Kämpfe gegen die Marcellin-Fontanet-Erlasse von 1972, die unter anderem die Ausstellung von Arbeits- und Aufenthaltstiteln bei den Polizeibehörden zentralisierten, den Aufenthalt an einen mindestens einjährigen Arbeitsvertrag koppelten sowie den Nachweis von „angemessenem Wohnraum" verlangten, stellten diese Dekrete als neue Instrumente zur Kontrolle über Mobilität und Wohnverhältnisse von Migrantinnen und Migranten heraus.[17] Zugleich wird ein neues Gesetz über Zeitarbeit erlassen, das eine Legalisierung des Aufenthalts in Verbindung mit einem Zeitarbeitsvertrag nicht gestattet.[18] Abdallah beschreibt, wie sich in dieser Zeit eine Reihe von Kämpfen verbinden, ein bisher bestimmender Fatalismus abgelegt wird und stille Widerständigkeiten in der Erprobung neuer Aktionsformen aufgehen. Eine autonome Immigrantenbewegung entstand. Im Dezember 1972 besetzten 18 Migrantinnen und Migranten ohne Papiere eine Kirche in Valence und forderten die Legalisierung. Als sich vier Priester zur öffentlichen Unterstützung entschlossen, erregte die Aktion nationales Aufsehen. Dazu kamen in 20 französischen Städten Hungerstreiks gegen die Erlasse und die Aufenthalts- und Arbeitsbedingungen der „Sans Papiers". Nach einer breiten Mobilisierung wurden die Hungerstreikenden schließlich legalisiert, die Erlasse im Juni 1973 ausgesetzt und eine Legalisierung all derjenigen angeordnet, die vor dem 1. Juni jenes Jahres eingewandert waren, oder aus unterschiedlichen Gründen über keine Papiere verfügten. 35.000 Personen wurden zwischen Juni und Oktober auf diesem Weg legalisiert. (Vgl. Abdallah 2000, 23 ff.)

---

gen die Marcellin-Fontanet-Erlasse eine wichtige Rolle spielen sollte. Vgl. Abdallah 2000 und Abdallah/Le Réseau No Pasaran 2000.

17 Die Bestimmung gilt für die so genannten Nichtprivilegierten: Türken, Marokkaner, Tunesier, Portugiesen, Jugoslawen; nicht für Einwanderer aus EG-Ländern, aus Algerien, aus frankophonen Ländern Afrikas, für Asylbewerber.

18 Zum Boom der Zeitarbeit nicht nur in Frankreich, sondern auch in Italien, USA und Japan vgl. N.N. 1982. Seit Anfang der 1970er Jahre bildete sich ein klandestiner Arbeitsmarkt in Sweatshops der Pariser Textil- und Konfektionsindustrie, zu Hungerlöhnen und zugeschnitten auf Lebensverhältnisse in Lagern und Bidonvilles (Marseille) heraus. 1981 gab es ca. 10.000 illegalisierte Arbeiter „ohne Papiere" in Paris, vor allem auch Türken, die zum Teil unter 1.000 FF für 12-15 Stunden Arbeit verdienten.

Die Frage der Autonomie

1974 verkündete die Regierung den „offiziellen Stopp der Arbeitsmigration", die Schließung der Grenzen und den Kampf gegen die „illegale Migration". Aus den in dieser Zeit stattfindenden Hungerstreiks in der Landwirtschaft, unter Saisonarbeitern und in der Bekleidungsindustrie, in der mehrheitlich Frauen arbeiteten, sowie aus den Unterstützungskomitees gründeten sich neue migrantische Organisationen. Im Verlauf der 1970er Jahre kam es zu einer nie zu Ende geführten Diskussion über die Autonomie der Kämpfe. Während die einen organisationsorientiert eine Kooperation mit regierungsnahen (in Frankreich und den Herkunftsländern) oder gewerkschaftlichen Institutionen befürworteten und sich als Repräsentanten der Migrantinnen und Migranten gaben, wollten die anderen die Autonomie lieber ausbauen, indem sie die Übereinstimmungen und Verbindungen zu den bestehenden Kämpfen und Ausdrucksformen suchten. Diese Aufspaltung hatte Konsequenzen sowohl für die Zusammenarbeit zwischen Migranten und „Franzosen" als auch für die Ende der 1970er Jahre einsetzenden Auseinandersetzungen der so genannten zweiten Generation, die gegen Rassismus mobil machte und sich mit ihren Politiken gegen die Aktivisten der so genannten ersten Generation absetzten.[19]

Rassismus, so argumentiert Abdallah, lässt sich nicht auf das Verhalten einzelner Personen zurückführen. Er muss vielmehr historisch, im „Fortbestehen und der Erneuerung einer institutionalisierten, diskriminatorischen Politik gegenüber Einwanderern" (Abdallah 2002, 114) verstanden werden. An dieser Stelle ist seine Einschätzung durchaus mit den historischen Analysen Allens zu vergleichen, der die „Erfindung der weißen Rasse" in den Anfängen ihrer institutionellen Verankerung beschreibt. Rassismus äußerte sich Abdallah zufolge etwa in der Stadtplanung und betrifft ganze Stadtviertel, wie an den Diskussionen um die Banlieues bis heute immer wieder deutlich geworden ist. Ende der 1970er Jahre bildete sich in diesen Stadtvierteln eine Bewegung, in der Migrantinnen und Migranten und die Bewohner dieser proletarischen Viertel zusammenfanden. Veranstaltungen wie das 1979 bis 1982 jährliche „Rock against Police" und der „Marche pour l'égalité et contre le racisme" (1983–1985) prangerten die Verbrechen von Polizei und rassistische Übergriffe seitens der Bevölkerung als Konsequenz staatlicher Politik an. (Vgl. Schmid 1998) Die Bewegung zeichnete

19 Für eine Untersuchung der unterschiedlichen Ursprünge, Ausdrucksformen und der Diskurse des Rassismus in Frankreich und unter anderem eine Kritik an den Integrationspolitiken und -forderungen gegenüber Migrantinnen und Migranten vgl. Tévanian 2001.

sich durch ein hohes Geschichtsbewusstsein aus: So brachten sie das Massaker an mehreren hundert Algeriern am 17. Oktober 1961 an die Öffentlichkeit[20] oder riefen im Sinne der Solidarität zwischen den Einwanderergenerationen die Teilnehmer des „Marche pour l'égalité" gemeinsam mit den Streikenden von Talbot-Poissy[21] zu einer Demonstration auf.

Rekuperation der Kämpfe: Integration

Die Bewegung der Migrantinnen und Migranten wurde in der Folge des Regierungsantritts der Sozialisten 1981 zu kooptieren versucht. Mit Unterstützung Mitterands, der wegen der zeitweisen Aussetzung der Ausweisungen zunächst sogar als „Präsident der Immigranten" bejubelt wurde, setzte sich nach und nach eine Politik durch, die auf Integration der lange in Frankreich lebenden Ausländer setzte, aber darüber die Frage der in Frankreich lebenden Papierlosen zum Schweigen brachte und der „illegalen Einwanderung" den Kampf ansagte.[22] (Vgl. Abdallah 2000, 33 ff.) Die Migrantenvereinigungen wurden im Gegensatz zu der 1984 gegründeten französischen Organisation „SOS-Racisme" deutlich weniger unterstützt. Letztere gab einer moralischen antirassistischen Mobilisierung den Vorzug und stellte den Rassismus der extremen Rechten, wie er vom Front national verkörpert wurde, in den Vordergrund ihrer Politik.

Die linke Regierung unter François Mitterand hob zwar im Oktober 1981 die Verordnung von 1939 auf, stellte die Vereinigungsfreiheit für Ausländer her und sorgte für die Gleichheit der Migrantinnen und Migranten bei den

---

20 Vgl. dazu auch Balibar 1993; Abdallah 2000.

21 Dort streikten Arbeitsmigranten im Winter 1983/84 gegen Massenentlassungen. Sie wurden mit Rufen „au four, à la Seine" (in den Ofen, in die Seine) beschimpft. Eine Anspielung auf die Vernichtungslager der Nazis und die Toten des 17.Oktober 1961, die in die Seine geworfen worden waren. (Vgl. dazu auch den Film „Douce France. La Saga du Mouvement Beur".) Vgl. dazu und zu weiteren Arbeitsstreiks, die von Migrantinnen und Migranten initiiert wurden Abdallah 2000 und Abdallah/Le Réseau No Pasaran 2000 und das Interview mit Mimoun Hallous in der Zeitschrift Quo Vadis 1983, 80 ff.

22 Der migrantische und gewerkschaftliche Kampf um eine „Regularisierung" ist von den Sozialisten, die auch die prekären Beschäftigungen unter Zeitarbeit mit Gesetzeswerken festgeschrieben haben, dahingehend bereichert worden, nur solche illegalen Immigranten zu regularisieren, die einen festen Arbeitsvertrag vorweisen können – d.h. die negativen Folgen der bisherigen Immigrationsgesetze sind damit legalisiert. Vgl. N.N. 1982, 22.

gewerkschaftlichen Repräsentationsrechten. Zuvor versprochene Änderungen beim Wahlrecht – zumindest – auf kommunaler Ebene sparten sie aber aus.[23]

Ende der 1980er Jahre existierten Bemühungen seitens migrantischer Organisationen, die das Einbringen der eigenen Kräfte in die bestehenden Institutionen zu verhindern suchten und auch die Diskussion um die Bürgerrechte aufnahmen. Die Einberufung der „Generalstände der Immigration" 1988 im Pariser Vorort Saint-Denis durch die Gruppe *Mémoire Fertile* sollte der Versuch einer autonomen Neuorganisation auf nationaler Ebene sein. Sie nahm eine Diskussion um die Bürgerrechte wieder auf und lancierte den Begriff der so genannte *Nouvelle Citoyenneté*: die Bürgerrechte von der Staatsangehörigkeit zu entkoppeln und die bereits bestehenden Praktiken der Bürgerrechte zu stärken. Sie trat damit einen Kampf der Avantgarde an, wie es Sayad nennt (vgl. Sayad 2006).

Zwei Faktoren, die der „Integration" den Weg ebneten, spielten Abdallah zufolge jedoch eine entscheidende Rolle, die Bewegung zu schwächen. Viele Aktivisten trafen die individuelle Entscheidung, die französische Staatsbürgerschaft zu beantragen, um sich vor Ausweisung bei politischer Tätigkeit zu schützen. Diese Entscheidungen wurden aber nicht Gegenstand einer öffentlichen Diskussion. Parallel drängte Ende der 1980er Jahre die Sozialistische Partei die ihr assoziierten Migranten, sich der Partei anzuschließen, um die Regierungsmacht wieder zu erobern. Was Teilen von SOS-Racisme und der Studentenbewegung von 1986 gelungen war, nämlich politisch einflussreiche Posten zu besetzen, sollte den aus der Migration hervorgegangenen Aktivisten, die individuell und vereinzelt in der Partei tätig waren, aber nicht gelingen. Als „Einwanderer vom Dienst" verhöhnt, besaßen sie nicht mehr die kollektive Kraft der Vereinigungen, aus denen sie kamen. Eine Entwicklung, die an den migrantischen Vereinigungen nicht vorbeiging: In ihnen bildete sich ein Misstrauen gegenüber Strategien persönlichen Aufstiegs und sie lehnten es ab, auf eine Basis reduziert zu werden, die die Aktionen der Gewählten nur legitimieren sollte.

Autonomie révisée

1989 gründete sich das Kollektiv *J'y suis, j'y vote* (Ich bin hier, ich wähle hier), um für das Wahlrecht, die Reform der Ausländergesetze und gegen die Wieder-

23 Zu den offen gebliebenen Versprechungen der Regierungen in Hinblick auf das Wahlrecht und auch zur Rolle von SOS-Racisme für die Rekuperation der Kämpfe der Beurs vgl. Bouamama 2000. Bouamama zeichnet die historischen Kämpfe um das Wahlrecht nach und belegt, dass es historisch zu keiner Gesetzesänderung ohne die Kämpfe der Migrantinnen und Migranten kam.

herstellung der Staatsangehörigkeitsgesetze einzutreten (vgl. Bouamama 2000), blieb damit aber politisch relativ im Hintergrund (vgl. Sayad 2006).

Eine neue Welle der Mobilisierung setzte 1992 mit den Verträgen von Maastricht ein, die das Wahlrecht zu Kommunal- und Europawahlen für EU-Bürger in anderen Ländern der Europäischen Union einführten.[24] Damit bot sich die Möglichkeit, sich die Frage nach den politischen Rechten für die migrantischen Vereinigungen wieder zu eigen zu machen: „Wie kann man akzeptieren, dass nun allein den Europäern, ohne die Voraussetzung eines dauerhaften Aufenthalts, jene politischen Rechte zugestanden werden, die die Einwohner, die von außerhalb der Union kommen und manchmal schon seit mehreren Generationen ansässig sind, bereits so lange fordern?“ (Abdallah 2002, 121) 1997 gründete sich das Kollektiv „Un(e) résident(e), une voix“ [„Ein(e) Einwohner(in), eine Stimme“], das die durch die vergangenen Enttäuschungen geschwächten migrantischen Vereinigungen zu stärken suchte, und kooperierte mit dem Kollektiv der Solidaritätsgruppen „Même sol, même droit, même voix“ (Gleicher Boden, gleiches Recht, gleiche Stimme), um die Frage des Wahlrechts wieder auf die Agenda zu setzen.[25]

Das *Mouvement d'Immigration et de Banlieues* (MIB), ein 1995 gegründetes Netzwerk von Gruppen, grenzte sich mit seiner Politik von solchen Versuchen ab, die sich in den Horizont des Nationalstaat stellten. Es machte die Polizeigewalt zum Thema und betonte in seiner Politik die historische, die intergenerationelle Dimension der Kämpfe.[26] Der Kampf gegen die so genannte Double Peine (Doppelstrafe) war eines ihrer Aktionsfelder. Der Ausdruck beschreibt, dass zusätzlich zu einer Gefängnisstrafe in der Folge ein zeitlich begrenztes oder definitives Aufenthaltsverbot für Frankreich verhängt werden kann, mit anderen Worten die Abschiebung nach einem Gefängnisaufenthalt droht.[27] Das MIB kritisierte

24 Darüber hinaus wurde mit dem Vertrag von Maastricht die Unionsbürgerschaft eingeführt. Sie ersetzt nicht die jeweiligen nationalen Staatsangehörigkeiten, sondern ergänzt diese. Die Unionsbürgerschaft erhält jeder, der die Staatsbürgerschaft eines der Länder der EU besitzt. Er oder sie erhält damit unter anderem eine Aufenthaltserlaubnis in der gesamten Union, das aktive und passive Kommunalwahlrecht sowie das Recht, das europäische Parlament unabhängig vom Wohnsitz in der gesamten EU zu wählen.

25 Für eine Übersicht der Argumente und Taktiken, die öffentlich gegen das Wahlrecht für Ausländer lanciert wurden, vgl. Bouamama 2000, 75 ff.

26 Ausdruck dieses historischen Bewusstseins gegen eine nostalgische und für eine kollektive Geschichtspolitik ist die Sondernummer der Zeitschrift Quo vadis der IM'média mit dem Titel: Douce France. La Saga de Mouvement Beur von 1993.

27 Dabei geht es um mehr als 200 Straftaten. Meist handelt es sich um eine dreifache Bestrafung, denn schon aufgrund eines Verdachts, sich der drohenden Ausweisung

den „Büro-Aktivismus" der anderen migrantischen Gruppen und suchte für seine Aktionen eine enge Verbindung zum täglichen Leben in den proletarischen Stadtvierteln. Der Forderung nach Wahlrecht steht es kritisch gegenüber, sieht es als eine notwendige, aber keine ausreichende Voraussetzung für den Zugang zur vollen Staatsbürgerschaft.

Die zweite Bewegung der Sans Papiers

Am 18. März 1996 begann mit der Besetzung der Kirche von Saint-Ambroise der zweite Zyklus der Kämpfe um Legalisierung.[28] Die Besetzung erfuhr eine unerwartete Solidarisierung: Es schlossen sich immer mehr Sans Papiers an, Unterstützungsorganisationen mobilisierten prominente Fürsprecher, und viele tausend Bürger boten spontan ihre Hilfe an, vor allem als es zur Räumung der Kirche durch die Polizei kam und 300 Sans Papiers zunächst auf ein Theatergelände, dann in ein leer stehendes Eisenbahngebäude umzogen. Von Anfang an gingen die Besetzer Verbindungen mit anderen Gruppen ein, erlaubten aber niemandem in ihrem Namen zu sprechen; sie bildeten in Vollversammlungen radikaldemokratische Strukturen aus, wählten jederzeit absetzbare Delegierte und Sprecher, die mit den Unterstützungskomitees in Verbindung waren. In der Folge gründeten sich Sans Papiers-Kollektive in mehreren französischen Städten. Sie forderten: Papiere für alle! Die Monate des Kampfes waren durch harte Verhandlungen und vielfältige Kampagnen geprägt. Nachdem ein Erfolg durch Verhandlungen nicht absehbar war, beschlossen die Sans Papiers am 28. Juni mit Einverständnis des Paters die Kirche Saint-Bernard zu besetzen. Ihre Kraft änderte und verkehrte auch das Verhältnis zu den französischen Unterstützungsgruppen und -organisationen: sie wurden bestimmender. Schon knapp zwei Monate später kam es zur Räumung der Kirche, Inhaftierung der Besetzer und 13 Sans Papiers wurden abgeschoben. Die im Juli gegründete Nationale Koordination rief daraufhin die Ausweitung der Kämpfe aus, und tatsächlich schlossen sich neue Migrantengruppen, sowie Gruppen von Obdachlosen, Arbeitslosen und prekär Beschäftigten dem Kampf an (vgl. Moulier Boutang 1997). Es wurde eine Karawane durch das Land initiiert, um öffentliche Diskussionen vor Ort zu führen und die Gruppen in den Städ-

---

entziehen zu können, werden systematisch der Freigang und eine vorzeitige Haftentlassung gestrichen. 1998 fand in Lyon als Protest ein Aufsehen erregender Hungerstreik statt (vgl. Schmid 2003).

28 Für eine ausführliche Beschreibung dieser Kämpfe und der Diskussionen vgl. das Buch von Madjiguène Cissé (2002), die selbst zu den BesetzerInnen gehörte und zu dieser Zeit Sprecherin der Sans Papiers war.

ten zu koordinieren. Eine Petitionswelle und Demonstrationen gegen die erste Fassung der nach dem damaligen Innenminister Jean-Louis Debré benannten Ausländergesetze, die u.a. eine Denunziation der Sans Papiers Anklage wegen „Beihilfe zum illegalen Aufenthalt" vorsahen, konnten die Rücknahme dieses Teils des Gesetzes erzwingen; nach den Neuwahlen im Juni 1997 kam die Linke an die Regierung. Die Sans Papiers organisierten sofort einen „Marsch für die Legalisierung", der eine Zusage von Premierminister Jospin zur Legalisierung der Sans Papiers von Saint-Bernard erreichte, aber nur eine Einzelfall-Legalisierung für alle anderen. Auch wenn die Kämpfe der Sans-Papiers in Frankreich bis heute andauern und auch eine Verbindung zu Legalisierungsforderungen in anderen Ländern Europas suchen, war mit der Legalisierung nach 1997 zunächst der Höhepunkt dieses Zyklus von Kämpfen überschritten. Tatsächlich ist es in den Aktionsformen der Sans Papiers weder gelungen, so argumentiert Abdallah im Hinblick auf deren letztliche Schwäche, sich in einen Zusammenhang mit den historischen Kämpfen der Migration zu stellen, noch die Hierarchisierungen zu den übrigen Migrantengruppen, etwa der so genannten zweiten Generation zu überwinden[29] (vgl. Abdallah 2000).

Abdallah resümiert in seinem Aufsatz zu den Kämpfen der Immigration (2002) die historische Entwicklung in Bezug auf eine Perspektive des politischen Engagements. Er betont die aus der Selbstorganisierung hervorgehende kollektive Kraft, die zur sozialen Transformation fähig ist. Die Entstehung autonomer politischer Bewegungen zu verhindern, so warnt er, könnte ein generelles Misstrauen gegenüber Möglichkeiten politischen Handelns provozieren: „Das Risiko ist das Ende der Politik." (Abdallah 2002, 124) Sayad dagegen konzentriert sich auf die Frage der Rechte und die ambivalente Position der Migranten in der Gesellschaft. Mit dem Begriff „Immigranten des Inneren" für die in Frankreich geborene Generation legt er auf die dauerhafte Entrechtung in der Migration einen Schwerpunkt.

29 Cissé hat in ihrem Buch zumindest zwei Unterkapitel einem historischen Bewusstsein der Kämpfe der Migration in Frankreich gewidmet (vgl. 2002, 177-184). Abdallah spricht auch die veränderte politische Konstellation zwischen den Sans Papiers und den Aktivisten der zweiten Generation an; letztere ärgerten sich häufig genug darüber, dass ihnen vorgeworfen wurde, sich an den Kämpfen der Papierlosen nicht zu beteiligen. Sie hörten ihrerseits den Vorwurf, dass die Forderungen der Sans Papiers hinter den historischen Forderungen der Kämpfe der Migration zurückgeblieben waren und keine Alternative zur Bestimmung einer neuen migrantischen Bewegung suchten.

Abdallahs und Sayads Einschätzungen rekurrieren auf ihre Kenntnisse der historischen Kämpfe der Migration. Auch wenn sie im strengen Sinne kein historiographisches Konzept entwickeln, sind sie den Darstellungen doch immanent. Sie weisen in dieser Hinsicht Übereinstimmungen mit den Überlegungen Allens, Roedriger und Bocks auf: Sie alle betrachten die Geschichte aus der Perspektive der Kämpfe und der Konfliktfelder, die sich aus jenen ergeben. Was Allen als Konzept sozialer Kontrolle beschreibt, findet sich in der Integrationspolitik der Gewerkschaften und des Staates wieder, was wiederum Bock und Abdallah beschreiben. Alle drei Arbeiten machen klar, dass die Politik in ihrer herrschenden Form rekuperativ funktioniert: Sie reagiert auf die in den Kämpfen erhobenen Forderungen, isoliert einige von ihnen und integriert andere. Das muss nicht als historische Niederlage verstanden werden, sondern kann in einer historischen Analyse umgekehrt werden. Denn tatsächlich schreiben sich die sozialen Auseinandersetzungen in die Reorganisation von Rassismus, Politik und Produktion ein. Nur mit Blick auf die Konflikte kann diese Reorganisation verstanden werden. Wenn Balibar darauf aufmerksam macht, dass es sich beim Verhältnis von Rassismus und Migration tatsächlich um unterschiedliche nationale Verhältnisse handelt, lässt sich dies anhand der drei von mir typologisch zusammengestellten historischen Momente in der Entwicklung des Kapitalismus, in der Verbindung von „nationaler Situation“ und „historischer Situation“, anhand der darin enthaltenen Konjunkturen des Rassismus nachvollziehen.

3. Historische Migrationsforschung in Deutschland

In Deutschland ist überhaupt erst seit etwa Mitte der 1990er Jahre Dynamik ins Feld der Migrationsforschung gekommen. Die Geschichtsschreibung hat einen neuen Gegenstand entdeckt: die Migrationsgeschichte. Sammelbände werden veröffentlicht, historische Fachzeitschriften widmen Schwerpunkte diesem Aspekt der Historiographie[1], Publikationen akademischer Arbeiten zur Migrationsgeschichte mehren sich, Konferenzen finden statt, ein „Netzwerk Migration in Europa"[2] hat sich gegründet, Initiativen zu einem Migrationsmuseum existieren, Jahrestage werden zum Anlass für Ausstellungen, Internetseiten und Kataloge[3] genommen, Archive entstehen und vergrößern ihren Bestand.[4] Die inzwischen erschienenen Aufsätze sind kaum noch zu überblicken. Eine bemerkenswert späte Entwicklung, die anscheinend mit dem Glaubenssatz sämtlicher Regierungen der Bundesrepublik – zumindest bis ins Jahr 1998 – zusammenfällt, Deutschland sei kein Einwanderungsland.[5] Was offiziell nicht existiert, kann sich auch in der Geschichtsschreibung nicht verstetigen.

Wenn auch die Geschichte der Migration inzwischen in der Geschichtsschreibung Anerkennung gefunden hat, weisen die manchmal gegenüber staatlichen

---

1 Etwa die Zeitschriften Archiv für Sozialgeschichte (2002) und 1999. Zeitschrift für Sozialgeschichte des 20. und 21. Jahrhunderts (2002).

2 http://www.network-migration.org/d/netzwerk/index_selbstdarstellung.htm

3 Eine der ersten Ausstellungen ist dokumentiert in Eryılmaz/Jamin (1998); zum Anlass des 40. Jahrestages des Millionsten angeworbenen Arbeiters Armando Rodrigues de Sá (aus Portugal) entstand die Internetseite „Angekommen..." vgl. http://www.angekommen.com/; zur Geschichte der „Gastarbeiter in München" vgl. Dunkel/Stramaglia-Faggion (2000); zu 40 Jahren Arbeitsmigration nach Österreich vgl. Gürses/Kogoj/Mattl (2004); die Migrationsgeschichten von 100 Frauen und Männern finden sich im Audioformat unter http://www.migration-audio-archiv.de/.

4 Hier ist an erster Stelle DOMiT in Köln zu nennen. Ein Archiv, das Anfang der 1990er Jahre als migrantische Selbstorganisation zur Geschichte der Migration aus der Türkei entstand. In den vergangenen Jahren konnte es seine wissenschaftliche Recherche durch eine Ausweitung auf alle Anwerbeländer, einschließlich jener der DDR erheblich intensivieren und verfügt über den größten Bestand an Dokumenten und Exponaten zur Geschichte der Migration in der Bundesrepublik. Vgl. http://www.domit.de/.

5 Mit dem Vorhaben diesem Glaubenssatz ein Ende zu setzen, trat die rot-grüne Bundesregierung 1998 an, gab es aber schnell wieder auf, was spätestens im seit Anfang 2005 geltenden Zuwanderungsgesetz markiert ist, das die Zuwanderung steuern und begrenzen soll.

Einwanderungspolitiken durchaus kritischen Beiträge erhebliche Schwächen auf, was ihre gesellschaftstheoretischen Prämissen angeht. Besonders auffällig ist ein Fehlen rassismustheoretischer Erkenntnisse, was etwa schon die bedenkenlose Verwendung von Schlagwörtern wie „Ethnie“ oder „Ausländer“ indiziert. Dagegen würde ich betonen, dass auch die durch die Bedingungen zur Überschreitung der Grenzen festgelegten Kategorisierungen von Einwanderergruppen in eine historische Betrachtung eingehen müssen, ebenso die Veränderung des Migrationsregimes selbst. In diesem Sinne wäre dem Historiker Harald Kleinschmidt zustimmen, wenn er fordert, dass die Wörter und Begriffe historisiert werden müssen, die zur Beschreibung und Kategorisierung von Migration verwendet werden, damit Migrationsgeschichte sich selbst thematisiert, wenn sie Migration historisiert (Kleinschmidt 2002, 19 f.).

Im Gegensatz zu den zuvor beispielhaft diskutierten Ansätzen zur Migrationsgeschichte der USA und Frankreichs, wie sie sich auch in der britischen Debatte finden lassen, die die Kämpfe der Migration zu ihrem Fokus machen, existiert eine Aufarbeitung und Konzeptualisierung dieses Gesichtspunkts in Deutschland bisher nicht.[6] Die Kämpfe der Migration und die Formen und Praktiken des antirassistischen Widerstands von Migrantinnen und Migranten tauchen – wenn überhaupt – nur am Rande der Betrachtungen auf.[7] Diesen Mangel halte ich nicht einfach für eine Leerstelle, für ein Desiderat der Forschung, sondern er hat nach meiner Einschätzung erhebliche Auswirkungen auf die Theorie und Geschichte der Migration, mithin die Konzeption der Geschichtsschreibung der Migration selbst. Nichtsdestotrotz haben die Arbeiten über die Geschichte der Migration in Deutschland eine Fülle an Material, eine Menge Fallstudien, Dokumente und biographische Erzählungen hervorgebracht, die die Geschichte der Migration mit Wissen anreichern und in ein neues Licht setzen.

Grob zu unterscheiden wären Arbeiten, die Ausländerpolitik und Migration eher in Form eines Gesamtphänomens diskutieren und stark mit Ergebnissen

6 Neben den zahllosen Beiträgen in englischer Sprache liefern in deutscher Sprache Bourne/Sivanandan/Fekete (1992); Düvell (1992; 2002) und Virdee (2002) einen Überblick über die autonomen und die gewerkschaftlichen Kämpfe von Migrantinnen und Migranten. Bei Schönwälder (2001) stehen die politischen und öffentlichen Debatten zur Einwanderung im ausführlichen Fokus ihrer Betrachtung.

7 Einzige mir bekannte Ausnahme ist die Arbeit der Historikerin Karin Hunn (2002 und 2005), die zum Fordstreik in Köln-Niehl 1973 arbeitet und die Sektion „Einwanderung und Selbstbewusstsein: Der Fordstreik 1973“ im Buch von Motte/Ohliger 2004.

der Demographie operieren und jene Beiträge, die Studien zu diversen Aspekten (etwa Wohnbedingungen[8]) sowie lokalen und regionalen Situationen (etwa zu VW in Wolfsburg oder zur Migration nach Südhessen[9]) liefern, mit nationaler (Einwanderung aus der Türkei oder Italien[10]) beziehungsweise komparativer (Einwanderungspolitik in Deutschland und Britannien[11]) Perspektive arbeiten, über bestimmte Einwanderergruppen schreiben (etwa über Displaced Persons, Aussiedler, „Illegale", Asylbeweber[12]), konkrete thematisch eingeschränkte Untersuchungen anfertigen (etwa zum Thema der Bürgerrechte, der Ausländerpolitik, der Einwanderung von Frauen[13]) oder biographische Erzählungen von Migrantinnen und Migranten in der Bundesrepublik bieten. In diesem Kapitel werde ich einen kurzen Überblick über die aktuellen Beiträge zur Migrationsgeschichte geben, indem ich sie auf ihre Verwendbarkeit für mein Anliegen überprüfe und ihre Schwächen problematisiere. Da alle diese Arbeiten keinen systematischen Bezug auf die Kämpfe der Migration nehmen, geht es mir hier vor allem um eine Reihe von impliziten gesellschaftstheoretischen Prämissen und deren Konsequenzen für die Geschichtsschreibung, um mein eigenes Projekt konturieren zu können.

Migrationsforschung als Gesamtphänomen: Zahlen in Bewegung und das Problem der Grenzen

Die Arbeiten des Historikers Klaus J. Bade bilden insofern eine Ausnahme, als er schon seit den 1980er Jahren zu Migrationsbewegungen und -politik in Deutschland gearbeitet hat. Bade, der an der „Unabhängigen Kommission Zuwanderung" zur Vorbereitung des am 1. Januar 2005 in Kraft getretenen Zuwanderungsgesetz teilgenommen hat und dem Zuwanderungsrat[14] der Bundesregierung angehört, veröffentlicht meist umfangreiche Bücher über Bevölkerungsbewegungen, die sich auch mal über einen Zeitraum von mehr als 200 Jahren erstrecken und sich

8 Vgl. von Beer 1999; von Oswald/Schmidt 1999.

9 Vgl. von Oswald 1999 und Sonnenberger 2003.

10 Vgl. Eryılmaz/Jamin 1998; Jamin 1999.

11 Vgl. Schönwälder 2001.

12 Vgl. Oberpennig 1999; Cohen 2004.

13 Vgl. Dohse 1985; Herbert 2001; Gosewinkel 2001; Morokvašić 1987; Treibel/Schöttes 1998; Mattes 1999 und 2005.

14 Vergleichbar dem Sachverständigenrat zur Begutachtung der gesamtwirtschaftlichen Entwicklung („Rat der fünf Weisen") erstattet der Zuwanderungsrat jährlich ein Gutachten zur Vorlage beim Deutschen Bundestag und Bundesrat.

auf die Darstellungen der großen übergreifenden politischen und wirtschaftlichen Entwicklungen beschränken, die er hier und da durch Einzelbeispiele von Migrantinnen und Migranten ergänzt, um bestimmte Prozesse zu belegen (vgl. Bade 2002). Seine Vorstellung von Migration, bei der aufgrund der Verwendung von demographischen Daten manchmal eher Zahlen als Migrantinnen und Migranten in Bewegungen zu sein scheinen, geben in gewisser Weise ein Beispiel für die resümierende Kritik Harald Kleinschmidts (2002) ab, der in seinem ins Thema einführenden Buch Menschen in Bewegung schreibt, dass historische Migrationsforschung Antwort auf die Frage nach den Gründen für bestimmte Migrationsvorgänge sowie den erkennbaren Motiven und Zielen der Migrantinnen und Migranten zu versuchen gebe. Ursache, Verlauf und Folgen von Migrationsbewegungen liefern in diesen Darstellungen, für die Bade nur als ein besonders prominentes Beispiel zu nennen ist, eine scheinbar lineare Kette von Ereignissen. Mit dem Entwurf einer transnationalen Migrationstopographie wird ein Teil der Reise beschrieben, und zugleich beansprucht, damit den gesamten Prozess der Migration zu erfassen. Einen Prozess, der seinen Anfang an einem Ort nimmt und der an einem anderen kulminiert, bei dem sich Personen vermeintlich von einer Stelle zur nächsten bewegen, ausgelöst durch ökonomische oder politische Faktoren. Anstatt jeden Raum prinzipiell sowohl als Zielort als auch Ausgangsort von Migration anzunehmen, werden Aus- und Einwanderungsländer, Push- und Pull-Faktoren benannt, die selten den tatsächlichen Migrationsbewegungen entsprechen.

Kleinschmidt, der sich in einer allgemeinen Definition der Disziplin versucht, weist darauf hin, dass sich die Migrationsgeschichte inhaltlich notwendigerweise mit der Überschreitung von Raum- und Zeitgrenzen beschäftigt. Ihr Gegenstand seien somit „Prozesse der Aufhebung der Begrenztheit des Raums durch Migranten und die Verhinderung oder Steuerung dieser Prozesse durch diejenigen, zu deren Aufgaben die Aufrechterhaltung von Grenzen tatsächlich oder vorgeblich gehört" (Kleinschmidt 2002, 212). Historische Migrationsforschung beziehe insofern politische Position, als sie die Grenzen des politischen Handelns in Sachen Migration aufzeigte. Diese Einsicht ergibt sich für ihn aus der historischen Veränderung von Migrationsprozessen und ihren Kategorien, womit er einerseits einen sozialwissenschaftlichen Migrationsbegriff als unpräzise zurückweist, der aufgrund rechtlicher Normen zwischen Migranten, Flüchtlingen, Deportierten, Asylsuchenden und Reisenden unterscheidet. Andererseits geht es ihm um die Kritik einer Vorstellung, die Migration allzu häufig mit der Überschreitung von Staatsgrenzen gleichsetzt, deren Stabilität er darum voraussetzt. Darüber hinaus resultiere die vielfach als illegal gebrandmarkte Überschreitung von internationalen Grenzen in Europa und Nordamerika zumindest in manchen Fällen aus dem Konflikt zwischen der subjektiven Wahrnehmung von Grenzen und den nach Staatsrecht bestehenden Grenzmarkierungen. Nicht nur, dass die Grenzen historisch und aktuell für die meisten souveränen Staaten keineswegs selbstverständlich sind – man denke nur an die Kriege im ehemaligen Jugoslawien und die daraus entstehenden Nationalstaaten, deren Grenzverläufe bis heute umstritten, wenn nicht bisweilen sogar umkämpft sind. Gerade in der Beschreibung von Migrationsbewegungen kommt es zu anachronistischen Begrifflichkeiten, die ein nationales Kollektivum unterstellen, bevor es existiert. Kleinschmidt weist damit auf das rhetorische Muster der Nationalisierung und Ethnisierung in der Geschichtsschreibung hin, wenn etwa bei Migrationsprozessen davon die Rede ist, „'die Deutschen' seien in 'ihr künftiges Land' migriert, so als hätte ein Raumbegriff von Deutschland vormigratorisch bestanden und als habe irgendwann eine Migration 'der Deutschen' insgesamt als In-Migration in einen schon bestehenden Raum stattgefunden" (Kleinschmidt 2002, 216 FN 26).

Kleinschmidt verweist auf den Umstand, dass sowohl Grenzen als auch Vorstellungen von Grenzen Wandlungen unterliegen.[15] Diese sich aus der historischen Analyse ergebende Kritik an Staatsgrenzen affirmierenden migrationsgeschichtlichen Untersuchungen wird auch von aktuellen Forschungen gestützt: Grenzen wären demnach nicht als perforierte Mauern am Rande von nationalstaatlichen Territorien vorzustellen, sondern sind selbst vielfältig funktional und produktiv. Gerade ihre Durchlässigkeit macht ihre Produktivität aus, denn über die verschiedenen Optionen der Einwanderung tragen sie dazu bei, unterschiedliche Migrantengruppen überhaupt erst zu produzieren und über unterschiedliche Bürgerrechte zu hierarchisieren. Als Grenzregime können nicht einfach nur die formalen oder informellen Mechanismen bezeichnet werden, die Staaten insbesondere zur Abschottung der Grenzen gegen Migranten und Flüchtlinge entwickeln. Die grenzpolizeilichen und strafverfolgenden Behörden versichern sich darüber hinaus seit Jahren der aktiven Fahndungshilfe durch die Bevölkerung im Grenzraum, wie eine Studie der Forschungsgesellschaft Flucht und Migration in Zusammenarbeit mit dem Polnischen Zentralrat Berlin an der deutsch-polnischen Grenze untersucht hat. So genannte Bürgertelefone und

15 Eine Entwicklung, die etwa in der Veränderung der Grenzlandschaft durch die Auflösung von Staaten wie des ehemaligen Jugoslawien oder der Sowjetunion augenscheinlich ist, oder durch Kriegsszenarien und Grenzstreitigkeiten in postkolonialen Ländern Afrikas und Asiens anschaulich wird. Die Prozesse der EU-Erweiterung und der sich im Zuge dieser Prozesse konstitutionalisierende Grenzraum „Schengen" ist ein anderes Beispiel.

Kontaktbeamte des Bundesgrenzschutzes (BGS), kommunale runde Tische von BGS und Landespolizei mit der örtlichen Industrie- und Handelskammer, dem Ordnungs- und Verkehrsamt und die Einbindung von Taxifahrern[16] und Leihwagenfirmen sind inzwischen elementarer Bestandteil der operativen Grenzfahndung (vgl. Dietrich 1998).

Grenzen organisieren derart eine Topographie polyzentrischer Intensitätsgrade der Kontrolle gefährlicher Orte. So sind Grenzen um die so genannten Grenzzonen erweitert und gesetzlich auf eine Breite von 30 Kilometern festgelegt. Für Flüchtlinge, die Grenzen zu überschreiten versuchen, bedeutet das, dass ihre Rechte in dieser Zone territorial abgeschwächt oder außer Kraft gesetzt werden, weil sie in diesem Bereich kaum Chancen auf eine Asylantragstellung haben und von sofortiger Rückschiebung in das Nachbarland bedroht sind. (Vgl. Dietrich 2000) Die strategische Kombination des „ins Recht setzen" der an den Grenzen lebenden Bevölkerung und der „Entrechtung" der Migrierenden führt in diesen Regionen zu zahlreichen rassistischen Übergriffen. Das „Klima des Verdachts" entsteht in diesem System nicht aufgrund von Hinweisen auf ein Delikt, sondern schlicht wegen vermuteter Migration, unter Rückgriff auf phänotypische Kriterien. Alle Anwohner können sich beteiligen. Die Grenze wird so als Schengener Außengrenze in Alltagsprozessen sozial neu erfunden. Flüchtlinge verwandeln sich in den Augen der Anwohner in Illegale und Kriminelle.

Folglich werden sowohl auf beiden Seiten der Grenze als auch subjektiv unterschiedliche „Grenzerfahrungen" gemacht. Bestehende Grenzen können nicht mit der Anerkennung dieser Grenzen durch Migrantinnen und Migranten gleichgesetzt werden. Grenzen haben in der Praxis weder dieselbe Bedeutung noch die gleichen Adressaten, sie umfassen nicht nur nationalstaatliche Territorien, sondern durchziehen sie auch. (Vgl. Bojadžijev/Tsianos 2002)

Methodischer Nationalismus

Die Möglichkeiten der Einreise und des Aufenthalts von Migrantinnen und Migranten definiert in Deutschland unter anderem das Einwanderungs- und das Ausländergesetz. Ulrich Herbert hat mit seinem Buch *Geschichte der Ausländerbeschäftigung in Deutschland* (1986) die Stationen der Ausländerpolitik

16 „In verschiedenen Regionen wurden Taxifahrer strafrechtlich verfolgt, wenn sie – bei Inlandfahrten – Personen beförderten, die möglicherweise heimlich über die Grenze gekommen sind, und diese nicht per Funk der Polizei anzeigten. In der Grenzstadt Zittau wurde über ein Drittel der Taxifahrer bereits mit Strafverfahren überzogen." (Dietrich 2000)

bis zum Anwerbestopp und zur Herausbildung einer „Einwanderergesellschaft“ in den 1970er Jahren nachgezeichnet. Das Buch galt lange Zeit als Standardwerk und wurde fünfzehn Jahre später vom Autor in einer Neuauflage unter dem Titel *Geschichte der Ausländerpolitik in Deutschland* um die Veränderungen bis zum Jahr 2000 erweitert. Es lohnt sich, auf die überarbeitete und aktualisierte Fassung dieses Buches näher einzugehen, da sich darin einige Problematiken erfassen lassen, die insgesamt für die Geschichtsschreibung der Migration in Deutschland als typisch gelten können. Darüber hinaus können im Kontrast die neueren Arbeiten besser umrissen werden. In seiner Gesamtdarstellung des Themas versucht Herbert auch die Faktoren zu bestimmen, die Migrationserinnerungen bestimmen. Die Vorstellung, dass Deutschland kein Einwanderungsland ist, steht, so weist er nach, in einem eigentümlichen Widerspruch zu einer kontinuierlichen Ausländerpolitik; deren Wege und Brüche verfolgt er von der preußischen Gesetzgebung zurück zum Reichs- und Staatsangehörigkeitsgesetz des Deutschen Kaiserreichs zur Zeit der Weimarer Republik, die den Vorrang der einheimischen vor den ausländischen Arbeitern zum „Inländerprimat“ festschrieb, und zum Nationalsozialismus.[17] Das tut er auch, um zu kritisieren, dass in der Diskussion um Einwanderung eine „Fiktion der Voraussetzungslosigkeit“ (ebd., 168) herrsche.

Herberts Blick auf die bundesdeutsche Ausländerpolitik nach dem zweiten Weltkrieg hebt vor allem ihre „Diffusion und Konzeptlosigkeit“ hervor. Wie etatistisch seine Perspektive ist, wird deutlich, wenn er den Nutzen der Einwanderung – für das Bildungs- und Rentensystem, gegen die „Vergreisung der deutschen Gesellschaft“ – betont und für eine staatlich geregelte, „zukunftsgerichtete Ausländer- und Einwanderungspolitik“ plädiert. Einwanderung, so impliziert er, stellt ein Problem, zumindest eine Herausforderung für die deutsche Gesellschaft dar: Gegen die „Fiktion der ‘Lösbarkeit’, wie sie von Befürwortern einer radikalen Zuwanderungssperre und auch von Verfechtern einer radikalen Grenzöffnung[18]

---

17 Wie es zur Nationalisierung der Staatsbürgerschaft über eine sich verändernde Diskriminierungspraxis vom Deutschen Bund bis zur Bundesrepublik gekommen ist, beschreibt ausführlich Gosewinkel (2001). Die zunehmende Ausschließung von „Ausländern“ in dieser Geschichte führt er dabei zwar auch auf eine ethnisierende und antisemitische Nationsvorstellung zurück, räumt aber der Herausbildung des Sozialstaats und damit einhergehenden zuvor nicht staatlich garantierten sozialen und politischen Rechten, der Verbindung von Versorgungsleistungen und politischer Partizipation mit Staatsangehörigkeit einen ebenso wichtigen Stellenwert ein.

18 Herbert bezieht sich hier auf das Parteiprogramm der Grünen von 1992, das sich für „Offene Grenzen“ ausspricht und zitiert an dieser Stelle ausführlich die Kritik von Cohn-Bendit an dieser Entscheidung.

suggeriert würde, die er letztlich für eine ideologische und moralische Zuspitzungen hält, spricht er sich angesichts einer globalen, den Einfluss des Einzelstaats übersteigenden Entwicklung für eine „Abmilderung", „Steuerung" und für „pragmatische und mittelfristige Korrekturversuche" aus (vgl. Herbert 2001, 9).

Der „Ausländerfeindlichkeit" kritisch gegenüberstehend, zeichnet er die rechten Diskurse über Überfremdungsangst und die rassistischen Kampagnen vor allem gegen türkische Migrantinnen und Migranten im Verlauf der 1980er Jahre und die Asyldebatte Anfang der 1990er Jahre „im Rauch der Brandsätze" während der Regierung Kohl nach und erkennt ihre Vorläufer in den ersten Anschlägen und Übergriffen in den frühen 1980er Jahren, benennt also die Konflikte, die zuallererst die Einwanderer angehen. Allerdings erscheinen sie bei ihm als Angelegenheiten, die in erster Linie die deutsche Bevölkerung betreffen, und in ihr sollen die Konflikte auch ausgetragen werden. Dies entspricht dem von ihm formulierten Hauptanliegen einer „Auseinandersetzung mit den kollektiven Erfahrungen, die eine Gesellschaft in der Vergangenheit mit der Zuwanderung von Ausländern gemacht hat" (ebd., 10). Neben dieser Vorstellung verdeutlicht die durchgehende Verwendung des staatlich-administrativen Begriffs „Ausländer" selbst, dass Herbert die Perspektive der deutschen Gesellschaft einnimmt.

Herberts Vorstellung setzt letztlich eine statische Vorstellung von (der deutschen) Gesellschaft voraus, die durch Kräfte von außen – und zwar die Migrationsbewegungen – beunruhigt wird. Eine Kluft zwischen ökonomischer Notwendigkeit und der für problematisch gehaltenen Anwesenheit von Migrantinnen und Migranten erfordert darum staatlicherseits zu ergreifende Kompensationsmaßnahmen in Form einer Integrationspolitik. Diese soll einerseits durchaus eine Veränderung der deutschen Gesellschaft in Gang setzen (Herbert wendet sich explizit gegen den Leitkulturgedanken), andererseits aber wird die Definition von Integration deutschen Institutionen überlassen. Herberts Untersuchung über die Herausbildung des Integrationsparadigmas – zwischen Einwanderungsstopp und „Integration auf Zeit" – in der Ausländerpolitik der bundesdeutschen Parteien seit Ende der 1970er Jahre ist durchaus weiterführend; deutlich ist aber, dass er selbst von einer gesellschaftlichen Desintegration durch Migration ausgeht und dies als Problem fasst. Genau das macht seinen „methodischen Nationalismus" aus und hält ihn wiederum davon ab, Migrantinnen und Migranten als Subjekte wahrzunehmen oder die Bedingungen ihrer strukturellen Benachteiligung deutlich zu kennzeichnen; sie scheinen vielmehr der Ausländerpolitik gegenüber disponibel. Eine weitere, übrigens bis heute weit verbreitete, Schwäche seines Ansatzes liegt in der Idee, Migrationsbewegungen ließen sich letztlich auf unternehmerische Strategien reduzieren.

Migrationsbewegung als Hydraulik …

Es ist die „deutsche Perspektive", aus der heraus Herbert die Veränderungen in der Ausländerpolitik Ende der 1990er so resümiert: „Die Zuwanderung von Ausländern, so wurde nun auch breiteren Schichten deutlich, war keine von den Deutschen großzügig gewahrte Gnade, sondern vor allem in ihrem eigenen Interesse, ja sogar eine unabweisbare Notwendigkeit." (Herbert 2001, 334) Die „Notwendigkeit" versteht er als eine ökonomische Notwendigkeit, und in der gleichen Art stellt er sich das Zustandekommen der Anwerbeverträge vor. Sie ließen sich durch die geringe Arbeitslosigkeit in Deutschland, den Bedarf an Arbeitskräften und das Interesse der deutschen Wirtschaft an einer „fungiblen Reservearmee" erklären. Herbert sitzt dem Mythos auf, dass die „Gastarbeiter" mit der Vorstellung eines nur vorübergehenden Aufenthalts gekommen seien und bereitwillig schlechte Wohnsituationen akzeptiert hätten, um ihren Lohn zu sparen. Selbst wenn es zutrifft, dass sich viele Migrantinnen und Migranten einen befristeten Aufenthalt in Deutschland vorstellten und tatsächlich sehr viele die Ausreise (nicht unbedingt in ihre Herkunftsländer) nach kurzer Zeit wahr machten, können sie jedoch bestimmt nicht ausschließlich als Arbeitskräfte in Bewegung und ohne Willen gesehen werden. Nur selten war der befristete Aufenthalt auf ein vorgefasstes Kalkül der Migranten zurückzuführen, vielmehr drehten einige von ihnen Deutschland vor Vertragsfrist den Rücken, weil sie die schlechte Unterbringung, die Arbeitsbedingungen (Überstunden, gesundheitsschädigende Tätigkeiten etc.) oder die Erfahrungen von Einsamkeit und Ernährungsumstellung nicht ertragen wollten. Herbert unterstellt aber gerade ein solches Kalkül, wenn er über die Rezession 1967 schreibt, dass Anforderungen von Seiten der Unternehmen in dieser Zeit sanken, und der „Zufluss" entsprechend gering gewesen sei. Die hier von ihm verwendete Metapher unterstreicht noch einmal die Vorstellung eines Wasserhahns, mit dem Migration an- und abzustellen sei, oder wie Herbert es formuliert: Gastarbeiterbeschäftigung als konjunkturelles Ausgleichsinstrument (vgl. ebd., 220).

Tatsächlich, so die These, die ich in meiner historischen Untersuchung prüfen möchte, haben sich Migrations- und Ausländerpolitiken immer mit bereits existierenden Bewegungen, deren Sperrigkeiten, Widerständigkeiten oder Beharrlichkeiten auseinandergesetzt. In jüngerer Zeit beziehen sich tatsächlich nur noch wenige Theorien zu Migration auf solche „objektiven" Faktoren wie die ökonomische Konjunktur. So haben etwa neuere migrationshistorische Studien auf die sozialen und ökonomischen Netzwerke von Migranten verwiesen, ohne die Migration gar nicht möglich wäre und die transnationale Räume geschaffen haben (vgl. Haug/Pichler 1999). Dies bildet auch einen Gesichtspunkt für meine Analyse. Herberts „hydraulische Vorstellung" von Migrationbewegungen als Effekt ökonomischer Faktoren, als „Flexibilitätsreserve", passt dann auch zu seiner Vorstellung, dass der Anwerbestopp 1973 zwar nicht auf die Ölkrise zurückzuführen sei, wie zahlreiche migrationssoziologische Arbeiten behaupten, aber auf die Kosten-Nutzen-Kalkulation der deutschen Wirtschaft.

Eine der neueren migrationsgeschichtlichen Arbeiten liefert Barbara Sonnenberger (2003). Sie gibt Hinweise darauf, dass es sich nicht so mechanisch wie bei Herbert dargestellt verhalten hat. Sonnenberger verlässt das Format „Gesamtdarstellung zur Migrationsgeschichte" und hat eine detailreiche historische Studie über die Anfangsjahre der Arbeitsmigration in Südhessen vorgelegt. Sie liefert historische Indizien, indem sie die politisch-administrativen Steuerungsversuche mit den faktischen Migrationsprozessen abgleicht, deren Wechselwirkungen und Widersprüche herausarbeitet. Ihr Fokus liegt zunächst auf der Einwanderungspraxis selbst und den Auswirkungen der Anwerbeverträge für die Betriebe. Ebenso wie die historische Untersuchung Karen Schönwälders (2001) analysiert sie die unterschiedlichen Wege der Einwanderung und zeigt, wie es zu interministeriellen Konflikten im Verlauf des Zustandekommens von Anwerbeverträgen kam. Zwar wurden rechtliche Grundlagen für einen längerfristigen Aufenthalt erst mit dem Ausländergesetz 1965 geschaffen, tatsächlich sorgten die Migrantinnen und Migranten über diverse Wege der Arbeitsmigration und auch schon recht früh durch Familiennachzug für eine Verfestigung ihres Aufenthalts. Sonnenberger betont dabei, dass der Anteil der Frauen unter den Immigrierten keineswegs so gering war, wie die Forschung bisher angenommen hatte und dass es nicht selten ihre Männer waren, die über die Familienmigration oder betriebliche Anwerbung später nach Deutschland migrierten (vgl. Mattes 2005). Für viele stellte die Migration insofern Selbstständigkeit dar, als sie sie mit einer Arbeitsaufnahme und mit finanzieller Unabhängigkeit verbinden konnten. Zudem handelte es sich auch nicht immer um Migrantinnen und Migranten aus ländlichen Gebieten; die vor der Migration ausgeübten Arbeiten differieren erheblich. Während etwa ein Großteil der Migranten aus Griechenland vor ihrer konkreten Tätigkeit in Deutschland eine andere Tätigkeit ausgeübt hatten, unterläuft die Migration aus der Türkei die übliche Vorstellung, es habe sich bei ihnen hauptsächlich um anatolische Bauern gehandelt: Es kamen auch viele Facharbeiter und Intellektuelle aus den Großstädten Istanbul, Izmir und Ankara (vgl. Sonnenberger 2003, 309). Die angebliche Rückkehrorientierung, wie sie von Herbert unterstellt wird, widerspricht den unterschiedlichen Einwanderungsmustern ebenso wie den staatlichen Steuerungsinteressen, ohne dass aber zunächst dagegen interveniert wurde.

… und Migranten, die sparen

Das Bild der Anpassung, das Herbert zeichnet, reproduziert nicht nur seine Vorstellung der Migration als Verschubmasse, sondern reifiziert noch zusätzlich den Migranten im Bild des wehrlosen Opfers: „Sie akzeptierten eher als Deutsche sowohl schmutzige als auch besonders schwere Arbeit, (…) und zeigten an politischen und gewerkschaftlichen Aktivitäten wenig Interesse. (…) längerfristige Veränderungen in Deutschland betrafen sie nach eigener Überzeugung nicht – auch dies Aspekte (…), ebenso wie die Tatsache, daß es gar nicht in erster Linie Ausländer selbst waren, die sich über ihre schlechten Arbeits- und Lebensbedingungen erregten" (Herbert 2001, 212). Die niedrigen Löhne und schlechten Arbeitsbedingungen hätten die Migrantinnen und Migranten akzeptiert, weil sie „möglichst rasch möglichst viel Geld" verdienen wollten und politische Aktivitäten, trotz Befürchtungen der Behörden vor einem „Import des Kommunismus", eine nachgeordnete Rolle spielten und es also bis 1967 zu keinen „sozialen und politischen Spannungen in größerem Umfang" gekommen sei. Die Wohnbedingungen für Migrantinnen und Migranten in überbelegten Kellern und Mansarden, in Baracken und Wohnunterkünften führt Herbert, der die Verhältnisse selbst drastisch schildert, auf eine Überschneidung von Kostenfaktoren der Unternehmen mit den Interessen der Gastarbeiter selbst nach billigem Wohnraum zurück, durch den ein Spielraum für private Wohnungsvermieter entstanden sei, die „unerfahrenen und verschüchterten" Ausländer zu übervorteilen (vgl. Herbert 2001, 216).

Barbara Sonnenbergers Analyse liefert erste Hinweise, mit denen sich dieses stereotype Bild von der ergebenen Passivität von Migrantinnen und Migranten korrigieren lässt (vgl. etwa auch Bade 1983). Ihre Untersuchung der Arbeitsverhältnisse und Wohnsituation vor allem in Darmstadt (am Beispiel Merck) und Rüsselsheim (am Beispiel Opel) geht auf die Perspektive der Migrantinnen und Migranten und ihre Widerständigkeit ein und untersucht einerseits die Diskrepanz von Interessensvertretung (meist gewerkschaftlich) und Interessen der Migrantinnen und Migranten, andererseits die Bedeutung der Wohnsituation für die Migrantinnen und Migranten. Für den bisher in der Forschung wenig bearbeiteten Untersuchungszeitraum von 1955 bis 1967 kann sie nachweisen, dass Migranten von Anfang an in Arbeitskämpfe verwickelt waren, wenn sie sie nicht sogar initiierten. Dabei ist besonders interessant, dass es sich nicht nur um gewerkschaftlich organisierte Streiks handelte, die von Betrieb zu Betrieb mal mehr, mal weniger Solidarität zwischen deutschen und migrantischen Arbeitern aufwiesen, sondern dass von den Migrantinnen und Migranten vor allem wilde Streiks ausgingen, die sie autonom von den deutschen Gewerkschaften durchführten.[19] Sonnenberger nennt für 1961 die wilden Streiks im „Lager", d.h. in den Arbeiterunterkünften des Bauunternehmens Philipp Holzmann, für die Änderung des Lohnauszahlungsmodus, bei Buderus in Wetzlar für bessere Verpflegung und gegen Lohnsenkungen bei der Firma BBC in Großauheim und in einem Kunststoffbetrieb in Lorch am Rhein (Sonnenberger 2003, 340 ff.). Auffällig ist, dass die Migranten sich nicht nur gegen die Situation im Betrieb oder die Lohnhöhe wendeten, sondern auch ihre Lebensbedingungen zur Sprache brachten, ferner die Diskriminierungen, der sie sich bei der Arbeit, aber auch durch die Behandlung jenseits der Arbeit ausgesetzt sahen: neben Unterbringung und Verpflegung war auch das niedrige Kindergeld oder die fehlende Unterstützungszahlung für Familienangehörige Grund zum Protest (ebd., 333), in anderen Fällen bestand die Motivation in der Solidarität mit den Kollegen, die entlassen werden sollten (ebd., 341). Handgreifliche Auseinandersetzungen mit Vorarbeitern und Leitern sowie verbale Verteidigung gegen die diskriminierende Stimmung im Betrieb führten nicht selten zu Entlassungen. Die Reaktion von Behörden bestand daraufhin nicht selten in Ausweisungen. Was, so jedenfalls für das Jahr 1964 in einem Chemiebetrieb dokumentiert, Einspruch der Gewerkschaft und sogar des hessischen Innenministers provozierte. In den Fällen, in denen es sich um spanische und griechische Migrantinnen und Migranten handelte, intervenierten auch die konsularischen Vertretungen zu Ungunsten der Streikenden, wenn nicht sogar Spitzel im Auftrag der Regimes in den Betrieben selbst die Migranten kontrollieren sollten.

Die Formen des Streiks beschränkten sich nicht nur auf temporäre Arbeitsniederlegungen. Die Praktiken reichten von Sabotage bis zum so genannten „Bummelstreik", d.h. langsame und ineffektive Arbeit. Ein weiterer, besonders erwähnenswerter Aspekt, der als eine Form der Flucht aus der Arbeit bezeichnet werden kann, ist die von Sonnenberger beschriebene individuelle, aber durchaus auch kollektive Rückwanderungen als Protest gegen die Entlohnung, die vorzeitige Abreise vor Vertragsende, der Wechsel des Betriebes, so etwa aus einer Konservenfabrik (in der vor allem Frauen unter harten Bedingungen arbeiteten), aus der Landarbeit oder aus einem Steinbruch. Im Fall des Roßdorfer Steinbruchs der Odenwälder Hartstein-Industrie drohten 50 Italiener mit der kollektiven Remigration. Gemeinsam erzwangen Unternehmen bzw. Landwirte und Behör-

---

19 Sonnenberger erwähnt, dass bis zum Jahr 1967 Migrantinnen und Migranten relativ selten erfolgreich als Streikbrecher bei gewerkschaftlich organisierten Arbeitsniederlegungen eingesetzt werden konnten (ebd., 339).

den eine Rückkehr in den Betrieb: So im Fall von zwei Italienern, die nach der Flucht ohne gültigen Fahrschein in der Bahn erwischt wurden und daraufhin in Haft kamen. Das Arbeitsamt erreichte in diesem Fall die frühzeitige Entlassung und die Rückführung in den Landwirtschaftsbetrieb. In anderen Fällen, etwa bei Frauen, die aus einer Fabrik in Groß-Gerau in eine Schokoladenfabrik nach München zu wechseln versuchten, wurde eine Verlängerung der Arbeitserlaubnis für Deutschland verweigert.

Ungleichbehandlung, Fremdenfeindlichkeit, Rassismus

Erkenntnisse kritischer Rassismustheorie kommen in den Sozialwissenschaften in Deutschland nur selten zur Geltung, auch in der Migrationsgeschichte ist das Thema Rassismus ein merkwürdig beschwiegenes Thema. Das Schreiben über „ausländische Arbeiter" hatte in den 1970er Jahren die Schwäche, die rassistische Unterdrückung auf das Problem der Spaltung der Arbeiterklasse zu reduzieren. Für die heutige Migrationsgeschichtsschreibung gilt, dass eine Analyse von Rassismus weiterhin von marginalem Interesse zu sein scheint. In einem Beitrag von 1999 zur Konzeptualisierung von Migrationsgeschichte weist die Göttinger Geschichtswerkstatt auf diese Leerstelle hin, wenn sie bemerkt, dass eine linke Erinnerungsarbeit zwar immer wieder gern Bezug auf den von türkischen Arbeitern bei Ford initiierten und von Teilen der deutschen Belegschaft unterstützten Streik im Sommer 1973 nimmt, aber der tägliche Rassismus hinter den Werkbänken verschwindet (vgl. Göttinger Geschichtswerkstatt 1999, 48).

In den Untersuchungen der Migrationsgeschichte tauchen zahllose Beschreibungen von Diskriminierungen durch Behörden, durch Betriebs- und Einstellungspolitik, in Betrieben durch Kollegen, in Geschäften, durch Vermieter und Gaststätten, durch die Polizei oder die Presse auf. Am häufigsten findet der so genannte „Bild-Streik" 1966 Erwähnung, der auf eine Titelzeile der Bild-Zeitung zurückgeht. Diese hatte BDA-Präsidenten Hanns-Martin Schleyer und Staatssekretär Kattenstroth, die bei einer Tagung die Vorteile der Ausländerbeschäftigung erörterten, mit den Worten zitiert: „Gastarbeiter fleißiger als deutsche Arbeiter?" (Vgl. Schönwälder 2001, 170 ff.; Sonnenberger 2003, 219 f.) Daraufhin streikten in der Metallindustrie in Baden-Württemberg aus Protest deutsche Arbeiter und es kam in manchen Betrieben zu Schlägereien zwischen deutschen und migrantischen Arbeitern (vgl. IG Metall o. J.).[20]

20 Die Dokumentation der IG-Metall spricht von gezielten Hetz-Kampagnen und dokumentiert die nationalistische Politik der NPD gegen Migrantinnen und

Bei meinen Analysen von Dokumenten, Zeitungsartikeln und „grauer Literatur" ist mir aufgefallen, dass der Begriff des Rassismus im Zusammenhang mit den Diskriminierungspraktiken gegenüber Migrantinnen und Migranten selten auftaucht. Der Begriff fällt meist nur, wenn es um Bezüge auf die nationalsozialistische Vergangenheit Deutschlands geht, wenn vom Apartheidsregime in Südafrika die Rede ist oder die Bürgerrechtskämpfe in den USA zur Sprache kommen. Drastisch und in falscher Analogie hat der Titel von Ernst Klees Buch *Die Neger Europas. Zur Lage der Gastarbeiter* (1971) einen Zusammenhang herstellen wollen, indem etwa Schlepper mit Menschenhändlern aus der Zeit des transatlantischen Sklavenhandels verglichen werden. An anderer Stelle wird Emanuelo Mascolo, der den Preis „Bester Italiener des Jahres 1969" verliehen bekommen hatte, als „Onkel Tom" bezeichnet. Klee spricht allerdings von Rassismus, wenn ein „Mensch auf Grund seiner ethnischen Zugehörigkeit einer Hilfsarbeiterklasse" zugeschlagen wird (ebd., 32) und trägt in dem Buch ein ganzes Repertoire an Diskriminierungen und Diskriminierungserfahrungen von Migrantinnen und Migranten zusammen.

Jenseits dieses Beispiels ist nicht nur in den Dokumenten jener Zeit, sondern bis heute in der Migrationsgeschichtsschreibung meist von „Fremdenfeindlichkeit" oder „Ausländerfeindlichkeit" die Rede. Karen Schönwälder (2001) gehört zu den wenigen in Deutschland, die eine migrationshistorische Arbeit geschrieben haben und darin explizit eine These zum Rassismus vertreten. Sie verwendet den Begriff in Bezug auf die von deutschen Behörden systematisch versuchte Verhinderung von Anwerbeverträgen mit und Einwanderung aus außereuropäischen Ländern aufgrund von rassistischen Kriterien – allerdings nicht, wenn es um die staatlichen und alltäglichen Diskriminierungen gegenüber europäischen Arbeitsmigranten geht.

Es lohnt sich, diese Unterscheidung in der Konzeption von Rassismus genauer zu betrachten. Einigermaßen spektakulär für die deutsche Migrationsgeschichte ist Schönwälders Entdeckung, dass die außereuropäische Anwerbung, die Niederlassung von Studenten aus Asien und Afrika nach ihrem Studium und

---

Migranten. Die Analyse des Nationalismus fand unter dem Eindruck der relativen Erfolge der NPD in den 1960er Jahren statt. Der Partei gelang es in sieben Landtage (Hessen, Baden-Württemberg, Bayern, Bremen, Rheinland-Pfalz, Niedersachsen und Schleswig-Holstein) gewählt zu werden. In Baden-Württemberg erzielte sie 1968 ein Ergebnis von 9,8%. An der 5%-Hürde zum Einzug in den Deutschen Bundestag scheiterte sie 1969 nur knapp mit 4,3%. Danach begann jedoch ein Abwärtstrend, bei den Bundestagswahlen 1972 erreichte die NPD ein Wahlergebnis von 0,6%.

die Anwerbung von Migrantinnen und Migranten aus Portugal, die aus den früheren Kolonien kamen[21], systematisch und mit rassistischen Argumenten verhindert wurde; die Leute wurden pauschal als „Afroasiaten" bezeichnet. In einem Runderlass vom 08. November 1962, auf den Schönwälder hinweist, erfolgt die Begründung in sieben Punkten: fehlender Bedarf; weite Entfernung zum Heimatland, die eine Rückführung erschwere; Sprachschwierigkeiten; „abweichende Vorstellungen außereuropäischer Völker in Fragen der Lebensauffassung und Weltanschauung erschweren oder verhindern eine reibungslose Anpassung an die deutschen Verhältnisse"; eine Vielfalt von Ausländern mache ihre Betreuung und Unterbringung schwer; ohne Abkommen über soziale Sicherheit werde kein Kindergeld gezahlt, woraus Schwierigkeiten resultierten; falsche Vorstellungen der Migrantinnen und Migranten, dass sie eine Ausbildung in der Bundesrepublik erhalten würden (ebd., 258). Gestrichen wurde aus dem Entwurf, dass die Nichteuropäer die Absicht hätten, eine Deutsche zu heiraten, um in der Bundesrepublik bleiben zu können. Drei Jahre später ergänzte Arbeitsminister Blank, dass es sich bei Migranten von außerhalb Europas um eine „völlig andersartige Mentalität" und oft „gänzlich unterschiedliche Lebensgewohnheiten und Bräuche" handele, die besondere „Anpassungs- und Eingewöhnungsschwierigkeiten" aufwerfen (ebd., 262).

Die von Schönwälder zitierte Aufzählung enthält meines Erachtens hinreichend viele Hinweise auf eine Kette von neorassistischen Argumenten, wie sie schon früh gegenüber Migrantinnen und Migranten – auch aus Europa – zum Einsatz kamen. Konjunkturell verschob sich, welche Gruppen mit solchen Kategorisierungen bedacht wurden, oder – um die Formulierung von Jost Müller aufzunehmen – welches Gerücht über welche Einwanderer gerade kursierte. Waren es anfangs die Italiener, verschob sich spätestens in den 1980er Jahren die Konzentration rassistischer Hetze auf Migrantinnen und Migranten aus der Türkei, deren Kultur zu Zeiten der Kohl-Regierung mit der deutschen als nicht vereinbar galt und die als nicht integrationsfähig angesehen wurden. Übereinstimmungen mit den Begründungen des Erlasses sind hier erkennbar. Darüber hinaus beschreibt Schönwälder in einem Kapitel die Praktiken und Diskurse der rassistischen Diskriminierung, wenn sie zeigt, wie (mit einer sexistischen Wendung) behauptet wurde, die Migranten schnappten den Deutschen die Frauen weg (vgl. Schönwälder 2001, 176 FN 78, vgl. auch die diskurstheoretische

21 Die Auswahl der Bewerber wurde den portugiesischen Stellen auferlegt, mit der Drohung, die Anwerbung zu beenden, wenn sie sich nicht daran halten würden, Personen mit „afrikanischer und indischer Hautfarbe" auszuschließen. (Vgl. ebd., 269)

Analyse von Müller 2002, 236 f.), während die Beratungseinrichtungen und Wohlfahrtsverbände sich darum bemühten, deutsche Frauen von einer Heirat mit Migranten abzubringen (vgl. Schönwälder 2002, 190). Schönwälder untersucht die Serie „Nix amore" der Bild-Zeitung in den Jahren 1966 und 1967, die das Zusammenleben von „Deutschen und Ausländern" in der Form von „Tatsachenromanen" dokumentierte und darin besonders häufig sexistische mit rassistischen Stereotypen verband. Darüber hinaus waren – nimmt man nur die literarischen und dokumentarischen Erzählungen von Migranten zur Grundlage – Segregation nach Nationalitäten in der Unterkunftspolitik der Unternehmen sowie kulturalistische Vorstellungen von der Lebensauffassung der Migrantinnen und Migranten an der Tagesordnung und brachten die differentialistischen und kulturalistischen Aspekte zu einem neorassistischen Muster zusammen. Die Behauptungen unterschiedlicher Mentalität, unvereinbarer Bräuche und Traditionen sind bis heute ein Stigma, mit denen Migrantinnen und Migranten bis in die x-te Generation hinein leben müssen. (Vgl. u.v.a. El Hajaj 1969; Ackermann 1982; Pazarkaya 1983; Özdamar 1998; Zaimoğlu 1995; Ayata 2005.)

Erlasse wie der oben erwähnte blieben vertraulich und drangen selten an die Öffentlichkeit, was Schönwälder zufolge auf einem Kalkül beruht, die rassistische Definition unhinterfragt zu lassen: „So bewußt man sich auch der Brisanz einer öffentlichen Verwendung von Kategorien wie Hautfarbe und 'Rasse' war, so wenig wurden hier diese Kategorien selbst in Frage gestellt." (Ebd., 267) Bemerkenswerterweise gelingt es ihr auch in der eigenen Analyse nicht, wenn sie kommentierend bemerkt: „Auch wenn es Kritik vor allem an einzelnen Punkten gab, wurde in der Bundesrepublik (...) das doch hinreichend offensichtliche und gar nicht einmal konsequent verheimlichte Prinzip einer Ungleichbehandlung fremder Staatsangehöriger, Ethnien und Hautfarben nicht zum Skandal." (Ebd., 265) Hier wird deutlich, dass sie zur Beurteilung des Rassismus der deutschen Institutionen selbst auf ausländerpolitische, ethnifizierende und phänotypische Kategorien zurückgreift. Ebenso an der Stelle, wo sie der Bundesregierung Rassismus unterstellt und damit den Vorwurf erhebt: „Genau diese Diskriminierung aufgrund von Herkunft oder 'Rasse' aber war beabsichtigt" (ebd., 260). Hier greift sie auf die in der anglo-amerikanischen Debatte übliche Schreibweise zurück, Begriffe wie Ethnizität und Rasse in Anführungsstriche zu setzen, die zwar die Verwendung problematisieren, sie zugleich aber zur Grundlage der eigenen Beweisführung machen.

Aber gerade die Unterscheidung von Fremdenfeindlichkeit als Bezeichnung für die Diskriminierung gegenüber Migrantinnen und Migranten aus Europa und Rassismus als Bezeichnung für die Diskriminierung von Migrantinnen und Migranten von außerhalb Europas ist – wenn auch zweifellos in kritischer Absicht geschehen – problematisch. Das Fehlen eines ideologietheoretischen Verständnisses für die Erklärung von Rassismen, mithin das Fehlen einer herrschaftstheoretischen Grundlage, befördert erst solche Unterscheidungen. Mit den besten Intentionen wird die Welt interpretiert: Die Unterscheidung zwischen Fremdenfeindlichkeit und Rassismus, Ausländerfeindlichkeit und Rassismus und (neuerdings) Migrantenfeindlichkeit und Rassismus erfasst aber nicht die veränderte Funktionsweise des Rassismus, sondern rekurriert durch eine Ausdifferenzierung letztlich auf die von ihm konstruierten primären Effekte. Diese Erklärungen reproduzieren in Wirklichkeit einen Teil des rassistischen Diskurses selbst (vgl. Balibar 1993, 123); es sind Erklärungen, die einer Funktion des Rassismus, nämlich dem Willen zum Wissen insofern Rechnung tragen, als sie Evidenz entfalten (vgl. Demirović 1992, 30). Die Evidenz ist Teil des ideologischen Effekts, auf den ich im ersten Kapitel bereits eingegangen bin, und der es erlaubt zu sagen: So ist es!

Schönwälder liefert dabei selbst Hinweise darauf, dass sich auch in den Behauptungen der Bundesanstalt für Arbeit die kohärente rassistische Argumentation einer Unterscheidung nach Rassen mit neo-rassistischen, in diesem Fall kulturalistischen Begründungsmustern vermischt. Denn im Zusammenhang mit Migranten aus Nordafrika, die „sich äußerlich vielleicht nur wenig von europäischen Südländern unterscheiden" (Schönwälder 2001, 261), führe deren Argumentation die Befindlichkeiten der Bevölkerung legitimatorisch an, und enthielte zugleich eine Warnung: Diese könnte die Beschäftigung von Ausländern insgesamt ablehnen. Im Fall der Migranten aus den portugiesischen Kolonien bestand die Begründung der Ablehnung in einer vorausgesetzten Unterstellung der Unternehmen, dass sie Anwerber erwarteten, die weiß seien. Theodore W. Allen hat in seiner historischen Analyse der Erfindung der weißen Rasse sehr deutlich gemacht, dass sich rassistische Argumentationen nicht auf phänotypische Merkmale zur Beweisführung verlassen. Stattdessen – und das legen auch die Theorien zum Neorassismus nahe – gehen kulturalistische, differentialistische und biologistische Ideologeme ineinander über, überlagern sich und verschieben die Bedeutung. Genug Anlass also, nimmt man allein die historische Untersuchung von Schönwälder zur Grundlage, Rassismus in seiner historischen Konjunktur und als Form sozialer Herrschaft zu analysieren. Dies möchte ich tun, wobei meine historische Untersuchung auf die sozialen Kämpfe der Migration ausgerichtet ist, deren Geschichte voller Formen und Praktiken des Widerstands in der Bundesrepublik bis heute weitgehend unbekannt geblieben ist.

4. Kämpfe der Migration: „Die windige Internationale"

Theoretische Überlegungen zum Rassismus sind bisher selten im Zusammenhang mit den konkreten historischen Formen des Widerstands in der Migration diskutiert worden: Die Existenzweisen von Migrantinnen und Migranten, ihre Einwanderungspraktiken, ihr Alltag und ihre Versuche, sich gegen die ihnen aufgezwungenen Formen des Rassismus durch verschiedene soziale Praktiken oder politisch organisiert zu wehren, sind nach wie vor nicht systematisch erforscht. Zu fragen wäre also, wie sich Migranten und Migrantinnen im Einzelnen gegen Rassismen zur Wehr gesetzt, welche Formen von Widerstand sie im Kontext sozialer Kämpfe entwickelt haben, wann ihre Versuche scheiterten, welche Erfolge sie erzielten.[1]

Die autonomen Organisierungen von Migrantinnen und Migranten der 1960er und 1970er Jahre handelten nur indirekt vom Antirassismus, sie können jedenfalls nicht einfach mit diesem Begriff analysiert oder beschrieben werden. Dies hat weniger damit zu tun, dass Migranten und Migrantinnen in ihren Selbstbeschreibungen und Analysen nicht über die begrifflichen Kategorien einer kritischen Rassismustheorie verfügten, die es erlaubt hätten, die sozialen Auseinandersetzungen explizit als antirassistisch einzuordnen. Gleichzeitig hat es Organisierungen gegeben, in denen antirassistische Topoi auftauchten; auch in alltäglichen Praktiken wurde Widerstand gegen Rassismen geleistet. Dass die existierenden Formen und Praktiken jedoch nicht als Antirassismus artikuliert wurden, hat vor allem den Grund, dass sich die Ziele oder Anlässe gesellschaftlicher Auseinandersetzungen jener Zeit nicht aus einem Kampf gegen Rassismus speisten. In den vielen Interviews, die ich mit Protagonisten aus jener Zeit geführt habe, um ein Verständnis von den Kämpfen zu bekommen, reagierten meine Gesprächspartner häufig mit Irritation, wenn ich sie nach dem antirassistischen Gehalt der sozialen Auseinandersetzungen gefragt habe. Die sozialen Kämpfe, deren Teil die Migrantinnen und Migranten waren oder die von ihnen initiiert wurden, können einerseits umfassender, andererseits bescheidener eingeordnet werden, als

1 Einen ähnlichen Ansatz verfolgte bereits 1974 Karl-Heinz Roth, Die „andere" Arbeiterbewegung, München 1974. Als Versuch, eine solche Debatte in den 1990er Jahren in der Bundesrepublik anzustoßen, kann der 1992 herausgegebene Band „From Resistance to Rebellion" betrachtet werden, in dem vor allem Beiträge aus dem britischen Kontext publiziert wurden (vgl. Jenny Bourne/A. Sivanandan/Liz Fekete 1992) und der Band „Strategien der Unterwerfung, Strategien der Befreiung" der *Materialien für einen neuen Antiimperialismus*, Nr 5/1993.

das Label Antirassismus es nahelegt. Bescheidener, weil die Protagonisten nicht mit der Vorstellung eines expliziten Kampfs gegen rassistische Diskriminierung angetreten sind und viele der Formen und Praktiken des migrantischen Widerstands mit alltäglichen Erfahrungen zu tun hatten. Umfassender, weil eine mal mehr, mal weniger elaborierte Kritik kapitalistischer Verhältnisse die Folie ihrer Kämpfe darstellte. Die Beseitigung des Rassismus war selten ein primäres Ziel der Politik gewesen. Die konkreten Situationen, in denen rassistische Unterdrückung erfahren wurde, haben die Muster des Widerstands mit Sicherheit beeinflusst. Aber Migrantinnen und Migranten haben Rassismus selten in abstrakter oder allgemeiner Weise bekämpft. Vielmehr drückt sich Rassismus, dem sie mit ihren Widerstandsformen entgegengetreten sind, in unterschiedlichen Effekten aus: in schlechten Wohnverhältnissen in Wohnheimen und der Immobilienspekulation überlassenen oder sanierungsbedürftigen Stadtteilen, in der Allokation auf dem Arbeitsmarkt und den schlechten Arbeitsbedingungen, in niedrigeren Löhnen, in der spezifisch migrantischen Arbeitslosigkeit, in der Benachteiligung beim Kindergeld oder in der Bildung und Ausbildung, in Gewalt oder rassistischer Hetze auf den Straßen, in den Betrieben, Behörden und Medien, im Migrationsregime und den Ausländergesetzen, in Abschiebungen etc. Die Erscheinungsformen der Ausbeutung und Unterdrückung können durch eine Analyse des Rassismus allein nicht gefasst werden. Sie sind mit rassistischen Ideologien verbunden, die selbst eine intrinsische Form der Herrschaft in kapitalistischen Gesellschaften bilden. Aber dies allein auf Rassismen zurückzuführen, kann selbst als Problem identifiziert werden, das Rassismus erst installiert (vgl. Gilroy 1987, 115 f.).

Ich habe dieses Kapitel in vier größere Abschnitte unterteilt. Im ersten Teil geht es mir zunächst darum, die Vorstellung zu konterkarieren, dass Migrationsbewegungen in die Bundesrepublik erst durch die Anwerbeverträge in Gang gesetzt wurden. Welche Funktion diese Verträge hatten, soll in einem ersten Teil untersucht werden. Im Weiteren lege ich die Formen und Praktiken dar, die Migrantinnen und Migranten entwickelt haben, um die Einreise in die und den Aufenthalt in der Bundesrepublik zu organisieren und auf Dauer zu stellen. Ein zweites Unterkapitel diskutiert den Beitrag von Migrantinnen und Migranten zu den Arbeitskämpfen seit Beginn ihres Aufenthalts, es nimmt die wilden Streiks in den Blick und diskutiert die Konzepte von Ausbeutung im Kontext der Migration jener Zeit. In einem dritten Abschnitt stelle ich die Auseinandersetzungen des Alltags dar, in denen Migranten und Migrantinnen sich gegen Rassismus zur Wehr gesetzt haben, indem sie den Bedingungen des Wohnens und der Reproduktion unterschiedliche Organisierungen wie Mietstreiks und die Gründung von sozialen Zentren entgegengesetzt haben. Ein letzter Abschnitt soll zeigen, in welcher Weise die Forderungen und Kämpfe wiederum in staatliche Rekuperationsstrategien eingegangen sind.

Ich stelle die kollektiven, alltäglichen und im eigentlichen Sinne politischen Aktionen in den Vordergrund meiner Analyse. Es geht mir um jene Praktiken der Migrantinnen und Migranten selbst, die sie der Isolierung entreißen und in denen sie sich zu Subjekten der Politik gemacht haben, es geht mir um Praktiken, die die geduldigen Solidaritätsanstrengungen mit einer kollektiven Organisierung verbunden haben. Es geht um eine Politik der autonomen Mobilisierungsformen in der Migration, die der Ausbeutung, der Segregation und der Unterdrückung entspringen. Ich gehe in diesem Kapitel von den Kämpfen der Migration aus und suche Spuren in einem Kapitel der Migrationsgeschichte, das bisher ungeschrieben blieb.

4.1. Anwerbung und andere Wege

Am 3. Juni 2003 berichtete die *Frankfurter Rundschau* in einer kurzen Meldung, dass bei einer Fahrkartenkontrolle ein 60 Jahre alter Indonesier auffiel, weil er seine Monatskarte gefälscht hatte. Es stellte sich heraus, dass der Mann im April 1964 nach Deutschland eingereist war, um in Mainz Medizin zu studieren. Sein Studium brach er 1973 ab und jobbte seither bei verschiedenen Firmen. Vier Jahre später wurde sein Visum zum letzten Mal verlängert. Seitdem lebte er ohne Papiere in Deutschland. Das Amtsgericht Wiesbaden hat 2003 auf Antrag der Staatsanwaltschaft Haftbefehl gegen den Mann wegen illegalen Aufenthalts und Urkundenfälschung erlassen.

Diese Nachricht, nach der es jemandem etwa ein Viertel Jahrhundert lang gelungen ist, ohne Papiere in Deutschland zu leben, irritiert die üblichen Vorstellungen von Migration seit den 1960er Jahren nach Deutschland und gibt Anlass zu einer Reihe von Thesen. Üblicherweise denkt man nicht an Einwanderung aus Indonesien, und stellt sich die Einwanderung eher in, wenn nicht geordneten, dann doch zumindest kontrollierten Bahnen vor. „Illegale Migration" gilt üblicherweise als Phänomen der 1990er Jahre. Zudem weist der Bericht darauf hin, dass der Anspruch auf Bürgerrechte, über die Migrantinnen und Migranten verfügen, mit den Jahren des Aufenthalts nicht ohne weiteres wächst.

Vielleicht irritiert eine solche Meldung aber auch nur deshalb, weil Migration in die Bundesrepublik – nach ca. 11 Millionen Flüchtlingen und Vertriebenen als Kriegsfolge – als Anwerbung von Arbeitskräften vor allem aus Südeuropa vorgestellt wird. In bisherigen Beiträgen zu Anwerbeverträgen geht es meist darum zu diskutieren, welche gesellschaftlichen Kräfte in der Bundesrepublik Interesse an der Rekrutierung von ausländischen Arbeitskräften hatten, welche diese einzuschränken oder zu verhindern suchten, und ob es überhaupt eine Notwendigkeit für den „nationalen Arbeitsmarkt“ zur Rekrutierung von Migrantinnen und Migranten gegeben habe. Mein Einsatz besteht demgegenüber darin, eine Größe innerhalb dieses Aushandlungsfelds in den Mittelpunkt zu rücken, die sonst erstaunlicherweise unberücksichtigt bleibt: die Migration selbst. Sie gilt in den meisten, zumal den historischen, Beiträge eher als manipulierte oder zu manipulierende Masse, die Push- und Pull-Faktoren der Ökonomie folgt oder sie ist als „industrielle Reservearmee“[2] konzipiert – in beiden Fällen aber werden Migrationsbewegungen als Objekt konzipiert und spielen für die gesellschaftlichen Aushandlungen selbst keine aktive Rolle.[3] Schon eine Reihe von Zahlen legt aber nahe, dass Einwanderung bereits vor den ersten Anwerbeverträgen in nicht unerheblichem Umfang stattgefunden hat. Anwerbeverträge, so eine These in diesem Kapitel, stellen sowohl seitens der Herkunftsländer als auch seitens des Anwerbelands Bundesrepublik den Versuch dar, die beharrliche Mobilität von Migrantinnen und Migranten unter Kontrolle zu bringen. Unter welchen Bedingungen Einreise und Aufenthalt unter staatliche Disposition gestellt wurden, soll hier in einem ersten Teil nachgezeichnet werden. Ebenso wie bestimmte Praktiken von Einwanderung und bestimmte Gruppen von Einwanderern verhindert werden sollten. Die Praxis und die Praktiken der Einwanderung eröffnen meines Erachtens ein Kampffeld, insofern sie staatliche Kontrollansprüche zu unterlaufen suchen, und die Frage nach den Bürgerrechten in der Migration stellen. Welche Listen, Techniken und Kämpfe zur Einreise und zum dauerhaften Aufenthalt Migranten gefunden haben und welche Lücken und Wege sie auftaten, zeige ich in einem weiteren Teil. In diesem zweiten Unterkapitel stelle ich auch dar, welche Effekte diese qua Einwanderungspolitik erfolgte Hierarchisierung von Bürgerrechten zeitigte, welche Diskussionen sie auslöste und schließlich welche Aktionen zur Verbesserung des Aufenthaltsstatus und der Lebensbedingungen, zum Bleiberecht und zur Legalisierung Migrantinnen und Migranten aufgeboten haben.

---

2 Knut Dohse hat dem Zustandekommen von Anwerbeverträgen eine Untersuchung gewidmet, die dieser Prämisse folgt und in der er zu dem Schluss kommt: „Der Abschluß von Anwerbeabkommen stellt den Versuch dar, eine flexible Zugriffreserve von Arbeitskräften zu schaffen, die je nach Entwicklung als Stabilisierungspuffer auf den nationalen Arbeitsmarkt geholt werden konnte.“ (Dohse 1985, 179)

3 Einen Überblick über Migrationstheorien liefern Massey et al. (1993). Inzwischen sind zahlreiche, weitaus komplexer ansetzende Theorien entwickelt worden (vgl. etwa Basch et al. 1994). Sie beziehen sich aber meist auf das so genannte „Zeitalter der Globalisierung“.

Anwerbung in Europas südlicher Peripherie

Italien 1955, Spanien 1960, Griechenland 1960... Mit diesen Ländernamen und Jahreszahlen beginnen üblicherweise Erzählungen zur Geschichte der Nachkriegsmigration. Es handelt sich dabei um bilaterale Anwerbeverträge, die zwischen Deutschland und den jeweiligen Herkunftsländern der Migration geschlossen wurden, und von denen behauptet wird, dass sie die Zuwanderung nach Deutschland aufgrund eines Rufs der deutschen Wirtschaft nach Arbeitskräften ausgelöst hätten. Und in der Tat hat es inzwischen eine Reihe von Festivitäten gegeben, die dieser Erzählung der Geschichte in Form von Jubiläen Rechnung tragen.[4] Wie können wir diese „Geburt des Einwanderungslandes Deutschland" in der Nachkriegszeit verstehen?

„Wir riefen Arbeitskräfte"?

In jüngeren Untersuchungen zur Migrationsgeschichte ist der Prozess, der zu bilateralen Anwerbevereinbarungen führte, genauer untersucht worden. Sie zeichnen ein differenziertes Bild, das der Vorstellung widerspricht, die Ursache sei auf einen Arbeitskräftebedarf seitens der Bundesrepublik zurückzuführen. Migrationsbewegungen hat es schon zuvor gegeben. Bevor es überhaupt zu einer Anwerbung von Arbeitskräften gekommen war, beschäftigte staatliche Behörden vor allem die unkontrollierte Zuwanderung. Im Fokus standen Flüchtlinge aus Osteuropa, die zum Teil mit dem NS-Regime zusammengearbeitet oder sympathisiert hatten, sowie ehemalige Zwangsarbeiter und KZ-Häftlinge, allesamt so genannte Displaced Persons, von denen nach dem 2. Weltkrieg etwa 11 Millionen in Europa unterwegs waren[5]; in den Jahren 1949 (seit Gründung der DDR) bis

4 Dazu zählt eine Ausstellung zur Geschichte und Gegenwart der Migration, die von Oktober 2005 bis Januar 2006 in Köln zu sehen war und die das 50jährige Jubiläum der Anwerbung aus Italien zum Anlass hatte. In der Philharmonie Köln hatte es am 06. November 2001 eine Feier gegeben, die den 40. Jahrestag der Unterzeichnung des ersten Anwerbeabkommens mit der Türkei zum Anlass nahm. Eine „Erinnerungsveranstaltung" am Bahnhof Köln Deutz mit dem Titel „Von festlichen Anfängen und täglichen Herausforderungen" machte die „Verleihung" eines Mopeds an den Millionsten Gastarbeiter, Armando Rodrigues de Sá, zum Ausgangspunkt.

5 Bei der Konferenz „Commemorating Migrants and Migrations: Towards New Interpretations of European History" vom 15. bis zum 16. November 2004 am Deutschen Historischen Institut in Paris schilderte David Cohen den Umgang mit den Displaced Persons nach dem NS. Viele von ihnen hatten sich entschieden, Deutschland zu verlassen und emigrierten nach Israel, in die USA, nach Britannien, Frankreich oder in Länder Osteuropas. Worauf Cohen hinweist ist, dass sie in jene Länder

1961 (Bau der Berliner Mauer) siedelten weitere 3,8 Millionen Personen von Ost- nach Westdeutschland um.

Noch bevor das erste Anwerbeabkommen mit Italien zustande kam, hatte 1955 ein niedersächsischer Unternehmer einige Algerier für die Hannoversche Steinbruchindustrie in Lauenthal/Harz rekrutiert.[6] 1956 kam es gleich zum ersten Protest dieser Arbeiter wegen schlechter Bezahlung und Unterbringung. Sie wurden daraufhin entlassen und erhielten vom Arbeitsamt keine Unterstützung, worauf sie offenbar erneut ihren Zorn zum Ausdruck brachten (vgl. Schönwälder 2001, 267). Einblick in das Zustandekommen der Anwerbeverträge geben die Untersuchungen von Hisashi Yano (1998) ebenso wie von Karen Schönwälder (2001) und Barbara Sonnenberger (2003), die auf die unterschiedlichen Standpunkte der Ministerien und die Diskussionsprozesse abheben, die zu den Abkommen von deutscher Seite erst führten. Dabei wird bereits deutlich, welche Vermittlungsprozesse innerhalb der staatlichen Apparate und welche gesellschaftlichen Kompromisse nötig waren, um zu solchen Vereinbarungen bezüglich der Migrationspolitik zu kommen. Yano arbeitet vier interministerielle Interessenslagen heraus: Danach hatte das Auswärtige Amt vor allem Interesse an guten diplomatischen Beziehungen; das Bundeswirtschaftministerium betonte die Notwendigkeit guter wirtschafts- und handelspolitischer Beziehungen und wollte Forderungen der deutschen Industrie nach zusätzlichen Arbeitskräften nachkommen, während das Bundesarbeitsministerium beanspruchte, vor allem die deutsche Arbeitsmarktlage im Blick zu haben und Anwerbung erst bei akutem Arbeitskräftemangel unterstützte; schließlich stellte das Bundesinnenministerium die potenziell von der Anwerbung ausländischer Arbeitskräfte ausgehende Gefährdung der inneren Sicherheit und Ordnung in den Vordergrund seiner Argumentation.

---

nicht als Displaced Persons immigrierten, sondern in verschiedenen Kategorien der vorhandenen Einwanderungs- und Ausländergesetze „verschwanden": Manche aufgrund ihrer Herkunft, andere weil sie als Antikommunisten galten, einige als Überlebende der Shoah und schließlich als angeworbene Arbeitskräfte. Dieser Prozess der Kategorisierung von Migration gibt mehr Auskunft als die Unterstellung von kollektiven Identitäten. Bemerkenswerterweise konstatiert Cohen darüber hinaus, dass die Displaced Persons überhaupt erst wieder in der Geschichtsschreibung auftauchen, als sie beginnen sich für die Entschädigung von Zwangsarbeit seit Mitte der 1980er, aber vor allem in den 1990er Jahren zu organisieren. Vgl. Cohen 2004.

6 Die Zeitschrift „HÖRZU" titelte „Fleißig, weil nicht so heiß" (Nr. 36, 1955 14f.), während die „Welt der Arbeit" gleich die Kostenmodalitäten für die Reise der Algerier in ihrem Titel zur Sprache brachte: „Fahrgeld wird abgearbeitet. Ein Unternehmer plant menschliche Transaktionen mit Algerien". Vgl. Schönwälder 2001, 161 und 267.

Die Initiative für das erste Anwerbeabkommen mit Italien ging 1954 von der italienischen Regierung aus. Ein Ratsbeschluss der Organisation für europäische wirtschaftliche Zusammenarbeit (OEEC) von 1953 sah vor, dass die Mitgliedsländer die Arbeitsmarktlage der jeweils anderen zu berücksichtigen hätten. Das deutsche Wirtschaftsministerium wies auf die Vorteile der Anwerbung hin, während das Arbeitsministerium zunächst die Intention verfolgte, auf das Arbeitskräftereservoir in Deutschland zurückzugreifen. Eine Einigung wurde im Verlauf des Jahres 1955 erzielt und führte im Dezember desselben Jahres zur Unterzeichung des ersten Anwerbeabkommens. Wie wenig Anteil an den Migrationsbewegungen das Abkommen mit Italien hatte, macht die folgende Zahl deutlich: Das Anwerbeverfahren deckte im Durchschnitt nur etwa 57% der erstmaligen Arbeitsaufnahmen von Italienern ab. Die übrigen 43% hatten außerhalb der staatlichen Rekrutierungsverfahren die Arbeitserlaubnis erhalten (vgl. Dohse 1985, 176). Die griechische Regierung fragte zu jener Zeit bereits offiziell nach der Möglichkeit einer Anwerbevereinbarung. Da die Zahl der Anwerbungen von Italienern allerdings zunächst hinter den Erwartungen zurückgeblieben waren (nur 33% der angestrebten Anwerbungen konnten vermittelt werden), verwies die Bundesregierung im Juni 1956 auf ein Interesse an Hilfskräften im Baugewerbe.

Deutsche Unternehmen hatten schon früh versucht, auf eigene Faust direkt oder indirekt Arbeitskräfte vor allem aus Italien, Spanien und Griechenland anzuwerben: „Ausreisewünsche zur Arbeitsaufnahme nahmen im Laufe der 1950er Jahre zu und in der Folge auch die Tätigkeit privater Arbeitsvermittler. Griechenland und Spanien strebten Anwerbevereinbarungen an, um die Ausreise ihrer Staatsangehörigen und ihre nationalen Arbeitsmärkte unter Kontrolle zu bringen sowie die illegale Vermittlungen privater Agenten zu unterbinden.“ (Yano 1998, 45f.) Weil die Zahl der griechischen Beschäftigten, gerade im Baugewerbe, in Deutschland 1958 zunahm, suchte die griechische Regierung die Verhandlungen über den Abschluss einer Rahmenvereinbarung zu intensivieren. Dies geschah auch deshalb, weil offenbar die illegale Einreise von einigen dieser Arbeiter nachträglich bereits legalisiert wurde (vgl. ebd., 44). Für Spanien galt zeitgleich eine vergleichbare Situation. Im Verlauf der 1950er Jahre begann in Spanien aufgrund der Verarmung vor allem der Landbevölkerung die Binnenmigration in die Industrieregionen Spaniens einzusetzen. Darüber hinaus wanderten über zwei Millionen Spanier in andere Staaten Europas (ein großer Teil nach Frankreich) aus. Ein Viertel davon kam nach Deutschland. Die spanische Regierung wünschte daraufhin eine Anwerbevereinbarung und legte eine Liste von 13 deutschen Firmen vor, die spanische Arbeitskräfte angefordert hatten. Das

Franco-Regime hatte großes Interesse, diese Migration zu kontrollieren: Facharbeiter sollten nicht das Land verlassen, ebenso keine Regimegegner. Intendiert war, dass die Migranten einerseits die Devisenzufuhr unterstützten und zugleich auch die Arbeitsmarktlage in Spanien sich entspannen sollte. Im November 1959 sprach sich die Bundesanstalt für Arbeitsvermittlung und Arbeitslosenversicherung für den baldigen Abschluss eines Anwerbeabkommens aus, „womit auch der illegalen Anwerbetätigkeit privater Vermittler ein Riegel vorgeschoben werden sollte" (ebd. 44f.). Das Bundesarbeitsministerium willigte Ende 1959 in eine Anwerbung spanischer und griechischer Arbeiter ein, behielt sich aber die Entscheidungsbefugnis darüber vor, wie viele Personen (max. 100.000) einreisen sollten. Im März 1960 kam es zu Anwerbeabkommen erst mit der spanischen Regierung[7], dann mit der Griechenlands.

Auch auf deutscher Seite sah man inzwischen die Vorteile und die Notwendigkeit, ausländische Arbeitskräfte auf kontrolliertem Wege anzuwerben: „Das Problem mit der unkontrollierten Vermittlung spielte auch bei den Verhandlungen mit der Türkei eine große Rolle, da die Einreisegesuche türkischer Arbeitnehmer zur Arbeitsaufnahme in der Bundesrepublik (hauptsächlich mit Hilfe privater Übersetzungsbüros) Ende der 50er Jahre deutlich zugenommen hatten." (Ebd., 46) Erste Gespräche fanden mit der türkischen Regierung im August 1960 statt. Man fasste die Anwerbung von türkischen Arbeitskräften ins Auge und richtete aufgrund des Wunsches der türkischen Regierung nach einem Anwerbeabkommen einen Vermittlungsstab ein. Im Februar 1961 schlug das Bundesarbeitsministerium vor, eine kleine Kommission zu bilden und einen Notenwechsel vorzubereiten, dies aber nicht zu veröffentlichen, um dem Wunsch anderer Staaten nach einem Abkommen vorzubeugen. Im Oktober 1961 folgte die Unterzeichung des Anwerbevertrags mit der türkischen Regierung.

„Wegen des großen Arbeitskräftebedarfs der deutschen Unternehmen reisten seit Anfang der 60er Jahre auch Portugiesen privat und nicht selten illegal nach Deutschland ein." (Ebd., 47) Die portugiesische Regierung bestimmte deshalb, dass man nur noch mit einem von der Auswanderungsbehörde ausgestellten Reisepass ausreisen durfte. Viele Portugiesen reisten infolgedessen als Touristen in die Bundesrepublik ein und beantragten dort nachträglich eine Arbeitsgeneh-

7 Nach dem Anwerbeabkommen vom März 1960 emigrierten durchschnittlich 50.000 Spanier pro Jahr in die Bundesrepublik. Die meisten kehrten ein paar Jahre spater nach Hause zuruck, besonders nach dem Anwerbestopp in der Bundesrepublik 1973 und nach dem Ende des Franco-Regimes 1975. Vgl. http://www.angekommen.com/

migung.[8] Bezeichnend für die Situation im Sommer 1961 war, dass das Bundesarbeitsministerium zwar die illegale Einreise aus Portugal missbilligte, zugleich aber die Gewinnung von Fachleuten und weiblichen Arbeitskräften wünschte. Im August 1961 begannen die Besprechungen zwischen der portugiesischen und der deutschen Regierung. Im Juli 1963 forderte die portugiesische Regierung ein Anwerbeabkommen, um die Auswanderung noch stärker reglementieren zu können. Im September räumte das Bundesarbeitsministerium Bedarf ein und verwies „auf die guten Erfahrungen mit Portugiesen". Das Innenministerium scheiterte im Verlauf der Verhandlungen mit seinem Versuch, die Anwerbung auf eine kurze Dauer zu beschränken und dabei den Familiennachzug zu blockieren. Im März 1964 kam es zur Anwerbevereinbarung mit der portugiesischen Regierung und zu einer Ausreisewelle portugiesischer Arbeiter, auf die die portugiesische Regierung mit Zurückhaltung reagierte.[9]

Im Fall Jugoslawiens befanden sich bereits 120.000 Personen mit jugoslawischer Staatsbürgerschaft in der Bundesrepublik, bevor der Vertrag zur Anwerbung 1968 zustande kam. Dohse vermutet, dass durch die Einreise per Sichtvermerksverfahren, das eine Erteilung der Arbeitserlaubnis durch einen Vermerk im Pass seitens der deutschen Botschaften bedeutete, viele Facharbeiter aus Jugoslawien ohne staatliche Anwerbung und Vermittlung einreisten. Diese Einreisemöglichkeit war 1962 versperrt worden. Um aber die zunehmende Einreise als „Touristen" zu verringern, wurde das Sichtvermerksverfahren für Hilfsarbeiter 1965 wieder eingeführt. Erst durch den Druck der jugoslawischen Regierung und das außen-

---

8 Eine Tatsache, die sich nicht auf Deutschland beschränkte. Der Film „La photo déchirée, Chronique d'une émigration clandestine" von José Vieira erzählt die Geschichte von den Bedingungen portugiesischer Migration nach Frankreich.

9 Der seit 1933 existente diktatorische so genannte „Neue Staat" unter António de Oliveira Salazar war an einer Migrationskontrolle erheblich interessiert. Die wirtschaftlichen Vorteile der Migration sollten, in den Augen der portugiesischen Regierung, dem größten Staatsziel nicht schaden: Der militärischen Verteidigung der portugiesischen Hoheit in Afrika. Es sollte vermieden werden, dass junge Männer nach Europa auswanderten und dadurch dem Kriegsdienst entkämen. Ende der 1960er Jahren waren 140.000 Soldaten im Einsatz in Angola, Mozambique und Guinea Bissau, um gegen die dortigen Unabhängigkeitsbewegungen zu kämpfen. Daher waren die Ausreisekontrollen besonders scharf. Zuständig dafür war die Junta da Emigração, die zum Innenministerium gehörte. Sie prüfte die Bewerber, vergab Pässe und führte die nötigen Gesundheitstests durch. Von 1964 bis 1974 reisten 164.800 Portugiesen in die Bundesrepublik ein, ca. 51.000 kehrten später nach Portugal zurück. Letztere Tendenz verstärkte sich nach der so genannten Nelkenrevolution von 1974 in Portugal und dem so genannten Anwerbestopp 1973 in der Bundesrepublik. Vgl. http://www.angekommen.com/

politische Interesse der Brandt-Regierung im Sinne der neuen Ostpolitik wurde das Sichtvermerksverfahren eingeschränkt und die Facharbeiteranwerbung im staatlichen Verfahren seit 1968 aktiviert. Das Sichtvermerksverfahren blieb zwei Jahre lang als Druckmittel gegen die jugoslawische Seite erhalten, damit diese den Zuzug von Fachkräften und weiblichen Arbeitskräften nicht erschwere. (Vgl. Dohse 1985, 223 f.; Schönwälder 2001, 343; Mattes 2005, 147.)[10]

Die Verhandlungsprozesse für die Anwerbeverträge machen deutlich, dass es sich insgesamt um einen Prozess von Einzelentscheidungen handelte, denen keine migrationspolitische Kohärenz unterlag, in dessen Verlauf sich aber ein Gastarbeitersystem etablierte. Die darin gewährten Rechte, wie das auf Familienzusammenführung, auf das ich in diesem Kapitel noch eingehen werde oder die Integration der Migrantinnen und Migranten in die Sozialversicherungspflicht, bildeten zugleich Grenzen für eine immer wieder mobilisierte Anti-Einwanderungspolitik, sollten nicht die rechtsstaatlichen Grundlagen selbst in Frage gestellt werden (vgl. Karakayalı/Tsianos 2002). Die Migrationsbewegungen trieben zugleich eine „migrantische Europäisierung des Kontinents" (Dietrich) voran. Bevor ich darauf zu sprechen komme, wie die Einreise sich durch die Anwerbung und an ihr vorbei organisierte, soll das gesamte Spektrum der Kontrolle durch Anwerbung deutlich werden: auch die Versuche, Migration aus bestimmten Regionen zu verhindern.

„Weibliche Gastarbeit"

Die Historikerin Monika Mattes hat sich mit dem Aspekt „weibliche Gastarbeit" beschäftigt und dabei herausgearbeitet, dass zur Hauptphase der Anwerbung und Beschäftigung in den späten 1960er Jahren sich über ein Drittel der Migrantinnen ohne Ehemann in der Bundesrepublik aufhielten, was das dominante Bild des männlichen Gastarbeiters, der später „seine Frau" hinzuholte, in Frage stellt. So machte der Anteil weiblicher Arbeitskräfte aus den Anwerbeländern bis in die 1970er Jahre hinein über 30% aus, sodass schließlich 1973 706.000 Migrantinnen in der Bundesrepublik lebten. Für die Frauen galten – nicht in die Verträge aufgenommene – Sondervorschriften, die sie zum Teil benachteiligten, zum Teil Begünstigungen für sie boten. Die Vorschriften gehen auf einen Diskurs

10 Noch 1965/66 qualifizierten die Innenministerien Zuwanderer vor allem aus Jugoslawien und Ungarn als „Wirtschaftsflüchtlinge" und unerwünschte, illegale Ausländer und schoben sie ab, während die Mehrheit des Bundestags in ihnen dem Kommunismus Entkommene erkennen wollte (vgl. Schönwälder 2001, 229).

um „Weiblichkeit“, „Sittlichkeit“ und „Schutzbedürftigkeit“ zurück, die den Umgang mit den migrantischen Arbeiterinnen prägte. Sie führten etwa dazu, dass sie in Wohnheimen und nicht wie vieler ihrer männlichen Kollegen in Baracken untergebracht waren, sie erhielten bessere Reisebedingungen in die BRD und wurden mit konfessioneller Sozialarbeit bedacht, die nicht selten repressive Formen annehmen konnte (vgl. Sonnenberger 2003, 69 f.). Frauen wurden meist nur in Gruppen oder zu ihrer „Gruppenzugehörigkeit“ (Nationalität) passend an Arbeitsstätten und Sammelunterkünfte vermittelt. Eigens eingerichtete Vermittlungsstellen für Facharbeiter, für Hilfsarbeiter und für Frauen verdeutlichen die Segregierung bzw. Hierarchisierung des Arbeitsmarktes. Eine gynäkologische Untersuchung, wie sie Arbeitgeber zur Verhinderung der Einstellung schwangerer Frauen forderten, wurde von der Bundesanstalt 1966 aber zurückgewiesen. Dies würde „die Situation bei der Vermittlung von weiblichen Arbeitskräften aus den Anwerbeländern nur noch erheblich verschärfen. Das wäre jedoch gerade im Interesse der anfordernden Arbeitgeber nicht zu vertreten“. Migrantinnen waren im Durchschnitt deutlich jünger als die männlichen Arbeitsmigranten. Laut Mattes kennzeichneten Schlagworte wie drohende „Verwahrlosung“ und „Entwurzelung“ die Haltung konfessioneller Sozialarbeiter und Sozialarbeiterinnen gegenüber den Migrantinnen. Über die Frauen galt die allgemeine Vorstellung: Erwerbstätigkeit sei nur etwas Vorübergehendes und ihre weibliche Bestimmung läge in der Mutterschaft (im Herkunftsland). Die Frauen setzten dem allerdings ihre eigenen Vorstellungen entgegen. Allein, dass die statistisch erfassten Zahlen der erwerbstätigen Frauen nicht rückläufig waren, sondern stiegen, belegt diese Vermutung. (Vgl. Mattes 1999, 285 ff.; Topaç 1993; Haschemi Yekani 2002, 217f.) Eine Untersuchung unter jugoslawischen Frauen hat ergeben, dass die Rückkehrbereitschaft unter den Migrantinnen geringer war als die unter den Männern. Sie hing hauptsächlich von den Arbeitsbedingungen (auch von den zu erwartenden im Herkunftsland) ab und stieg, wenn die Migrantinnen im informellen Sektor der Wirtschaft (Prostitution, Hausarbeit, Gastronomie) arbeiteten. Für viele bedeutete die Migration neue Lebensperspektiven, eine gewisse ökonomische Unabhängigkeit und Selbstständigkeit, Vorteile, die sie nicht ohne weiteres aufzugeben bereit waren. (Vgl. Morokvašić 1987, 218ff.)

Einwanderung nur aus Europa?

Die Migrationsbewegungen sollten, wenn es nach den staatlichen Behörden ging, in strikt kontrollierbaren Bahnen gehalten werden, darüber hinaus sollten die Löcher gestopft werden, die eine irreguläre Einreise ermöglichten (vgl.

Schönwälder 2004, 253). Die Beschränkung auf wenige Staaten, aus denen eine Einreise möglich sein sollte, schien dies in den Augen der Bundesregierung zu erleichtern. Es sollte sich aber herausstellen, dass es noch weitere Gründe für die Beschränkung gab. Schönwälder hat, wie bereits im letzten Kapitel erwähnt, aufgedeckt, dass Ende der 1950er Jahre und zu Beginn der 1960er Jahre ca. 20 außereuropäische Regierungen Arbeitsmöglichkeiten für ihre Bürger in der Bundesrepublik wünschten: darunter Bolivien, Brasilien, Chile, China (Hongkong, Taiwan), Indien, Iran, Singapur, Sudan, Togo, Tunesien, Thailand, Venezuela, die Vereinte Arabische Republik, die Westindische und Zentralindische Föderation (unvollständige Aufzählung vgl. Schönwälder 2001, 258, FN 400). „In dieser Situation stellte die Bundesregierung im Mai 1962 den Grundsatz auf, daß der Bedarf des deutschen Arbeitsmarktes in Europa gedeckt werden sollte und eine Anwerbung außerhalb Europas grundsätzlich nicht in Betracht komme." (Ebd., 48, vgl. auch ebd., 257 ff.) Explizit ausgenommen waren die USA, Kanada, Australien, später auch Israel und Neuseeland. Eine Legitimation der Regierung für diesen Grundsatz war, dass die Entfernung zum Herkunftsland eine Rückkehr erschwere – wobei hier die hohen Reisekosten genannt werden. Neben der zumindest außenpolitisch legitimierbaren und opportunen Erklärung, dass nur Staaten aus Europa für eine Arbeitskraftanwerbung in Frage kämen, wird in den entsprechenden Dokumenten der interministeriellen Vereinbarungen, und auch in Bundestagsdebatten deutlich, dass „Sprachschwierigkeiten" und „[abweichende] Vorstellungen von außereuropäischen Völkern in Fragen der Lebensauffassung und Weltanschauung", die eine „reibungslose Anpassung an deutsche Verhältnisse" erschwere und verhindere, als Argumente dienten. Pauschal war von „afroasiatischen Ländern" und „Afroasiaten" die Rede (vgl. Schönwälder 2001, 258).

„Schwierigkeiten" sahen die Behörden darüber hinaus, wenn es um die Einwanderung aus Algerien vor der Unabhängigkeit 1962 oder Migrantinnen und Migranten aus Portugal ging, die aus den portugiesischen Kolonien kamen. Welcher Art die Schwierigkeiten waren, von denen hier die Rede ist, zeigt sich am Beispiel der bereits erwähnten Algerier in der Hannoverschen Steinbruch-Industrie von 1955/56. Die Bundesanstalt behauptete als Reaktion auf deren Protest: Algerier neigten „‚unter Umständen bedingt durch ihre andersartige und eine den Deutschen im allgemeinen fremde Mentalität leicht zu Temperamentausbrüchen'; als Arbeitskräfte in Deutschland seien sie unerwünscht" (Schonwälder 2001, 267). Die rechtliche Gleichstellung aus Algerien stammender französischer Staatsbürger, die unter die EWG-Freizügigkeitsvereinbarung fielen, und der portugiesischen Staatsbürger, die im Rahmen der Anwerbevereinbarung kamen, brachte die deutschen Behörden in Argumentationsprobleme. Im Fall Portugals wurde Zurückhaltung bei der Anwerbung von schwarzen Portugiesen geboten, wie auch offen damit gedroht, die Arbeitskraftvermittlung zum Scheitern zu bringen, wenn es nicht zu einer Vorauswahl auf portugiesischer Seite käme (vgl. ebd., 269).

Trotz dieser rassistisch motivierten Grenzziehung migrierten, wie der Fall des zu Anfang des Kapitels erwähnten Indonesiers ohne Papiere zu erkennen gibt, zu Zwecken der Arbeitsaufnahme, zum Studium, aus politischen oder persönlichen Gründen Leute aus außereuropäischen Staaten in die Bundesrepublik. Auch wenn die Zahl der außereuropäischen Staatsangehörigen nicht sehr hoch war, stieg sie doch im Laufe der 1960er Jahre an. Schönwälder spricht für das Jahr der Volkszählung 1961 von 48.700 Personen, davon 14.600 aus den USA und 28.000 aus Asien oder Afrika. Ende der 1960er sind es bereits 166.500, davon die Hälfte aus Asien oder Afrika. Schönwälder weist daraufhin, dass die Zahlen trotz der restriktiven Politiken anstiegen: „Zwischen 1963, also dem Jahr nach Einsetzen einer verschärften Ausgrenzungspolitik der Behörden, und 1966 war die Zahl der Arbeitnehmer mit der Staatsangehörigkeit eines afrikanischen oder asiatischen Landes von 28.018 auf 36.652 gestiegen. Für die weiter ansteigenden Zahlen waren zum Teil die Rekrutierungsabkommen mit Marokko und Korea verantwortlich; aber auch aus dem Iran, Jordanien und Indien, mit denen keine Abkommen bestanden, kamen größere Gruppen." (Ebd., 276 f.)[11] Sie resümiert: „Damit war man also am Ziel gescheitert, die Zahl der Afrikaner und Asiaten zu verringern." Auch wenn erhebliche Barrieren bestanden, die bis Anfang der 1970er Jahre aufrechterhalten wurden. Die Zahl der erwerbstätigen Migrantinnen und Migranten aus Asien erhöhte sich noch einmal zwischen den Jahren 1974 und 1978, vor allem durch die Rekrutierung von Krankenhauspersonal und Bergarbeitern aus Korea, dem Iran, Indien und von den Philippinen. (Vgl. Schönwälder 2004, 271)[12]

---

11 Größere Gruppen (über 1.000) kamen außerdem aus Ägypten, Algerien und Syrien (vgl. ebd., 277 FN 479).

12 Die von Schönwälder genannten Zahlen, die auf die Beharrlichkeit von Migrationsbewegungen verweisen, werden allerdings von ihr konzeptuell nicht aufgefangen. Sie argumentiert vielmehr: „Der Umgang mit der nichteuropäischen Migration illustriert erneut, wie solche sozial- und innenpolitisch motivierten Versuche, Barrieren und Kontrollmechanismen zu errichten, mit dem Interesse der Wirtschaft an einem ungehinderten Nachschub an Arbeitskräften konkurrieren, in diesem Fall aber die Oberhand behielten." (Ebd., 257)

Trotz des Grundsatzes der Bundesregierung vom Mai 1962, keine außereuropäischen Vertragspartner für Anwerbungen in Erwägung zu ziehen[13], entsprach der damalige Bundesarbeitsminister Blank bei einem Besuch in Marokko dem Wunsch des marokkanischen Arbeitsministers Benjelloun nach einem Abkommen (zunächst in erster Linie für Bergarbeiter), allerdings ohne Absprache mit den anderen Ministerien. Der Vertrag mit Marokko sollte nicht nur die Beschäftigung von zunächst 5.000 Arbeitskräften vorsehen, sondern auch das Bleiberecht von etwa 1.400 irregulär in die Bundesrepublik eingereisten marokkanischen Arbeitern einschließen (vgl. Schönwälder 2001, 272). Erst nach heftigen interministeriellen Auseinandersetzungen kam diese Vereinbarung im Februar 1963 zustande. Das Kabinett entschied sich für eine „kleine Lösung", für die Anwerbung einer geringen Zahl von Arbeitskräften für den Steinkohlebergbau und gegen eine Legalisierung der bereits in der Bundesrepublik lebenden Marokkaner.

Im Fall Tunesiens kam es im Oktober 1965 – auch wieder nach Vorbehalten des Bundesministeriums für Wirtschaft – zu einem Notenwechsel, nicht aber zu einer formellen Anwerbevereinbarung; ein begrenztes Kontingent tunesischer Arbeitskräfte sollte akzeptiert werden. Der Notenwechsel kam aufgrund der Bitte der tunesischen Regierung zustande, die eine Art Gegenleistung für ihre Unterstützung der Bundesrepublik im Konflikt mit Ägypten erwartete. Ausschlaggebend waren die Hallstein-Doktrin und das Interesse an der militärstrategischen Einbindung Tunesiens, Marokkos und der Türkei.[14]

Nachdem offensichtlich geworden war, dass trotz fehlender Anwerbevereinbarungen die Migration aus bestimmten Ländern erfolgreich verlief, sollte die dauerhafte Niederlassung der Migrierten aktiv verringert werden. In Nordrhein-Westfalen ging man mit gezielten Polizeikontrollen, Massenausweisungen und der Nicht-Verlängerung von Aufenthaltsgenehmigungen in den 1960er Jahren vor allem gegen Migrantinnen und Migranten aus Marokko vor. Auch hatte es zunächst Genehmigungen von Arbeits- und Aufenthaltserlaubnissen von Jordaniern und Libanesen in Baden-Württemberg gegeben, die aber 1962 per Beschluss des Innenministeriums zurückgenommen werden sollten. Schönwälder zitiert einen Bericht der Kriminalpolizei, nach dem eine „Einschleusung jordanischer und libanesischer Staatsbürger" stattgefunden hätte, und einen Zeitungsartikel

13 Ausnahmen bildeten die Anwerbung aus Südkorea, Tunesien, Indien, dem Iran, von den Philippinen und in gewissem Sinne auch aus der Türkei.

14 Der ägyptische Präsident Gamal Abdel Nasser hatte den DDR-Staatratsvorsitzenden Walter Ulbricht im Februar 1965 zum Staatsbesuch eingeladen. Marokko, Tunesien und Libyen waren die einzigen Staaten die ihre diplomatischen Beziehungen mit der Bundesrepublik während dieser „Krise" nicht abbrachen.

des Mannheimer Morgen mit dem Titel „600 Jordanier sollen wieder heimfahren" (Schönwälder 2001, 274).[15] Aufenthaltserlaubnisse, meist für ein Jahr ausgestellt, erneuerten die Behörden häufig nicht, um einem Rechtsanspruch auf unbefristete Aufenthaltsberechtigung vorzubeugen: Rheinland-Pfalz schob im Jahr 1967 eine Reihe von chinesischen Händlern ab, bevor ihr Aufenthalt die für eine unbefristete Berechtigung nötige Fünf-Jahres-Grenze überschreiten konnte (Schönwälder 2004, 253).

Anwerbung und Autonomie

Die Anwerbevereinbarungen stellten den Versuch dar, existierende Mobilität der Arbeitskräfte unter Kontrolle zu bringen – eine gewisse Autonomie der Migrationsbewegungen existierte also ganz offenbar, Migrantinnen und Migranten verstanden es, verschiedene Wege zu nutzen. Insgesamt bestanden fünf offizielle Möglichkeiten zur Einreise: 1. über die deutschen Vermittlungskommissionen[16], die auch die namentliche Anforderung bestimmter Personen berücksichtigten[17]; 2. über das Sichtvermerksverfahren; 3. durch die Einreise als Touristen; 4. durch die EWG-Freizügigkeit und 5. durch Familienzusammenführung.

Anwerbung über deutsche Vermittlungskommissionen

Die Anwerbung über deutsche Vermittlungskommissionen verlief nicht immer so glatt, wie es das eingeführte Verfahren suggerierte. Dieses sah vor, dass von unternehmerischer Seite ein detaillierter Antrag auf „Ausländervermittlung"

15 Es ist davon auszugehen, dass es sich bei den Jordaniern um Flüchtlinge aus Palästina handelte.

16 Kommissionen existierten in Verona (seit 1956), in Madrid und Athen (seit 1960), in Istanbul (seit 1961), in Lissabon (seit 1964), außerdem später Zweigstellen in Neapel, Thessaloniki und Ankara.

17 Diese so genannte namentliche Anforderung nahm seit 1956 zu und stellte Anfang der 1960er Jahre etwa ein Viertel der Vermittlungen. Neben dem organisatorischen Mehraufwand für die deutsche Arbeitsverwaltung sahen vor allem die Anwerbeländer darin eine Einschränkung ihrer Steuerungsmöglichkeiten. Da sich die Anforderungen oft durch Empfehlungen von Leuten, die bereits in der Bundesrepublik arbeiteten, ergaben und sich manchmal auf einzelne Ortschaften beschränkten, bestand dort nach gewisser Zeit das Problem, dass nicht einmal mehr allgemeine Aufgaben der Gemeinden (wie etwa die Feuerwehr) aufgrund der Abwanderungen funktionierten. Seit 1962 musste deshalb ein Arbeitgeber auch versichern, dass er die Angeforderten anstellen würde (vgl. Sonnenberger 2003, 73).

für Arbeit gestellt wurde: Qualifikation, Nationalität, Geschlecht, Alter und Anzahl konnten angegeben werden. Nachdem das zuständige Ausländeramt das Inländerprimat, den Vorrang Deutscher bei der Besetzung offener Stellen, überprüft hatte und kleinere Formalien geklärt waren, wurden die genehmigten Anträge an die jeweiligen Kommissionen weitergegeben. Die Bewerber wiederum mussten berufliche Eignung nachweisen und sich einer strengen gesundheitlichen Kontrolle unterziehen, die im Grunde prophylaktisch die Ausgaben der deutschen Krankenversicherungen niedrig halten sollte. Darüber hinaus ermittelte die polizeiliche Überprüfung Straffälligkeit und politische Tätigkeit, wobei insbesondere Kommunisten ausgeschlossen werden sollten.

Über die Vermittlungskommissionen war es auch möglich, Arbeitskräfte namentlich anzufordern. Dieses Verfahren entwickelte sich für viele Vermittler, „Dolmetscher", aber auch Arbeitgeber zu einer lohnenden Geldquelle. Letztere versprachen den verheirateten Frauen und Männern etwa, ihre Ehepartner anzufordern und erhoben dafür hohe Gebühren. Nicht selten kündigten sie nach kurzer Arbeitsaufnahme diesen Personen und forderten weitere ausländische Arbeiter namentlich an (vgl. Uçar 1983, 37). So genannte Vermittler operierten auch innerhalb der Herkunftsländer und nahmen Schmiergeld für den Zugang zur Deutschen Kommission an. Migranten nahmen solche „Zuwendungen" auch in Kauf, um die Wartezeit zu minimieren, die anfangs nur Tage oder Wochen betrug, sich später aber bis zu sechs Jahre hinziehen konnte (Geiselberger 1972, 45). Nicht alle, die sich bei deutschen Verbindungsstellen im Ausland beworben und sich den erniedrigenden Untersuchungen unterzogen hatten, wurden ausgewählt (vgl. Sonnenberger 2003, 69 und 153 f.). Geiselberger geht von einem Drittel aus, während Dohse Zahlen von 7,2 bis 14,4 Prozent der Bewerber im Zeitraum zwischen 1961 und 1972 nennt, denen allein aus gesundheitlichen Gründen die Einreise nach Deutschland über die Kommission verweigert wurde (Dohse 1985, 188, FN 2). In den Jahren 1969 bis 1971 wurden insgesamt 47.350 Bewerber abgelehnt. Um den Gesundheitstest zu passieren, entwickelte sich ein Markt für „gesundes Urin", damit bei der medizinischen Untersuchung gesunde Nieren nachgewiesen werden konnten, oder es gingen gleich bezahlte oder befreundete „Strohleute" zur Untersuchung.

Sichtvermerksverfahren

Die Einreise per Sichtvermerk durch die Auslandsvertretungen trug den Namen „Zweiter Weg". Im Sichtvermerksverfahren erteilten die Ausländerbehörden zusammen mit den Arbeitsämtern über die deutschen Botschaften in den Anwerbeländern eine Genehmigung: sie bestand in einem Vermerk im Pass, der einer Einreise- und Arbeitserlaubnis gleichkam. Auch hier, wie beim so genannten „Ersten Weg", überprüften Arbeitsamt und Ausländerbehörde die Einhaltung der entscheidenden Kriterien: erstens das Inländerprimat und zweitens die Auswahl nach betriebspolizeilichen Aspekten. Für diese Art der personalen Auslese wurde im Wesentlichen auf das 1953 eingerichtete Ausländerzentralregister und die Zentralkartei für nicht-deutsche Arbeitnehmer zugegriffen.[18] Vor Zustandekommen der Anwerbevereinbarungen gab es für Migrantinnen und Migranten die Möglichkeit einer individuellen Arbeitsvermittlung oder Beschäftigungsaufnahme auf der Grundlage ausländerpolizeilicher Genehmigungsverfahren: Sie mussten eine Arbeitserlaubnis bei einem deutschen Arbeitsamt beantragen mit der Voraussetzung einer Zusicherung der Aufenthaltserlaubnis der Ausländerbehörde. Erteilt wurde dann ein Einreisesichtvermerk. Arbeits- und Aufenthaltserlaubnis waren so aneinander gekoppelt. Knut Dohse, der eine der ersten eingehenden Untersuchungen zum Zustandekommen der Anwerbevereinbarungen vorgenommen hat, nennt einige Zahlen für diesen Einreiseweg: „1956: 34,2 %; 1957: 48,0 %; 1958: 50,0 %; 1959: 41,0 %; 1960: 33,9 %". (Dohse 1985, 177) Er kommentiert dazu: „Wie die erstaunlich hohe Rate der Arbeitsaufnahme außerhalb des Anwerbeverfahrens zeigt, hätte auch auf diese Weise – ohne Abschluß eines Anwerbeabkommens – das Arbeitskräftepotential beträchtlich ausgeweitet werden können." (Ebd.) Der „Zweite Weg" war deshalb immer wieder sowohl von Seiten der Bundesregierung als auch von Seiten der Regierungen der Herkunftsländer umstritten: Manche Regierungen, wie die portugiesische und die spanische drängten gar darauf, Personen, die andere Wege als den über die Anwerbung beschritten hatten, eine Arbeits- und Aufenthaltserlaubnis zu verweigern. Sie

18 Auf das Ausländerzentralregister (AZR), das bis heute in den Händen des Bundesverwaltungsamts in Köln liegt, können die Ausländerbehörden, die Bundespolizei (ehemals „Bundesgrenzschutz"), die Polizeien, die Sozialämter und Geheimdienste zugreifen. In dem Register werden nicht nur persönliche Grunddaten gespeichert, sondern auch, ob gegen die Einreise eines Ausländers Bedenken bestehen, weil „die Belange der Bundesrepublik" tangiert sein könnten. Für Deutsche wäre ein solches Bundesmelderegister verboten. Lange Zeit war das AZR das größte Personenregister in der BRD.
Was die Erfassung der Daten von „Ausländern" betrifft, existiert seit 2005 das so genannte Mikrozensusgesetz, das nicht nur die aktuelle Staatsbürgerschaft erfasst, sondern die ggf. vormalige(n) Staatsbürgerschaft(en). Alle vier Jahre werden zudem die Staatsbürgerschaft der Eltern erfasst (sofern sie seit 1960 einen dauerhaften Aufenthalt in Deutschland haben), ihr Zuzugsjahr, bei Einbürgerung ihre vorherige(n) Staatsbürgerschaft(en) und das Jahr der Einbürgerung.

wollten, ebenso wie die griechische Regierung, die offizielle Anwerbung zum einzigen Weg in die Bundesrepublik machen.[19] Die Einreise per Sichtvermerk ist niemals vollständig aufgehoben worden, aber es gab, wie Sonnenberger zeigt, seit 1960 mehrere Versuche sie einzuschränken und damit die „Struktur der Zuwanderung" zu steuern, weil die Zahl der über dieses – inoffizielle – Verfahren Angeworbenen zunahm. Mit Struktur der Zuwanderung ist in diesem Fall nicht nur der rechtliche Status von Migrantinnen und Migranten gemeint, der über die Einwanderungspolitik bestimmt wurde, sondern auch und nicht selten rechtlich vermittelt die Zusammensetzung der Arbeitskraft, d.h. die Allokation der Migrantinnen und Migranten auf dem Arbeitsmarkt, die auch nach Geschlechtern unterschiedlich geregelt werden sollte.

In den offiziellen Abkommen wurden den Migrantinnen und Migranten in den Musterverträgen Tariflöhne zugesichert[20], nicht aber im Sichtvermerksverfahren. Hier bot sich den Unternehmen die Möglichkeit, durch die Anwerbung im Sichtvermerksverfahren die Tarifvertragsklausel zu umgehen. Arbeitskräfte wiederum, die selbst nicht über den „Ersten Weg" migrieren konnten oder wollten, organisierten sich über private Vermittler, die Vermittlung durch bereits im Betrieb beschäftigte ausländische Arbeiterinnen und Arbeiter oder fanden Zugang über so genannte Reisebüros in den Herkunftsländern, die diverse Informationen über Einreisemodalitäten weitergaben oder diese gegen Entgelt „buchten". Vor allem Frauen wählten den Weg über das Sichtvermerksverfahren, da die gesundheitlichen Anforderungen im Rahmen des Anwerbeabkommens für sie höher lagen als für Männer. Diese zusätzliche Spaltung innerhalb des unteren Segments des Arbeitsmarkts trug damit geschlechtsspezifische Züge, worauf Mat-

---

19 Deutsche Botschaften und Konsulate sollten keine Sichtvermerke ausstellen. Diese für die spanische und portugiesische Regierung „illegale Migration" machte pro Jahr zwischen 20% und 30% der gesamten Migration aus Portugal und Spanien in die BRD aus, was im Vergleich zu anderen Anwerbeländern relativ wenig war (vgl. http://www.angekommen.com/).

20 In der Realität erhielten sie diese Löhne aber nicht immer oder Unternehmen erlaubten sich, Bezüge zurückzuhalten und die Migrantinnen und Migranten nicht über ihre vollen Ansprüche (bezüglich der Gesundheitsversorgung, der Verpflegung etc.) zu informieren. Manteltarife existierten viele Jahre lang nicht in Übersetzungen. Die Ausländerberatungsstelle des DGB in Berlin verzeichnete innerhalb eines Vierteljahres allein 1.250 Klagen von Migrantinnen und Migranten: „150 beanstandeten Lohnabrechnungen, 140 kritisierten die Genehmigungspraxis von Arbeits- und Ausländerämtern, 130 monierten Miete und Unterkunft, 110 meldeten Kündigungen. (...) 'Immer wieder werden Frauen entlassen, wenn sie schwanger sind'" (Spiegel Nr.43/1970).

tes hinweist. Zwar unterband die Bundesanstalt eine Einreise per Sichtvermerk für Arbeitskräfte aus Anwerbestaaten ab 1965, aber nur für männliche Hilfskräfte, nicht für weibliche Arbeitskräfte und männliche Facharbeiter. Man verließ sich auf die zusätzlichen „Kettenmigrationseffekte, die dafür sorgten, daß viele ausländische Frauen über den Zweiten Weg und damit an den Selektionsfiltern der Bundesanstalt vorbei einreisten" (Mattes 1999, 299). Weitere bevölkerungspolitische Erwägungen wie die der Gesundheit der Einreisenden spielten bei dem Versuch, die Migration nach bestimmten Kriterien zusammenzusetzen, eine Rolle (vgl. Sonnenberger 2003, 76). Trotzdem „gelang [es] offenbar weder den Regierungen der Anwerbeländer noch den deutschen Stellen, die Kontrolle über diesen Weg im gewünschten Maße zurückzugewinnen" (ebd. 79).

Gleich zwei offizielle Formen der „Verstaatlichung" von Einwanderung, wie Dohse das nennt, waren geschaffen worden, um dem Verlust der Kontrolle gegenzulenken: das Arbeitsmarktzulassungsverfahren (per Sichtvermerk) und das Anwerbeverfahren. Auf diese Weise sollten „der aktive (durch Anwerbung der Einzelkapitale) wie auch der nicht minder brisante passive (durch autonome Migration aufgrund des ökonomischen Gefälles) Import von ausländischen Arbeitslosen strikt verhindert" werden (Dohse 1985, 220). Was den Rechtsstatus betraf, erlaubten diese Regelungen den deutschen Unternehmern, über die „Verstaatlichung" auf die Zulassung von Migrantinnen und Migranten rechnen zu können, während für diese ihr Aufenthalt unter prekärer Disposition blieb, insofern er an einen Arbeitsplatz und eine Arbeitserlaubnis gebunden war (vgl. ebd., 225).

Einreise als Touristen

Migranten schlugen schon bei der Einwanderung einen noch unsichereren Weg ein, nämlich als Touristen mit Reisepass ohne Visum, und versuchten, erst nachträglich eine Aufenthalts- und Arbeitserlaubnis zu erhalten. Zunächst bestanden bei diesem so genannten „Dritten Weg" zunächst keine grundsätzlichen Vorbehalte bei den amtlichen Stellen. So schlug im März 1957 das Landesarbeitsamt für Südbayern vor, kleinere Gruppen von Italienern nicht zur Deutschen Kommission nach Verona zurückzuschicken, weil dies zu „schwerfällig" erschien, sondern gleich an das Arbeitsamt in Rosenheim zu vermitteln (vgl. auch Mattes 2005, 151). Für Saisonarbeitskräfte wurde dieser Weg sogar explizit geöffnet. Allerdings beschlossen die Stellen bereits ein Jahr später, die Prüfungen zur Arbeitszulassung strenger zu handhaben. Da Migrantinnen und Migranten die Einreise auf diesem Weg im Laufe der Jahre offenbar zunehmend zu nutzen wussten und damit ein

Steuerungsinstrument aus den Händen glitt, reagierte das Bundesinnenministerium im Mai 1961 mit einer Weisung an den Grenzdienst, die Einreise zu verweigern, wenn der Verdacht auf Arbeitsaufnahme bestünde. Wie sehr man daran interessiert war, die Migrationsbewegungen unter Kontrolle zu halten, illustriert eine von der Bundesanstalt 1962 verwendete Metapher: „Jede laxe Handhabung der Bestimmung (...) ist nicht nur ein Verstoß gegen das geltende Recht, sondern auch ausgesprochen leichtfertig, wie das Freihändigfahren auf dem Fahrrad; dies umso mehr, als man hier nicht weiß, wo und wann die nächste Kurve kommt“ (zit. nach Sonnenberger 2003, 84). Zur „Aufrechterhaltung der öffentlichen Sicherheit und Ordnung“ wurde 1965 dann in den „Grundsätzen der Ausländerpolitik“ die Aufenthaltserlaubnis bei Einreise ohne Sichtvermerk prinzipiell ausgeschlossen; die Ausländer sollten ausgewiesen oder abgeschoben und mit einem Aufenthaltsverbot von mindestens sechs Monaten belegt werden. (Vgl. ebd. 83 ff.)

Wichtig ist jedoch festzustellen, dass diese Praxis nicht immer rigide durchgesetzt worden ist und dass die weiterhin häufig praktizierte Einreise als Touristen ganz offenbar ein zumindest zwischen deutschen und türkischen Behörden geteiltes, quasi offenes Geheimnis war, und die Einreise auch nicht sonderlich klandestine Formen annehmen musste, was folgendes Beispiel verdeutlicht. Die Zeitschrift „Stern“ berichtet in der Ausgabe Nr.18 aus dem Jahr 1969 von 20 Bussen, die an der deutsch-österreichischen Grenze bei Salzburg angehalten wurden. Darin saßen 800 Männer aus der Türkei, die als Touristen einreisen wollten. Trotz Nachweis von Rückfahrkarten und weiterer Belege „mit den phantasiereichsten Erklärungen und abenteuerlichsten Beglaubigungsschreiben, um im Alleingang einreisen zu können“, so sagte der Polizeiinspektor Friedrich zum „Stern“, sollten die Busse umkehren. Daraufhin suchten die Insassen der Busse um Unterstützung beim türkischen Konsul in Salzburg, der seinen Kollegen aus München hinzuzog, um die rechtmäßige Einreise der türkischen Staatsbürger als Touristen zu erreichen. Konsul Tacau beklagte den „Schaden für die traditionelle deutsch-türkische Freundschaft“ und erklärte: „Wir Türken lieben Deutschland. Wenn 'Bozfor' [die Busgesellschaft, M.B.] 100 Busse hätte, kämen morgen 100 Busse mit türkischen Männern, die Deutschland besuchen wollen.“ Die Grenzbeamten und das zuständige bayrische Innenministerium vermuteten hingegen einen Fall privater Anwerbung: Das konnten sie zwar nicht nachweisen, aber trotzdem verweigerten sie den Bussen die Einreise. Allerdings stand diese Verweigerung im Kontext eines anderen erfolgreichen touristischen Unternehmens. Denn eine Woche zuvor waren bereits am gleichen Grenzübergang 27 Busse mit ca. 1.200 Reisenden aus der Türkei angekommen: „Obwohl wir ziemlich sicher waren, daß die Mehrzahl der Reisenden keine Touristen, sondern Erwerbssuchende waren, haben wir noch einmal ein Auge zugedrückt und den Konvoi passieren lassen."

Dohse bemerkt, wie sich das Verhältnis von Legalität und Illegalität im Laufe der Zeit verschiebt, indem die, die auf dem dritten Weg als Touristen einreisten und dann die Arbeitsmarktzulassung beantragten, unter die durch die Innen- und Arbeitsverwaltung konstruierte Generalvermutung fielen, schuldhaft die Einreisebestimmungen verletzt zu haben. „Diese administrative Verwandlung von Legalitäts- in Illegalitätsvermutung kehrte die rechtstaatlich gebotene Beweislast um: Der Ausländer mußte seine Unschuld nachweisen, mußte somit den Nachweis antreten, daß er erst nach der Einreise die Aufnahme einer Beschäftigung angestrebt hatte." (Dohse 1985, 183)

Die Vermittler oder die bereits angesprochenen Reisebüros gaben die entsprechende Beratung in den Herkunftsländern und halfen – nicht selten gegen ein hohes Entgeld – den Migrantinnen und Migranten Pässe zu besorgen, die Grenzen zu überqueren, eine Arbeitsstelle zu finden etc. Sie nutzten sowohl den „Zweiten Weg", als auch den „Dritten Weg", um die Einreise für Interessierte zu organisieren. Die Unternehmer ihrerseits sparten auf dem „Zweiten Weg" die Reisekosten, für die sie sonst eine Pauschale an die Nürnberger Bundesanstalt zu zahlen hatten, während es ihnen weiterhin möglich war, eine gezielte Auswahl der benötigten Arbeitskräfte vorzunehmen. Außerdem umgingen sie ein langes, kompliziertes Verfahren über die staatlichen Vermittlungsstellen, wenn sie Aufforderungen seitens deutscher Unternehmen folgten, die nicht selten Einstellungszusagen gemacht hatten (vgl. Yano 1998, 50).

EWG-Freizügigkeit

Die EWG-Freizügigkeit galt für Personen aus Italien, Frankreich, den Niederlanden, Belgien und Luxemburg[21] und sollte die Gleichstellung aller Arbeitnehmer in den Mitgliedstaaten in Bezug auf Beschäftigung und Lohn bis zum Ende einer Übergangsfrist am 31.12.1969 regeln. Sie ermöglichte Personen aus EWG-Staaten zunächst ab 1962 die Einreise ohne Sichtvermerk und Aufenthaltserlaubnis aufgrund einer für ein Jahr erteilten Arbeitserlaubnis. Die Freizügigkeit

21 In den Römischen Verträgen einigten sich Frankreich, Italien, die Niederlande, Belgien, Luxemburg und die Bundesrepublik Deutschland auf die Errichtung der Europäischen Wirtschaftsgemeinschaft (EWG). Die am 25. März 1957 unterzeichneten Verträge gelten auf unbestimmte Zeit und sollten eine vollständige Wirtschaftsintegration erreichen. Symbol der EWG wurden zwölf gelbe Sterne auf blauem Grund.

wurde in mehreren Etappen im Verlauf der 1960er Jahre hergestellt, bis 1970 der EWG-Vertrag auch nach Ende einer Beschäftigung in dem Mitgliedstaat zu bleiben gewährte und damit Arbeits- und Aufenthaltserlaubnis entkoppelte. Die Freizügigkeit ist ein wichtiger Einschnitt, insofern sie eine neue Kategorisierung der erwünschten und unerwünschten Einwanderung einführt. Sie bescherte der Einwanderungspolitik mit dieser Hierarchisierung ein neues Legitimationsproblem: Wer sollen die Einwanderer sein? Mit der Errichtung der Europäischen Wirtschaftsgemeinschaft eröffnet sich ein Widerspruch, nach dem nur bestimmte Länder als „Herkunftsländer" von Migration gelten – die USA oder Kanada etwa werden nie als solche bezeichnet – und der die einen zu „Einwanderern" werden lässt, die anderen aber nicht. Zugleich entfaltet und organisiert sich ein neuer geopolitischer Raum, der Staaten und Territorien bezüglich und aufgrund der Migration klassifiziert.

Familienzusammenführung

Die Familienzusammenführung gewann insbesondere im Verlauf der 1970er Jahre an Bedeutung, d.h. nach dem Anwerbestopp von 1973. Nach den Richtlinien zur Familienzusammenführung konnte einem Ehepartner und den Kindern ein Dauervisum zur Einreise und zum Aufenthalt erteilt werden. Bereits in den Anwerbevereinbarungen ist diese Regelung mit den Staaten unterschiedlich geregelt worden und hat die Rechtssituationen der Migrantengruppen hierarchisiert. Bei Italienern galten gemäß der EWG-Freizügigkeitsregelung keine Wartefristen und ein erweiterter Familienbegriff. Ein Anspruch bestand im Fall Marokkos, Tunesiens und Jugoslawiens nicht, im Fall der Türkei kam es zu Einschränkungen. Auch im Fall von in der Bundesrepublik lebenden Chinesen (unverheirateten Köchen wurde die Einreise gewährt), verweigerten einige Bundesländer die Familienzusammenführung völlig (Schönwälder 2004, FN 27, 261). Es gab aber weitere Restriktionen. So war die Beschränkung des Familiennachzugs in den bereits genannten „Grundsätzen zur Ausländerpolitik" von 1965 mit der im gleichen Papier akklamierten Formel „Die Bundesrepublik Deutschland ist kein Einwanderungsland" verbunden (vgl. Sonnenberger 2003, 94). Die Beschränkung sah vor, dass nur nach dreijährigem Aufenthalt und bei voraussichtlicher Weiterbeschäftigung die Einreise des Ehegatten und der Kinder unter 21 Jahren möglich sein würde. Hauptbedingung war der Nachweis „ausreichenden Wohnraums". Die Wartezeit galt nicht, wenn die Ehegatten über den ersten oder zweiten Weg einreisten und auch nicht, wenn sie als Touristen kamen und ausreichender Wohnraum nachgewiesen werden konnte. Außerdem verweigerten Behörden in der Praxis nicht selten das Recht auf Familienzusammenführung (vgl. den Fall einer Migrantin in: Topaç 1993, 83). Begründet wurde das etwa damit, dass kein Interesse an der Anwesenheit der Partner bestünde oder ein Zuzug die illegale Arbeitsaufnahme begünstigen würde (vgl. Uçar 1983, 34). Im Jahr 1975 wurde das Alter für einreiseberechtigte Kinder herabgesetzt, ganz offenbar, weil die „privaten Rekrutierungsinteressen" der Migrantinnen und Migranten einen nicht unbeträchtlichen Anteil der Einwanderung ausmachten – vor allem nachdem 1973 der Anwerbestopp verhängt worden war. Danach kamen nicht weniger Migrantinnen und Migranten, sie nutzten fortan aber jene Wege, die übrig blieben. Und einer davon verlief über die Familienzusammenführung.

Eine besondere Form der „Familienzusammenführung" bestand in Eheschließungen nicht nur von Personen, die nach Deutschland migrieren wollten, sondern auch von Deutschen oder Ausländern mit Aufenthaltsberechtigung, die bereit waren, eine Heirat einzugehen, um Migrantinnen oder Migranten ihren Aufenthalt in Deutschland zu sichern oder zu legalisieren. „Praktisch scheint dies für einen Ausländer ein Weg in die Legalität zu sein", schreibt Ali Uçar, der viele Jahre in einer Beratungsstelle für Ausländer arbeitete und die erste umfassende Bestandaufnahme zur Illegalisierung von Migrantinnen und Migranten geschrieben hat, in der er einen umfassenden Überblick über Formen, Gründe und Effekte der Illegalisierung in Deutschland von den 1970er Jahren bis Anfang der 1980er Jahre gibt. Die Eheschließungen gingen demnach auf individuelle oder organisierte Initiativen zurück: Reisebüros, Lebensmittelgeschäfte, Restaurants, Kneipen, Nachtlokale oder Dolmetscherbüros waren Drehscheiben für manche Kuppelei. Damit Leute bleiben konnten, sammelten Bekannte und die Familie häufig Geld für die Schließung einer so genannten Scheinehe. Wobei nach der Übergabe der „Vermittlungsgebühr" die Eheschließung nicht immer stattfand, der „Vorschuss"[22] einfach eingestrichen wurde. Dass solche Versuche der selbstorganisierten Legalisierung nicht selten vorkamen, lässt sich indirekt aus den Polizeiregistern entnehmen, da sie einen Straftatbestand darstellten: So war im Jahr 1981 in Berlin in 1.000 Fällen wegen des Verdachts auf Scheinehe ermittelt, d.h. der Vollzug der Ehe polizeilich kontrolliert worden.[23] (Vgl. Uçar 1983, 42)

22 Uçar berichtet etwa von einem Vorschuss über 6.000 DM, der selbstverständlich ohne Quittung erfolgte und deshalb auch nicht eingeklagt werden konnte.

23 Seitdem ist eine Eheschließung mit einem/einer ausländischen PartnerIn immer schwieriger geworden, vor allem wenn diese/r im Ausland wohnt, ein größerer Altersunterschied vorliegt oder bei mangelnden deutschen Sprachkenntnissen. Es kann dann vor Abschluss der Ehe zu einer Anhörung durch die Ausländerbehörde kommen, bei der etwa das Lieblingsessen, das Parfum, etc. des jeweiligen Partners

Möglichkeiten der Einreise und des Aufenthalts wurden von den Migrantinnen und Migranten variiert. Die namentliche Anforderung über das Unternehmen nutzten viele aus „privaten Rekrutierungsinteressen", sie ließen ihre Freunde, Verwandte, ihre Ehefrauen und -männer, ihre Partner und Bekannten kommen. Nicht selten brach eine Person aus einem Zusammenhang, einem Dorf, einem Freundeskreis, einer Familie als erste auf und holte dann andere nach, wenn die ersten Kontakte und Netzwerke geschaffen waren, die weitere Migration möglich machten. Die Wege der Einwanderung waren dabei ebenso vielfältig. Vor dem Anwerbestopp war es nicht immer nötig, auf die Familienzusammenführung als legale Form der Einwanderung zurückzugreifen. Da der dauerhafte Aufenthalt seitens der Behörden gar nicht erwünscht war, der Zuzug von Familienangehörigen dies aber indizierte, konnte es opportun sein, „anonym" als Touristin oder über Sichtvermerk einzureisen, damit die amourösen, familiären oder freundschaftlichen Verbindungen zunächst im Dunkeln zu lassen und sich erst im Nachhinein als Ehegatten, Kinder, Verlobte etc. „legalisieren" zu lassen. Auch wenn die Familienzusammenführung für die staatlichen Apparate eine Möglichkeit darstellte, den „ungeregelten Nachzug" zu überschauen, zu kanalisieren und zu regeln, waren die Konditionen immer heftig umstritten. Entsprechend ist die Familienzusammenführung von Beginn der Anwerbeverträge ein Teil von bilateralen Verhandlungen gewesen, sind auslegbare Beschränkungen wie der Nachweis hinreichenden Wohnraums und das Zuzugsalter im Laufe der Zeit verändert worden. Zugleich bildeten die Richtlinien ein Schlupfloch für die Migration. Die Familienzusammenführung konnte aufgrund „humanitärer" Erwägungen in den bilateralen Verhältnissen niemals vollständig aufgegeben werden, auch wenn Migrantengruppen mit unterschiedlichen Kriterien versehen wurden: die Wartefristen und der Familienbegriff variierten von Herkunftsland zu Herkunftsland. Das Zuzugsalter der Kinder wurde gesenkt, um der so genannten „Kettenmigration" Einhalt zu gebieten. Die veränderten Regelungen zeitigten aber wiederum Effekte in den migrantischen Familienstrukturen, wo erhebliche Variationen erfunden wurden: Da die Geburtsjahre und familiären Verbindungen in manchen Ländern staatlicherseits nicht so streng kontrolliert wurden, erhielten die Kinder ein der deutschen Migrationspolitik entsprechendes Alter, wurden nicht selten Cousinen und Cousins zu leiblichen Kindern erklärt oder Eheschließungen eingegangen und aufrechterhalten, um Einwanderung oder Aufenthalt zu gewährleisten.

---

abgefragt wird und die Antworten der zukünftigen Eheleute übereinstimmen müssen, um verdachtsfrei zu bleiben. (Vgl. Kanak Attak 2001)

Wie all diese Schilderungen zeigen, stehen die Praktiken der Migrantinnen und Migranten, die Einwanderung zu organisieren, im direkten Verhältnis zu den Migrationspolitiken, die sie zu kontrollieren suchen. Es wäre aber falsch anzunehmen, dass die Anwerbung, die Politik und die ökonomischen Interessen erst die Migration in Gang gesetzt hätte. Tatsächlich kann vielmehr gezeigt werden, wie die jeweiligen Gesetzesinitiativen und Einwanderungsmodalitäten selbst Ergebnis von Prozessen sind, in denen das Handeln und die Beharrlichkeit der Migrantinnen und Migranten eine erhebliche Rolle spielen. Sie geben Gesetzen andere Interpretationen, praktizieren Bürgerrechte in einer ihnen nicht zugestandenen Art und unterlaufen damit die vorgefunden Bedingungen, die daraufhin Modulationen, manchmal Improvisation zeigen.

So kann die These, Migrantinnen und Migranten seien allein Objekte staatlicher Anwerbung aufgrund von ökonomischen Interessen, auch in Bezug auf historische Migrationsbewegungen unter Bedingung der Anwerbung widerlegt werden. Die findigen Praktiken deuten darauf hin, dass die Einwanderung auf Entscheidungen fußte, die durch die sozialen Netzwerke in der Migration noch unterstützt wurden. Über diese andauernden Praktiken wurden neue Regeln ins Leben gerufen, alte zum Erodieren gebracht und immer wieder neue Entgegnungen von staatlicher Seite provoziert.

4.2. Migrationsbewegungen und ihr Double. Legalisierungskämpfe, Legalisierungstaktiken und staatliche Dispositionsansprüche

Wenngleich in Europa die aktuellen Diskussionen um so genannte illegale Einwanderung oder die Sans Papiers[24] gerade durch ihre Kämpfe seit den 1990er Jahren öffentlich weitaus präsenter sind, ist die undokumentierte Einreise, irreguläre Beschäftigung und der Aufenthalt ohne Papiere keine neue Erschei-

24 Andreas Treichler nennt in seiner Untersuchung verschiedene Beispiele dafür: Die stellvertretende Vorsitzende des DGB Engelen-Kefer schätzte im Jahr 1992 allein die Anzahl der in Deutschland irregulär beschäftigten Leiharbeiter auf ca. 1 Million. Ebenso stieg die Zahl der nach § 229 Arbeitsförderungsgesetz verfolgten Verfahren wegen „illegaler Ausländerbeschäftigung“ von 23.780 (1988) auf 78.581 (1995) Fälle an. Dabei muss jedoch berücksichtigt werden, dass die Bundesanstalt für Arbeit Überwachung und Kontrolle seit 1992 verschärft hat. Vgl. Treichler 1998, 48.

nung, nicht einmal in der öffentlichen Wahrnehmung.[25] Selbstverständlich ist die Zusammensetzung der Migrantinnen und Migranten ohne Papiere nach Herkunft, Allokation auf dem Arbeitsmarkt und Tätigkeitsbereichen, nach ihrer Bildungs- und Wohnsituation heute in Deutschland eine andere als vor dreißig Jahren. Nach dem Anwerbestopp im Jahr 1973 wurden die Möglichkeiten, legal in die Bundesrepublik einzuwandern oder den Aufenthalt zu sichern, auf einige wenige reduziert. Die Vorstellung, das Phänomen der Illegalität hätte in den letzten Jahren zugenommen, korrespondiert mit den staatlichen Versuchen, die Mobilität von Migrantinnen und Migranten historisch kontrolliert und geordnet erscheinen zu lassen. Weitgehend unbekannt sind heute die historischen Formen illegalisierter Einwanderung, Beschäftigung und der temporären Legalisierung sowie die Formen des Widerstands und der Aneignung von Rechten seitens der Migrantinnen und Migranten.

Illegalisierte Migration existiert, so lange es nationalstaatliche Grenzen und Dispositionsansprüche über Einwanderung und Aufenthalt gibt. Diese Ansprüche und Versuche, Migration unter Kontrolle zu bringen, könnten als das Double der Migrationsbewegungen bezeichnet werden – zugleich ihre größte Herausforderung. Denn die Bewegungen konfrontieren jene staatlichen Ansprüche täglich mit einer Wirklichkeit, die die Existenz des Nationalstaats selbst in Frage stellt. Derart eröffnet die Migration ein Feld für gesellschaftliche Konflikte und Kompromisse, Kämpfe und Verhandlungen. Sie ist die „windige Internationale", wie das ein zeitgenössischer Kommentator in den 1970er Jahren schrieb (vgl. Spiegel 23/1975, 42).

Wie ich im vorherigen Teil gezeigt habe, folgten Migrantinnen und Migranten nicht einfach den vorgeschriebenen Wegen, sie mischten unterschiedliche Einreisebedingungen und –modalitäten entsprechend den vorgefundenen Konditionen und ihren Bedürfnissen, sie wichen individuell oder kollektiv von bestimmten Wegen ab, durch ihre Praktiken wandelten sie die Bedingungen um, mussten sich ihnen gleichwohl anpassen oder zuweilen fügen. In ihre Schicksale schrieben sich diese Bedingungen ein: ein prekärer Aufenthaltsstatus, die Abschiebung oder die besondere Ausbeutung im Betrieb – diese Lebensrealitäten waren unmittelbar durch die Einwanderungs- und Ausländerpolitik bestimmt. Migrantinnen und Migranten aber allein als Objekt zu sehen, würde gerade die Taktiken und Kämpfe unsichtbar machen, die im Stande waren, ihre Lebensbedingungen zu-

25 Literarische Bearbeitungen und biografische Berichte finden sich etwa in El Hajaj (1969); Klee (1971 und 1972); Kammrad (1971); Berger/Mohr (1976); Erdogmus (1983, 69ff.).

weilen kollektiv, mitunter individuell, manchmal nur temporär, aber bisweilen dauerhaft zu verbessern.

Wichtig ist zu verstehen, dass es sich bei den diversen Einreisemodalitäten und Aufenthaltsstatus um fließende Übergänge handelt, die nicht nur historisch, sondern auch individuell variieren: Personen, die ohne Papiere in der Bundesrepublik lebten, hatten häufig zunächst eine, wenn auch befristete, Aufenthaltserlaubnis, die an einen befristeten Arbeitsvertrag gebunden war, führten aber ihre Tätigkeit nach Ablauf der Aufenthaltserlaubnis weiter fort. Umgekehrt existierten bereits früh staatliche Legalisierungen des arbeitserlaubnis- und aufenthaltsrechtlichen Status von irregulär Eingereisten. Illegalisierung ist nur das eine Ende eines Kontinuums von unterschiedlichen Rechtsstatus, die über Einreise- und Aufenthaltsregelungen Lebenschancen und –bedingungen von Migrantinnen und Migranten bis heute hierarchisieren. Diese sehen sich im Laufe ihres Lebens mit unterschiedlichen Rechtslagen konfrontiert, sie gehen Kompromisse ein, entwickeln Taktiken zur Aneignung von Rechten, organisieren Kämpfe um Bleiberecht, für Legalisierung und organisieren ein Leben quasi über das Aufenthaltsrecht hinweg. Die Kämpfe sind nicht immer spektakulär, ihre Praktiken sind manchmal beiläufig und annähernd und zuweilen gerade darum besonders erfolgreich, weil sie unterhalb der öffentlich verhandelten Kompromisslinie liegen. Je nach ihrer Stärke treten sie jedoch hervor, sammeln Unterschriften, organisieren Demonstrationen und rufen heftigere Reaktionen hervor. Um die Konfliktlinien zu verstehen, die die Migration zeichnet, müssen alle diese Formen Beachtung finden. Die Beharrlichkeit und Beständigkeit der Migration liegt in eben dieser Heterogenität. In diesem Kapitel möchte ich die historischen Formen und Praktiken anhand einer Reihe von Debatten, Einzelfällen und Aktionen aufgreifen.

Illegalisierung vs. Legalisierung

Der Anwerbestopp suggeriert, dass in seiner Folge die Migration nach Deutschland wenn nicht beendet, so doch gedrosselt wurde. Richtig ist, dass damit die Ära der „Gastarbeiterbeschäftigung" offiziell beendet und ein Ende der Einwanderung intendiert war. So äußerte sich Rolf Weber von der Bundesvereinigung der deutschen Arbeitgeberverbände bereits 1970: „Wir sind in unserem dichtbesiedelten Land nicht daran interessiert, Millionen ausländischer Arbeitnehmer mit ihren Familienangehörigen zu assimilieren, weil damit ungeheure infrastrukturelle Probleme auf uns zukommen würden, die wir in naher Zukunft gar nicht lösen könnten. Schon jetzt zeigen sich Schwierigkeiten bei der ordnungsgemäßen

Unterbringung von Ausländerfamilien sowie bei der schulischen Betreuung von Ausländerkindern. Die Schwierigkeiten müssen ins Unangemessene steigen, wenn jeder Ausländer, der zu uns kommt, um Arbeit anzunehmen, daran interessiert ist, endgültig in der Bundesrepublik zu bleiben und daher seine Familie nachholt." (Zit. nach Spanisches Zentrum 1975: 66)[26] Damit deutete er aber bereits an, welche neuen Wege, darunter die Familienzusammenführung, die Migration im folgenden Jahrzehnt (und bis heute) schwerpunktmäßig beschreiten sollte. Trotz Entlassungen und dem Entschluss von vielen Migrantinnen und Migranten zur Rückkehr in ihre Herkunftsländer, vor allem nach dem Ende der Diktaturen in Portugal (1974), Griechenland (1974) und Spanien (1975), blieb von 1973 bis 1979 die Zahl der ausländischen Wohnbevölkerung stabil und nahm ab 1979 zu, sodass 1980 1 Million mehr Personen ohne deutsche Staatsbürgerrechte in der Bundesrepublik lebten als noch 1972, also vor dem Anwerbestopp (vgl. Herbert 2001, 233; Bommes/Bade 2000, 170; Münz 2001).[27]

Wer nicht auf der Grundlage des Gesetzes zur Familienzusammenführung zuzog, oder, vor allem seit Ende der 1970er Jahre, begann das Asylgesetz in Anspruch zu nehmen, beschritt inoffizielle Wege. Über die neuen Weichenstellungen änderte sich freilich auch die Zusammensetzung der Arbeiterklasse. Die Migrationspolitik hatte unmittelbaren Einfluss auf die Allokation auf dem

26 Folglich zielten die nun folgenden einschränkenden staatlichen Maßnahmen auf die zwei Momente, die Migration „wollten": die Unternehmen und die Migrantinnen und Migranten selbst. Zum einen zielten sie auf eine politisch gewollte Verteuerung der ausländischen Arbeitskräfte, indem die Vermittlungsgebühr im Mai 1972 angehoben wurde und im November des gleichen Jahres die Einreise per Sichtvermerk grundsätzlich gesperrt wurde. Zum anderen wurden die Richtlinien über den Nachweis „angemessenen Wohnraums" sowohl für Betriebsunterkünfte wie für privaten Wohnraum zur Auflage für eine Verlängerung der Aufenthaltserlaubnis (vgl. Treichler 1998, 173).

27 Rainer Münz nennt für die Zu- und Abwanderung bis heute folgende Zahlen: „Insgesamt war die Zuwanderung während der 1960er und frühen 1970er Jahre sowie zwischen 1988 und 1995 am größten. Beträchtliche Abwanderung gab es in der zweiten Hälfte der 1960er Jahre, zwischen 1974 und 1984 sowie während eines Großteils der 1990er Jahre. In den Jahren 1967, 1973–1975, 1981–1983 sowie 1997 und 1998 wanderten mehr Ausländerinnen und Ausländer aus Deutschland ab als neu ins Land kamen. In Summe belief sich die Zahl der ausländischen Zuwanderer zwischen 1954 und 1999 auf 22,3 Millionen. Zugleich verließen 18,6 Millionen Ausländerinnen und Ausländer das Land. Diese Zahlen belegen: Ein größerer Teil der ausländischen Zuwanderer blieb nicht auf Dauer in der Bundesrepublik. Dennoch betrug der Wanderungsgewinn bei der ausländischen Bevölkerung seit Mitte der 1950er Jahre 6,7 Millionen Personen." (Münz 2001, 4)

Arbeitsmarkt[28] und die Haushaltsstrukturen. Die Krise, in die die fordistische Produktionsweise nicht zuletzt durch die Kämpfe 1968 und in den folgenden Jahren geraten war, führte zu Entgegnungen seitens des Kapitals: Veränderungen im Produktionsprozess, wie etwa Automatisierung und Informatisierung, strukturelle Erwerbslosigkeit, langfristige Prekarität, illegale Beschäftigung, Zwang zur Mobilität und Teilzeitarbeit etc. charakterisierten diese Transformation.

Prekäre Arbeitsverhältnisse in einem gesetzlich weniger geschützten Sektor des Arbeitsmarkts betrafen nicht nur ausländische Arbeitskräfte. Nach dem „Gesetz über Arbeitsvermittlung und Arbeitslosenversicherung" von 1956 fiel die so genannte Arbeitnehmerüberlassung in das Vermittlungsmonopol der Bundesanstalt für Arbeit. Der Gründung der ersten privaten Arbeitsvermittlung Adia Interim in Hamburg begegneten die Arbeitsämter mit einem Strafantrag. Das Bundesverfassungsgericht unterschied dann aber 1967 in einem Urteil zugunsten dieser Zeitarbeitsfirma zwischen dem staatlichen Monopol auf Arbeitsvermittlung und der Arbeitnehmerüberlassung, womit die Branche in Schwung kam. Schließlich regelte 1972 das „Arbeitsnehmerüberlassungsgesetz" den Verleih von Arbeitskräften durch private Firmen. Eine Entwicklung zur Spaltung des Arbeitsmarkts, die die institutionellen Errungenschaften der Arbeiterbewegung, etwa den Kündigungsschutz, die Tarifentlohnung oder die gewerkschaftliche Organisierung untergrub, und die in den USA, Japan, Italien und Frankreich[29] ebenso zu beobachten war. Die Grenze zwischen legaler und illegaler Leiharbeit war dabei fließend. Die Arbeitsverhältnisse waren insoweit illegal, wie die Beteiligten die Bestimmungen der Steuergesetze und der Sozialversicherung hintergingen oder wie Migrantinnen und Migranten ohne gültige Arbeitserlaubnis beschäftigt wurden. Als „Filter der Illegalisierung" bezeichnet Anfang der 1980er Jahre ein analytischer Text aus der Zeitschrift „Autonomie"[30] die

28 Die Allokation der Migrantinnen und Migranten auf dem Arbeitsmarkt ohne Papiere bedeutete in den meisten Fällen gesundheitsgefährdende Arbeitsbedingungen bei niedrigem Lohn.

29 In Frankreich hatte sich die Zahl der Zeitarbeitsverträge von 1975 bis 1980 auf zwei Millionen verdoppelt. Dazu kam eine verdeckte Form der Leiharbeit hauptsächlich in den Dienstleistungsbereichen Reinigung und Restauration. 1980 streikten die Reinigungsarbeiter, hauptsächlich Migrantinnen und Migranten, die bei der Pariser Metro-Betriebsgesellschaft RATP über zahlreiche Kontraktfirmen angestellt waren, gegen diese Beschäftigungsform (vgl. N.N. 1982, 22).

30 Die Zeitschrift „Autonomie" erschien von 1975 bis 1985, ab 1979, nach einem Bruch im Redaktionskollektiv als „Autonomie. Neue Folge". Anfangs entstand sie in der Zusammenarbeit von Redaktionsgruppen aus München, Frankfurt und Hamburg. Inhaltlich orientierte sie sich an sozialen Kämpfen und ihren Traditio-

Funktion des Anwerbestopps: „Diese Reservearmee des Arbeitsmarkts bilden die Arbeitslosen, die Ausländer ohne Arbeitserlaubnis und die Asylanten. Der seit 1973 bestehende Anwerbestop von Arbeitsimmigranten für die BRD hat einen bandenmäßig und international organisierten Verleih illegaler Arbeitskraft provoziert. Neben den Grenzgängern aus den Niederlanden und GB in Norddeutschland und Österreichern und Jugoslawen im Süden, meist Kolonnen qualifizierter Bau- und Montagearbeiter, ist es vor allem der gesteuerte Zustrom von Menschen aus Nicht-EG-Ländern (Türkei), auf die sich der Anwerbestop bezog, womit diese Maßnahme unterlaufen und als ein Filter der Illegalisierung auf dem westdeutschen Arbeitsmarkt benutzt wird.“ (N.N. 1982, 27) Diese Entwicklung muss in den Zusammenhang der „wilden Arbeiterbewegung“ gerückt werden, die sich etwa in Absentismus oder Auseinandersetzungen um restriktive Arbeitsbedingungen ausdrückte, und auf die ich im folgenden Kapitel zu sprechen komme, aber auch der Kämpfe von Feministinnen, die im Verlauf der 1970er Jahre die Trennung von Lohn- und Hausarbeit angegriffen hatten. Durch die Entwicklung der Zeitarbeit konnten die in diesen Auseinandersetzungen artikulierten Forderungen in „Flexibilität“ und „Teilzeitbeschäftigungsformen“ im Sinne des kapitalistischen Systems übersetzt werden.

Die sozialen und ökonomischen Transformationen berührten Migrantinnen und Migranten auf besondere Weise: Für sie standen nicht nur ihr Arbeitsplatz und die Bedingungen ihrer Arbeit unter der zusätzlichen Disposition der Ausländergesetzgebung, die Arbeits- und Aufenthaltserlaubnisse aneinander koppelte. Zwischen 1973 und 1976 betrafen 40% des Arbeitsplatzabbaus ausländische Arbeiter, obwohl im gleichen Zeitraum ihr Anteil an der Gesamtbeschäftigung nur 10% betrug. (Vgl. Uçar 1983, 95) Unter diesen Bedingungen machte es Sinn, den Aufenthalt durch Zuzug von Familienangehörigen zu festigen, auch weil damit weitere Verdienstmöglichkeiten innerhalb eines Haushalts hinzutraten, die eine Entlassung abfedern konnten oder Formen der Selbstständigkeit, wie etwa die Eröffnung von Restaurants oder kleinerem Gewerbe, ermöglichen konnten. So organisierten Migrantinnen und Migranten zugleich eine eigene Infrastruktur und konsolidierten ihren Aufenthalt (vgl. Aziz 1993).

In diesem sozialen Konfliktfeld geht es, aufgrund der beharrlichen Durchsetzungsfähigkeit der Migrantinnen und Migranten, um die Bedingungen für Migrationsbewegungen überhaupt. Was Dohse als die Übergänge im öffentlichen Verständnis von Legalität und Illegalität bezeichnet, lässt sich anhand einer Zeit

nen, schrieb über die Alternativbewegungen und hatte dabei theoretische Diskussionen zum Schwerpunkt.

besonders gut nachvollziehen, in der die Diskussion um Illegalität das erste Mal gesellschaftlich breit geführt wurde. Die gesellschaftlichen Transformationen zwangen die Migrantinnen und Migranten, wie ich zeigen werde, mitunter in die Illegalität. Einen Zustand, der für sie mal mehr, mal weniger von Vorteil war, gegen den sie sich aber beizeiten zu wehren wussten. Die Aktionen und Proteste verbanden sich an keiner Stelle zu einer Bewegung, aber sie gaben (ebenso wie die öffentlich geführten Diskussionen um Illegalität), einer neuen Klassenzusammensetzung Ausdruck oder machten sie zumindest sichtbar.

„Nation ist für sie Luft": Einreisetechniken

Im Abschnitt zu den Anwerbeverträgen habe ich gezeigt, dass es schon vor dem Zustandekommen der Anwerbeverträge Migration gab. Ein Beispiel ist das Abkommen mit der Türkei (im Oktober 1961), bei dem es der Bundesregierung darum ging, „die ohnehin stattfindende individuelle Migration stärker zu kontrollieren" (Schönwälder 2001, 252). 1960 waren monatlich etwa 200 bis 350 Personen allein aus der Türkei eingereist und hatten, etwa im Raum Stuttgart, 600 Zusicherungen von Aufenthaltsgenehmigungen erhalten. Entsprechend handelte der Anwerbervertrag auch u.a. davon, die Rückübernahme, d.h. Abschiebungen, türkischer Staatsangehöriger zu regeln. Letztere wurden durch den Vertrag im Vergleich zu Migranten aus anderen Herkunftsländern diskriminiert, weil der Aufenthalt zwei Jahre explizit nicht überschreiten sollte – das galt jedoch nicht, wenn sie auf anderen Wegen kamen.

Abschiebungen gingen in den 1960er Jahren Hand in Hand mit inoffiziellen Formen der Legalisierung. Wie im letzten Teil schon erwähnt, kam es Mitte der 1960er Jahre zu Abschiebungen vor allem von Marokkanern, Libanesen und Jordaniern aus Nordrhein-Westfalen und Bayern, was wiederum zu Beschwerden der Botschaften der jeweiligen Länder führte, die sich diskriminiert sahen. Aus der dokumentenreichen Untersuchung von Schönwälder lässt sich entnehmen, dass Massenabschiebungen nicht gern gesehen waren, weil die Bundesrepublik um ihre internationale Reputation fürchtete.[31] Das Auswärtige Amt akzeptierte schließlich Abschiebungen, wollte den Umfang aber gering halten. Während Bundesländer wie Nordrhein-Westfalen weiterhin umstrittene Abschiebungsaktionen

31 Die Ausweisung von schätzungsweise 1.000 Personen aus arabischen Staaten und die Verweigerung der Einreise für arabische Staatsangehörige zeigte allerdings 1972 nach den Anschlägen bei den Olympischen Spielen in München im September, dass das Ausländerrecht ungeachtet außenpolitischer Erwägungen rigide Verwendung fand (vgl. Heldmann 1974, 88 ff.).

durchzuführen versuchten, hielt zur gleichen Zeit eine Auseinandersetzung um Legalisierung an, die aus außen- und wirtschaftspolitischen Gründen befürwortet wurde. Dies offenbart, dass eine undokumentierte Einwanderung existierte, die auch wahrgenommen und zum Teil sogar befürwortet wurde (vgl. Sanz Díaz 2004 in einer historischen Untersuchung für Spanien). Im April 1963 kam es zu einer halben Lösung: Das Bundesministerium des Inneren forderte im Fall marokkanischer Arbeiter die Länder auf, die Aufenthaltserlaubnisse der bereits Beschäftigten zu verlängern, konnte sich aber nicht dazu durchringen, die irregulär Eingereisten zu legalisieren (Schönwälder 2001, 275). Allerdings stellte sich heraus, dass es manchmal nicht so einfach war, unerwünschte Migrantinnen und Migranten los zu werden: Marokkanische Behörden verweigerten zum Beispiel Landerechte für Flugzeuge, die zum Zweck der Rückschiebung gechartet wurden. (Schönwälder 2004, 254)

Auch Unternehmen drängten Behörden gegenüber nicht selten auf Legalisierungen. Mitte 1965 kam es deshalb zu einem Disput zwischen den Ländern. Die bayerische Regierung warf der baden-württembergischen vor, Aufenthaltsgenehmigungen zu großzügig zu erteilen und damit einen Wettbewerbsvorteil zu erzielen. Diese musste zugeben, vor allem an Jordanier Aufenthaltstitel erteilt zu haben. Die 1965 erarbeiteten und im Juni (am Parlament vorbei und ohne Zustimmung des Kabinetts) von der Innenministerkonferenz verabschiedeten Grundsätze zur Ausländerpolitik sollten Behörden bessere Möglichkeiten geben, solchem Drängen nicht nachzugeben. Was Schönwälder als „Neben-Ausländerpolitik" seitens staatlicher Apparate bezeichnet, verweist meines Erachtens auch auf die „Neben-Ausländerpolitik", die von Unternehmen weit über die 1960er Jahre hinaus betrieben wurde.

Geiselberger schildert einen Fall, wo sich ein Bauunternehmer in Wetzlar 1.000 DM zahlen ließ, damit man für ihn arbeiten durfte. Manche Migrantinnen und Migranten stellten sich in den Dienst von Vermittlern, die einen Stundenlohn von 13 DM für sich beanspruchten, während die Arbeiter einen weit geringeren Lohn erhielten: „Dafür bekommen sie Niedrigstlöhne von 4 bis 5 DM, sind ohne Sozialversicherung, ohne Kindergeld, ohne Urlaub und ohne feste Wohnung. Jede Woche berichten deutsche Zeitungen über Razzien der Polizei und anschließende Abschiebungen Illegaler" (Geiselberger 1972, 45). Die Zeitung „Die Rheinpfalz" meldete am 10.11.1973 die Festnahme zweier Unternehmer, die ca. 400 Migrantinnen und Migranten an Großbaufirmen in verschiedenen Städten vermittelt, damit mehrere Millionen DM eingenommen, aber nur etwa 50% an die Arbeiter ausbezahlt hatten. Die Zeitung „Arbeiterkampf" schreibt von einer Baufirma in Hessen, die 52 türkischen Arbeitern für je 1.000 DM Kopfgeld Aufenthalts- und Arbeitsgenehmigungen verkaufte und ihnen 12.800 DM Kindergeld und 2.000 DM Schlechtwettergeld vorenthielt (AK Nr. 21, 08/09 1972) (vgl. auch Klee 1971, 20). In einer Dokumentation zum so genannten Bild-Streik 1966 schätzte die IG Metall die als Touristen eingereisten Migrantinnen und Migranten auf etwa 10% der Gesamtzahl der ausländischen Arbeitskräfte (vgl. IG Metall o. J.).

Die „Neben-Ausländerpolitik" muss aber zugleich aus der migrantischen Praxis verstanden werden. Migranten verwendeten große Mühe, sich sogar durch Abschiebungen nicht von ihren Migrationsplänen abbringen zu lassen. Ernst Klee schildert den Fall eines Mannes aus Ungarn, der zunächst als ausländischer Flüchtling mit unbegrenzter Aufenthaltserlaubnis in der Bundesrepublik anerkannt worden war, nach einem längeren USA-Aufenthalt aber vergeblich um eine erneute Aufenthaltserlaubnis bat. Nachdem er aus Frankreich ohne Papiere eingereist war, meldete er sich bei den Münchener Behörden, die ihn wegen illegalen Grenzübertritts für drei Wochen ins Gefängnis überwiesen, um ihn danach, im Januar 1960, nach Frankreich abzuschieben. Er kehrte seitdem immer wieder zurück und wurde immer wieder abgeschoben. Jedes Mal bemühte er sich um eine Aufenthaltserlaubnis, jedes Mal vergeblich. Siebenmal wurde er insgesamt nach Frankreich abgeschoben. Im Mai 1961 erließen die französischen Behörden ein Aufenthaltsverbot gegen ihn, und die bundesdeutschen Behörden lehnten zeitgleich eine Rückübernahme ab, womit er zwischen allen Paragraphen und Ländern saß. Trotzdem gab er nicht auf und arbeitete, ohne Papiere, als Rundfunk- und Fernsehtechniker in Köln, bis er ein so genanntes Duldungspapier erhielt. (Vgl. Klee 1971, 22)

Uçar schildert eine ähnliche Odyssee aus seiner Beratungspraxis: „Da ich nicht als Arbeiter nach Deutschland kommen konnte, weil ich bei der ärztlichen Untersuchung durch die deutschen Ärzte in Istanbul für untauglich erklärt wurde, habe ich meine Frau nach Deutschland geschickt. Ich habe die Hoffnung gehabt, daß mich meine Frau im Rahmen der Familienzusammenführung anfordern kann. Meine Anwerbung ist mehrmals in der ärztlichen Untersuchung abgelehnt worden, mit der Begründung, daß ich nicht kräftig genug sei. Meine mehrmaligen Bestechungsversuche sind gescheitert. Heranziehung eines meiner Provinzabgeordneten hat auch nicht geholfen. Die an mich überwiesenen Gelder meiner Frau habe ich fast allein für Bestechungen, Fahrten und Beziehungspflege ausgegeben. Letzten Endes kam ich mit einem Touristenpaß auf eigene Faust nach Deutschland. Die Behörden haben mich nach drei Monaten Aufenthalt ausgewiesen. (...) Beim zweiten Versuch habe ich meinen Paß geändert und kam nun wieder zu meiner Frau. Ich wurde wiederum erwischt und ausgewiesen. (...)

Nun habe ich mir in einer anderen Provinz einen neuen Paß besorgt und reiste zu meiner Frau, ich wurde wieder entdeckt und ausgewiesen. Um meine Unkosten zu decken, mußte ich in dieser Zeit schwarz arbeiten. Ich habe ausgerechnet, daß ich bis heute 13 Pässe ausgestellt bekommen habe, damit ich bei meiner Frau bleiben kann." (Uçar 1983, 35f.)

Wie dieser Fall zeigt, ist eine Ablehnung der Kommissionsstellen nicht mit einer Aufgabe der Einwanderungspläne gleichzusetzen. Viele hatten ihren geringen Besitz ganz oder teilweise verkauft, um ihre Reisekosten bis zum Ort der deutschen Verbindungsstelle bzw. bis ins Ausland zu finanzieren. Es ist verständlich, dass sie so leicht nicht aufgeben wollten, wenn der bisher bezahlte Preis schon so hoch war. Viele versuchten daraufhin, wie oben schon erwähnt, als Touristen einzureisen und konnten sich auf diese Weise zunächst legal für drei Monate in der Bundesrepublik aufhalten. Uçar nennt Zahlen für den Anteil der türkischen Arbeiter an der Gesamtzahl der Angeworbenen, die als Touristen einreisten (Uçar 1983, 61), was als Hinweis dienen kann:

1965	33,8%	1969	19,2%
1966	25,2%	1970	22,6%
1967	51,2%	1971	42,0%
1968	43,5%		

Und dies ließ nach dem Anwerbestopp 1973 nicht nach: Nach Berichten des türkischen Außenministeriums reisten im Jahr 1973 50.000 Personen als so genannte „Scheintouristen" nach Deutschland ein (Uçar 1983, FN 48, 109).[32]

Neben der Einwanderung als Touristen reisten auch Gruppen als Sportmannschaften[33], Folkloregruppen, Musiker oder Künstler ein (vgl. Uçar 1983, 32 f.). Im

32 Ein weiterer Hinweis auf die Präsenz und öffentliche Wahrnehmung von undokumentierter Migration sind folgende Zahlen. Das Statistische Landesamt Baden-Württemberg untersuchte die Straffälligkeit von Ausländern in den Jahren 1971 und 1972 und kam zum Schluss, dass es im Verhältnis zur deutschen Bevölkerung lediglich zu Unterschieden in der Häufigkeit der Begehung einzelner Delikte kam. Von den 1972 polizeilich ermittelten 25.000 Strafverdächtigen, waren 10,1 % ohne gültige Papiere und 4,3 % Touristen oder Durchreisende (vgl. Süddeutsche Zeitung vom 26.11.1973).

33 Ein „Fluchtkonzept", das offenbar bis heute funktioniert. So meldete Spiegel-online am 13. September 2004: „Nationalmannschaft aus Sri Lanka spurlos verschwunden". Die Handballmannschaft war zu einem Trainingslager und einer Tour durch acht Gemeinden nach Bayern eingeladen worden. Doch die Gäste setzten sich bei ihrem Besuch offenbar ab: „Nach Angaben der Polizei hinterließen

Jahr 1975 war dem Spiegel die „Fortdauer der Invasion“ und die Thematisierung der „illegalen Einwanderung“ auf einem DGB-Kongress eine ausführliche Reportage wert (vgl. Nr. 23). Diskursiv wird darin die Ambivalenz deutlich, dass „illegale Gastarbeiter“ durchaus auf Verständnis stießen, während zugleich die Unmöglichkeit, Einwanderung zu stoppen, offenbar als Bedrohung empfunden wurde. Der Anfang des Berichtes artikuliert eine Mischung aus Panikmache und Bewunderung für die List der Migrantinnen und Migranten: „Sie kommen ins Land auf allen Wegen und mit allen Mitteln, als Touristen im Jet-Liner, als Pilger in frommer Runde, als Fußball-Fans mit dem Sonderzug. Die einen kommen lärmend in Gruppen, die anderen allein und stiekum im Bremserhäuschen eines Güterzugs. (...) Kaum ein Weg, der unbegangen, kaum ein Schlich, der unversucht bliebe – für Tausende in Anatolien, Asturien und Mazedonien ist die Bundesrepublik immer noch das gelobte Land. Und im Gegensatz zu den legalen Gastarbeitern, deren Strom sich drosseln läßt, kommen die Illegalen, wie es ihnen gefällt.“ (Ebd., 38) Die Einreisewege, darüber berichtete der Stern, gingen nicht selten über die DDR: „Am einfachsten geht es über Berlin. Von Istanbul oder Ankara fliegen ‘Touristen-Gruppen’ nach Bulgarien, steigen in Sofia um und landen auf dem Ostberliner Flughafen Schönefeld. Mit der S-Bahn fahren sie dann über den Sektoren-Übergang Friedrichstraße nach Westberlin“ (Stern 26/1973, 80). Eine Strategie, die offenbar auch die staatlichen Apparate zur Anwendung brachten: Für Abschiebeflüge nutzten „die Ämter gern auch mal die billigen Tarife am Ost-Berliner Zentralflughafen Schönefeld“ (Spiegel 23/1975).

Der Spiegel geht auf alle möglichen Einreisewege ein und lässt den schon anfangs erwähnten jugoslawischen Journalisten, der als Experte gehandelt wird, von der „windigen Internationale“ berichten, die „ziemlich pfiffig“ sei und für die die „Nation Luft“ ist. Etwa die Einreise à la Kettenmigration: „Da ist ein Wirt, der ist legal. Dann kommt sein Schwiegersohn, der ist auf Besuch. Dann arbeitet die Schwester mit, dann kommt die Nichte und die Tante und so fort, alle auf drei Monate zum Arbeiten, dann fahren sie wieder und fangen von vorne an“ (Spiegel 23/1975, 42). Der „Experte“ berichtet von technischen Hilfsmitteln für die Einwanderung, von Dokumentenfälschung und Korruption: Stempel

---

sie im Wittislinger Musikheim, wo die Spieler beherbergt wurden, neben ihrem gesamten Gepäck auch einen in Englisch verfassten Brief. Darin dankten sie dem Verein für die Gastfreundschaft und deuteten an, dass sie in Richtung Frankreich unterwegs seien.“ Zuvor hatten sie an einem Handballturnier teilgenommen – und alle Spiele verloren. Wie sich später rausstellte, gibt es in Sri Lanka gar keine Handballnationalmannschaft.

und Siegel, Firmenköpfe auf Briefpapier, namentliche Anforderungen, amtliche Arbeitserlaubnisse, Ausbildungsnachweise („Pfarrerdiplome"). Selbst Behörden in den Herkunftsländern sollen nachgeholfen haben, weiß dieser über Jugoslawien zu berichten: „Genossen kriegen Papiere, wenn sie echt sind, die Genossen" (Ebd.). Bei Razzien auf Baustellen seien Personen gefunden worden, die als Musiker oder Künstler eingereist waren: „nicht Maler, sondern Maler", wird eine Münchener Behörde zitiert.

Mit rassistischem Duktus beschreibt der Spiegel die Tätigkeit von Vermittlern: „Berufgemeinschaften wie die zwischen solchen Unterkrainern und Oberschlawinern sind typisch für die Szene" (ebd., 42), wobei das Magazin zwischen „Weißkragenkriminalität" von deutschen Unternehmen einerseits und „ausländischen Drahtziehern" und Menschenhändlern andererseits unterscheidet. Zugleich wird bedauert, dass bei Razzien meist die Migrantinnen und Migranten die Leidtragenden sind. Selbst noch Polizisten, die diese Razzien und Abschiebungen durchführen, werden zitiert, die den Dienst „nur unter größtem Bedauern" leisteten. Zugleich ist aber auch ihnen bewusst, dass solche Maßnahmen nicht von langer Abschreckungsdauer sind: „Bei unseren Flügen (...) da sind immer wieder welche drunter, die schon zwei, drei- oder viermal ausgewiesen worden waren." (Ebd., 47)

Der Spiegel thematisiert ebenso die mehrmaligen Ausweisungen[34] und nennt Nationalitäten (Türken, Jordanier, Spanier, Marokkaner, Pakistaner, Senegalesen und Italiener), führt aber auch Gründe auf, die zum „administrativen Abrutschen in die Illegalität" führen. Darunter die Zuzugsperren, die Mitte der 1970er Jahre für einige Gebiete erlassen wurden; Anwerbestopp, Zuzug von Familienangehörigen, die keine Aufenthalts- und Arbeitserlaubnis erhielten, Arbeitslosigkeit. Explizit verweist der Spiegel darauf, dass Normen-Verschärfung die Zahl der Verstöße erhöht und zitiert den Ausländerreferenten des hessischen Innenministeriums: „Es ist doch normal, daß jetzt alle die illegal einströmen, die sonst als legale Arbeitnehmer gekommen wären" (Spiegel 23/1975, 40).

Aufgrund der prinzipiellen Schwierigkeiten, die Zahl der Illegalisierten in der Bundesrepublik zu schätzen, lassen sich nur eine Reihe von ungenauen Zahlen zusammentragen. Der Spiegel schätzte 1970 allein die Zahl der türkischen Arbeiter ohne Papiere auf 30.000 (Geiselberger 1972, 45). Uçar bezieht sich in seiner Untersuchung auf eine Reihe von Pressemeldungen in diversen Publikationen, etwa in der Zeitschrift des Arbeitgeberverbandes, im „Tagesspiegel", im

34 Ein Leserbrief im „Arbeiterkampf" vom Oktober 1975 (Nr. 67, 38) berichtet über das diskriminierende Vorgehen der Polizei, die Haftbedingungen, die Entrechtung in Abschiebehaft in Berlin Steglitz.

„Handelsblatt" oder im „Spiegel", nach denen im Jahr 1972 allein die Zahl der türkischen Arbeiter ohne Papiere bei 60.000 und die der ausländischen Arbeiter im Jahr 1978 insgesamt bei einer Viertelmillion gelegen haben soll (vgl. Uçar 1983, 5). Treichler zufolge schätzten die deutschen Gewerkschaften 1973 die „illegale" Arbeitskraft auf zehn Prozent der ausländischen Arbeitnehmer, die zu jener Zeit ca. 2 Millionen waren (vgl. Treichler 1998, 48). Schätzungen des Referenten für Ausländerfragen in der Evangelischen Kirche, der sich auf die Kriminalpolizei berief, gehen 1973 von zwischen 250.000 und 300.000 ausländischen Arbeitern aus, die illegal beschäftigt waren, also noch mal mehr als die Gewerkschaften (vgl. Journal G 1973, Nr. 2, 56).

Wir sind keine Sklaven: Legalisierung I

Im Herbst 1970 führte das Kreuzberger Arbeiter- und Straßentheater ein Stück auf, in dem es die Arbeitsvermittlung als Praxis von Sklavenhändlern brandmarkte. Die Schauspieler verteilten auf den Straßen ein Flugblatt, in welchem sie u.a. forderten: Aufenthaltsgenehmigungen und rechtliche Gleichstellung bei Arbeit, Lohn und Sozialleistungen, Schließung der Verleih-Firmen. Zugleich machten sie auf den Nutzen dieser Firmen für die Migrantinnen und Migranten aufmerksam (vgl. Kammrad 1971).

Am 1. Juli 1972 demonstrierten vor allem türkische Arbeiter und Arbeiterinnen in Frankfurt am Main unter dem Motto „Wir sind keine Sklaven". Mitorganisatoren waren u.a. die Arbeiterwohlfahrt, der Caritasverband, das Diakonische Werk, die Humanistische Union, die Jungdemokraten, die Jungsozialisten und das Türkische Volkshaus in Frankfurt. In einem Flugblatt benannten sie ihre Forderungen: „1. Legalisierung der 'geduldeten' Arbeiter. Sie leben in Angst, ihren Arbeitsplatz zu verlieren und die Familien nicht ernähren zu können. 2. Strenge Bestrafung der Menschenhändler und Unternehmer, die sich durch billige Arbeitskräfte bereichern. 3. Maßnahmen seitens der türkischen Regierung gegen die Förderung und Unterstützung der illegalen Arbeitssituation." Die Transparente trugen die Aufschriften: „Wo bleiben die Menschenrechte?", „Wir sind auch Arbeiter", „Meine Frau ist hier, ich muß zurück", „Wir haben die Wahl zwischen Ausbeutung und Ausweisung", „Wir sind keine Sklaven des 20. Jahrhunderts" und „Wir fordern Legalisierung". (Vgl. auch AK Nr. 21 vom 08/09 1972)[35] Was

35 Den Angaben Daniel Cohn-Bendits nach hatte die Gruppe Revolutionärer Kampf (RK) für eine Demonstration bei Opel gegen die Einschränkung der Ausländerrechte ein Flugblatt vorbereitet, das sich auf diese „Demonstration von 6.000 türki-

war geschehen? Und was ermutigte die Migrantinnen und Migranten mit diesen Forderungen und trotz ihres prekären Aufenthaltsstatus auf die Straße zu gehen?

Die Demonstration ist im Kontext der öffentlichen Diskussionen um Legalisierungen zu sehen, die bereits, wie schon erwähnt, Mitte der 1960er Jahre begann und ihren Höhepunkt (mit Kabinettssitzungen, vom Bund eingesetzten Arbeitskreisen, Stellungnahme des Bundeskanzlers, etc.) um 1970 erreichte. In diesem Jahr fordert der DGB die Legalisierung der undokumentiert eingereisten Gastarbeiter.[36] Die Forderung wurde zwar vom Bundeskanzler und einigen Ministerien (z.B. dem Bundesminister für Arbeit) unterstützt, durchsetzen konnten sich aber das Bundesinnenministerium und die Innenminister der Länder, die einen Kompromiss aushandelten (vgl. Schönwälder 2001, 502). Der bestand vor allem darin, das bestehende System nicht außer Kraft zu setzen und dennoch die Bedürfnisse der Arbeitgeber zu berücksichtigen, die sich allesamt für eine „flexible Handhabung"[37] einsetzen. Es waren insbesondere die konservativ regierten Länder Nordrhein-Westfalen und Bayern, die auf eine „einheitliche" Regelung und auf die Einhaltung rechtsstaatlicher Prinzipien insistierten, während die Vertreter der Bundesministerien, die Gewerkschaft und Arbeitgebervertreter für eine politische Lösung plädierten. „Der Vertreter des Bundesverbandes der deutschen Arbeitgeber erklärte, die deutsche Industrie sei in der derzeitigen Situation für jeden Arbeiter dankbar, gleich ob er illegal oder legal in Deutschland arbeite. Solange die Bundesanstalt für Arbeit

---

schen Arbeitern in Frankfurt, die gegen die Ausweisung von Türken, die ohne Papiere waren, protestiert hatten" (Cohn-Bendit 1975, 115), bezog, da auch einige der Arbeiter bei Opel keine Papiere hatten. Anstatt das Flugblatt einfach ins Türkische zu übersetzen, hätte eine türkische ML-Gruppe daraus aber eine Schrift gegen den Imperialismus gemacht.

36 Mit der Illegalisierung mussten sich auch die Gewerkschaften bei ihrer Beratungsarbeit immer wieder auseinandersetzen. Ein Beispiel: Im Oktober 1972 wandte sich eine Gruppe türkischer Arbeitsmigranten an den DGB. Sie hatten nie einen Lohnstreifen erhalten und waren bei weitaus mehr als 40 Stunden Arbeitszeit pro Woche nur für 30 davon entlohnt worden. Bei dem Versuch, den Lohn einzuklagen, wurden zwei der Migranten vom Sohn des Firmenleiters tätlich angegriffen. Im Krankheitsfall wurden sie zur Arbeitsaufnahme genötigt. In der Firma für Fernmeldebau arbeiteten ein Dutzend deutsche Meister, 45 legale türkische Migranten und einige hundert türkische Arbeiter ohne reguläre Papiere (vgl. Treichler 1998, 47).

37 So die Formulierung aus einem Schreiben des Bundesjustizministeriums, das, ähnlich wie viele andere Behörden, Ministerien und politischen Einrichtungen, mit Briefen aus dem Arbeitgeberlager bearbeitet wurde. In einem Brief des Verbands baugewerblicher Unternehmen Hessens vom 7.1.1972 an den Hessischen Minister des Inneren wird die gleichlautende Formulierung verwendet.

nicht in der Lage sei, ausreichende Arbeitskräfte zu vermitteln, sei jeder illegale Arbeiter willkommen." Aus der Sicht der Arbeitgeber seien Maßnahmen „zur Einschränkung der illegalen Beschäftigung nicht angebracht" (Bundesarchiv Koblenz B119/4037, Generalkonsulat der Bundesrepublik Deutschland in der Türkei ans Auswärtige Amt, 14.5.1971, 3). Die Situation der Illegalisierten war auch Thema bei bilateralen Verhandlungen zwischen der türkischen und der deutschen Regierung Anfang der 1970er Jahre. Beim Besuch des türkischen Staatspräsidenten wurde über Aufenthalts- und Arbeitserlaubnisse verhandelt. Zwar sicherte die Bundesregierung zu, aus humanitären Gründen keine Massenabschiebungen vornehmen zu wollen, die Länderinnenminister versprachen aber keine Legalisierung der Arbeiter. Geiselberger zufolge schrieb die Hamburger Arbeitsbehörde 1971: „Der Gedanke einer Legalisierung bedeute einen Verstoß gegen bestehende Anwerbeverträge, eine ungerechtfertigte Benachteiligung der den ordentlichen Weg einhaltenden Bewerber, die Erzeugung eines Sogs für weitere illegale Einreise und die Gefährdung einer geordneten Regelung." (Zit. nach Geiselberger 1972, 45)[38]

Auch die Argumente der Befürworter einer Legalisierung waren damals bereits an einen Kontrolldiskurs gekoppelt: Der DGB wollte, „daß wir die Kanäle erfahren, durch welche die Arbeiter in die Bundesrepublik eingeschleust werden" (Brief des DGB-Bundesvorstandes an den Innenminister Hessens vom 17.9.1970). Das Bundesministerium für Arbeit meinte, eine Legalisierungsaktion könne Aufklärung über Schmuggler-Routen bewirken und damit ihre Zerschlagung erleichtern. Der in der Folge ausgehandelte Kompromiss ermöglichte den Ländern, einer Empfehlung des Bundes zu folgen, nämlich Duldungen für die illegalisierten Migranten zu vergeben. Dies geschah jedoch nur in Hessen und Rheinland-Pfalz, die Duldungen bis Ende 1972 verlängerten. Begleitet werden sollte die „einmalige Aktion" von einer „breiten Informationswelle", die die künftigen Migrantinnen und Migranten über die Folgen einer eventuellen illegalen Arbeitsaufnahme aufklären und warnen sollte. Der DGB forderte zugleich, dass eine Strafverschärfung für Arbeitgeber erfolgen müsse, die illegal eingereiste Ausländer beschäftigten.[39] Sowohl die Gewerkschaften als auch andere Befürworter einer Legalisierung beschrieben die betroffenen Migrantinnen und Migranten als arglose Menschen, die von „kriminellen Elementen" und „Schleppern" getäuscht worden seien. Viele

---

38 Der Jurist Helmut Rittstieg hat bereits 1974 darauf aufmerksam gemacht, dass das Argument nicht stichhaltig sei, weil gar nicht nachgewiesen würde, dass das Anwerbesystem damit gefährdet sei (vgl. Rittstieg 1974, 72f.).

39 Was später auch geschieht, vgl. Treichler 1998, 173.

dieser Migrantinnen und Migranten hätten „ihr einziges Hab und Gut verkauft, um 'Schlepper' und Reise bezahlen zu können" (ebd., 1).[40] (vgl. Treichler 1998, 165ff. und Bojadžijev/Karakayalı 2005, 102ff.)

Die „Wir sind keine Sklaven"-Demonstration ging in diesem gesellschaftlichen Zusammenhang auf eine konkrete politische Maßnahme der hessischen Landesregierung zurück, die eine befristete Duldung gegenüber 5.000 türkischen „Illegalen" erlassen und sie damit für eine begrenzte Zeit legalisiert hatte (vgl. Uçar 1983, 31). Diese Duldung sollte zwar im März 1972 ablaufen – nach Protesten aus der Bauindustrie wurde sie jedoch bis November desselben Jahres verlängert. Dagegen protestierten vor allem türkische Migrantinnen und Migranten mit der Forderung nach Legalisierung und hoben die Arbeitsbedingungen unter ungesichertem Aufenthalt hervor: halber Lohn, unbezahlte Mehrarbeit, keine Pausen, keine Sozialabgaben. In der Folge intervenierte die türkische Regierung sowohl beim Auswärtigen Amt als auch beim Hessischen Ministerpräsidenten, um eine Legalisierung dieser Arbeiter und Arbeiterinnen zu erwirken.[41] Die „Legalisierung" konnte dann jedoch nur sehr indirekt erfolgen. Verschiedene Stellen hatten in die Diskussion einer möglichen Legalisierung interveniert. So etwa das Landesarbeitsamt Hessen, das – vermutlich unter dem Eindruck der wenige Tage zuvor in Frankfurt stattgefundenen Demonstration – ein Szenario heraufbeschwor, in dem „Hessen (...) zu einem Mekka der Illegalen"[42] zu drohen werde: Bis zum 30. November 1972 sollten die betroffenen Personen „freiwillig" ausreisen und versuchen, nach einer namentlichen Anforderung ihrer Arbeitgeber (dafür sollten sie zusätzlich möglichst eine Bescheinigung über die Weiterbeschäftigung vom Arbeitgeber mitnehmen) und unter Vorlage ihres Duldungsbescheids bei den Vermittlungsstellen in der Türkei eine legale Einreisemöglichkeit zu erhalten. Die meisten, nicht alle, durften nach Deutschland zurück. Dieses umständliche Verfahren hatte vor allem eins zum Ziel: den Kontrollanspruch auf Einwanderung sicherzustellen. (Vgl. Stern 25/1973, 80 und Bojadžijev/Karakayalı 2005) Ein Anspruch, der auch ganz im Sinne des DGB war, der 1971 bereits ein Ende der „Ideologie des Provisoriums" der Einwanderung forderte und zugleich die „Be-

40 Zu Maßnahmen gegen als Menschenhändler bezeichnete Schlepper vgl. Pauli (1971).

41 Legalisierungen hatte es, wie bereits erwähnt, in geringer Zahl oder in Einzelfällen immer wieder gegeben. Betont wurde dabei von behördlicher Seite jedoch, dass diese aus „humanitären Gründen" erfolgten, etwa wenn nachgewiesen werden konnte, dass auch Migrantinnen und Migranten zuvor über ihren Aufenthaltsstatus getäuscht wurden.

42 Schreiben vom 10.07.1972 an den Hessischen Ministerpräsident Albert Osswald.

schäftigung illegaler ausländischer Arbeitnehmer" als moderne Sklavenhaltung bezeichnete und auf die Anwerbung und Vermittlung durch die Bundesanstalt bestand (vgl. DGB-Bundesvorstand 1971).

Gewerkschaften & Illegalisierung

Die Rolle der Gewerkschaften in der Auseinandersetzung um Legalisierung und Anwerbung sollte sich in den nächsten Jahren ändern. 1973 waren sie diejenigen gewesen, die auf den Anwerbestopp drängten und die dazu die Initiative ergriffen hatten[43] (vgl. Treichler 1998, 174; Bojadžijev/Karahasan 2005). Dies war Ausdruck ihrer Einbindung in den „national-sozialen Kompromiss", in einen Interessensausgleich zwischen Unternehmern und Gewerkschaften, bei dem sie zugleich bemüht waren, die Migrationsbewegungen als Faktor und die Migrantinnen und Migranten als Akteure außen vor zu halten, anstatt sie – und damit die Frage der Klassenzusammensetzung – zum Ausgangspunkt gewerkschaftlicher Politik zu machen. Den Anwerbeverträgen hatten sie unter zwei Bedingungen zugestimmt. Erstens, die Anwerbung sollte nicht durch die Arbeitgeber, sondern durch die Bundesanstalt für Arbeit organisiert werden, und abhängig davon sein, was der „Bedarf der Gesamtwirtschaft" genannt wurde. Zweitens, die arbeits-, sozial- und betriebsverfassungsrechtliche Gleichstellung von deutschen und migrantischen Arbeiterinnen sollte gewährleistet sein.

Wie die Position der Gewerkschaft sich geändert hatte, kann anhand einer Konferenz beschrieben werden. Im Verlauf der 1970er Jahre trafen sich auf Initiative Jugoslawiens Gewerkschaften aus Europa, der Türkei und dem Maghreb auf mehreren Konferenzen zu Fragen der Migration. Die dritte Konferenz fand vom 20. bis 22. Mai 1976 in Stuttgart statt.[44] Schon bei der Einladung hatte es

---

43 In einem Positionspapier des DGB zur Ausländerpolitik, das von für „Fragen der ausländischen Arbeitnehmer zuständigen Vorstandsmitgliedern und Sachbearbeitern" verfasst und vom Bundesvorstand des DGB am 7.2.1978 zustimmend zur Kenntnis genommen wurde, hieß es auch Jahre später noch: „Um zu vermeiden, daß die Gesamtzahl der ausländischen Arbeitnehmer im Zusammenhang mit der Gesamtzahl der Arbeitslosen durch administrative Mittel verringert wird, fordert der DGB auch für die Zukunft die Beibehaltung des uneingeschränkten Anwerbestops. Für ihn heißt das: kein ausländischer Arbeitnehmer zusätzlich auf dem Arbeitsmarkt. Denn nur so können Arbeitsplätze möglichst vieler ausländischer Arbeitnehmer, die sich legal in der Bundesrepublik Deutschland aufhalten, erhalten bzw. gesichert werden."

44 Anwesend waren Gewerkschaften aus folgenden Staaten: Algerien (UGTA), Belgien (CSC), Bundesrepublik Deutschland (DGB), Frankreich (CFDT, CGT), Finnland (SAK), Griechenland (GSEE), Italien (CGIL,CISL, UIL), Jugoslawien (SSJ),

Auseinandersetzungen darüber gegeben, welche Gewerkschaften beteiligt werden sollten. So trat der DGB dafür ein, DISK, eine linke Gewerkschaftsbewegung aus der Türkei, nicht einzuladen. DISK vertrat in Fragen der Beschäftigung türkischer Arbeiter im Ausland völlige Gleichberechtigung und Abbau staatlicher Dispositive über ausländische Arbeiter (wie etwa Ausweisungen etc.). Darüber hinaus vertraten beide Gewerkschaften sowohl in gesellschaftspolitischer Zielsetzung wie in Fragen konkreter gewerkschaftlicher Arbeit verschiedene Vorstellungen. Durch die Intervention kommunistischer Gewerkschaften ließ sich eine Einladung der DISK jedoch nicht vermeiden.[45] Der Konferenz, so die Vereinbarung, sollte keine Beschlusskompetenz zukommen, sie war als informeller Austausch angelegt und blieb unverbindlich. Das ermöglichte eine Diskussion, die nicht auf Kompromisse zielte, in denen aber auch die Differenzen eher nebeneinander stehen blieben als dass sie akzentuiert worden wären. Die Abschlussresolution, die kontroverse Punkte ausklammerte, hatte eine Redaktion hinter verschlossenen Türen und ohne Diskussion im Plenum ausgearbeitet.

Knut Dohse (1976) berichtet in seinem Aufsatz „Ausländerpolitik der europäischen Gewerkschaften. Eine Analyse der 3. Konferenz von Gewerkschaften aus Europa und dem Maghreb" unter besonderer Berücksichtigung der Position des DGB über die wichtigsten Themen. Eines bildete die „illegale Beschäftigung von Ausländern", was wie folgt artikuliert wurde. Zum einen als „Weg des Kapitals", sich besonders schwaches und damit ausbeutbares Arbeitskräftepotenzial zu schaffen, zum anderen als „politische Manövriermasse", deren Abschiebung in Krisenzeiten den Arbeitsmarkt entlasten soll. Einig waren sich alle Gewerk-

---

Luxemburg (CGT), Marokko (UMT), Niederlande (NKV, NVV, CNV), Österreich (ÖGB), Portugal (INTERSINDICAL), Schweden (LO, TCO), Schweiz (SGB, SVEA), Spanien (UGT), Tunesien (UGTT), Türkei (TÜRK-IS, DISK). Einige Gewerkschaften hatten abgesagt oder waren nicht erschienen, darunter aus Dänemark (LO), Frankreich (FO), Finnland (TVK), Großbritannien (TUC), Irland (ITUC), Luxemburg (CLSG), Norwegen (LO), Schweiz (CNG), Spanien (STV (STB), USO, CO).

45 Ich habe mehrfache Hinweise darauf gefunden, dass die deutschen Gewerkschaften eine Zusammenarbeit mit den kommunistisch orientierten Gewerkschaften der Herkunftsländer ablehnten – auch da, wo diese die stärksten Gewerkschaften stellten (vgl. Budzinski 1979). In einem gewerkschaftsnahen Beitrag vertritt Anagnostidis die Auffassung, dass die Gewerkschaften aufgrund ihrer Position die Erwartungen und Bedürfnisse der Migrantinnen und Migranten nicht vertreten können. Er favorisiert vielmehr eine Entscheidung in den Gewerkschaften dazu, welche der Migrantengruppen sie vertreten wollen. Auf deren Erwartungen sollen die Gewerkschaften wiederum in einer Form einwirken, die ihnen der enge Spielraum der Repräsentation erlaubt. Vgl. Anagnostidis 1972, 130 f.

schaften allein in dem Punkt, Arbeitgeber, die Ausländer „illegal“ beschäftigen, strenger als bisher zu bestrafen.[46] Bei Fragen, die die „illegalen Ausländer“ selbst betrafen, trennten sich jedoch die Auffassungen. Dohse schildert zunächst die Standpunkte der französischen und türkischen Gewerkschaften und kritisiert dann die Position des DGB.

In Frankreich hatte es jahrelang eine offizielle Förderung ungenehmigter Einwanderung durch die Regierung gegeben (vgl. dazu auch Abdallah 2000 und 2002). Erst mit der Wirtschaftskrise begann die Regierung, den prekären Status der Illegalisierten gegen sie zu verwenden und sie auszuweisen. Die französischen Gewerkschaften kritisierten dieses Vorgehen und forderten ein politisches Vorgehen, „[b]evor eine neue grundlegende Regelung der Einwanderung durchgeführt werde, müßten die sogenannten Illegalen regularisiert werden, d.h. einen legalen Status erhalten“ (Dohse 1976, 26). In einem weiteren Schritt müsse die Bestrafung zentral beim Arbeitgeber ansetzen.[47]

Auch die türkische DISK sprach sich für eine Legalisierungspolitik aus: „Wenn es ‘Illegale’ gibt, dann sind es die Arbeitgeber, die die schwarz einwandernden Arbeitskräfte beschäftigen, und die Regierungen, die die Augen schließen. Wir sind gegen die ‘heimliche’ Einwanderung, weil die ausländischen Arbeiter in dieser irregulären Position einer Über-Ausbeutung ausgesetzt sind, die der Sklaverei ähnelt. Sie sind aller Rechte beraubt. Die erste Maßnahme zur Beendigung dieser untragbaren Situation muß die Bestrafung der Arbeitgeber sein, die Arbeitskräfte schwarz beschäftigen. ... Die Ausweisung der irregulär eingewanderten Arbeiter ist nichts als eine empörende Diskriminierung. Wir treten für die effektive Rechtsgleichheit ein. Daher müssen wir die Regularisierung aller eingewanderten Arbeiter mit irregulärem Status verlangen.“ (Zit. nach ebd.) Die Legalisierungsbefürworter skandalisierten den Umstand der irregulären Beschäftigung und forderten, die Unternehmen dafür in die Verantwortung zu nehmen. Nicht die Einwanderung sei das Problem, sondern der Umgang mit den Migrantinnen und Migranten. Einwanderungspolitik und gewerkschaftliche Gleichstellungspolitik müssten die faktische Einwanderung in Betracht ziehen.

Auch der schwedische Delegierte Hauser, der Hauptberichterstatter zu diesem Schwerpunkt war, sprach sich vorsichtig für die Einbeziehung der Illegalen in die

46 In diesem Punkt folgten sie den gesetzlichen Veränderungen, die in der Bundesrepublik das Bußgeld und Strafmaß im Verlauf der 1970er Jahre erhöhten.

47 Vgl. die Rolle der französischen Gewerkschaften in Bezug auf Streiks und autonome Organisationsformen der Migrantinnen und Migranten und ihr Einsatz für Gleichheit bei den gewerkschaftlichen Rechten in Abdallah 2002.

gewerkschaftliche Solidarität aus. Seiner Auffassung nach sollten Gewerkschaften die massenhafte Ausweisung von illegal eingereisten Ausländern verurteilen und bekämpfen sowie die Versagung von Arbeits- oder Aufenthaltserlaubnissen thematisieren, die sie erst in die Illegalität dränge. Für eine solche Legalisierungspolitik führte Hauser nicht nur humanitäre Gründe an, auch die Bestrafung der Arbeitgeber wäre effektiviert: „Wenn nämlich ein Illegaler die Aussicht habe, durch den Gang zur Polizei seinen Status zu legalisieren und auf diese Weise sogar die Nachzahlung des Tariflohns erwirken könnte, dann wäre dem Arbeitgeber ein starkes Motiv genommen, Ausländer schwarz zu beschäftigen. Sie müßten ständig damit rechnen, daß ihre Arbeiter durch den Gang zur Polizei in den vollen Genuß ihrer Rechte und ihres Tariflohns kämen. Auf diese Weise könnte man einerseits in den Illegalen selbst den stärksten Verbündeten gegen die ausbeuterischen Unternehmer gewinnen und andererseits für die Zukunft die Illegalität überhaupt eindämmen.“ (ebd., 27)

Der DGB lehnte eine Legalisierung allerdings vehement ab und bestand noch drei Jahre nach dem Anwerbestopp darauf, dass damit die Benachteiligung der auf regulärem Weg in die Bundesrepublik Gekommenen beinhaltet sei, zudem würde auch die „illegale Beschäftigung“ befördert. Er sprach sich nur für eine Bestrafung der Arbeitgeber aus. Der DGB war sich zugleich durchaus bewusst, dass es nicht nur um die undokumentierte Einreise ging, sondern auch darum, dass in Zeiten von Massenentlassungen Migrantinnen und Migranten versucht sein konnten, die weitere Entwicklung des Arbeitsmarktes aus dem Inland zu beobachten und nicht die Koffer zu packen. Er schrieb in einer Stellungnahme: „Während zur Zeit der Hochkonjunktur die illegal Beschäftigten vorwiegend Ausländer waren, die von skrupellosen Anwerbern – vielfach eigene Landsleute – veranlaßt wurden, als Touristen einzureisen, um dann in eine illegale Beschäftigung vermittelt zu werden, besteht heute mehr und mehr die Gefahr, daß jetzt ausländische Arbeitnehmer, deren Arbeitserlaubnis nicht erneuert wurde, illegal eine Beschäftigung aufnehmen.“ (Zit. nach ebd.) Dohse kritisiert, dass damit auch das Problem der Ausweisung der Illegalisierten nicht angesprochen sei. Legalisierung, argumentiert er, könnte zukünftige Illegalisierungsprozesse verhindern helfen: „Das jedoch setzt den Abbau der staatlichen Diskriminierungsinstrumenten voraus, die ein administratives Abdrängen in die Illegalität ermöglichen, hat also letztlich die rechtliche Gleichstellung der ausländischen Arbeiter und die Beseitigung der besonderen staatlichen Verfügungsgewalt über Ausländer zur Grundlage.“ (Ebd., 28) Angesichts eines relativ hoch geschätzten Anteils von Personen ohne Papiere hatte der Jurist Rittstieg zu Recht bemerkt: „Werden die illegalen Einwanderer zu einem regelmäßigen Faktor der deutschen Volkswirtschaft, so wird die Illegalität zu einer rechtlichen Fiktion. Hält der Staat an dieser Fiktion fest, ohne wirklich etwas zur Beseitigung der Illegalität zu unternehmen, so unterstützt er die nackte Ausbeutung." (Rittstieg 1974, 73) Eine Position, die der DGB nicht teilte und fortan auch nicht teilen sollte (DGB-Bundesvorstand 1978, 6). Anstatt die illegalisierten Migrantinnen und Migranten als Teil des inländischen Arbeitsmarktes zu begreifen und alle entsprechenden Gesetze zur Gleichstellung für diese zu fordern bzw. anzuwenden, unterstützte der DGB eine Anti-Legalisierungshaltung: die Tausende von Migrantinnen und Migranten galten dem Gewerkschaftsbund als „Leiharbeiter" oder eben Gastarbeiter aus dem Süden. Was die Migration betraf, zeigten sich die Gewerkschaften folglich nicht in der Lage, die soziale Transformation der Krise des Fordismus aufzugreifen und die Neuzusammensetzung der Arbeiterklasse zu einem offensiven Teil ihrer Politik zu machen, sondern untermauerten noch die Spaltungen, die durch ihre Politiken während der wilden Streikbewegungen der 1967/68er und der 1973er Jahre verstärkt worden waren und auf die ich im folgenden Kapitel Bezug nehme.

In einem Positionspapier zur Ausländerpolitik erklärte der DGB-Bundesvorstand 1978: „Nach dem Verständnis des DGB ist die Bundesrepublik Deutschland kein Einwanderungsland" und formulierte paradox: „Aus der Tatsache, daß zeitweise bis zu 2,6 Mill. Ausländische Arbeitnehmer und etwa 2 Mill. Familienangehörige in der Bundesrepublik gelebt und gearbeitet haben", ergäbe sich noch keine Einwanderungssituation, denn „[w]äre sie es, müßte eine völlig andere Politik gemacht werden." (DGB-Bundesvorstand 1978, 2) Im gleichen Papier drang der DGB auf das so genannte Inländerprimat, den Vorrang Deutscher bei der Besetzung von Stellen.

Entsprechend unterstützten Gewerkschaften auch Tätigkeiten von Migrantenorganisationen nicht, wenn diese Forderungen nach Legalisierung vertraten. So sagte der DGB seine Beteiligung in einem Fall mit der Begründung ab, dass ein Teil der eingeladenen Organisationen kommunistische seien. So geschehen, als Ende Februar 1977 mehr als einhundert türkische Arbeitervereine den Dachverband „Türkischer Arbeiterkongreß" in Düsseldorf gründeten. Die mehr als 500 Delegierten forderten unter anderem das Recht jedes einzelnen Ausländers, die Dauer seiner Tätigkeit und seines Aufenthalts in der Bundesrepublik selbst zu bestimmen. Außerdem: Soziale Sicherheit, legale Aufenthaltserlaubnis für „illegal angeworbene ausländische Arbeiter", ungehinderte politische und gewerkschaftliche Betätigung.[48] (Vgl.

48 In einer Erklärung hieß es: „Der DGB beteiligt sich nicht an Aktionen außergewerkschaftlicher oder nicht legitimierter Gruppierungen, aus diesem Grunde werden wir an ihrer Veranstaltung nicht teilnehmen." (zitiert nach Özcan 1989, 237)

Express 1977, Nr. 3 und zum Hintergrund der Veranstaltung Özcan 1989, 236f.; auch DGB-Bundesvorstand 1978, 4.)

Bleiberecht: Legalisierung II

Für seine Studie *Illegale Beschäftigung und Ausländerpolitik* hat Uçar Fallgeschichten und Veröffentlichungen in der Presse zusammengetragen und die rechtliche Situation der „illegalen ausländischen Arbeiter" dargestellt. Er vergleicht sie mit der der Sklaverei (vgl. ebenso Katsoulis 1984, 33ff.). Seine Rede überschneidet sich diskursiv mit der von Gewerkschaften, staatlichen Apparaten, aber auch der Migranten selbst. Eine Rede, die als Effekt gerade aufgrund der unterschiedlichen Intentionen, die ihre Sprecher damit verbanden, die Migrantinnen und Migranten zum einen als passive Opfer von Schleppern und Unternehmen erscheinen lässt, zum anderen hilft, die Migrationsbewegungen insgesamt in ein kriminelles Milieu zu rücken. Im Fall der „Wir sind keine Sklaven"-Demonstration und bei Uçars Schilderungen muss dies allerdings im Zusammenhang mit den Forderungen nach Legalisierungen gesehen werden. Uçar zielt auf eine Verbesserung der Verhältnisse für die Papierlosen im besonderen und die Migrantinnen und Migranten im allgemeinen: Keine Kopplung von Aufenthalts- und Arbeitserlaubnis[49]; Recht auf Familienzusammenführung; Aufhebung der Stichtagsregelung, der Wartezeiten, mit denen eine legale Beschäftigung der Ehegatten und Kinder temporär verhindert wird; Aufhebung des Nachweises angemessenen Wohnraums; Legalisierung aller ausländischer Arbeiter, die sich faktisch in einem Arbeitsverhältnis befinden; Möglichkeiten, ihre Ansprüche rechtlich gegenüber Arbeitgebern, Schleppern usw. geltend zu machen; rückwirkende Zahlung von Leistungen der Sozialversicherung seitens der Arbeitgeber; ein Ende der diskriminierenden Praktiken in Behörden.

In diesem Sinne verweisen Uçars Ausführungen auf den Umstand, dass die staatlichen Dispositionsansprüche, die sich im Einwanderungs- und Ausländerrecht ausdrücken, Übergänge und Hierarchien in den rechtlichen Aggregatzuständen der Migrantinnen und Migranten schaffen. Denn insgesamt sei, so Uçar, die Situation der ausländischen Arbeiter im Vergleich zur deutschen Bevölkerung von schlechteren Wohn- und Lebensverhältnissen geprägt, sie seien mit Mietwucher konfrontiert, ihre politischen und sozialen Rechte seien erheblich eingeschränkt

49 Diese beiden Regelungsinstrumente werden von Dohse als „Dispositionsvorbehalt über ausländische Arbeiter" bezeichnet und in ihrem Verhältnis genauer untersucht (vgl. Dohse 1985, 231 ff.).

und ihre Kinder hätten geringe Bildungschancen. „Die Situation der illegal Beschäftigten ist noch schlimmer, sie sind völlig rechtlos. So können sie keine Rechtsansprüche gegen ihre 'Schlepper' oder Arbeitgeber erheben. Sie lassen sich leicht disziplinieren, da sie in ständiger Angst vor Entdeckung und Ausweisung leben. Unmenschliche Arbeitsbedingungen. Etwa 1/5 oder 1/6 vom regulären Lohn, unhygienische Wohnverhältnisse, keine Sozialversicherung und ständige Angst vor Behörden sind spezielle Merkmale der illegal Beschäftigten." (Ebd., 11)

Illegalisierung kann viele Gründe haben und kann durchweg alle Migrantinnen und Migranten mit dem rechtlichen Status als Ausländer betreffen: ob es sich um die Entscheidung von Migrantinnen und Migranten handelt, als Effekt rechtlicher Regelungen oder unterhalb dieser durch behördliche Praxis. So kann es sich um die mögliche Konsequenz einer Ablehnung von Asylbewerbern handeln, die sich entscheiden, in der Bundesrepublik zu bleiben oder die in illegale Beschäftigungsverhältnisse aufgrund des Arbeitsverbots in der Zeit des Asylverfahrens gedrängt werden. Auch selbst wenn aufgrund von formalen Bestimmungen ein Rechtsanspruch nach einer gewissen Aufenthaltsdauer besteht, muss dies mit der tatsächlichen Behördenpraxis abgeglichen werden. Für das Jahr 1981 nennt Uçar Zahlen: „Obwohl Dreiviertel aller Ausländer länger als vier Jahre und weit über die Hälfte länger als acht Jahre in der BRD sind, erhalten bis heute nach Regierungsangaben nur ca. 40% der berechtigten Nicht-EG-Ausländer eine unbefristete Aufenthaltserlaubnis bzw. Aufenthaltsberechtigung. Das heißt, daß der Mehrheit der Ausländer verweigert wird, die unbefristete Aufenthaltserlaubnis zu erhalten, obwohl gemäß dem Ausländergesetz nach einem fünfjährigen legalen Aufenthalt die unbefristete Aufenthaltserlaubnis erteilt werden kann." (Ebd., 21)

Gerade solche Veränderungen der rechtlichen Situation im Verlauf des Aufenthalts haben aber eine Reihe von Praktiken des Widerstands und Forderungen nach Bleiberecht im Verlauf der 1970er Jahre provoziert.

Ende Juli 1975 traten 20 türkische Migrantinnen und Migranten in Berlin in Untersuchungshaft in den Hungerstreik, 15 weitere ihrer türkischen Kolleginnen und Kollegen solidarisierten sich in einem Gemeindehaus und schlossen sich dem Hungerstreik an. Ihr Ziel war, die Abschiebung von Kolleginnen zu verhindern, die mit ihnen in den Streik getreten waren. Die Munitionsfabrik Dynamit Nobel hatte im Mai die Entlassung von 18 Beschäftigten mit der Zustimmung des Betriebsrats, aber an der türkischen Betriebsrätin vorbei, beschlossen. Eine Woche später traten zunächst 40 türkische Migrantinnen und Migranten in Streik; bis zum Abend wuchs die Zahl der Streikenden auf 130. Am nächsten Tag bröckelte der Streik zwar bereits, aber eine Gruppe von 36 Leuten beschloss einen Sitzstreik, der daraufhin von der Polizei mit Hunden und Schlagstockeinsatz brutal beendet wurde. 30 Leute wurden festgenommen: 3 Deutsche unter ihnen wurden gleich darauf aus der Haft entlassen, 20 türkische Arbeiterinnen und Arbeiter in Untersuchungshaft genommen, 7 in Abschiebehaft. Zur Hungerstreikaktion entschlossen sie sich, nachdem eine Demonstration von 500 Personen zur Freilassung der Migrantinnen und Migranten keine Wirkung gezeigt hatte und nachdem es im Betrieb zu einem weiteren Polizeieinsatz gekommen war. Der Hungerstreik richtete sich auch gegen die Hetze seitens der Presse und das Vorgehen der Unternehmensleitung gegenüber den türkischen Arbeitern und Arbeiterinnen (vgl. Arbeiterkampf, Nr.64 vom Juli 1975).

Die zwischen 1975 und 1977 erlassene Zuzugssperre für bestimmte Ballungsgebiete und Stadtteile führte häufig zu einem irregulären Aufenthalt. Denn die in dieser Zeit hinzuziehenden Familienmitglieder erhielten keine Möglichkeit, zu ihren im Sperrbezirk wohnenden Familien zu ziehen, konnten also nur in einem anderen Stadtviertel wohnen oder die ganze Familie musste in ein solches umziehen. Die Bedingung für die Verlängerung der Aufenthaltserlaubnis erlaubte nur den Umzug innerhalb eines Sperrgebietes. Das Ausländerkomitee Berlin (West), ein Verein, „in dem sich ausländische und deutsche Gruppen und Einzelpersonen zusammengeschlossen haben, um die rechtliche und soziale Lage der ausländischen Arbeiter, Studenten und ihre Familienangehörigen öffentlich zu machen, Mißstände anzuprangern und sich dafür einzusetzen, daß diese beseitigt werden“[50] schrieb dazu: „Die Zuzugssperre hat nicht die Ausländer vertrieben, wohl aber die Anwesenheit vieler Ausländer in den betroffenen Bezirken illegalisiert. In der aufgezwungenen Alternative, keine Wohnung zu finden oder unangemeldet bei der Familie, bei Freunden oder durch eine Scheinwohnung unterzukommen, entscheiden sich die meisten Menschen für den zweiten Weg. Wer wollte es den Ausländern verdenken? Die Zuzugssperre hat ihnen damit aber noch zusätzliche Schwierigkeiten mit den Behörden aufgehalst; die Unangemeldeten leben in den Bezirken mit der ständigen Drohung, ausgewiesen zu werden.“ (Vgl. Ausländerkomitee Berlin (W) e.V. 1978, 13) Die in der Öffentlichkeit bis heute häufig vorgenommene

---

50 Aus einem Flugblatt des Ausländerkomitees, das einen Brandanschlag auf den Laden des Ausländerkomitees in der Nacht vom 20. auf den 21. März o.J. (vermutlich 1978/79) zum Anlass hatte. In dem Flugblatt wird vermutet, dass der Anschlag von „deutschen und ausländischen rassistisch-faschistischen Gruppen“ verübt wurde. Dem Berliner Senat werden die diskriminierenden Maßnahmen gegen Ausländer (Zuzugssperre, Verweigerung der Arbeitserlaubnis für ausländische Jugendliche) vorgeworfen, die Ressentiments in der deutschen Bevölkerung nachgeben und zur feindseligen Stimmung zwischen Deutschen und Ausländern beitragen würden.

diskursive Verkopplung von Illegalität und Kriminalität, darauf weist Uçar hin, hat vor allem mit der Entrechtung der Migrantinnen und Migranten zu tun.[51]

In einer besonderen Situation befanden sich auch die migrantischen Jugendlichen. Bis zu ihrem 16. Lebensjahr brauchten sie keine Aufenthaltserlaubnis. Viele ausländische Eltern wussten nicht um den Umstand, dass danach eine Erlaubnis zu beantragen war, sodass die Jugendlichen durch verspätete Bemühungen häufig von Ausweisung bedroht waren. Auch wurde die Aufenthaltserlaubnis von den Ausländerbehörden, gegen den Rechtsanspruch, manchmal nur für Monate befristet erteilt. Im Jahr 1979 wandten sich 150 türkische Jugendliche aufgrund der diskriminierenden Praxis an den Berliner Senator des Inneren und forderten eine einheitliche Aufenthaltserlaubnis bzw. -berechtigung für alle Familienmitglieder, ihre kostenlose Erteilung sowie das Ende der Schikanen der Ausländerbehörde. Außerdem wiesen sie auf die Schwierigkeit hin, eine Arbeitstelle mit einem prekären Aufenthaltsstatus zu erhalten und auf die daraus folgenden Effekte der Arbeitslosigkeit für jugendliche Ausländer. Sie forderten die für Ausländer existierenden Diskriminierungen auf dem Wohnungsmarkt, nämlich den Nachweis auf angemessenen Wohnraum, abzuschaffen. (Vgl. Uçar 1983, 50 f.)

Koreanische Frauengruppe: „Wir sind Menschen, keine Waren!"

Etwa zur gleichen Zeit konnte eine Gruppe koreanischer Krankenschwestern Erfolg in ihrem Bleiberechtskampf erzielen. Seit den 1960er Jahren kamen Migrantinnen und Migranten aus Korea – häufig auf private, aber auch auf kirchliche Vermittlung hin, in die Bundesrepublik, was im Fall der Frauen durch das so genannte „Korea-Programm" 1971 systematisch verstärkt wurde. Die Abwehrlinie gegenüber der Migration aus asiatischen Ländern besaß insofern eine Geschlechter-Komponente, nach der die Ausländerreferenten von Bund und Ländern argumentierten: „(...) der Hereinnahme weiblicher Arbeitnehmer kommt auch unter ausländerrechtlichen Gesichtspunkten nicht die Bedeutung bei, wie der Anwesenheit männlicher Arbeitnehmer" (zitiert nach Schönwälder 2001, 271). Beim „Korea-Programm" handelte es sich um die Anwerbung von Krankenschwestern, die auf eine Vereinbarung der Deutschen Krankenhausgesellschaft mit der Korea Overseas Development Corporation zurückging. Bei dem

51 Eine literarische Verarbeitung der illegalisierten Einreise, des Aufenthalts und der sozialen Netzwerke der Migrantinnen und Migranten, die sie zu realisieren helfen, findet sich bei Antov (1982).

Deal handelte es sich um eine Ausbildung für den Export: Die südkoreanischen Frauen sollten als Krankenschwestern in gesonderten Schulen speziell für den Dienst in deutschen Krankenhäusern ausgebildet werden.

Die koreanischen Frauen trafen sich 1976 bei einem selbstorganisierten Seminar über feministische Themen und die Diskussion ihrer Lage in der Migration und in Südkorea zum Anlass des Internationalen Jahres der Frau (vgl. Allinger/Kim-Morris 1993, 75). Als im Jahr 1977 verschiedene Bundesländer sich weigerten, zum Teil gegen den expliziten Wunsch der Arbeitgeber, die Aufenthaltsgenehmigungen, die bislang problemlos verlängert worden waren, zu erneuern, begannen sich die Migrantinnen für ein Bleiberecht zu organisieren. In einer von ihnen herausgegebenen Dokumentation ist dieser Prozess festgehalten worden. Sie schildern darin auch die rechtlichen Arbeitsbedingungen, mit denen sie sich von Anfang an in der Bundesrepublik konfrontiert sahen. Neben den Sprachschwierigkeiten, die sie von ihren Kolleginnen distanzierten, gängelten viele Arbeitgeber sie aufgrund ihrer Unwissenheit: „die ihnen zustehende Bezahlung [wurde] nicht gewährt, Feiertagszuschläge verweigert, ihnen mit Entlassung aus völlig nichtigen Gründen gedroht, ihnen verboten, bei Krankheit das Haus zu verlassen oder gesagt, sie müßten nach Ablauf ihres Arbeitsvertrages automatisch nach Korea zurückkehren" (Koreanische Frauengruppe o. J., 7). Viele wurden dadurch und durch die für sie ungewisse Zukunft schwer entmutigt und ließen sich 1977 abschieben. (Vgl. auch Huth/Miksch 1981, 35ff.)

Andere wollten diese Zumutung nicht hinnehmen. Sie schrieben in einem Papier Anfang 1978: „Wir sind geholt worden, als man uns brauchte, wir haben unser Bestes hier getan, man kann uns jetzt nicht einfach davonjagen. Wir sind Menschen, keine Waren!! Hinter jeder Ablehnung einer Arbeits- und Aufenthaltserlaubnis, die in den Behörden scheinbar korrekt und rechtens verfügt wird, steht ein menschliches Schicksal. Wir halten es für wichtig, dies zu betonen: Hier wird über Menschen entschieden!" Sie recherchierten die Arbeitsmarktlage, wiesen nach, dass weiterhin Krankenschwestern gebraucht würden, verweigerten Teil der Politik von Einsparungen und Verschlechterungen im Gesundheitssystem zu sein und forderten unbefristete Arbeits- und Aufenthaltsgenehmigungen und das Recht, „den Zeitpunkt unserer Rückkehr selbst zu bestimmen" (Koreanische Frauengruppe o. J., 13). In ihrer Dokumentation sind die folgenden Auseinandersetzungen zusammengetragen, Briefe von Ausländerbehörden und die Korrespondenz mit Ministerien, Arbeitgebern, Interessensverbänden und Unterstützerinnen abgedruckt. Die koreanischen Frauen organisierten Seminare mit Vertretern der Regierung, Kirchen, Arbeitsämter und Presse, setzten die Behörden durch Schreiben unter Druck, wiessen deren Vorschlägen, einen deutschen

Mann zu heiraten, um den Aufenthalt zu sichern, zurück und erreichten zunächst in einzelnen Fällen die Gewährung des Anspruchs auf Arbeitslosengeld sowie die Verhinderung der Abschiebung und die Verlängerung von Aufenthaltserlaubnissen. Sie machten auf die nicht hinnehmbare Kopplung von Arbeits- und Aufenthaltserlaubnis aufmerksam, die sie in einen behördlichen Teufelskreis führte und durch die sie oftmals um das ihnen zustehende Arbeitslosengeld geprellt werden sollten, und betonten, dass sie gar nicht erst in die bundesweite Arbeitsvermittlung aufgenommen wurden. Sie thematisierten die Diskriminierung am Arbeitsplatz, die schwierige Anerkennung von Ausbildungsnachweisen für diejenigen, die vor dem Korea-Programm in die Bundesrepublik gekommen waren und die fehlende Unterstützung seitens der südkoreanischen staatlichen Vertretungen. Es folgten eine Reihe von Solidarisierungen anderer migrantischer Gruppen, von Ärzten und Kliniken. Ihre Situation fand Eingang in die ARD-Fernsehsendung „Monitor", worauf sich eine Reihe von Jobangeboten ergaben. Die Migrantinnen wandten sich auf diese Weise an die Öffentlichkeit und sammelten binnen kurzer Zeit 10.000 Unterschriften für ihre Forderung. Schließlich erreichten sie, dass die SPD/FDP-Regierung die Innenminister der Länder bat, von Abschiebungen von Krankenschwestern aus Korea abzusehen. Dabei handelte es sich im Jahr 1978 um ca. 5.600 Frauen. Vom Erfolg bestärkt gründeten die Migrantinnen im September 1978 die bis heute existierende Koreanische Frauengruppe, in der sich bundesweit die regionalen Gruppen zusammenschlossen. Ihre spätere Arbeit bestand darin, Podiumsdiskussionen, Fotoausstellungen u.ä. zu veranstalten, politische Theorien zu diskutieren und sich mit der Lage von Arbeiterinnen in Deutschland und in Südkorea zu beschäftigen. 1986 sorgte die Gruppe für eine breite Solidaritätskampagne mit den streikenden Textilarbeiterinnen in Iri, Südkorea, die bei einer dem Adler-Konzern gehörenden Firma beschäftigt waren und trugen dazu bei, dass deren Forderungen schließlich erfüllt wurden (vgl. Allinger/Kim-Morris 1993, 77; Berner/Choi/Koreanische Frauengruppe 2006).

Unter dem Slogan „Bis heute haben wir geschwiegen" folgte der Koreanischen Frauengruppe in ihrem Bleiberechtskampf im Jahr 1979 eine Aktion von 800 koreanischen Bergarbeitern, die sich gegen ihre drohende Ausweisung richtete. In einem Dossier, das die Unterschriftenaktion für ihre Rechte erläuterte, schildern sie die Umstände ihrer Anwerbung, ihre tatsächliche Ausbildungssituation, die katastrophalen Wohnbedingungen, die Folgen der Arbeit für ihre Gesundheit und forderten: Eine Aufhebung der 3-Jahres-Beschränkung und aller anderen Diskriminierungen in den Arbeitsverträgen, d.h. gleiche soziale und arbeitsrechtliche Behandlung wie bei allen Bergarbeitern, eine angemessene Abfindung bei schwerer Krankheit oder Invalidität, eine Garantie der Beschäftigung in der

Bundesrepublik und gleiche Behandlung bei ausländerrechtlichen Regelungen mit anderen Nicht-EG-Ausländern (aus der Türkei, Jugoslawien etc.). (Vgl. auch taz vom 15.2.1980)

Autonomie der Migration

Die historischen Spuren der Illegalisierung, die Praktiken der Einwanderung und die Kämpfe um Legalisierung und Bleiberecht aufzufinden und nachzuzeichnen, sollte dazu dienen, die theoretische Annahme einer Autonomie der Migration zu überprüfen. Dieser Annahme folgend drückt sich in der Migration eine soziale und subjektive Dimension aus, die eine Autonomie gegenüber staatlichen Migrationspolitiken entfaltet (vgl. Moulier Boutang 1993). Auf den ersten Blick lässt das von mir dargestellte Material eher auf heteronome als auf autonome Verhältnisse schließen. Offensichtliche Indizien dafür sind etwa, dass staatliche Regularien wie etwa die Familienzusammenführung immer restriktiver gehandhabt wurden, der Anwerbestopp erlassen wurde, der DGB im Verlauf der 1970er Jahre eine Anti-Legalisierungshaltung etablierte, es zu behördlicher Diskriminierung selbst noch dort kam, wo Migrantinnen und Migranten im Recht waren, Abschiebungen durchgeführt und Zuzugsperren erlassen wurden, Unternehmer und Schlepper an Migranten ohne Papiere kräftig verdienten. Auch wenn das gesamte Set an staatlichen Maßnahmen die Abschottung der Grenzen verdichtete, Migrantinnen und Migranten zur „Rückkehr" anhielt, mithin nötigte und sie scheinbar auf Objekte dieser Prozesse reduzierte, findet und fand die Autonomie der Migration ihren Ausdruck in den Praktiken und Kämpfen, durch die die Migranten den Verhältnissen trotzten, diese mitunter in ihre Taktiken einbezogen, gegen und durch diese Verhältnisse hindurch soziale Netzwerke in der Migration etablierten. Diese Netzwerke halfen, Reisen und Wege möglich zu machen, Unterkunft und Arbeit zu finden, durch sie ließen sich Papiere besorgen oder es konnte herausgefunden werden, welche überhaupt nötig sind. In diesen Netzwerken reicherte sich über die Jahre ein Wissen über die Möglichkeiten und Bedingungen der Migration an, ein Wissen, das in den sich stetig herausbildenden transnationalen Räumen weitergereicht wurde.

Illegale Migration war und blieb aufgrund der nationalstaatlich organisierten Struktur von Gesellschaften ein fester Bestandteil jeder Migration, auch wenn sie unterschiedliche Ausformungen fand und unterschiedlichen migrationspolitischen, sozialen und ökonomischen Bedingungen unterlag. „Illegalität", so lässt sich zunächst konstatieren, ist ein Produkt von Einwanderungsgesetzen. Einmal schlicht dadurch, dass Einwanderungspraktiken jenseits des vorgegebenen Gesetzesrahmens geschehen. Dazu gehört auch, dass die Gesetze unterschiedliche Kategorien von Ausländern erst konstruieren, differenzieren und hierarchisieren und damit ein System von Bevölkerungsgruppen etablieren, die unterschiedliche staatliche Maßnahmen erfahren: So kommt es, dass es bis heute Displaced Persons, Gastarbeiter, Saisonarbeiter, „Familienangehörige", (anerkannte) Asylbewerber, Aussiedler, Touristen, IT-Fachkräfte mit Green Card, Studierende und EU-Binnenmigranten gab und gibt, wobei die Kategorien weniger über die Migrantinnen und Migranten aussagen als über ein jahrzehntelang bestehendes Migrationsregime. Zu diesem Repertoire gehört auch die Kategorie der „Illegalen". Illegalität ist ein Rechtszustand, der erst Monate oder Jahre nach der Einreise eintreten kann, wenn Migranten und Migrantinnen nämlich ihren Status als Tourist oder Student verlieren oder die Aufenthaltserlaubnis nicht verlängert wird, sie sich aber dazu entschließen, im Land zu bleiben. Umgekehrt hat es, wie ich gezeigt habe, verschiedene Formen gegeben eine nachträgliche Legalisierung zu erwirken. In diesen Fällen ist nicht nur abstrakt oder negativ davon zu sprechen, dass der Illegale jenseits des Gesetzes steht, es geht vielmehr um einen aktiven Vorgang, den William Walters treffend als „legale Produktion von migrantischer Illegalität" bezeichnet hat (Walters 2005).

Die Zuwanderungspraxis eröffnet selbst ein widersprüchliches Feld von Konfliktlinien, ein Kampffeld, auf dem Kompromisse ausgehandelt werden. Zwei Bewegungen können grob unterschieden werden, die hier zusammen kommen: Auf der einen Seite die Interessen der Unternehmen, Arbeitskräfte anzuwerben, auf der anderen Seite die Autonomie der Migration. Die staatliche Politik unterstützte durch Anwerbung die Interessen der Unternehmen, die ohne die Organisation des Staates niemals so viele Arbeitskräfte hätten anwerben können. Über die Ausarbeitung eines Gastarbeitersystems wird ein sozialer Kompromiss möglich, dessen Ziel es ist, die autonomen Migrationsbewegungen unter staatliche Kontrolle zu stellen und den Arbeitsmarkt zu regulieren. Wie sich an meiner historischen Untersuchung zeigen lässt, sind im Laufe der Zeit die unterschiedlichsten Akteure und Faktoren an dieser Kompromissbildung beteiligt: Gewerkschaften, Unternehmen, staatliche Apparate der Bundesrepublik und der Herkunftsländer, Wohlfahrtsverbände und Kirchen, politische Parteien und Gruppen, Schlepper und schließlich die Migrantinnen und Migranten selbst, die Netzwerke, Gruppen und Organisationen in der Migration ausbilden. Der Kompromiss liegt in der staatlichen Vermittlung. Die historisch variierenden Möglichkeiten und Einschränkungen der Einreise, die sich verschiebenden Rechtslagen und die sich verändernden Restriktionen des Aufenthalts zeigen, wie die Widersprüche des Migrationsregimes bis in die Staatsapparate selbst hineinreichen. Je nach

Konstellation ergibt sich eine widersprüchliche Situation. Migrantinnen und Migranten ohne Papiere können im Laufe ihres Aufenthalts den Wunsch nach Legalisierung, vollem Lohn etc. ausbilden. Ein historisch jeweils unterschiedlich gelagerter Kompromiss existiert nicht vorher oder immer schon, sondern kann erzielt werden, wenn etwa Kämpfe für Legalisierungen oder Bleiberecht sich durchsetzen. Ein Kompromiss liegt etwa auch in staatlichen Legalisierungen vor, wie sie von manchen europäischen Staaten betrieben werden und in denen Auflagen formuliert werden, wie der Nachweis eines Arbeitsplatzes, „ausreichender" Wohnraum etc. In anderen Fällen ist es gerade der Zwang zur Illegalität, den Migrantinnen und Migranten zu nutzen verstehen, wenn sie einen Arbeitsplatz finden, weil sie ihre Arbeitskraft aufgrund ihres prekären Aufenthalts billiger verkaufen müssen. Darin wie in den Einreisepraktiken insgesamt verbinden sich Kapitalinteressen mit dem, was ich Autonomie der Migration nenne.

Autonomie entsteht in sozialen Auseinandersetzungen, in denen neue Formen von Kooperation und Kommunikation, neue Formen des Lebens konstituiert werden. An der Beharrlichkeit der Migrationsbewegungen, dem Drang zur Mobilität auf der Basis von sozialen Netzwerken knüpft das Konzept der Autonomie der Migration an. Im Prozess der Migration entziehen sich Migrantinnen und Migranten bestehenden Formen der Vergesellschaftung. Allerdings liegt eine Dialektik in jedem Aspekt der Autonomie der Migration. So ist etwa die Mobilität die Quelle der Ausbeutung, insofern Kapitalismus auf der Mobilität von Arbeitskräften beruht, zugleich ist Mobilität die Quelle der Flucht aus Verhältnissen von Ausbeutung und Unterdrückung. Migration ist weder frei von bestehenden Formen der Vergesellschaft, noch lässt sie sich vollkommen kanalisiert denken – sie beruht auf einem Kalkül, wie Jost Müller zutreffend schreibt. Die Prozesse der Migration installieren neue Formen der Vergesellschaftung. Sie können zu bestimmten Haushaltsstrukturen, politischen Organisationen und ökonomischen Produktionsweisen führen, die von der Subsistenzproduktion bis zum kapitalistischen Betrieb reichen. Die sozialen Netzwerke können verregelte Communitys mit festen Identitätsmustern ausbilden. „Das alles geschieht in Institutionen, deren doppelte Funktion darin besteht, die Selbstverteidigung gegen Diskriminierung, Depravierung und Rassismus zu organisieren, zugleich aber die Garantie für ein vermeintlich besseres Leben zu übernehmen. Institutionen folglich, die die Autonomie behaupten, um sie letztlich zu zerstören." (Müller 2002b, 5)

Bezogen auf die Migrationsbewegungen selbst erlaubt die theoretische Annahme der Autonomie der Migration, Migration und ihr Double, die staatlichen Kontrollversuche in einer historischen Perspektive zu analysieren. Seit

Beginn der Anwerbeverträge lassen sich verschiedene Bewegungszyklen bis heute verzeichnen, die sich zum Teil überschneiden und in denen die Migration neu zusammengesetzt ist. 1. Die selbstorganisierte Migration, die durch die bilateralen Anwerbeverträge unter Kontrolle gebracht werden sollte. Dieser Bewegungszyklus endet mit dem Anwerbestopp von 1973. Der Anwerbestopp kann auch als Kapitulation gedeutet werden, die Migrationsbewegungen unter Kontrolle zu halten. Der Versuch bestand nun darin, sie zu unterbinden, statt sie zu regulieren. 2. Migration organisiert sich von nun an hauptsächlich durch Familienzusammenführung, und seit den späten 1970er, frühen 1980er Jahren über das Asylrecht. Die Migration über Asylanträge setzt sich neu zusammen, sie erweitert auch, neben dem großen Anteil von Asylanträgen türkischer Staatsbürger nach dem Putsch in der Türkei, deren Wahl für Deutschland sicherlich mit der zuvor geschehen Arbeitsmigration und darum vorhandenen Netzwerken zu tun hat, die Einwanderung aus anderen Staaten als den bisherigen „Anwerbestaaten". Dieser Zyklus endet mit der faktischen Abschaffung des Grundrechts auf Asyl 1993. 3. Migration findet von nun an vor allem unter den Bedingungen der Illegalisierung und weiterhin der Familienzusammenführung statt. Diesen Zyklus versuchen die staatlichen Apparate nun durch ein Zuwanderungsgesetz, das mit dem 1. Januar 2005 in Kraft getreten ist, zu beenden. Es handelt sich um einen neuen Versuch, Migration neu zusammenzusetzen und in kontrollierte Bahnen zu lenken.[52]

Die Bewegungszyklen und die Autonomie der „windigen Internationale" konstituierte sich erst durch ihre grenzenlosen Praktiken und in ihren Kämpfen. Wie sie sich in und durch die Arbeitskämpfe und die Kämpfe des Alltags fortsetzten, möchte ich in den nächsten beiden Kapiteln untersuchen.

4.3. Und es bildet sich die multinationale Arbeiterklasse …

Die verschiedenen Grade von Bürgerschaft, geprägt durch Einwanderungspolitiken und Ausländergesetze, beeinflussen auch differenzierte Formen von Ausbeutung. Sie sind korrespondierende Momente einer je bestimmten Klassenzusammensetzung. Den Begriff der Klassenzusammensetzung entlehne ich der operaistischen Theorie. Ein Begriff, der gegenüber dem verallgemeinernden Begriff der „Arbeiterklasse" den Vorteil hat, Unterschiede einzuführen, d.h. auch die Fragmentierung der Klassen kenntlich zu machen und damit komplexere

52 In der migrationssoziologischen Literatur wird dies als Übergang von der restriktiven zu einer „aktiven" Migrationspolitik verstanden (vgl. Münz 2001, 174).

Analysen zu ermöglichen. Im operaistischen Marxismus ist die technische Zusammensetzung der Klasse das Moment der Klasse, auf den das Kapital den Akkumulationsprozess zu stützen versucht, während die politische Zusammensetzung der Klasse den materiell bestimmten Charakter ihres Antagonismus definiert. Die Verbindung von objektiven Faktoren, d.h. materiellen Ausbeutungsbedingungen und subjektiven Faktoren, d.h. politischem Verhalten macht die vorantreibende Kraft in den sozialen Kämpfen aus. Die Klassenzusammensetzung muss für das Nachkriegsdeutschland auch im Kontext der Dynamiken der angeworbenen sowie der selbstorganisierten Migration bestimmt werden. Die meisten der seit den 1950er Jahren in die Bundesrepublik gekommenen Migrantinnen und Migranten gehörten zum neuen Typ des Arbeiters: dem Massenarbeiter. Vereinfacht lässt sich sagen, dass mit dem Begriff des Massenarbeiters eine besondere Figur bezeichnet ist. Es geht in der operaistischen Theorie nicht um *den* Arbeiter, sondern um die Rekonstruktion der Aufeinanderfolge von Arbeiterfiguren in der Geschichte des Kapitalverhältnisses (Facharbeiter – Massenarbeiter – gesellschaftlicher Arbeiter), die zugleich zur Bestimmung der Kampfzyklen dienen. Damit ist eine spezifische Abstraktion vorgenommen, die die historische Konjunktur und die in ihr existierende dominante Produktionsform im Kapitalismus zu definieren hilft. Im Fall des Massenarbeiters geht es um ein Segment der Arbeitskraft, das im besonderen Maße durch die Beziehung zur kapitalistischen Technologie, also zum Fließband bestimmt ist, und andererseits durch die damit verbundenen politischen Vorstellungen und Haltungen: Forderung nach Lohn als Einkommen, Verweigerung der Arbeit, Absentismus, Sabotage. Die Kämpfe richten sich also gegen die Arbeit – der Massenarbeiter stellt in ihnen seine eigene Existenz in Frage.

Migration spielt für die Analyse dieser Figur eine Rolle. Das gilt auch für den italienischen Operaismus, weil ein bedeutender Teil des Massenarbeiters, viele von ihnen in der Autoindustrie Norditaliens beschäftigt, aus dem Süden des Landes kam. Die Figur des Massenarbeiters, wie sie in der operaistischen Theorie entwickelt wurde, berücksichtigt also zunächst nicht die Migration über Nationalstaatsgrenzen hinweg und den gegebenenfalls unterschiedlichen bürgerrechtlichen Status. Die Neuzusammensetzung der Klasse, so habe ich bereits in vorhergehenden Kapiteln argumentiert, bestimmt sich nicht nur durch die kontinuierliche Reorganisation der Arbeitsprozesse, sondern auch durch die Migration unter Bedingungen des „national-sozialen" Staats. In Deutschland reagierte auf diese veränderte Situation etwa die Gruppe Arbeitersache, auf deren Zusammenarbeit mit Lotta Continua ich in diesem Kapitel zu sprechen kommen möchte, mit dem Konzept der „multinationalen Betriebsarbeit". Der Begriff der Arbeiterautonomie wird in Deutschland den Kämpfen in Frankreich und Italien entnommen, im Wissen, dass eine Übertragbarkeit dieser historischen Form nicht ohne Weiteres gewährleistet ist. Die Autonomie verstand sich nicht so sehr als Alternative, die Abkehr und Loslösung von „revisionistischen Parteien" und Gewerkschaften versprach, die in Deutschland so gar nicht existierten, vielmehr hielt man die Kampfformen in Italien und Frankreich für richtungsweisend, da die Arbeiter hier wie dort unter den gleichen Bedingungen lebten. (Vgl. Gruppe Arbeitersache 1973a, 81 ff.)

Was aber bedeutet die multinationale Betriebsarbeit? Geht sie von einer Vereinheitlichung der Lagen aller Arbeiter im Produktionsprozess aus? Verbindet sie die „Massenarbeiter aller Länder" in einem Land? Was bedeutet der Rassismus für das Konzept Massenarbeiter? Um diese Fragen zu klären, werde ich in der Analyse der Kämpfe das Verhältnis von Arbeit, Migration und Rassismus zu bestimmen versuchen.

In einer ersten Annäherung ließe sich sagen, dass der Massenarbeiter zweierlei ist: im Produktionsprozess als Arbeiter gleich, außerhalb dessen aber einmal als Deutscher, einmal als Migrant unterschiedlichen Bedingungen unterworfen. Demnach wären Fabrik und Alltag, Produktion und Reproduktion getrennte Bereiche. Die Kritik einer solchen Situation müsste sich dann zunächst auf die Anerkennung dieser unterschiedlichen Ausgangslagen und dann auf ihre Infragestellung richten. Allerdings wären damit noch nicht die herrschaftlichen Bedingungen bekämpft, die diese Ausgangslagen überhaupt erst konstituieren und aufrechterhalten. Eine zweite Bestimmung ist in der historischen Antwort enthalten, wie sie von der Linken auf die Frage nach der besonderen Position migrantischer Arbeitskraft gegeben wurde. Für die Linke waren die Migrantinnen und Migranten, deren kämpferische Aktivität und Entschlossenheit bewundert wurden, die Avantgarde der Arbeitskämpfe und der Figur des Massenarbeiters. Als Indiz dafür galt ihre Stellung im Produktionsprozess: „Anders als in diesen historischen Phasen [in der Weimarer Republik und im Kaiserreich, M.B.] arbeiteten die Ausländer in der Bundesrepublik (...) im Kernbereich der Industrieproduktion und besitzen insofern ein – potentiell schlagkräftiges – Verweigerungspotential, das die gesamte Industrieproduktion der Bundesrepublik lahm legen könnte. Seit Beginn der Ausländerbeschäftigung wurden aus diesem Grund die politischen Aktivitäten ausländischer Arbeiter sowohl durch den Staatsapparat wie auch durch die Arbeitgeber äußerst sorgfältig beobachtet." (Dohse 1985, 226)

Wenn man allerdings annimmt, dass Rassismus sich nicht in dem unterschiedlichen Grad an Bürgerrechten, der zur rassistischen Stigmatisierung beiträgt, und den unterschiedlichen Bedingungen für die Migranten und die Nicht-Migranten erschöpft, stellt sich die Frage, wie er sich in dem Verhältnis von Massenarbeiter und grenzüberschreitender Migration konstituiert. Welchen Einfluss haben rassistische Politiken auf die Klassenzusammensetzung und wie artikulieren sich Rassismen in den Kämpfen der vorwiegend migrantischen Massenarbeiter? Für meine Arbeit möchte ich mich dieser Frage annähern, indem ich zunächst untersuche, wie der Rassismus in den Arbeitskämpfen der Migrantinnen und Migranten zur Sprache kommt, und abschließend, wie sich seine Konjunktur durch die Kämpfe der Migration verändert.

Wilde Streiks

Die Arbeitskämpfe, an denen Migrantinnen und Migranten seit den 1950er Jahren beteiligt waren oder die sie initiiert hatten, sind vielfältig. Einige fanden im Rahmen gewerkschaftlicher Organisierung statt, die meisten aber artikulierten sich in Form so genannter „wilder Streiks", die als autonome Organisierungsformen zu verstehen sind, unabhängig von größeren Organisationen wie Parteien und Gewerkschaften. Die geringe gewerkschaftliche Organisierung der Migrantinnen und Migranten hat zahlreiche Gründe, die sowohl bei den staatlichen Apparaten und Unternehmen als auch bei den Gewerkschaften und der Haltung der Migrantinnen und Migranten selbst liegen. Obwohl die Gewerkschaften für die Anwerbeverträge darauf gedrungen hatten, die Migrantinnen und Migranten nach Tariflohn zu bezahlen, um eine Konkurrenz und Lohndumping zu verhindern, zeigten sie sich vor allem in den Anfängen nicht besonders interessiert daran, die migrierten Arbeitskräfte für die Betriebsauseinandersetzungen zu organisieren.[53] Traditionell an den Facharbeitern orientiert, die größtenteils Deutsche waren, hatten sie politisch weder den neuen Typ des Massenarbeiters noch die besondere Diskriminierung der in der Zusammensetzung dieses neuen Typus stark vertretenen Migrantinnen und Migranten im Sinn. Tatsächlich verhielten die Gewerkschaften sich häufig so, dass sie den Gaststatus und Rückkehrwillen der Migrantinnen und Migranten unterstellten. Unternehmen ihrerseits suchten eine gewerkschaftliche Organisierung der Migranten auf vielfältige Weise, etwa durch Drohung via Dolmetscher im Betrieb, zu unterbinden. Dort, wo sie an einer gewerkschaftlichen Vertretung oder Organisierung Interesse zeigten, äußerten sich Migrantinnen wiederum nicht selten enttäuscht vom fehlenden Engage-

53 Dabei muss differenziert werden: Laut Elsner (1970) entschlossen sich in der ersten Hälfte der 1960er Jahre 20% bis 25% der migrierten Arbeiter zur Mitgliedschaft in den Gewerkschaften. Das sagt allerdings noch nichts über ihr Verhältnis zur Gewerkschaft aus.

ment und von der ausbleibenden Unterstützung für ihre Situation seitens der Gewerkschaften oder von der mangelnden Kampfbereitschaft und Radikalität, die manche von ihnen von kommunistisch orientierten Gewerkschaften ihrer Herkunftsländer kannten. Der politische Repräsentationsanspruch, den die Gewerkschaften für die gesamte Arbeiterklasse beanspruchten, war damit sicherlich in Frage gestellt. Die historische Rolle der Gewerkschaften in ihrem Verhältnis zur Migration ist bis heute in wenigen Arbeiten untersucht worden (vgl. Treichler 1998). Mein Fokus richtet sich auf die autonomen Organisierungsformen der Migrantinnen und Migranten in den Betrieben, um einem in der historischen Migrationsforschung bisher weitgehend unbeachteten Phänomen nachzugehen und der Tatsache der besonderen Inhalte und Formen der Arbeitsauseinandersetzungen im Kontext der Migration Rechnung zu tragen.

„Wilde Streiks" begannen in der Bundesrepublik bereits in den 1950er Jahren und erreichten, was ihre Zahl angeht, ihren Höhepunkt Anfang der 1970er Jahre. Bei diesen Streiks handelte es sich meist um lokal begrenzte Betriebskonflikte, die in der Regel nicht offiziell registriert waren, von denen in der Presse oft nicht Notiz genommen wurde und die von Seiten der Unternehmensleitungen, von Medien, aber auch durch Gewerkschaften nicht selten als kommunistische Infiltrationsversuche diffamiert wurden. In einer neuen Untersuchung zur Geschichte der „wilden Streiks" in der Bundesrepublik hat Peter Birke (2005a, vgl. auch 2007) drei Phasen unterschieden: die Herausbildung einer bestimmten Tradition „wilder Streiks" bis 1969, ihre Transformation in den Septemberstreiks von 1969 und die veränderten Schwerpunkte und Gegenstände, die sich in der Streikwelle bis 1973 artikulierten.

Für die kaum untersuchte Phase bis 1969 schlägt Birke vor, sich von der mangelnden Sichtbarkeit der Arbeitsniederlegungen für die historische Forschung nicht verunsichern zu lassen, auch wenn sie diese erschwert. Es müsse eher davon ausgegangen werden, dass es eine Intention innerhalb sozialer Konflikte sein kann, ihre Unsichtbarkeit zu bewahren, und dass das gerade auch für die wilden Streiks bis 1968 gilt. Ein Grund für das Unsichtbarbleiben dieser Kämpfe ist sicherlich in der Konfrontation zu suchen, die die Konstellation des Kalten Krieges vor allem in den beiden deutschen Staaten bereitstellte.[54] (Vgl. Birke

54 In welcher Spannung durch die Konstellation des Kalten Krieges die Migration in der Bundesrepublik stand, wird etwa durch einen Bericht des Spiegel 1967 deutlich, der Anspannungen im Verhältnis zwischen der Bundesrepublik und Südkorea zum Thema hat, weil bei einer Operation des südkoreanischen Geheimdienstes (CIA) etwa 20 Agenten 17 südkoreanische Frauen und Männer (darunter Künstler, Studenten und Bergarbeiter) nötigten von Deutschland nach Korea zurückzukehren,

2005a) Eine Konstellation, die besondere Effekte auf die Migranten zeitigte. So versuchten, wie schon erwähnt, bereits die Anwerbekommissionen in den Herkunftsländern durch die polizeiliche Überprüfung insbesondere kommunistisch orientierte Migrantinnen und Migranten auszufiltern (vgl. Schönwälder 2001, 224ff.; Sonnenberger 2003, 69).[55] In einer gesellschaftlichen Stimmung, in der vor einem „Eldorado" für kommunistische Aktivitäten in Deutschland gewarnt wurde[56], endeten eine Reihe der von Migranten getragenen Streiks Anfang der 1960er Jahre damit, dass so genannte „Rädelsführer" verhaftet und abgeschoben wurden (vgl. etwa Gruppe Arbeitersache 1973a, 20; Sonnenberger 2003, 342). Die Repression gegen politische Aktivitäten, die nicht selten von Vertretungen und Geheimdiensten der Herkunftsländer unterstützt wurde, erfolgte in manchen Fällen bereits bei gewerkschaftlicher Organisierung, so etwa gegen spanische Arbeiter bei den hannoverschen Rheinstahl-Hanomag-Werken im Sommer 1963 (vgl. Elsner 1970, 192).

Die vor allem im Bergbau und in der metallverarbeitenden Industrie geführten wilden Streiks waren lokal auf den Betrieb begrenzt, fanden aber kontinuierlich statt. Ihre Themen waren die Verhinderung von Lohnsenkungen (im Mai 1961 bei der Firma BBC in Großauheim), die Arbeitsbedingungen, z.B. die Forderung nach Reduzierung des Arbeitstempos (im Sommer 1962 im Füssener Straßenbau), aber auch die Wohnverhältnisse (1962 im so genannten „Italienerdorf" in Wolfsburg). Die Streiks verhinderten manchmal Entlassungen von Kollegen, die im Fall der Migranten Abschiebungen zur Folge haben konnten. (Vgl. Elsner 1970, 182 f.; Hildebrandt/Olle 1975, 9 ff.)

Birke verweist darauf, dass durch die Rezession der Jahre 1966/67 sich das Muster der wilden Streiks zwar veränderte, aber bestimmte Aspekte erhalten blieben: die lokale Orientierung der Streiks, die Konflikte um übertarifliche Lohnbestand-

---

weil sie der „kommunistischen Spionage" bezichtigt wurden. Die bundesdeutsche Regierung hatte gegen das Vorgehen protestiert und die Rückkehr aller Entführten gefordert. Vier der Verschleppten kehrten nach Verhören zurück, dem Rest wurde ein Prozess wegen Verstoß gegen das südkoreanische Staatssicherheitsgesetz und Anti-Kommunisten-Gesetz gemacht. (Vgl. Spiegel, Nr. 36, 1967, 25-30)

55 In knapp einem Jahr nach der Anwerbevereinbarung mit Italien unterzog der Verfassungsschutz 27800 Antragsteller in Italien einer Überprüfung nach kommunistischer Orientierung. Nachdem man kaum Anhaltspunkte fand, stellten die Behörden die Regelüberprüfung ein. (Vgl. Schönwälder 2001, 229)

56 Der deutsche Arbeitgeberverband probte zusammen mit der Confederazione generale dell'industria italiana, dem italienischen Arbeitgeberverband, die „antikommunistische Abwehrarbeit" und erstellte Aufklärungsmaterial, das in den Betrieben verteilt wurde (vgl. IG Metall o. J.)

teile und Akkorde, die Ausweitung der Themen auf die Rationalisierungsfrage. Das Jahr 1967 nutzten die Unternehmen zu einer „Reinigungskur", wie die FAZ im Mai 1968 schrieb (vgl. Birke 2005a), was zu einer Entlassungswelle führte und Migrantinnen und Migranten betraf, deren Situation vor allem durch prekäre Aufenthaltsbedingungen gekennzeichnet war. Der breit angelegte „Abbau der Ausländerbeschäftigung" führte in einigen Bereichen der Betriebe sogar zu einem Rückgang der beschäftigten Migrantinnen und Migranten um 60% – so etwa im Straßenfahrzeugbau bei Opel in Rüsselsheim (vgl. Sonnenberger 2003, 269). Erkämpfte Lohnzuschläge wie Zuschüsse sollten als „Sonderleistungen" wegfallen.

Die Stellung der Gewerkschaften war durch zwei Begrenzungen geschwächt: der Eintritt der SPD in die Große Koalition 1966 und deren Beteiligung an der Konzertierten Aktion seit dem Frühling 1967 verpflichteten sie zu einer „zurückhaltenden Lohnpolitik". Außerdem kamen sie mit tarifpolitischen Mitteln nicht gegen die Angriffe auf die Effektivlöhne an. In dieser Zeit verstärkten sich die wilden Streiks wieder. Sie rekurrierten auf die informellen Netzwerke und Erfahrungen, die in den Jahren zuvor in den Betrieben und mit der lokalen Öffentlichkeit ausgebildet worden waren und bildeten die Grundlage für die Streikwelle seit 1969. (Vgl. Birke 2005a)

Was die Austragungsformen betrifft, die in den Streiks Anwendung fanden, existierte Sabotage, Blaufeiern, Krankmelden, der so genannte „Bummelstreik", also nicht selten renitente Praktiken, die sich der Arbeit zu entziehen suchten, anstatt sich dieser explizit zu widersetzen. Die Devise lautete eher, so wenig wie möglich anstatt für mehr Geld zu arbeiten. Für die „wilden Streiks" wurden informelle Komitees gewählt, denen unterschiedliche Verantwortlichkeiten übertragen wurden: Verhandlung mit den Betriebsräten oder der Unternehmensleitung, Kommunikation in den Betrieb und zu anderen Beschäftigten, Sprecher gegenüber der Presse etc.

In Hinblick auf die migrantischen Widerstandstechniken spielte Mobilität eine besondere Rolle. Zum einen war die Mobilität der Migrantinnen und Migranten seitens der Unternehmen gewünscht, schließlich beruhte das Gastarbeitersystem und zum Teil die Neuzusammensetzung der Klasse auf einer an der Kapitalverwertung orientierten Mobilität, wenn es darum ging, Migrantinnen und Migranten aus ihren Herkunftsländern anzuwerben oder sie untertariflich zu entlohnen. Zugleich sollte ihre Mobilität, einmal in der Bundesrepublik angekommen, möglichst gering gehalten werden, was durch die Kopplung von Arbeits- und Aufenthaltserlaubnis rechtlich sanktioniert war. Die Flucht aus der Arbeit, etwa durch Betriebswechsel oder Arbeitslosigkeit wurde dadurch systematisch erschwert. Aber sie konnte nicht verhindert werden. Die Mobilität und die Einwanderungspraktiken selbst sind, wie ich in den letzten beiden Kapiteln argumentiert habe, auch als ein Element in den Kämpfen der Migration im Sinne ihrer Autonomie zu verstehen – insofern sie nicht einfach auf staatliche Migrations- und Anwerbepolitiken oder unternehmerische Interessen zu reduzieren sind. Das Verlassen oder der Wechsel der Arbeitsstelle und sogar die Rückkehr in das Herkunftsland oder die Migration in ein anderes Land nutzten Migranten als eine Möglichkeit des Protests. Eine Erhebung des Jahres 1963/64 der Bundesanstalt für Arbeitsvermittlung und Arbeitslosenversicherung ergab, dass mit 23,1% die Quote der Betriebswechsel bei Migrantinnen und Migranten gut doppelt so hoch lag wie bei deutschen Arbeitern. Die Fluktuation, die auch darauf beruhte, dass vielen Art und Ausmaß der Arbeit vor der Migration nicht klar gewesen sein konnte, betraf vor allem den Bergbau. (Vgl. Elsner 1970, 178f.) Sie muss zugleich als Widerstandspraxis gelesen werden.

In den von Migrantinnen und Migranten getragenen Kämpfen wurden meist lineare (statt prozentuale) Lohnforderungen[57] aufgestellt, sie richteten sich gegen die Arbeitsorganisation der Massenproduktion, d.h. gegen die Fließbandarbeit und das Akkordsystem und forderten die Abschaffung von unteren Lohngruppen, in denen vor allem Migranten beschäftigt waren. Diese Diskriminierung beim Lohn war aber nur ein Aspekt der Auseinandersetzungen, bei dem Migranten den Rassismus zur Sprache brachten. Den Bereich ihres Alltags thematisierten sie, indem sie als Gründe für Streiks die miserablen Wohnverhältnisse, das schlechte Essen in den Kantinen, das niedrige Kindergeld und die fehlende Unterstützungszahlung für Familienangehörige oder Diskriminierungen und Gängelungen bei der Arbeit und bei den Behörden zum Ausgangspunkt nahmen. Die Diskriminierung nahmen etwa die 180 koreanischen Bergarbeiter der Klöckner-Zeche in Castrop-Rauxel schon im Frühjahr 1965 zum Anlass, bei ihrer Arbeitsniederlegung nicht nur gegen die schlechten Löhne, sondern auch gegen die „unwürdige Behandlung" zu protestieren. Nur durch eine Intervention der südkoreanischen Vertretung nahmen die Männer die Arbeit wieder auf. (Vgl. Elsner 1970, 183) Die wenigen genannten Streiks, die unter Beteiligung von Migrantinnen und Migranten oder aufgrund deren Initiative zustande kamen, zählen, obwohl weithin vergessen, zu den bekanntesten im Verlauf der 1960er Jahre.

57 „Eine Mark mehr für alle!" wurde zum Slogan der „wilden Streiks", der gegen die Hierarchien in den Betrieben angehen sollte. Die Gewerkschaften lehnten diese Forderungen ab, gerade um die vorgeblich den Qualifikationen entsprechende Lohnhierarchie nicht anzugreifen.

Im Jahr 1973 fand die Streikwelle ihren quantitativen Höhepunkt. Christel Neusüß und Eckart Teschner (1973) bestätigen in einer Analyse der Streikbewegungen von 1973, der Unterschied zu den Streiks von 1969 habe darin gelegen, dass die Inhalte der Arbeitsniederlegungen sich offen auf Bedingungen der Lebenshaltung richteten. Forderungen nach Teuerungszulagen und Verbesserung der Arbeitsbedingungen seien Indikatoren dafür. Die in Arbeitskämpfen erzielten lohnpolitischen Erfolge waren seit der Krise 1967 durch Verfahren der Optimierung des Einsatzes der Arbeitskraft zunichte gemacht. Die „Rationalisierungen", die Erhöhung der Arbeitsbelastung und die Reallohnstagnation waren darum bei der Streikwelle 1973 ein zentrales Motiv.

Das Jahr der „wilden Streiks" war sicher 1973, in insgesamt ca. 335 Betrieben wurde die Arbeit niedergelegt (vgl. Redaktionskollektiv „express" 1974, 127). Einige Beispiele: Im Mai bei Karmann in Osnabrück kam es zu einer maßgeblich von spanischen und portugiesischen Arbeitern, darunter vielen Frauen, getragenen Arbeitsniederlegung. Hier ging es um eine ihnen entsprechende flexible Urlaubsregelung (vgl. Hildebrandt/Olle 1975, 22ff.). Ein „wilder Streik" bei John Deere in Mannheim, bei dem es diversen Quellen zufolge zu einer pogromartigen Hetzjagd gegen die Streikenden kam und die Migrantinnen und Migranten als „Anarchisten, Ausländermob, Kommunisten" beschimpft wurden (vgl. Weikart 1973, 6; Lotta Continua 1974; Redaktionskollektiv „express" 1974, 68; Roth 1974, 7; Hildebrandt/Olle 1975, 29). Einen Teilerfolg erzielte der Streik von jugoslawischen, türkischen und deutschen Arbeitern im August bei Valvo in Aachen, bei dem es um eine Teuerungszulage[58] ging (vgl. Hildebrandt/Olle 1975, 60ff.). Das besondere dieses Streik-Zyklus war, dass zusätzlich zu den Forderungen nach Lohn sich die Auseinandersetzungen zunehmend gegen die kapitalistische Umstrukturierung der Arbeit richtete (etwa gegen den Akkord). Dabei entwickelten sich – wie etwa bei Mannesmann – auch neue Kampfformen. So gelang etwa die Besetzung von Teilen der Produktion oder ein Überwinden rassistischer Spaltungen (vgl. Proletarische Front 1973).

An dem im Juli 1973 stattfindenden Streik bei den Hella-Werken in Lippstadt beteiligten sich hauptsächlich italienische, spanische, jugoslawische und grie-

58 Die Kämpfe um Teuerungszulagen richteten sich direkt gegen die Absenkung des Reallohns aufgrund von Inflation und Teuerung. Sie umfassten zwar nicht alle Arbeiter und Arbeiterinnen eines Sektors wie bei Kämpfen um die Tarifverträge, sondern bezogen sich auf einen Betrieb, markieren aber eine gewisse Autonomie dieser Auseinandersetzung gegenüber dem gewerkschaftlichen Repräsentationsanspruch.

chische Arbeiterinnen und Arbeiter[59] und protestierten gegen das Lohngefälle zwischen der deutschen und migrantischen Belegschaft. Die Forderung des Streiks war eine Teuerungszulage, mit der ein Ausgleich für die hohen Lebenshaltungskosten (auch durch die Wohnheimmieten) und die Inflation erkämpft werden sollte, die Zulage war zuvor vom Betriebsrat für die hauptsächlich deutschen Facharbeiter durchgesetzt worden. Die Forderung der Migrantinnen und Migranten schloss die gesamte Belegschaft mit ein, von den Deutschen traten aber nur wenige für sie ein. Der Streik war trotz eines massiven Polizeieinsatzes erfolgreich, auch wenn die Teuerungszulage geringer als gefordert ausfiel. Nach dem Streik bildete sich das Multinationale Komitee von Lippstadt, benannte rassistische Praktiken deutlich und versprach: „Wir sind Griechen, Deutsche, Spanier und Italiener; aber unabhängig von unserer Nationalität sind wir alle Arbeiter und wir alle haben die gleichen Probleme – oder läuft das Band für einen Griechen etwa schneller als für einen Deutschen? Wir werden der Betriebsleitung nicht die Freude machen und uns wegen verschiedener Haar- und Augenfarbe spalten lassen." Sie forderten u.a. einen existenzsichernden Lohn, Wohnungen für alle, die in den Baracken lebten, Abriss der Drahtzäume, die das Wohnheim umgaben, Reduzierung der Mieten, Besucherräume, eine öffentliche Telefonzelle und medizinische Versorgung in den Baracken, Herabsetzung der Bandgeschwindigkeit und des Arbeitstempos, Vertretung der migrantischen Arbeiter durch Betriebsräte. (Vgl. Multinationales Komitee von Lippstadt 1973)[60]

Einer der bekanntesten Streiks in der Geschichte der Bundesrepublik ist sicherlich der Streik bei Ford in Köln-Niehl. Auslöser des Streiks war die Entlassung von 300 türkischen Arbeitern, die zu spät aus dem Urlaub zurückgekommen waren. Eines der großen Probleme für die Migrantinnen und Migranten, die ihre Freunde und Familien meist nur einmal im Jahr, nämlich während der Sommerferien, in ihren Herkunftsländern besuchen konnten, bestand in den langen Anfahrtswegen. Für einige bedeutete dies bei vierwöchigem Urlaub, zwei Wochen auf der Hin- und Rückreise zu verbringen. In der Zeit ihrer Abwesenheit war die Produktion auf 25% zurückgeschraubt, und es erschienen Stopper an den Bän-

---

59 Die Migrantinnen und Migranten waren bereits im Septemberstreik 1969 mit der Forderung nach Lohngleichheit für Frauen und Männer und für Deutsche und Ausländer in den Streik getreten, konnten aber keinen Erfolg erzielen. (Vgl. Hildebrandt/Olle 1975, 32)

60 Das Multinationale Komitee gründete zusammen mit dem Arbeiterkomitee von Ford, Köln, und der Betriebsgruppe Huf Hülsbeck & Fürst, Velpert, 1974 die Zeitung Multinationaler Kampf, die auf spanisch, italienisch, türkisch, griechisch und serbo-kroatisch erschien und zwei Nummern herausbrachte.

dern, die die Zeit für einen Arbeitsablauf an den Bändern kontrollierten, maßen und berechneten. Deshalb befürchteten die Arbeiter, dass die Entlassungen zur Steigerung des Arbeitstempos für die Belegschaft genutzt werden würden. Der Streik, der am Freitag, den 24. August 1973 in der Y-Halle (Endmontage) begann, erstreckte sich über sieben Tage. Es beteiligten sich schätzungsweise 17.000 (von 33.000) hauptsächlich türkische, aber auch deutsche und italienische Arbeiter. Peter Bach, damals bei Ford-Köln beschäftigt, schildert: „(...) irgendwann vor Mittag erreichte uns ein mächtiger, lauter Demonstrationszug in der W-Halle (in der ich damals arbeitete). Er war so laut, daß sich die deutschen Handwerker verschreckt (entschuldigt Kollegen) in ihren Werkstätten versteckten. Der Zug durchquerte die gesamte Halle, alle Bänder wurden abgestellt, und fast alle – bei uns arbeiteten in der Produktion überwiegend türkische Kollegen – zogen mit durch die W-, R- und Z-Halle zu einer Kundgebung zwischen den Hallen. Es war alles etwas chaotisch." (Bach, E-mail vom 24.07.2002 an M.B.) Die Forderungen wurden auf der Streikversammlung vorgetragen: Verminderung der Bandgeschwindigkeiten, Senkung des Arbeitstempos, Verbesserung der Arbeitsbedingungen, sechs Wochen Urlaub, eine Mark mehr für alle[61], Wiedereinstellung der Entlassenen, Bezahlung der Streikstunden. In den Forderungen kommen viele Aspekte zusammen, bei denen es um die Fabrik und ihre Organisation insgesamt geht. Die Streikenden thematisieren die Organisation der Arbeit, die Arbeitshetze, mit der egalitären Forderung nach einer Mark mehr für alle suchen sie die Einheit während der Auseinandersetzung herzustellen, sie fordern mehr Urlaub, damit nicht sie die Kosten der Emigration zahlen und schließlich bestehen sie auf ihrer Freiheit zu kämpfen. Sie besetzten die Fabrik – die Y-Halle wurde in Y-Hotel unbenannt und zum Mittelpunkt der Arbeiterorganisation –, an den Abenden wurde gemeinsam Musik gemacht, getanzt, diskutiert und gegessen.

Am ersten Streiktag und am darauf folgenden Montag beteiligten sich noch einige hundert deutsche Arbeiter an dem Streik, am dazwischen liegenden Samstag wurden allerdings noch alle Überschichten gefahren. Bach schildert, wie am Samstag seitens der politischen Gruppen im Betrieb ein Treffen einberaumt wurde: „Am Samstag trafen sich im Monheimer Hof die 'Kölner Fordarbeiter', ein schon länger bestehender loser Zusammenhang aus Spontis, Anarcho-Syndikalisten, K-Gruppen, Lotta Continua, und türkischen Gruppen/Parteien. Wir waren ja bei unserem Treffen kurz vorher zu dem Ergebnis gekommen, dass das bei Ford wohl nichts wird mit einem Streik, und wurden von dem Ausbruch

61 Nach Aussagen von Beteiligten des Streiks war dies eine Forderung, die während der Umzüge in der Fabrik immer wieder auf deutsch gerufen wurde.

entsprechend überrascht. Die Meldung, daß die Überschichten gefahren wurden, stimmte uns natürlich wenig optimistisch, was eine Weiterführung des Streiks am Montag anging – obwohl im Werk die Meinung geäußert wurde, 'die Überschichten nehmen wir mit, wegen des Geldes, aber am Montag streiken wir weiter'." (Ebd.) Tatsächlich unterbrachen die türkischen Arbeiter den Streik am Samstag, um den höheren Wochenendlohn nicht zu verpassen. Die politischen Gruppen im Betrieb bereiteten eine politische Intervention vor: „O.k., wir machten Flugblätter, die zur Fortsetzung des Streiks aufriefen, und teilten uns auf die wichtigsten Hallen auf, wobei Baha Targün, weil er fließend deutsch und türkisch sprach, dahin ging, wo der Streik am Freitag ausgebrochen war. [Der] Streik ging dann ohne Probleme am Montag mit dem gleichen Demonstrationszug vom Ost- zum Westgelände wieder los und endete mit einer Kundgebung vor dem Verwaltungsgebäude (...). Dort wurde dann die Streikleitung gewählt. Anfangs war der Betriebsratsvorstand ('Kuckelkorn und Lück ans Band zurück!') irgendwo zugegen und der Ortsverwaltungsvorsitzende der IGM stellte sich sogar mitten unter die Streikenden. Aber von den Streikenden selbst wurde von diesen nichts anderes als die drohende Räumung erwartet. Die vier Tage, Montag 27.8. bis zur Zerschlagung am Donnerstag, den 30.8. vormittags, war das Werk besetzt. Es gab rund um die Uhr Posten auf den Vorratslagern der Y- und W-Halle, weil Polizeieinsätze zur Beendigung des Streiks befürchtet wurden. Gepennt wurde in unterschiedlichen Hallen und es herrschte eine Stimmung von Solidarität und Zusammengehörigkeit, wie man es wohl nur selten erlebt. Versorgt wurden wir aus einem geknackten Lager im Werk und von außen. Die Automaten waren schon am Dienstag leer. Es gab jeden Morgen eine Demonstration durchs Werk, Baha wurde immer heiserer und brachte nachher keinen Ton mehr heraus. Man hangelte sich an Durchhalteparolen und Räumungsbefürchtungen entlang mit riesiger Beteiligung über die Besetzungstage, und als es am Donnerstagmorgen immer noch über 10.000 waren, die durchs Werk demonstrierten, haben wir eigentlich gedacht, daß wir über die Woche kommen und damit gewinnen. Die strategisch gut geleitete Zerschlagungsaktion unter dem Deckmantel einer Gegendemonstration (an der G-Halle ging in die Demonstration das Tor runter, und die an der Spitze marschierende Streikleitung wurde vor der Halle verhaftet und abgeführt) machte dieser mächtigen Aktion ein rasches Ende. Viele Kollegen wurden verhaftet, andere sind durch den Zaun raus und am nächsten Tag wiedergekommen. Kuckelkorn hat sich gerühmt, sie alle zusammen mit K 14 von der G-Halle aus gefilmt zu haben." (Ebd.) Im Verlauf des Streiks entsolidarisierten sich die meisten deutschen Arbeiter. Den Grund dafür sieht Bach in der Spaltung der migrantischen von den deutschen Arbeitern, die durch die Aktivitäten der

Vertrauenskörperleitung der IG-Metall unter Wilfried Kuckelkorn bekräftigt wurde: Eine breit angelegte Allianz arbeitete gegen den Streik (darunter neben den erwähnten Gewerkschaftsvertretern auch die Geschäftsleitung, Presse, Stadtverwaltung und die Polizei). Der Streik endete mit der Entlassung von über 100 türkischen Arbeitern; auf Druck von Ford kündigten etwa 600 „freiwillig" – der Betriebsrat legte gegen keine Entlassung Widerspruch ein.[62]

Die zeitgenössische Darstellung des Streiks in der lokalen und überregionalen Presse ist in verschiedenen Dokumentationen des Streiks (etwa Gruppe Internationaler Marxisten o. J.) in Form von Presseschauen zusammengestellt, aus denen hervorgeht, dass die Berichterstattung anfangs noch Verständnis für die Arbeitsniederlegung aufwies. Im Verlauf der Streikwoche denunzierten die Journalisten aber mehr und mehr den Streik durch Hinweise auf die angebliche Gewalt, die von den Streikenden ausging („Türken warfen mit Flaschen und Knüppeln"), erklärten wahlweise die vorgebliche Unterwanderung durch „Radikale" („Kommunisten kamen in Sonderbussen"; „Streikführer predigen Revolution"), die die „Gastarbeiter" aufgehetzt haben sollen, für verantwortlich oder betonten und unterstützten die Spaltung der migrantischen und deutschen Arbeiter durch rassistische Bedrohungsszenarien („Übernehmen Gastarbeiter die Macht?", „Türken-Terror bei Ford", „Ford-Streikhetzer ist illegal eingereist"; „30 Verletzte: deutsche Arbeiter kämpfen Ford frei", „Wenn Gastarbeiter den Arbeitsfrieden stören").

In den Konzepten und Diskussionen der radikalen Linken diente die Formel „Spaltung der Arbeiterklasse" in „deutsche und ausländische Arbeiter" dazu, sich das Scheitern von Arbeitskämpfen zu erklären und den Rassismus auf bestimmte Weise zur Sprache zu bringen, worauf ich später noch genauer eingehen möchte. In den Betrieben gaben die Spaltungen zwischen deutschen und migrantischen Arbeitern immer wieder Anlass zu Debatten. Als bei Opel in Rüsselheim Mitte 1973 das Gerücht über Massenentlassungen herumging, kam es bei einer Betriebsversammlung zu einem Redebeitrag, den der Revolutionäre Kampf (RK) auf Tonband mitgeschnitten und in der Zeitung „Wir wollen alles"[63] dokumentiert hat. Darin warnt ein Arbeiter vor dem „Kanakenhaß" und sagt,

---

62 Für Schilderungen und Materialien zum Streik bei Ford möchte ich Peter Bach und Reiner Schmidt herzlich danken.

63 „Wir wollen alles" wurde als gemeinsame Zeitschrift der Gruppen Arbeitersache, München; Arbeiterkampf, Köln; Revolutionärer Kampf (RK), Frankfurt; Lotta Continua, Frankfurt; Proletarische Front, Hamburg, Bremen und Bochum; Rote Fahne, Saarbrücken; Klassenkampf, Zürich; Lucha Obrera und der Marxistischen Gruppe, Erlangen herausgegeben. Die erste Nummer erschien im März 1973, die

dass es nicht um eine „moralische Frage" gehe, die die schlechteren Arbeits- und Wohnbedingungen der Ausländer anzuerkennen hätte. Das Verhältnis sei anders: Wenn es zu Entlassungen zuerst bei den Ausländern käme, würde zum einen das Arbeitstempo erhöht. Zum anderen sei es „eine Illusion zu glauben, Kollegen, daß die Bänder nicht ausländisch bleiben. (...) Um ihren Profit weiterhin zu sichern, werden entweder weiter Ausländer ans Band gekarrt werden oder aber die Bänder zu den Ausländern." (Wir wollen alles, Nr.11, Dezember 1973) Mit den Entlassungen von Ausländern sei nur ein Anfang gemacht, die Deutschen würden darauf folgen. Deshalb dürfe man sich nicht spalten lassen.

Die staatlichen Instrumente zur Disposition über die ausländischen Arbeiterinnen und Arbeiter, wie etwa die Anwerbeverträge und die Restriktionen des Ausländergesetzes, bedeuteten auch eine unterschiedliche rechtliche Ausgangslage für die politische Betätigung – eine Niederlage im Streik konnte durch drohende Ausweisungen eine drastischere Konsequenz haben als für deutsche Arbeiter, die mit Entlassungen rechnen mussten. Nach dem Ausländergesetz von 1965 erteilten Behörden die Aufenthaltserlaubnis nur, wenn „die Anwesenheit des Ausländers die Belange der BRD nicht beeinträchtigt" (vgl. auch KB/Gruppe Hamburg 1973, Mai, 18 f.). Mit diesen vagen Rechtsbegriffen im Ausländergesetz war der Ermessensspielraum für die staatlichen Apparate erheblich.[64] Zugleich unterstützte die Zusammensetzung der Arbeitskräfte, etwa durch die Lohngruppen, auch auf Fabrikebene eine Hierarchisierung und Spaltung. In ihren Arbeitskämpfen brachten die Migrantinnen und Migranten den Rassismus und die Gängelungen zur Sprache, denen sie sich ausgesetzt sahen und protestierten praktisch wie auch verbal dagegen, indem sie sich gegen die Zuschreibung als „faule Südländer" wehrten oder auch auf die gemeinsamen Aktionen von deutschen und migrierten Arbeitern drangen.

Die Arbeitskämpfe, an denen Migrantinnen und Migranten beteiligt waren oder die von ihnen ausgingen, lassen sich in die Streikbewegungen der Bundes-

---

letzte im Juni 1975. Sie wurde anfänglich auch auf italienisch und griechisch herausgegeben und erschien bundesweit.

64 Kommentare zum Ausländergesetz von 1965 zeigen, was die vage Formuliereung bedeuten konnte: „Eine mangelnde 'Einfügung' oder 'Rücksichtnahme auf politische, religiöse und weltanschauliche Gefühle', die 'laufende Belästigung der Behörden mit querulantenhaften Beschwerden, [die] Störung des Arbeitsfriedens an der Arbeitsstätte' oder auch eine lesbische Liebesbeziehung galten als Beeinträchtigung dieser 'Belange der Bundesrepublik' und als Ausweisungsgründe." (Schönwalder 2001, 239) Später argumentierten Ausländerbehörden und Gerichte, dass eine ständige Niederlassung von Ausländern gegen die Belange der Bundesrepublik verstieße (ebd.).

republik insgesamt einordnen. Sie haben sich nie zu einem Muster verdichtet, insofern sie sich auf die Gruppe der Migrantinnen und Migranten speziell und allein bezogen, oder, wie etwa in Britannien, eigene gewerkschaftliche Organisationen hervorbrachten (vgl. Virdee 2002). Die Streikwelle von 1973 beendete einen Streikzyklus, der hauptsächlich von den am niedrigsten bezahlten Massenarbeitern (bei einem Anteil von bis zu 80% Migrantinnen und Migranten) getragen wurde und in dem bereits die Themen zukünftiger Kämpfe zum Ausdruck kamen: die Arbeitsorganisation selbst wurde Thema, aber auch das Leben außerhalb der Fabrik. Insofern lässt sich durchaus davon sprechen, dass mit den „wilden Streiks" nicht nur konkrete Forderungen erhoben wurden, sondern in ihnen auch ein anderes Konzept von Leben und Arbeit seinen Ausdruck fand. Um das zu zeigen, möchte ich zwei Beispiele der migrantischen Arbeitskämpfe herausgreifen. Zum einen den selbstorganisierten wilden Streik der Migrantinnen bei der Firma Pierburg in Neuss 1973, der durch einen linken Betriebsrat unterstützt wurde, zum anderen die Konzepte der Betriebsarbeit der Gruppe Arbeitersache in München in Verbindung mit der organisierten migrantischen Gruppe Lotta Continua und deren Einfluss auf die Betriebskämpfe und die deutsche radikale Linke.

Frauenstreik bei der A. Pierburg AG in Neuss

In den 1960er und 1970er Jahren waren Migrantinnen zum überwiegenden Teil im untersten Segment des Frauenarbeitsmarktes beschäftigt. Der Lohn der Frauen in den so genannten Leichtlohngruppen betrug 30 bis 40 Prozent weniger als der ihrer männlichen Kollegen. Die Leichtlohngruppen markierten eine Einstufung im Beschäftigungsverhältnis am unteren Ende des Tarifsatzes, wobei die Frauen für „leichte Arbeit" niedriger entlohnt wurden als Männer in vergleichbaren Positionen. Das Spektrum der Tätigkeiten war eng umrissen und die Niedriglohnbranchen waren vor allem die Textil-, Bekleidungs-, Nahrungs- und Genussmittelindustrie. In der Eisen- und Metallverarbeitung waren es hauptsächlich die Zweige der Elektrotechnik sowie die Eisen- und Metallwarenindustrie, die weibliche Arbeitskräfte beschäftigten. Hier fand sich auch der größte Anteil von gesundheitsschädlichen Arbeiten (vgl. Mattes 1999, 296 f.). Migrantische Frauen arbeiteten zudem häufig in der Hauswirtschaft und im Gaststättengewerbe (vgl. ebd., 288). Anstrengende, unattraktive und überlange Arbeitszeiten und eine ständige, auch persönliche Konfrontation mit dem Arbeitgeber zeichneten diese Berufe in einer in den 1960er Jahren expandierenden Branche aus, die Küchenhelferinnen und Hilfskräfte für Großküchen, Anstalten und Krankenhäuser umfasste. Notorisch war jedoch die schlechte Bezahlung. Aufgrund dieser und des sehr schlechten Rufs dieser Berufszweige erzielte die Bundesanstalt für Arbeitsvermittlung sehr geringe Vermittlungserfolge. Die migrantischen Frauen entsprachen den Kriterien der Arbeitgeber, wie die Bundesanstalt für Arbeit 1970 berichtete: „Beeinträchtigungen, die diesen Vorstellungen der Betriebe entgegenstehen, treten bei ausländischen Arbeiterinnen weniger auf. Diese sind gesundheitlich ausgesucht, gehören meist jüngeren und mittleren Jahrgängen an (...), haben durchwegs keine Rücksicht auf häusliche Bindungen zu nehmen und scheuen daher auch keine Schichtarbeit." (Zit. nach ebd., 297) Der Konjunktureinbruch 1966/67 ging weitgehend an den Migrantinnen vorbei. Im Bereich der Krankenpflege, des Reinigungs-, Hotel- und Gaststättengewerbes stieg die Quote der beschäftigten Migrantinnen sogar an, im zuletzt genannten Bereich sogar von 9,4% auf 20,5% (vgl. ebd., 299).

Die drei von mir dargestellten Streiks bei der Pierburg AG sind in einer Broschüre dokumentiert, die von „Kolleginnen und Kollegen von Pierburg-Neuss" herausgegeben wurde und die auch eine Presseschau enthält. Außerdem veröffentlichte der Verlag 2000 des Sozialistischen Büros in Offenbach zwei Bücher, *Ihr Kampf ist auch unser Kampf* und *Spontane Streiks 1973*, in denen die Pierburg-Streiks ausführlich dokumentiert und kommentiert wurden. Zahlreiche Artikel und Darstellungen finden sich in Zeitungen der radikalen Linken, in linken Gewerkschaftszeitungen und –büchern und in Frauenzeitschriften. Außerdem existiert ein Dokumentarfilm „Pierburg: Ihr Kampf ist unser Kampf" von Edith Schmidt und David Wittenberg (1974/75, 49'). Die relativ breite Öffentlichkeit, die der Streik erzielte, ist vermutlich durch die hohe Beteiligung von Frauen ermöglicht worden, denen es gelang, eine breite Solidarisierung bis in die Bevölkerung hinein zu erzielen und schließlich die Streiks zum Erfolg zu führen.

Die Firma Pierburg in Neuss bei Düsseldorf produzierte Vergaser für Autos und Flugzeuge und beschäftigte Anfang der 1970er Jahre ca. 3.000 Arbeiter und Arbeiterinnen, davon 1.700 Migrantinnen und Migranten.[65] In der Dokumentation des Pierburg-Streiks werden für 1973 folgende Daten für die Zusammensetzung der Arbeitskräfte genannt: 370 Angestellte, bei den Arbeitern waren 900 Griechen, 850 Türken, 380 Jugoslawen, 300 Spanier, 200 Portugiesen, 150 Italiener und 850 Deutsche. In der Leichtlohngruppe II arbeiteten 1.711 Frauen, in

65 Diese Zahlen nennt das Redaktionskollektiv „express", während der IG Metall-Gewerkschafter Armann und der Journalist Taudien von 2.100 Migrantinnen und Migranten (darunter 1.700 Frauen) und 3.600 Arbeitern insgesamt bei Pierburg sprechen (vgl. Armann/Taudien 1974, 125).

der Gruppe III 387 und in der Gruppe IV 250 Frauen (vgl. N.N. 1973a, 6). Durch Rationalisierungsmaßnahmen war die Geschwindigkeit am Band innerhalb von drei Jahren so stark erhöht worden, dass die Produktion je Arbeitsschicht fast verdoppelt worden war. Die Stundenlohnsätze waren aber die gleichen geblieben. Die migrantischen Arbeiterinnen und Arbeiter wurden vorwiegend nach der so genannten Leichtlohngruppe II bezahlt, was einen monatlichen Nettolohn von etwa 600 DM (5,28 DM Stundenlohn brutto) bedeutete. Da aufgrund des enormen Arbeitstempos jede Ausfallzeit am Band Stockungen verursachte, wurden selbst Gänge zur Toilette scharf kontrolliert und ggf. sanktioniert.[66] Darüber hinaus wurden die Migrantinnen und Migranten erniedrigend behandelt, etwa durchweg geduzt und besonders gemaßregelt.

Es gab bei Pierburg einen sehr aktiven linken Vertrauenskörper, in dem viele Migrantinnen und Migranten vertreten waren, der gegen den damaligen Betriebsrat opponierte und dem es nach jahrelanger Arbeit in den Betriebswahlen 1972 gelang, den Betriebsrat mehrheitlich zu stellen. Er verteilte regelmäßig Informationsblätter in allen Sprachen, die im Betrieb gesprochen wurden, und auch die Betriebsversammlungen fanden mehrsprachig statt. Vertrauensleute mit entsprechenden Sprachkompetenzen sorgten dafür, dass der Informationsfluss unter den Arbeiterinnen nicht unterbunden werden konnte. Die gewerkschaftliche Organisierung der Frauen beruhte auf ihrer eigenen Entscheidung.

Die meisten der Migrantinnen, die bei Pierburg arbeiteten, waren nicht über einen Anwerbevertrag eingereist, sondern qua Familienzusammenführung. Ihre Arbeitserlaubnis erhielten sie durch die Arbeit bei der Pierburg AG, die sie nach und nach einstellte, was dazu führte, dass die einzelnen Abteilungen nicht aus national homogenen Gruppen bestanden. Korrupte Dolmetscher machten bei der Einstellung Geschäfte mit arbeitsuchenden Frauen. Zugleich rekrutierte sich das Aufsichtspersonal grundsätzlich nicht aus Frauen, sondern Vorarbeiter waren deutsch, Einrichter manchmal auch migrantische Männer, die aufsteigen konnten. (Vgl. N.N. 1973; Armann/Taudien 1974, 126; Hildebrandt/Olle 1975, 155 ff.) Diese Besonderheit der Zusammensetzung sollte Einfluss auf die Dynamik im Arbeitskampf haben. Die Lohnhierarchie entsprach einer klaren Trennung von migrantischen und deutschen Arbeiterinnen und gerade das sollte das Thema der Arbeitsniederlegung werden. Den Migrantinnen und Migranten bei Pierburg

66 Eine griechische Arbeiterin erzählt, dass Frauen den Vorarbeitern präventiv meldeten, wenn sie ihre Menstruation hatten, um aufgrund eines längeren Aufenthalts auf der Toilette keinen Maßregelungen ausgesetzt zu sein. (Vgl. Armann/Taudien 1974, 126)

war bewusst, dass ihr Aufenthalt unter staatlicher Kontrolle stand und sie, was die Wohn- und Lohnverhältnisse anging, diskriminiert wurden. Zugleich unterliefen sie diesen Rassismus, wenn sie ihre mögliche Rückkehr ins Herkunftsland einerseits als Exit-Option zum Kampfmittel und andererseits zum Ausgangspunkt für ihre Kampfbereitschaft erklärten, insofern sie eine Alternative zu ihrem Leben in Deutschland sahen (vgl. Hildebrandt/Olle 1975, 163 f. und 167).

Zwischen den Tarifrunden 1969/70 fand der erste selbstorganisierte Streik statt. Zu jener Zeit war der gewerkschaftliche Organisationsgrad im Betrieb sehr gering. Obwohl 75% der Belegschaft Migrantinnen und Migranten waren, bestand der Betriebsrat zu jener Zeit noch nur aus Deutschen, die sich nicht für die Interessen Ersterer einsetzten und auch sonst eine korporatistische Linie mit der Geschäftsleitung verfolgten (vgl. N.N. 1973, 9). Der Streik entstand zunächst aufgrund der miserablen Wohnverhältnisse in drei Baracken, in denen 300 Jugoslawinnen untergebracht worden waren. Die Wohnheimsituation führte zu einigen Konflikten unter den Frauen, doch ermöglichte sie auch Verständigung und Solidarisierungen. Die Frauen wollten eine Einschränkung ihres Privatlebens, etwa durch das Besuchsverbot für Männer im Heim, nicht hinnehmen, und der Streik nahm hier seinen Ausgangspunkt. Die Frage der Lohndiskriminierung durch die Einstufung in die Leichtlohngruppe I ergänzte den Widerstand gegen diese Diskriminierung beim Wohnen. Dem Streik schlossen sich dann auch deutsche Frauen an. Die Streikenden erreichten, dass die Lohngruppe I wegfiel und sie eine geringe Lohnerhöhung erhielten. Mit der Zeit suchten die Frauen aus dem Wohnheim Wohnungen in der Stadt, und auch die Unternehmensleitung reagierte, indem sie die Unterbringung in den Wohnheimen abbaute (vgl. Hildebrandt/Olle 1975, 13 und 155f.). In diesem Jahr begann langsam der Kampf der Vertrauensleute um den Betriebsrat. Zwei Jahre später, 1972, bestand die Mehrheit der Vertrauensleute aus Migrantinnen und Migranten, die sich u.a. zur Aufgabe machten, gegen rassistische Spaltungen im Betrieb vorzugehen (vgl. N.N. 1973, 8 ff. und Hildebrandt/Olle 1975, 170).[67]

Im Juni 1973 traten erneut 300 migrantische Arbeiterinnen und Arbeiter in einen spontanen Streik. Auf der Versammlung mit dem Betriebsrat stellten sie u.a. folgende im Vergleich zu anderen Streiks herausragende Forderungen auf: „Abschaffung der Leichtlohngruppe II, in der vor allem ausländische Arbeiterinnen

67 Als Finanzminister Hans Apel Anfang 1975 in der „Bild am Sonntag" forderte, die Zahl der Ausländer zu reduzieren, unterzeichneten 30 bis 40 Vertrauensleute im Namen der IG-Metall innerhalb weniger Stunden eine Resolution an Apel, in der sie schrieben, sie seien keine Menschen dritter Klasse und auch nicht dazu da, die Drecksarbeit zu machen (vgl. Hildebrandt/Olle 1975, 162f.).

sind. 1 Mark für alle, für Männer und Frauen! Ein bezahlter Hausfrauentag im Monat! Automatische Erhöhung des Fahrgeldzuschusses zu den ständig steigenden Fahrgeldpreisen! (...) Häufiges Kranksein kein Grund zur Entlassung! Für jeden Arztbesuch einen halben Tag frei!" (Wir wollen alles Nr. 5 1973, 9) Darüber hinaus forderten sie gleichen Lohn für gleiche Arbeit von Frauen und Männern.[68] Die Geschäftsleitung reagierte darauf, indem sie Verhandlungen zusagte, hier und da heimlich einzelne Stundenlöhne aufbesserte und sechs vermeintlichen „Rädelsführern" das schriftliche Angebot eines bezahlten „Dauerurlaubs" zustellte. Mit diesen Maßnahmen unterlief die Leitung den Streik, der nach zwei Tagen zusammenbrach (vgl. Armann/Taudien 1974, 126; Redaktionskollektiv „express" 1974, 78). Ein Mitglied des Betriebsrats erklärte später, dass die Menge der Forderungen zum Scheitern des Streiks beigetragen habe (Hildebrandt/Olle 1975, 163). Die Unternehmensleitung plante als weitere Reaktion, 300 migrantische Arbeiterinnen der Leichtlohngruppe II im Herbst durch neue zu ersetzen, um durch die Fluktuation die Kampfbereitschaft zu brechen.

Aber die Rechnung ging nicht auf. Vom 13. bis zum 20. August streikten 2.000 Arbeiterinnen und Arbeiter und nahmen die Forderungen vom Juni wieder auf. Der erste Streiktag, vor der 6-Uhr-Schicht, begann damit, dass 20 Arbeiterinnen und Arbeiter Flugblätter vor dem Werkstor verteilten und setzte sich in einer Konfrontation mit der Polizei fort, die die Streikenden dazu veranlassen wollte, das Tor zu räumen: „Einige der Vorarbeiter zeigen dabei auf die 29jährige griechische Arbeiterin Elefteria Marmela, die auch Mitglied der IG Metall ist, und ihren Mann. Die Polizei versucht, das Ehepaar Marmela zu verhaften. Elefteria Marmela jedoch leistet Widerstand und es kommt zu einem Handgemenge.[69] Ein griechischer Arbeiter fotografiert die Szene, worauf ein Polizist sofort den Fotoapparat mitnimmt. Ein anderer Grieche aber entreißt wiederum dem Polizisten den Apparat und wirft ihn einem Landsmann zu. Es kommt zu einem erneuten Handgemenge. Plötzlich zieht ein Polizist seine Pistole und schreit: 'Zurück!' – Eine griechische Arbeiterin tritt vor und ruft 'Nun schieß doch auf mich oder hast du Angst?' Nichts passierte. Kurze Zeit später versucht die Polizei erneut, eine Frau zu verhaften. Diese wehrt sich und wird dabei verletzt. Keiner wird verhaftet. Bevor die Polizeiautos wieder wegfahren, ruft noch ein Polizist den

68 Der Pierburgstreik ist in dem bereits erwähnten Film „Ihr Streik ist unser Streik" dokumentiert, zu dem es ein Plakat gibt, auf dessen Rückseite alle Forderungen abgedruckt sind.

69 „Die Frau ist fürchterlich zugerichtet: schwarz unterlaufene Quetschungen an beiden Oberarmen, Prellungen am linken Unterarm, Platzwunden an den Beinen." (Armann/Taudien 1974, 127)

Streikenden zu: 'Dreckige Ausländer! Ich mache euch kalt!'„ (Redaktionskollektiv „express" 1974, 79) Drei Stunden später erschienen drei VW-Busse mit Polizisten, die die Streikenden einkreisten und zwei Griechinnen und einen Griechen zehn Stunden in Gewahrsam nahmen und verhörten. Auffällig am Vorgehen der Polizei ist, dass sie bei den Auseinandersetzungen besonders gegen die Migranten zielte, vor allem gegen die migrantischen Frauen. Ein Vorgehen, das zunächst auch innerhalb des Betriebes zum Tragen kam. Die repressive Polizeistrategie sollte aber nach hinten losgehen, denn von der Frühstückspause an begannen sich mehr und mehr Arbeiterinnen und Arbeiter zu solidarisieren. Es schlossen sich etwa 600 von ihnen an, womit die Produktion lahmgelegt war.

Am nächsten Morgen erschien wieder die Polizei und begann, die Streikenden zu verprügeln. Presse und Fernsehen wohnten der Situation bei und die Prügelszenen wurden später im Fernsehen gezeigt. Diese Öffentlichkeit der Eskalation führte zu Solidarisierungen seitens der IG Metall in Neuss, dem Arbeitskreis ausländischer Arbeiter aus Düsseldorf, der evangelischen Kirche, der Jungsozialisten und von Arbeiterinnen und Arbeiter aus anderen Betrieben in der Stadt. Fortan verteilten die Gruppen an mehreren Tagen Flugblätter in der Innenstadt und klärten über die Streikgründe auf. Versuche linker Gruppierungen, wie der DKP und der KPD/ML, Einfluss auf den Streik zu gewinnen, wurden von den Arbeiterinnen zurückgewiesen, die auf die Autonomie ihres Kampfes pochten. Letztere erklärten, dass von den Gruppierungen niemand bei Pierburg arbeitete, also nichts verstehen würden und die Arbeiterinnen alleine kämpfen wollten (vgl. N.N. 1973, 14).

Die Unternehmensleitung verweigerte weiterhin jede Verhandlung und begann mit der Aussperrung der Streikenden, indem sie das Werkstor schließen ließ. Draußen riefen ca. 300 Streikende vor dem Tor „Al-le-ra-us!" und „Me-her Geld". Zugleich drangen zwei Landtagsmitglieder, die auch IG Metall Funktionäre waren, und der Betriebsratsvorsitzende in den Tagungsraum der Geschäftsleitung ein, die ihnen ein Gespräch verweigert hatte. Im Büro saßen neben der Unternehmensleitung Angehörige des Werkschutz, der Neusser Polizeidirektor, je ein Beamter des Regierungspräsidenten und des Innenministeriums, zwei Staatsanwälte, zwei Kriminalbeamte und ein Polizeioffizier. Die Intervention ergab, dass die Polizeifahrzeuge vom Werksgelände abgezogen wurden. In der Fabrik wurde nicht gearbeitet.

Von beiden Seiten begannen Arbeiterinnen nun die Absperrung zu durchbrechen. „Der 31jährige Türke Eroglu Galup schwingt sich auf das Tor: 'Kolleginnen und Kollegen, jetzt müssen wir zusammenhalten. Pierburg darf uns nicht spalten. Das versucht er jetzt, jawohl. Gestern hat mir der Personalchef vier Mark mehr die Stunde geboten, wenn ich meine Landsleute zur Arbeit rufe. Meine Antwort: Ich bin nicht käuflich!'" (Armann/Tandien 1974, 128) Immer mehr Leute übersprangen die Tore nach draußen, es kam unter Tränen und gegenseitigen Umarmungen zu Solidarisierungen.

Die Berichterstattung in der Presse behauptete derweil, der Streik sei von Außen initiiert worden, und der verantwortliche Polizeipräsident verteidigte den brutalen Einsatz vom Vortag mit den Worten, ein wilder Streik sei eben Revolution. Es herrschte starke Hitze und die Unternehmensleitung versuchte, das Weiterreichen von Getränken aus der Kantine zu unterbinden, ließ demonstrativ einen Rasen im Werksinnenhof sprengen und drehte die Wasserhähne an der Außenmauer des Werks ab. Die IG Metall ließ Flugblätter in mehreren Sprachen verteilen, in denen sie bekannt gab, dass sie den Streik zwar nicht legalisieren könne, sich aber mit der Forderung nach Beseitigung der Lohngruppe II solidarisch erkläre.

Am Abend in den Kneipen, die sonst eher von deutschen Arbeitern frequentiert wurden, kam es durch das Auftreten von migrantischen Arbeiterinnen und Arbeitern zu heftigen Debatten, die für den Streik entscheidende Solidarisierungen zum Effekt hatte. Die Migrantinnen suchten die Diskussion und begannen, sich gegen rassistische Anfeindungen zu verteidigen, die ihnen ein Recht auf Streik abzusprechen suchten, verbal eine Arbeit in Deutschland streitig machen wollten und sie „Pasalacken" schimpften. Woraufhin eine Frau aufstand und sagte, dass „wir Ausländer" nicht blöd seien, sie bereits acht Jahre für wenig Geld bei Pierburg arbeite und die Lebensmittel nicht billiger an die Ausländer verkauft würden, weshalb sie einen gleichen Stundenlohn und die Solidarität unter Arbeitern forderte. Offenbar gelang es auf diese Weise, den Rassismus zu unterlaufen. Ein deutscher Arbeiter verwies auf den erfolgreichen Streik drei Jahre zuvor und erinnerte an die Androhung seitens der Unternehmensleitung, die streikenden Migrantinnen und Migranten abzuschieben: „Uns kann man nicht abschieben. Außerdem kämpfen die auch für uns." Ein weiterer schlug vor, in der Gärtnerei seines Bruders alle roten Rosen zu kaufen und sie am nächsten Tag am Werkstor zu verteilen. (Vgl. Armann/Taudien 1974, 129)

Am dritten Streiktag solidarisierten sich die deutschen Arbeiter mit den Streikenden vorwiegend Frauen aus Griechenland, Spanien, der Türkei, Portugal, Italien und Jugoslawien. Das Werkstor war wieder geöffnet und die Migrantinnen verschenkten rote Rosen und Tulpen an alle, hinderten niemanden am Eintreten. Aus anderen Werken, von Düsseldorfer Künstlern, Jusos, der GEW und der DKP trafen Solidaritätstelegramme ein. Ein riesiger Strauß roter Rosen mit einem Zettel wurde in den Werkzeugbau, einer Schlüsselabteilung der Firma, in der vor allem deutsche Facharbeiter tätig waren, gebracht: „Viele Grüße von den streikenden Frauen an den Werkzeugbau. Helft uns!" Diese Aktion führte zum Erfolg – tatsächlich stellten die deutschen Facharbeiter daraufhin der Unternehmensleitung ein Ultimatum, worauf am nächsten Morgen die Verhandlungen aufgenommen wurden.

Die Frauen zogen morgens bereits Rosen schwenkend durch den Betrieb. Inzwischen hatte sich auch die Bevölkerung aus der Stadt solidarisiert, brachte Essen und Getränke und der Werkschutz konnte nicht mehr unterscheiden, wer betriebsfremd war. Das Werksgelände veränderte seinen Charakter vollständig: Kinder spielten Fußball, es wurde gegessen und geflirtet. Jemand brachte Instrumente, die Leute begannen zu tanzen. „'Das ist der schönste Tag meines Lebens' sagt ein älterer deutscher Arbeiter, 'heute halten wir alle zusammen, das habe ich noch nie erlebt. Pierburg kann uns nicht schaffen!'" (Armann/Taudien 174, 132f.)

Der Streik zeigte bereits Effekte auf andere Betriebe, was die Unternehmensleitung unter erheblichen Druck setzte: Bei Hella in Lippstadt nahmen die Arbeiterinnen und Arbeiter einen Streik wieder auf.[70] Aus den Firmen Opel und Ford, die auf die Vergaser angewiesen waren, ließ sich vernehmen, dass sie nicht mehr lange arbeiten konnten (vgl. N.N. 1973, 16 f.). Nun schaltete sich ein Vertreter des Arbeitgeberverbandes ein und begann sofort die Verhandlungen. Am Nachmittag lautete das Ergebnis teilweise im Sinne der Streikenden: Wegfall der Lohngruppe II und 30 Pfennig mehr pro Stunde. Es war Freitag und die Streikenden erklärten sich größtenteils bereit, die Arbeit nach dem Wochenende wieder aufzunehmen.

Am folgenden Montag entschlossen sich 150 migrantische Arbeiterinnen und Arbeiter aber zur Fortsetzung, um auch noch die Bezahlung der Streiktage und keine Entlassungen zu fordern. Wieder war es die Werkzeugbauabteilung, die geschlossen zum Betriebsrat ging und die Forderungen mit dem Ergebnis unterstützte, dass die Firma Pierburg vier Streiktage bezahlte, zwar Verwarnungen erteilte, aber keine Entlassungen aussprach. Die Streikenden hatten einen vollen Erfolg erzielt. (Vgl. Langguth 1973; Müller 1973; Armann/Taudien 1974, 125ff.; Redaktionskollektiv „express" 1974, 78ff.) Aber danach mussten weitere Versuche der Unternehmensleitung, die Streikergebnisse nachträglich zu verändern,

70 Bei den Hella-Werken in Lippstadt, wo von 5.000 Beschäftigten 3.000 aus Spanien, Griechenland, Italien und der Türkei kamen, streikten die ausländischen Arbeiterinnen und Arbeiter im Juli des gleichen Jahres und setzten auch fast alle ihre Forderungen nach Lohnerhöhung und Bezahlung der Streiktage durch. (Vgl. Redaktionskollektiv „express" 1974, 75ff.)

vereitelt werden, oder wie das Betriebsratsmitglied Anna Satolias sagte: „Das war ein harter Kampf nach dem Kampf." (Zit. nach N.N. 1973, 101) Nach dem Streik strengte die Pierburg KG einen Prozess gegen vier Betriebsräte mit der Anschuldigung an, sie hätten den Streik organisiert, die Klage berief sich auf die Aussage eines griechischen Migranten, der offenbar mit 25.000 DM Abfindung seinen Job verlassen und nach Griechenland gegangen war. In Griechenland angekommen, ließ er seinen Widerruf notariell beglaubigen und sagte, er sei vom Direktor Göbel bei Pierburg mit der Drohung einer Abschiebung unter Druck gesetzt worden, Hintergründe des Streiks zu verraten. (Vgl. Armann 1974, 8) Auch die Umstrukturierung der Produktion, eine teilweise Stillegung bzw. Verlagerung des Betriebs konnte nach dem Streik durch eine Demonstration und offene Betriebsratspolitik verhindert werden (vgl. N.N. 1973, 116 ff.).

Der Streik bei Pierburg ist ein Beispiel dafür, dass es durchaus gelingen konnte, die rassistischen Spaltungen innerhalb des Betriebes und die Strategien der Unternehmensleitung, der staatlichen Apparate und der Presse, die Kampfbereitschaft durch repressive Maßnahmen zu schwächen, dadurch zu unterlaufen, dass die Migrantinnen beharrlich auf Allianzen setzten und Solidarität einforderten. Die hatten sie durch gezielte Intervention erreicht: durch Besuch der Kneipen, die sie sonst nicht frequentierten, durch Einfluss auf die deutschen Facharbeiter, durch die temporäre Aneignung der Fabrik, die zumindest für einen Tag festartigen Charakter erhielt.

Hildebrandt und Olle (1975) haben sich rückblickend mit den Streiks der migrantischen Arbeiterinnen und Arbeiter aus einer linksoppositionellen Gewerkschaftsposition unter der Frage der „internationalen Konkurrenz" unter Arbeitern verschiedener Nationalitäten innerhalb einer Nation beschäftigt – wie sie es nennen. Es interessierte sie, ob die „Nationalität" überhaupt ein Moment der Konkurrenz darstellte, das gemeinsame Forderungen und gemeinsamen Widerstand verhindere. Ihre Überlegungen bieten eine Möglichkeit, die Frage vom Anfang des Kapitels aufzunehmen, wie die internationale Migration sich auf die Zusammensetzung der Klasse auswirkt und wie der Rassismus sich darin artikuliert.

Die weitgehende Isolation der Arbeitskämpfe, die von Migrantinnen und Migranten während der 1960er Jahre initiiert oder getragen wurden, führen Hildebrandt und Olle auf deren spezifische Forderungen, die „unter dem Niveau" der deutschen Arbeiter gelegen habe, also auf die Segmentierung des Arbeitsmarkts und auf die Strategie der Gewerkschaft zurück, die Arbeitsniederlegungen zugunsten institutionalisierter Verhandlungswege nur als äußerstes Mittel einsetzen wollte. Die Isolation kennzeichne die „Abhängigkeit der Ausländerstreiks von den Reproduktionsbedingungen des inländischen Kapitals und der Kampfbereitschaft der inländischen Industriearbeiter" (ebd., 136). Diese Abhängigkeit kehrte sich in den Streiks 1973 aber in eine reale Möglichkeit des Aufbrechens der Isolation um, seit es in der ökonomischen Krise 1966/67 zu einer Betroffenheit auch der deutschen Arbeiter gekommen sei. Das von ihnen konstatierte wachsende Konfliktpotential ließe sich sowohl auf die „überdurchschnittliche Ausbeutung" (in Bezug auf „Arbeitsplatzunsicherheit" und „Lohndiskriminierung") als auch auf die Zugehörigkeit der ausländischen Arbeiter zum „nationalen Gesamtarbeiter" (ebd., 137) zurückführen. Klassenzusammensetzung und Segmentierung des Arbeitsmarkts denken Hildebrandt und Olle in ihren Termini, indem sie die ausländischen Arbeiter zum nationalen Gesamtarbeiter rechnen, aber als dessen Unterschicht definieren.

Sie erkennen aber durchaus, wie sie es nennen, Spezifika in der Situation der ausländischen Arbeiter, die sie mit dem Begriff der „Zwitterposition" fassen. Die Herkunft, deren Merkmale eine fehlende „Industriosität", eine geringe Qualifikation und mangelnde gewerkschaftliche Erfahrung seien und der vorübergehende Charakter ihrer Beschäftigung, gehörten zu diesen Spezifika. Dies führe zu einer doppelten Belastung für die ausländischen Arbeiter, was etwa in den Streiks in spezifischen Urlaubsforderungen zum Ausdruck käme.

Durch Veränderung der Dauer und Struktur der Ausländerbeschäftigung käme es insgesamt zu Veränderungen dieser Position. Die Ausländerbeschäftigung sei inzwischen massenhaft und zu den anfänglichen Erfahrungen der ausländischen Arbeiter, der Diskriminierung am Arbeitsplatz und in der Reproduktion, käme die Enttäuschung über die Verdienstmöglichkeiten, die geringen Qualifikationsmöglichkeiten, die gesundheitsschädlichen Wirkungen, die Vereinsamung durch die Migration hinzu. Dies steigere, so die These, ihre Kampfbereitschaft.

Hildebrandt und Olle erkennen darin aber keine hinreichenden Gründe, um von einer Konkurrenz zwischen in- und ausländischen Arbeitern sprechen zu können. Tatsächlich werten die Autoren u.a. den Pierburg-Streik als eine Möglichkeit zur verstärkten Integration der ausländischen Arbeiter in die Belegschaften und die Streikbewegung in der BRD. Die Gefahr, die von dieser Tendenz zu einer betrieblichen Integration für die „herrschende Klasse" ausginge, ließe sich zugleich an deren Versuch ablesen, die Interessen der ausländischen Arbeiter als Angriff auf das Reproduktionsniveau der deutschen Arbeiter zu denunzieren.

Zwar bestreiten die Autoren, dass der „Nationalismus" der Arbeiterbewegung sich auf ökonomische Faktoren verkürzen lässt, bezeichnen den Nationalismus aber als eine „notwendige Organisationsform der bürgerlichen Klasse". Im Kapitalismus käme es historisch zur Ausbildung von Teilarbeitsmärkten, innerhalb deren sich die Konkurrenz abspiele, eine Konkurrenz zwischen ausländischen und deutschen Arbeitern sei durch die Aufteilung in Lohngruppen deshalb selten. Die Frage, wie der Rassismus zu bekämpfen sei, beantworten die Autoren dadurch, dass sie eine Vereinheitlichung der Situation für alle Arbeiter fordern. Letztlich hätte, so ihr Fazit, die Situation der ausländischen Arbeiter einen paradigmatischen Charakter, der sich zunehmend auf den gesamten nationalen Gesamtarbeiter ausdehne, insofern Arbeitsplatzunsicherheit, schlechte Arbeitsbedingungen, hohe Arbeitsintensität und Einkommensminderung dauerhaft und zukünftig zu Merkmalen auch der „einheimischen Arbeiter" (ebd., 148) würden. Dies enthalte die Möglichkeit zum gemeinsamen Widerstand in einer internationalistischen Strategie der Arbeiterbewegung.

Hildebrandt und Olle weisen zu Recht darauf hin, dass die Konkurrenz zwischen migrantischen und deutschen Arbeitern durch die Segmentierung des Arbeitsmarkts eingeschränkt ist. Die Solidarisierung der Facharbeiter mit den Forderungen der Migrantinnen im Pierburg-Streik deutet darauf hin. Was die Autoren, und mit ihnen viele andere jener Zeit und weitere bis heute, nicht mehr fassen, ist, dass die Segmentierung selbst Ausdruck von Rassismus ist. Denn die Arbeitsorganisation und die Arbeitsteilung gründen auf einem „historischen Kompromiss". Der Kompromiss vergibt für die Arbeitskraft die Garantie, dass der Lohn nicht streng dem Markt folgen muss, dass er z.B. in einer Krise, in Phasen starker wirtschaftlicher Rezession, nicht ins Bodenlose absinkt. Er ist selbst als Resultat von Arbeitskämpfen zu verstehen. Aber diese korrespondieren zugleich mit einem viel substanzielleren Kompromiss: Zu dem Zeitpunkt, als es den Kämpfen der Arbeiterbewegung gelingt, bestimmte, schwierige, gesundheitsschädliche etc. Tätigkeiten abzulehnen, kommt es zu einer Neuzusammensetzung. Die niedrigere Arbeit wird einer anderen Kategorie von Arbeitskraft zugeordnet, die aufgrund ihres rechtlichen Status nicht direkt in Konkurrenz steht. Der „nationalen Arbeiterklasse" werden 'höhere' und 'qualifizierte' Tätigkeiten der Werksarbeit garantiert und sie kann gegenüber den niedrigeren Arbeiten abgeschottet werden (vgl. Moulier Boutang 1993, 42 f.). Die Einheit der Arbeiter ist gerade durch dieses System verhindert worden. „Im Schutze eines Kompromisses, den die nationale Arbeiterklasse als Eroberung und als Möglichkeit zur Flucht aus den subalternsten Arbeiterverhältnissen aufgefaßt hat, hat sich ein System von Ausbeutung und permanenter Spaltung etabliert und institutionalisiert", womit auch die apostrophierte Einheit vollständig ihres Inhalts entleert war. Nach Moulier Boutangs Einschätzung ist ein Kampf um die Bürgerrechte die Bedingung, um die Frage nach der Einheit überhaupt wieder stellen zu können: „Denn es kann keine Einheit unter Arbeitern, die sich auf dem Arbeitsmarkt frei bewegen können, geben, weil die, die sich nicht frei bewegen können, vor allem darum kämpfen müssen, daß sie genau das können!" (Ebd., 46) Wenn auch die rassistische Diskriminierung in den Arbeitskämpfen zur Sprache kam, spielte die Forderung nach Bürgerrechten im Rahmen der damaligen Arbeitskämpfe kaum eine Rolle.

Im Entschluss zur Migration sehen Hildebrandt und Olle keinen Ausdruck von Kämpfen. Da sie die migrantischen Arbeiter vorwiegend als solche charakterisieren, die selbst keine Erfahrungen in der Industriearbeit und in den Arbeitskämpfen haben, erkennen sie den internationalen Charakter der Migrationsbewegung nicht, die ja nicht selten Gründe in den Niederlagen der sozialen Kämpfe in den Herkunftsländern (wie etwa zu jener Zeit in Spanien, Portugal oder Griechenland) oder in der „Exit-Option" hat, sich ein besseres Leben an einem anderen Ort ermöglichen zu wollen.

Gruppe Arbeitersache und Lotta Continua[71]

Seit Ende der 1960er Jahre interessierten sich auch studentische Milieus für das subversive Potential der Migrantinnen und Migranten. Beim Vietnam-Kongress im Februar 1968 in Berlin forderte etwa Rudi Dutschke: „Wir haben zu diesen Arbeitern zu gehen, zu lernen, zu erklären, zu organisieren und uns als bürgerliche Intellektuelle zu negieren." (Dutschke 1968, 115) Einige linke Gruppen, für die der Zerfallsprozess der Studentenbewegung den politischen (und für manche auch biografischen) Hintergrund bildete, wie die Proletarische Front in Hamburg und Bremen, der Arbeiterkampf in Köln, der Revolutionäre Kampf (RK) im Rhein-Main-Gebiet und die Arbeitersache in München, knüpften spätestens nach den Streiks bei Fiat in Turin (vgl. Rieland 1970) an italienischen Konzepten der Arbeiteruntersuchung an und entwickelten Ideen für die „multinationale Betriebsarbeit", woraus sich Annäherungen auch von migrantischen und studentischen Milieus ergaben (vgl. Proletarische Front 1971; Arbeitersache 1973; Arbeiterkampf 1973; Cohn-Bendit 1975).

Im Frühjahr 1970 begann die Gruppe Arbeitersache ihre Betriebszeitung „Arbeitersache" auf deutsch, griechisch, türkisch und serbokroatisch bei BMW

71 Für ein ausführliches, äußerst freundliches Gespräch und die Unterstützung durch Material und Dokumente über die Arbeitersache, die Siemens-Frauengruppe und den Trikont-Verlag möchte ich Christine Dombrowsky und Axel Ruehle herzlich danken. Bei dem Gespräch anwesend waren auch Peter Birke und Lars Stubbe, denen ich für ausgezeichnete Diskussionen zur Frage der Autonomie der Kämpfe danken will.

im Werk München zu verteilen. Die Gruppe hatte sich ungefähr ein halbes Jahr zuvor aus deutschen und griechischen Arbeitern und Studenten gebildet, die zunächst im Zusammenschluss von Münchener Gruppen, den „Arbeiterbasisgruppen", agiert hatten. Die Entscheidung zur Betriebsarbeit entstand im Diskussionsprozess, bei dem sich „antiimperialistische" Ansätze mit migrantischer Exilpolitik verbanden: „Mit den griechischen Genossen erkannten wir bald daß der wichtigste Verbindungspunkt zu Griechenland die in Deutschland lebenden Massen sind (...). In diesem Zusammenhang wurden die Grundlagen geschaffen für die Einschätzung der revolutionären Ausländerarbeit in der BRD und ihre Funktion im internationalen Rahmen." (Gruppe Arbeitersache 1973a, 9; vgl. auch Verlagskooperative Trikont 1970, 17 f.) Die Arbeitersache bestand bis Mitte der 1970er Jahre aus ca. 150 bis 200 Leuten mit Betriebsgruppen bei BMW, MAN und Siemens, wo es auch eine Frauengruppe gab, sie agierte in den Wohnheimen und organisierte drei Zentren in München.

„Ausländerarbeit"

Das Konzept der multinationalen Betriebsarbeit stellte die Gruppe Arbeitersache in ihrem Buch *Was wir brauchen müssen wir uns nehmen* (1973a) vor. „Zu Beginn unserer Agitation bei der BMW waren wir vor allem in einer Frage sicher: Jede politische Arbeit an Betrieben wie der BMW muß zugleich auch Ausländerarbeit sein. Die zweite wichtige Einsicht die wir gewonnen haben, war die Notwendigkeit der 'Arbeiteruntersuchung'." (Gruppe Arbeitersache 1973, 38)

Die Gruppe Arbeitersache unterschied in ihrer Politik die Massen von der Avantgarde. Aufgrund ihrer „hohen Kampfbereitschaft" zählten sie die migrantischen ArbeiterInnen zur Avantgarde. Für die Multinationalität, die „Ausländerarbeit", in ihrer Betriebsarbeit konstatierten sie drei Schwierigkeiten, die sich im Laufe der Zeit herauskristallisierten: 1. Die Ausländergesetzgebung begriffen sie als Mittel der Repression, das Effekte auf die politische Arbeit hatte und Hierarchisierungen einzog. Die Arbeitersache beobachtete, dass der politische Hintergrund der Arbeiter eine erhebliche Rolle spielte. Die jungen italienischen Arbeiter schätzte die Gruppe als meist optimistisch und selbstbewusst ein, die wiederum diese Haltung für die anderen Arbeiter voraussetzten, ohne jedoch gleichzeitig viele Kontakte im Betrieb zu haben. Jugoslawische Arbeiter interpretierten dagegen die Lage meist zurückhaltender und entwickelten in der politischen Arbeit eher konkrete Vorschläge für Flugblätter und Aufkleber in Abteilungen; sie seien auch geneigter, Hoffnungen auf gewerkschaftliche Vertretung zu legen. Ihren Hintergrund bildeten die Erfahrungen der Arbeiterselbstverwaltung in

Jugoslawien und die Auseinandersetzung mit einer bestimmten Tradition von Sozialismus. Die Gruppe führte das unterschiedliche Verhalten der Migranten auch auf deren unterschiedliche Rechtslage zurück, die auf die Bereitschaft und Form der Kämpfe Effekte zeitigte. Der Spielraum für die politische Arbeit durch die EWG-Freizügigkeitsverordnung, die für die Italiener galt, war größer als für die anderen Migrantinnen und Migranten. In der Avantgarde-Konzeption der Arbeitersache klingt das so: „Insofern haben die verschiedenen Einschätzungen eine reelle Grundlage. Es ist dabei falsch, wenn man nun alle Arbeiter an den kampfbereiten Italienern mißt und sie allein für die wahren 'Massenavantgarden' hält. Dabei kann es passieren, daß man die Avantgarden anderer Gruppen weit hinter sich läßt und massenfeindlich wird." (Ebd.)

2. Die Konzentration auf die migrantischen Arbeiterinnen und Arbeiter brachte eine problematische Gewichtung in die Organisierung und ein Repräsentationsproblem in doppelter Hinsicht. Dies hatte zwei Gründe: Einer war eher pragmatisch. Die meisten Flugblätter ergaben sich aus den Diskussionen mit den Migranten. In den nach Nationalitäten unterteilten Wohnheimen gab es ziemlich regelmäßig unter den Griechen und unter den Italienern Versammlungen. Da die Deutschen nicht in solchen Heimen untergebracht waren, existierte hier diese Möglichkeit nicht, weshalb sich der Kontakt meist auf Einzelgespräche im Betrieb reduzierte. Die Einschätzungen der deutschen Arbeiter oder gar der Facharbeiter wurden deshalb in der Betriebsarbeit vernachlässigt und spielten kaum eine Rolle. Der zweite Grund war ein strategischer: Die Arbeitersache meinte, dass die migrantischen Arbeiter am Band die Lage der Mehrheit und die der Unterdrückten repräsentierten, worin sie ein „vorwärtsstrebendes" Moment für die Kämpfe identifizierten. Für die Zusammenarbeit mit den migrantischen Arbeiterinnen und Arbeitern sah die Gruppe ihre Aufgabe darin, Gedanken einzubringen, Vorschläge zu kritisieren und politische Interpretationen zu bieten. In der konkreten Arbeit entstand daraus ein Repräsentationsproblem: Zum einen stritt sich die Gruppe untereinander über die „richtige" Interpretation der Positionen der Arbeiterinnen und Arbeiter, zum anderen bemerkten sie selbstkritisch, dass sie dazu neigten, manche Inhalte der politischen Arbeit einfach vorauszusetzen und damit zu bestimmen. Ihrem Verständnis zufolge repräsentierte das multinationale Plenum weder die BMW-Arbeiter insgesamt noch konnte es für sie handeln. Die Inhalte sollten auf breiter Ebene überprüft, Diskussionen unter den Arbeiterinnen und Arbeiter geschaffen werden. So bestimmten sie die „Massenlinie", die sich aus den Bedürfnissen und Vorstellungen der Arbeiter ergeben und für die politische Arbeit der Gruppe richtungsweisend sein sollte – im Gegensatz zu einer von der Gruppe den Arbeitern aufoktroyierten Position, die diesen nahe gebracht worden wäre.

3. Das Sprachproblem erforderte Übersetzungen ins Griechische, Italienische, Serbokroatische und Türkische und führte bei Plena zu ermüdenden Sitzungen, oft zu Missverständnissen und häufig redeten die Übersetzer auf diese Weise mehr als die anderen Arbeiter. Zu Recht erklärte die Arbeitersache: „Kein Deutschunterricht für Ausländer kann dieses Problem lösen – ohne Übersetzung würde die Ebene der Debatte von den Sprachkenntnissen bestimmt." (Ebd., 60) Zugleich hatte das Übersetzungsproblem eine inhaltliche Komponente: Der unterschiedliche politische Hintergrund bildete die Basis für die verwendeten Begrifflichkeiten. So bezogen sich die Diskussionen über Sozialismus für jugoslawische Arbeiter auf einen anderen Hintergrund als etwa für ihre griechischen Kollegen. Politische Diskussionen, so das Fazit der Gruppe, mussten zunächst in Nationalitätengruppen stattfinden, auch weil in den Gesprächen häufig Bezug auf die Herkunftsländer genommen wurde. Für das multinationale Konzept barg ein solches Verfahren das Problem der gegenseitigen Isolierung. Etwas resigniert beschloss die Arbeitersache jedoch, die Aufteilung nach Nationalitätengruppen beizuhalten. Die politische Gesamtlinie, so lautete der Anspruch, müsse aber von den „Organisationen der Nationen" gemeinsam ausdiskutiert werden.

Die politische Organisierung war zusätzlich durch eine starke Fluktuation erschwert. Im Jahr 1971 arbeiteten nach Angaben der Gruppe bei BMW Personen aus 41 Nationen und am Band gab es eine Fluktuation von 30%. (Vgl. ebd., 109) In ihrem Buch gibt die Arbeitersache ein anschauliches Bild: „Am Band gibt es Pendler, mit einer auf dem Land gezüchteten reaktionären Ideologie, Türken, die in Istanbul große Erfahrungen in Klassenkämpfen gemacht haben, junge Österreicher, die von daheim abgehauen sind, griechische Abiturienten, denen keine akademische Laufbahn offenstand, Tunesier, die von den Klassenkämpfen bei Renault sprechen, tiefreligiöse türkische Bauern, die ein erfolgversprechendes Agitationsfeld für die Faschisten sind, amerikanische Arbeitertramps, die durch die ganze Welt ziehen, 'kleinbürgerliche' deutsche Familienväter, griechische Widerstandskämpfer, italienische Jugendliche, die jede Gelegenheit wahrnehmen, um aufzumucken, verkrüppelte deutsche Arbeiter, weil BMW einen Staatszuschuß erhält, wenn sie eingestellt werden, jugoslawische Arbeiter, die glauben im Kapitalismus einem falschen Sozialismus entrinnen zu können." (ebd., 109 f.) Obwohl sie auf diese Differenzen und Hintergründe der Migrantinnen und Migranten in der Zusammensetzung des Massenarbeiters verweisen, schließen sie dennoch: „Andererseits sind all diese Unterschiede letztlich nicht entscheidend gegenüber dem, was sie alle vereint: die entmenschlichte Arbeit in ihrer brutalsten Form." (Ebd., 110)

Die Gruppe Arbeitersache nahm für ihre Betriebsarbeit eine LP mit Liedern auf und setzte sie für ihre Demonstrationen, Feste, Veranstaltungen und Agitationen vor dem Fabriktor ein. Ein kleiner Kommentar zu dem Stück „Wir sind alle Fremdarbeiter"[72] im Inlay des Plattencovers bestätigt das vorausgegangene Zitat: „Wie sind alle Fremdarbeiter. Das ist eine Parole vom 1. Mai 1971. Sie soll ausdrücken, daß vor dem Kapitalisten kein Unterschied zwischen Ausländern und Deutschen besteht, daß beide unterdrückt werden, daß beiden die Produkte, die sie schaffen, nicht gehören, daß beiden die Arbeit fremdbestimmt und ausbeuterisch erscheinen. Sie soll ausdrücken, daß die ausländischen Arbeiter ein fester Bestandteil der Arbeiterklasse geworden sind, daß kein Kampf mehr isoliert von Deutschen und Ausländern allein geführt werden kann, daß wir alles daran setzen müssen, die Spaltung zwischen Deutschen und Ausländern zu überwinden." (LP der Gruppe Arbeitersache – „Wir befreien uns selbst")

Militante Untersuchung

Die Arbeiteruntersuchung sollte helfen herauszufinden, wo und wie bei der politischen Arbeit und Agitation von den Bedürfnissen der Arbeiter ausgegangen werden konnte und ob bei jenen das Bedürfnis bestehe, „als Klasse zu handeln". Ziel war es vor der Agitation die Kampfbereitschaft zu ermitteln. Die Methode der Untersuchungsarbeit sollte eine Mischung aus soziologischer Datenerhebung (Anzahl der Bandarbeiter, Zusammensetzung der Arbeiterschaft im Betrieb, Unterteilung nach Nationalitäten), Analyse der allgemeinen Kapitalentwicklung des Konzerns, der technischen Entwicklung des Arbeitsprozesses und Darstellungen des konkreten Arbeitsprozesses sein. Die Annahme war, dass die migrantischen Bandarbeiter die „entfremdetste und schwerste Arbeit" im Betrieb machten und ihre Lebenssituation gleichzeitig dadurch stärker an die Fabrik gekoppelt war, dass sie häufig in Wohnheimen auf dem Fabrikgelände lebten und ihre Miete gleich vom Lohn abgezogen wurde. Zur Bestimmung einer revolutionären Strategie sah man die Datenerhebung aber nicht als hinreichend an. Als viel wichtiger galt die Konfrontation mit den Inhalten und Formen des Klassenkampfs in Europa. Das Wissen über die Betriebskämpfe bei Fiat in Italien und bei Renault in Frankreich sollte vermittelt, übertragen und übersetzt werden: „Es kam darauf an, den Arbeitern Kampfinhalte und Interpretationen aufzuzeigen, die andere Arbeiter in einer objektiv ähnlichen Situation schon zum Ausdruck gebracht hatten." (ebd., 38 f.)

72 Der Text ist vermutlich als Verweis auf die Ausweisung Daniel Cohn-Bendits aus Frankreich nach dem Pariser Mai 1968 und auf die Solidarisierung der französischen Studenten zu verstehen, die bei Demonstrationen skandierten: „Wir sind alle deutsche Juden!" Ein anderer historischer Bezug existiert in der Losung „Siamo tutti operai" in den sozialen Kämpfen jener Zeit in Italien.

Allerdings wurde schnell deutlich, dass ohne einen konkreten Bezug zur Situation der Arbeiter bei BMW diese Vermittlungsarbeit ins Leere lief, die Möglichkeit zur Übertragung auf die Verhältnisse in der eigenen Fabrik fehlte. Die Gruppe Arbeitersache war in Interne (alle im Betrieb tätigen, meist ausländischen Arbeiter und Studenten) und Externe (zu denen auch Arbeiter aus anderen Betrieben zählten) unterteilt. Die Untersuchungsarbeit führten, zu Anfang in einem „äußerst straff" organisierten Modell, vor allem die Internen durch. Straff organisiert war das Modell, insofern es einen klaren Aufbau der Betriebsgruppen mit festgelegten Aufgaben gab, die auch das Verhältnis der Gruppe zu den Arbeitern festlegte (vgl. Gruppe Arbeitersache 1973, 87).

Weder fand die Gruppe eine einheitliche Auffassung noch gleiche Interessen unter den Arbeitern vor, die gleichsam einfach aufgesammelt werden konnten. Das „Arbeiterbewusstsein", so das Fazit, sei widersprüchlich, konfus – progressive und rückschrittliche Vorstellungen darin vorhanden. Diese stark normative Bewertung weist darauf hin, dass die Agitation der Gruppe unter einem Vorbehalt geschehen sollte: sie urteilte, was progressiv, was falsche und was richtige Positionen waren. Für die politische Arbeit sollte von der „progressivsten Position" ausgegangen werden. „'[Aus] den Massen schöpfen'„ hieße nicht, „sich den im Proletariat vorhandenen Ängsten und falschen Meinungen unterzuordnen" (ebd., 43). Organisation und Avantgarde sollten aber die radikalen Elemente, die in jedem Kampf zum Ausdruck kommen würden, weder repräsentieren noch ersetzen, sondern zum Ausdruck bringen und als deren „organische Führung" hervorgehen.

Die Strategie bestand im Grunde aus drei Komponenten: Aufklärungsarbeit gegen die Hierarchien zwischen den Arbeitern, den Abteilungen und Lohnkategorien leisten, autonome Aktionsformen aus den individuellen und spontanen Widerstandsformen entwickeln und schließlich sollten auf diese Weise die Arbeiter „handelnde Subjekte" werden.

Durch Gespräche, Agitation, Diskussionen und Aktionen war ein stets durch die Praxis korrigierbarer Lernprozess anvisiert. Damit sollte ein in den Augen der Arbeitersache vorhandener „Mangel" ausgeglichen werden: Die eigene soziale Herkunft sollte sich im gemeinsamen Kampf um proletarische Inhalte und Widerstandsformen verändern, die Untersuchungsarbeit zugleich als erster Schritt zur Proletarisierung dienen. Die Vorstellung, dass der eigene soziale Hintergrund ein Problem darstellte, änderte sich, als Lotta Continua, eine auch in Deutschland aktive Organisation der italienischen Neuen Linken, Einfluss auf die Gruppe nahm. Die neue These war: „Wir sind alle Proletarier, ob Externe oder Interne, ob Arbeiter oder Studenten." (Gruppe Arbeitersache 1973, 88) Die Externen bekamen nun die Aufgabe, täglich vor dem Werkstor Kontakte mit Arbeitern zu knüpfen. Internationale Versammlungen hatten den Zweck, den Arbeitern zu zeigen, dass hinter ihren „radikalen Bedürfnissen" eine Organisation steht. Wichtig war, dass auch die Externen in einen Lebenszusammenhang mit den Arbeitern treten, mit ihnen essen, feiern, Veranstaltungen durchführen.

In der Vorstellung der einheitlichen Bedingungen der Bandarbeiter – sei es bei BMW, bei Renault oder Fiat – verkehrte sich, was als Nachteil für die Agitation galt, nämlich die Mobilität der Arbeitskraft und die Unterschiede von Betrieb zu Betrieb, im nationalen und internationalen Maßstab, ins Gegenteil: Wenn die Arbeiter an einem Ort gegen Akkord, Meister oder Wohnbedingung gekämpft haben, würden sie es aufgrund der gleichen Bedingungen, aber auch aufgrund ihrer Subjektivität an einem anderen Ort auch tun. Der Kampf der Arbeiter richtete sich nicht gegen die spezifische Ausbeutungssituation, sondern gegen die Situation als Ausgebeutete. Denn: „Die Kontinuität revolutionarer Arbeit bestimmt sich in einer total vom Kapitalismus verwalteten Welt nicht durch den Ort, sondern durch die Subjekte." (Ebd., 46)

Die Kampagnen der Gruppe Arbeitersache

Als die Arbeitersache 1970 bei BMW mit ihrer Betriebsarbeit begann, standen die Tarifverhandlungen auf der Tagesordnung, die im Lichte von Streiks in Nordrhein-Westfalen und Hessen standen. Die Gewerkschaft war, nach einer Stillhaltepolitik in der Rezessionsphase mit der Forderung nach 15% Lohnerhöhung angetreten, die Unternehmer boten 9%. Die meisten Arbeiterinnen und Arbeiter bei BMW hatten, vor allem aufgrund der schlechten Erfahrungen mit der Gewerkschaft im Betrieb, kaum Hoffnungen, auf die Tarifverhandlungen Einfluss nehmen zu können. Die Situation der Bandarbeiter, von denen die meisten Migrantinnen und Migranten waren, war für die Gewerkschaftspolitik ohne Belang. Die Gruppe Arbeitersache begann mit dem Verteilen ihrer Zeitung „Arbeitersache" und forderte in loser Folge Streik für die 15%, Kampf gegen die Politik der Gewerkschaften bei den Verhandlungen und Abschaffung der Spätschicht und berichtete von anderen Streiks in München und bei BMW. Anfang Oktober fanden die ersten spontanen Warnstreiks in der Lackiererei statt, wo außer an den Kontrollen nur Migrantinnen und Migranten in einer Dunstglocke von Nitrodämpfen arbeiteten. Die Streikenden trafen sich vor dem Werkstor und gingen später geschlossen in eine Kneipe. Der Streik hatte einen weiteren Hintergrund. Einige Tage zuvor hatten Arbeiter aus der Lackiererei einen Dolmetscher verprügelt, der 300 bis 400 Mark Schmiergelder dafür einkassieren wollte, wenn er den Frauen dieser Arbeiter eine Arbeitsbestätigung von BMW als Unterlage für eine Aufenthaltserlaubnis besorgte (vgl. Gruppe Arbeitersache 1973a, 52). Der Streik sprach sich im Werk nicht herum und einige beteiligte Arbeiter wurden entlassen. Als diese Neuigkeit bekannt wurde, behaupteten Meister die „streikenden Ausländer" seien betrunken gewesen und hätten einen Meister zusammengeschlagen. Es kam aber kaum zu Solidarisierungen, der Widerstand war insgesamt gebrochen.

Etwa ein Jahr später, im Sommer 1971, begann die Gruppe Arbeitersache eine Kampagne gegen die Akkordarbeit. Die Artikel in der Betriebszeitung bezogen sich direkter auf den Arbeitsprozess und seine Effekte: ein Arzt beschrieb die gesundheitlichen Auswirkungen der Überlastungen und die von Luftverschmutzung, Lärm, Arbeitshetze und Hitze gekennzeichnete Arbeitssituation. Ein weiterer Artikel thematisierte die grundsätzliche Bedeutung des Akkords und zielte auf den Kampf um die Kontrolle des Akkords. Im Folgenden lud die Gruppe zu „internationalen Versammlungen" in einer nahegelegenen Kneipe ein, zu denen etwa 40 bis 50 vor allem migrantische Arbeiterinnen und Arbeiter kamen, die sich meist erst auf Ansprache an den Toren oder nach Einladung in den Wohnheimen entschlossen, dorthin zu kommen. Die Versammelten benannten die ständige Erhöhung des Arbeitsdrucks und die hohe Fluktuation in den Abteilungen als Problem für ein gemeinsames Vorgehen. Spontane Solidarisierungen untereinander waren kaum zu erwarten.[73] Auf den Versammlungen wollten die Anwesenden allerdings nicht nur über die Bandgeschwindigkeit sprechen, sondern über „ihre Probleme insgesamt": Wie die Gruppe Arbeitersache selbstkritisch bemerkt, blockierte sie solche Diskussionen, „obwohl in ihnen sicher eine Möglichkeit gelegen hätte, auch längerfristige und intensivere Kontakte aufrechtzuerhalten. (...) Darüber hinaus machten sie uns auch in aller Deutlichkeit klar, daß die gezielte Organisierung von Aktivitäten in der Fabrik auch anhand des brennensten Themas sehr schwierig sein würde und daß es gerade deshalb besonders wichtig ist, *jede* Initiative, die von Arbeitern ausgeht, zu vermitteln und exemplarisch herauszustellen." (Ebd., 106) An anderer Stelle (und aus ihrer veränderten Perspektive des späteren Konzepts der „Regionsarbeit") schreibt die Arbeitersache,

73 Die Gruppe Arbeitersache konstatiert: „Gewöhnlich jedenfalls empfinden die Arbeiter ihre ganze Individualisierung und Zusammenhanglosigkeit als ein fast unüberwindliches Hindernis, über das wir auch mit guten Ratschlägen nicht hinwegkommen. Und daß ein zu weites Vorauseilen, ein Spekulieren auf die Solidarität der anderen nicht automatisch zum Erfolg führt, mußten wir 1972 beim Streik der italienischen Arbeiter ziemlich bitter erkennen." (Gruppe Arbeitersache 1973a, 105)

dass der Gruppe vielfach vorgeworfen wurde, ihre politische Beschränkung auf die Fabrik sei borniert gewesen: „Wir sind oft völlig an den Bedürfnissen der Arbeiter vorbeigegangen, wenn wir zum hundertsten Mal darauf bestanden, über die Bandgeschwindigkeit zu reden, während die Arbeiter ganz andere – und inzwischen meinen wir politisch ebenso schwerwiegende – Dinge interessierten: Die Preise, das Frauenproblem der Ausländer, die Palästinenser oder was auch immer. Durch unsere Betriebsborniertheit wiederholten wir die Aufteilung des Lebens in Arbeit und Freizeit, die uns von den Kapitalisten diktiert wird, indem wir die Arbeiter nur unter dem Teilaspekt betrachten, daß sie acht Stunden am Tag in der Fabrik ausgebeutet werden." (Ebd., 172)

Nach der halbwegs gescheiterten Agitation um die Tarifkampagne 1970/71 nahm Lotta Continua (LC) Kontakt zur Gruppe Arbeitersache auf, weil sie von deren „multinationalem Konzept" gehört hatte und eine Agitation unter den migrantischen Arbeiterinnen und Arbeitern beginnen wollte. Die Zusammenarbeit bedeutete eine Reflexion des Konzepts der „multinationalen Betriebsarbeit" und nach eigenen Aussagen einen „entscheidenden Einschnitt" für die Gruppe Arbeitersache: „Unsere Tätigkeit wurde jetzt mit einem Begriffsapparat konfrontiert, der aus den italienischen Klassenkämpfen stammte. Durch die intensivere Beschäftigung mit der Situation in Italien und durch die Diskussion in der Gruppe wurden die Begriffe 'Autonomie' und 'Angriff auf die kapitalistische Organisation der Produktion' in unsere Arbeit eingeführt. Dabei war vor allem der Begriff der Autonomie wichtig für die Zukunft, für einzelne richtige und falsche Aktionen." (Ebd., 58) In den Mittelpunkt der politischen Praxis sollte die Autonomie der Kämpfe gerückt werden. Dabei ging es nicht um einen Begriff von Autonomie im Sinne einer Emphase auf die Subjekte, sondern autonom seien Kämpfe, wenn sie nicht bloß im Bewusstsein der Arbeiter, in der Absicht der Klasse verankert seien, sondern objektiv gegen den kapitalistischen Entwicklungsmechanismus gingen. Autonomie definierte die LC demnach nicht nur negativ, als Kämpfe die autonom von Parteien und Gewerkschaften geführt würden, sondern positiv als die Weigerung, sich den Kapitalinteressen zu unterwerfen. (Vgl. Lotta Continua 1974 und die Auseinandersetzung mit dem Konzept in Revolutionärer Kampf 1974.)

Lotta Continua „brachte vor allem positive Momente ein, aus denen wir viel lernten: Zum Beispiel, daß Politik heißt, den Lebenszusammenhang einbeziehen; daß man mit den Arbeitern leben, feiern, singen und nicht nur diskutieren kann. Daß die Versammlung im Wohnheim, die tägliche Anwesenheit an der Fabrik auch ohne Flugblatt die interne Arbeit wesentlich unterstützen, daß die Ausländer tatsächlich konkrete Avantgardefunktion übernehmen, usw. In vielen Fragen war damit die LC für uns das entscheidende vorwärtsstrebende Moment. (...) Wichtig war für uns aber vor allem, daß mit LC die Betriebsgruppe ganz neue Strukturen erhielt: Sie wurde proletarischer, sie wurde auch zum ersten Mal wirklich 'multinational'" (Gruppe Arbeitersache 1973a, 58).

Ein Jahr später fanden Vorbereitungen zur Tarifkampagne 1971 bei MAN und BMW statt. Ihr Ziel bestand darin, die kapitalistische Organisation der Arbeit zum Thema zu machen, was die Lebenshaltungskosten und die Situation in der Fabrik umfasste. Aus Berichten über die Anfänge der Fiatstreiks in Italien (vgl. Rieland 1970)[74] hatte die Gruppe den Eindruck: „Erst nach den Kämpfen, die für wenig Prozent mit einer unglaublichen Härte geführt wurden, fragte man sich, weshalb die Arbeiter ein solches Risiko auf sich nahmen. Nicht die drei Prozent Lohn waren die Ursache, sondern vor allem die unerträgliche Situation am Arbeitsplatz, der Akkord, die Meister, die ganze Lebenssituation." (Gruppe Arbeitersache 1973a, 113) Eine Beobachtung, die sie auch durch Gespräche mit Lehrlingen und deren Erfahrungen bei Streiks in der Chemieindustrie bei Merck und Degussa gewonnen hatten. In den Schilderungen der Lehrlinge wurde deutlich, dass die im Verlauf des Streiks stattfindende kollektive Organisierung des Lebens, durch gemeinsames Kochen oder die Einrichtung eines Kindergartens und das Verprügeln der Meister als Ausbruch aus ihrem Leben empfunden wird. Während ökonomischer Kämpfe, schloss die Gruppe Arbeitersache, müsse „das ganze Leben der Proletarier" (ebd.) miteinbezogen werden. Schließlich stimmten die Berichte über 2000 migrantische Arbeiterinnen und Arbeiter, die in eine Betriebsversammlung bei Opel Rüsselsheim eindrangen und die Forderung nach einer Mark mehr für alle stellten, die Aktivisten optimistisch. Darüber hinaus hatte sich während der Aktion bei Opel ein Teil der deutschen Arbeiter solidarisiert, was auch die Spaltung in Deutsche und Ausländer zumindest situativ überwindbar erscheinen ließ. Unberücksichtigt blieb indes, dass die Forderung nach

74 Das Buch über die Fiat-Streiks vom Frühsommer 1969 in Turin erschien im Münchner Trikont-Verlag, der eng mit der Arbeitersache verbunden war. Im gleichen Jahr (1970) erscheint in dem Verlag das Buch *Emigration und Imperialismus. Zur Problematik der Arbeitsemigranten* von Paolo Cinanni, das eine Gleichstellung der „einheimischen" und „eingewanderten" Arbeiter und deren Integration fordert und die Arbeitsmigration als Folge imperialistischer Politik interpretiert, die das Gefälle zwischen industrialisierten und armen Ländern verschärft. In dem darin enthaltenen kritischen Vorwort „einer Betriebsgruppe" fordert diese, die historische Haltung der traditionellen Arbeiterorganisationen und -parteien gegenüber der Arbeitsemigration zu überdenken und eine historische Analyse der Veränderungen vorzunehmen (vgl. Verlagskooperative Trikont 1970, 13 f.).

einer Mark mehr schon seit Monaten durch den Revolutionären Kampf (RK) bei Opel hineingetragen wurde und die Aktion organisatorisch vorbereitet worden war (50 migrantische Arbeiter hatten das Vorgehen bei der Betriebsversammlung abgesprochen). (Vgl. Cohn-Bendit 1975, 106 ff.) „Die unüberlegte Übernahme der Opelereignisse musste bei der MAN eine schlechte Kopie werden." (Gruppe Arbeitersache 1973a, 114) Zwar kam es zu einer Intervention bei der Betriebsversammlung, aber die kurzfristig hineingetragene Forderung nach einer Mark mehr für alle war nicht verankert. Der Werkschutz löste die Versammlung auf und nahm zwei aus der Gruppe fest.

Bei BMW wiederholte sich dieses Spiel beinahe, zu einer Massenmobilisierung kam es nicht. Bei der Vorbereitung zur Betriebsversammlung (BV) gingen insbesondere die italienischen und griechischen Arbeiter aus dem Betrieb von einer hohen Kampfbereitschaft bei den Bandarbeitern aus und wollten eine autonome Versammlung organisieren, die zu einem Streik führen sollte. In der Diskussion einigte man sich, dass etwa 200 Arbeiterinnen und Arbeiter die Forderung nach „20 Minuten bezahlte Pausen und keine weitere Akkorderhöhung" auf der BV vortragen sollten. Dort ging dann aber alles schief: es ließ sich kein griechischer Redner finden, niemand wollte die Transparente tragen, alle standen vereinzelt herum, anstatt gemeinsam aufzutreten. Der Betriebsrat machte sich die Situation zu Nutzen, schloss die Versammlung schnell und schickte die Leute zur Arbeit. Daraufhin bildeten sich zwar Diskussionsgruppen, ein Werkschutzmann wurde verprügelt und eine Reihe von Leuten kam zu spät zur Arbeit. Aber nach der Aktion war keine Versammlung außerhalb der Fabrik geplant, es kam kein Flugblatt heraus und auch die Betriebszeitung veröffentlichte die Gruppe zu spät. Trotz dieser Fehler resümierte die Arbeitersache, dass die Aktion doch wenigstens zu einer polarisierenden Diskussion innerhalb der Fabrik beigetragen hätte und viele die gemeinsame Planung, Durchführung und Diskussion als wichtiges Mittel zur „Überwindung der Trennung der verschiedenen Nationalitäten" (ebd., 119) empfunden hätten. Trotzdem war der Gruppe klar, wie sie schrieb, dass sie weder das Handeln der Arbeiter selbst ersetzen, noch Aktionen „losgelöst von den Massen", isoliert oder als Selbstzweck initiieren könne.[75] Eine Intensivierung der

75 Die hier von ihnen vorgenommene Abgrenzung dokumentiert den repressiven politischen Hintergrund zu jener Zeit: „Die Arbeitersache ist keine Rote-Armee-Fraktion des Fabrikkampfes." (Gruppe Arbeitersache 1973a, 116) In ihrem Buch verweist die Gruppe Arbeitersache auf mehrere Situationen, wo der Bezug auf die Aktionen der RAF seitens der Polizei oder auch des Betriebsrats Effekte auf die Betriebskämpfe zeitigte: So wurden im Verlauf des so genannten Italienerstreiks zwei Leute aus dem Wohnheim wegen angeblicher Vorbereitung eines Sprengstoff-

Untersuchungsarbeit sollte ein erneutes Scheitern der Aktionen verhindern und Vorstellungen über die „wahre Kampfbereitschaft" der Arbeiter geben.

Mehr als Betriebsagitation

Eine Möglichkeit, der eigenen organisatorischen Schwäche zu begegnen und von der Reduktion der politischen Arbeit auf die Fabrik loszukommen, sah die Gruppe Arbeitersache darin, die Individualisierung der Arbeiterinnen und Arbeiter durch kollektive Momente außerhalb der Fabrik, etwa durch Feste zu durchbrechen. „Die Anregung kam vor allem von den italienischen Genossen, die sie als 'Kulturgut' der italienischen Klassenkämpfe bei uns einbrachten." (ebd., 165) Damit kam „ein völlig neuer politischer Stil" in die Gruppe, der auf die Situation der Migranten reagierte, „auch außerhalb der Fabrik der größten Vereinzelung und Diskriminierung ausgesetzt" zu sein (ebd. 166). Das erste von der Gruppe Arbeitersache organisierte Fest fand in einer Kneipe statt. Es kamen viele Arbeiter und Lehrlinge: Griechen, Jugoslawen, Türken, Italiener, Deutsche. „Die Italiener sangen ihre Kampflieder, alle tanzten mit den Griechen und wir agitierten mit unseren paar Liedern einige Stammgäste, die verschiedenen Nationalitäten diskutierten miteinander, die Studenten mit den Arbeitern, und es endete in einem irren Getümmel, wo auf engstem Raum jeder mit jedem tanzte." Großen Erfolg hatte der Pantomime Alberto Vidal aus Mailand, der eine stumme Darstellung des Lebensablaufs eines Fabrikarbeiters bot: „Er schilderte mit Akrobatik und Clownerie den Arbeitstag, den Konsum, das Wochenende, das mißlungene Liebeserlebnis und schließlich den Ausbruch und Kampf." Darauf folgte eine begeisterte und heftige Diskussion, bei der die Arbeitersache bedauerte, nicht vorbereitet gewesen zu sein, um sie „auf Betrieb und Aktionen" zu lenken.

Für den ersten Mai 1972 planten Arbeitersache, LC und die Frauengruppe bei Siemens ein Fest am Vorabend und einen Demonstrationszug. Flugblätter wurden verteilt, in denen die Lohnfrage, der Akkord, die gesundheitsschädliche Arbeit, Betriebsunfälle, Überstunden, Kurzarbeit, die Kontrolleure und Meister, der „gemeinsame Kampf von Ausländern und Deutschen, von Frauen und Männern, Alten und Jungen", die Preise, das Verkehrsproblem, die Mieten, die Gewerkschaft, die Betriebsräte thematisiert wurden. Allen Aussagen wurden konkrete Beispiele von Auseinandersetzungen im jeweiligen Bereich

---

anschlags verhaftet (vgl. Gruppe Arbeitersache 1973a, 136 f.) und der Betriebsrat versuchte die Gruppe als „Bombenleger" zu denunzieren (ebd., 146). Eine andere Art die Legalität der Gruppe seitens der Polizei in Frage zu stellen bestand allerdings darin, sie als „Dachorganisation der Ausländer" zu bezeichnen (ebd., 150).

gegenübergestellt. Das Motto sollte die Autonomie der Kämpfe zum Ausdruck bringen: „365mal im Jahr Kampftag der Arbeiter. Wir vertreten uns selbst." Die Demonstration zog mit etwa 700 Teilnehmern, mit Sprechchören und Liedern von einem Arbeiterviertel in die Innenstadt Münchens, sie hinterließ an Mauern und Wohnheimen Graffitis. Zu dem Fest am Abend kamen etwa 600 Leute. Die Gruppe hatte in ihrem Programm „für jede Nationalität" etwas vorgesehen, die Anwesenden griffen aber in dieses Programm ein und machten ihre eigenen Darbietungen: Obwohl die Arbeitersache von der Notwendigkeit überzeugt war, eine „eigene proletarische Kultur entwickeln zu wollen, eine: der Bourgeoisie den Einfluß in allen Bereichen des Lebens entreißen; Autonomie, die den ganzen Lebenszusammenhang der Arbeiterklasse umfasst" (ebd. 169), wurde ihnen bei dem Fest zu wenig diskutiert.

Doch gerade was die Kämpfe jenseits der Betriebe betraf, gingen die Versuche der Theoretisierung häufig an den Praktiken der Migrantinnen und Migranten vorbei. Und nicht nur das: Die Gruppe Arbeitersache erkannte zwar vor allem durch die Auseinandersetzungen mit LC, aber auch durch die Erfahrung in der eigenen Betriebsarbeit, dass die Trennung von Arbeit und Leben nicht funktionieren konnte, entwickelte aber zugleich keine Konzepte, die über das Organisieren von Festen und die Mobilisierung in den Wohnheimen hinausging. Themen wie Schule und Kindergärten, die Situation im Wohnheim, die Forderung nach einem Hausfrauentag werden zu Forderungen oder Ausgangspunkt in den Kämpfen vor allem der Migrantinnen. Der Anspruch eine „eigene proletarische Kultur entwickeln zu wollen" reduzierte sich in den Festen offenbar darauf, Kultur zum reinen Mittel oder Instrument zu machen, um politische Inhalte zu transportieren oder zu popularisieren. Im Rückblick liegt in der Vorstellung, für „jede Nationalität etwas dabei zu haben", ein Vorläufer multikultureller Festivitäten. Damit einher geht in den Ausführungen der Gruppe eine nicht selten artikulierte exotisierende, kulturalistische Zuschreibung. Insgesamt scheint es, dass die später tragenden Konzepte wie Regionsarbeit, das die Region insgesamt als Feld der politischen Arbeit in den Blick nehmen wollte und auf das ich im folgenden Kapitel zu sprechen komme, vor allem als Konsequenz aus dem Scheitern der Arbeitskämpfe entwickelt wurden. Das Wohnheim wird entsprechend als Verlängerung der Fabriksituation angesehen, die „Wohnfabrik" eben (Gruppe Arbeitersache 1973, 108). Die migrantischen Kämpfe des Alltags gerieten unter dieser Perspektive aus dem Blick. Die Klassenanalyse behandelte sie lediglich als eine „Ausweitung" der militanten Betriebsarbeit in die „Fabrikgesellschaft", die offenkundig nur als einfache und gleichförmige Ausdehnung des Fabrikregimes auf sämtliche Bereiche des gesellschaftlichen Lebens gedacht war (vgl. Müller 1995).

Lotta Continua: Der so genannte Italienerstreik

Ein letzter Versuch, im Betrieb durch einen Streik gegen die Arbeitsverhältnisse Widerstand zu leisten, war der so genannte Italienerstreik bei BMW 1972. (Vgl. auch Maurer 1972) Der Streik und die Aktionen (Versammlungen, Teach-in an der Universität, Demonstration) wurden gleich am zweiten Tag durch zahlreiche Entlassungen und eine Razzia der Polizei im Wohnheim quittiert und nach kürzerer Zeit beendet, was der politischen Arbeit einen harten Schlag versetzte. Die deutsche und die italienische Gruppe kommunizierten zeitweise nicht mehr miteinander, die jugoslawische Gruppe löste sich auf. Ein neuer Diskussionsprozess kam erst wieder im folgenden März zustande. Aus verschiedenen Diskussionen mit migrantischen Arbeitern, die nach dem Streik geführt wurden, resümiert die Arbeitersache: „Es wurde klar, daß die Bedingungen des Heimatlands, die Repression, der kulturelle Hintergrund, die nationale Kommunikation, die Lage als Immigrant *insgesamt* das Verhalten der Arbeiter bestimmen." (Gruppe Arbeitersache 1973, 152)

Auch LC verfasste nach den Auseinandersetzungen bei BMW und während einer Hausbesetzung[76] ein Diskussionspapier, das vor allem die Situation der Migrantinnen und Migranten und die politische Situation in Deutschland konzeptuell und strategisch behandelte. Bevor eine neue Aktion geplant werden könnte, sollte das Papier zu einer Reflexion dienen, die zu einer Reorganisierung der Gruppe und zu einer Kooperation mit anderen Migrantinnen und Migranten außer denen aus Italien führen sollte und helfen, aus der politischen Isolation herauszuführen.

Eine allgemeine Strategie fehlte: „In dem Bedürfnis, bestehende Situationen zu radikalisieren, ist uns entgangen, wie isoliert wir in Wirklichkeit sind, wie wenig wir den wachsenden Ansprüchen, die die politische Arbeit an uns stellt, gewachsen sind (und da wir diese Ansprüche erst jetzt klar erkennen, erscheinen sie uns noch viel größer). Wir haben keinerlei Antwort auf die neuen Probleme, die sich aus der Klassensituation des kapitalistischen und imperialistischen Deutschland entwickelt haben. Jede neue Tatsache, die über die Grenzen unserer politischen Tätigkeit hinausgeht, überrumpelt uns, wir stehen ihr ohnmächtig gegenüber, auch wenn sie von enormer Tragweite ist, als hätten wir gerade in dem Moment die politische Tätigkeit aufgenommen." (Lotta Continua 1973a, 155) Eine zukünftige multinationale Organisation müsste politisch und organisatorisch auf die Vereinheitlichung der Ziele, Instrumente und Inhalte zielen

76 Die Hausbesetzung fand in der Trogerstraße in München statt.

und bei Klärung der Differenzen die Spaltungen zwischen Migrantinnen und Migranten und die Deutschen aufheben. Als wichtigstes Ziel galt der LC folglich die „Wiedervereinigung“ der Klasse.

Die politische Arbeit führte LC zu drei Beobachtungen über die Situation der Migrantinnen und Migranten und ihre mögliche strategische Einheit in den Kämpfen. 1. Was „die gleichartige Organisation der Ausbeutung“ der migrantischen Arbeiter innerhalb und außerhalb der Fabrik genannt wurde, umfasste die drei Punkte: Kontrolle des gesamten Lebenszyklus (Fabrik – Wohnheim) durch den Unternehmer; ein Mechanismus der Provisorität, der Unbeständigkeit, der die Beziehungen am Arbeitsplatz und in der Gesellschaft bestimmt, von dem der Aufenthalt in Deutschland abhängt (befristeter Vertrag, Abhängigkeit des Wohnraums im Wohnheim vom Arbeitsvertrag, Abhängigkeit der Arbeitserlaubnis vom Wohnsitz) und auf den sich „die harten Einschränkungen und Erpressungen des Emigranten“ gründeten; eine homogene Organisation des Emigranten innerhalb der Produktion: niedrige Lohnkategorien, Akkord, gesundheitsschädliche Arbeit, Überstunden. 2. Die Bereitschaft, vereinheitlichende Kampfinhalte bezüglich dieser allgemeinen Bedingungen aufzunehmen. 3. Die große Schwierigkeit, diese Bereitschaft und die mit ihr verbundene Spontaneität in kontinuierliche Organisationsformen zu überführen, da eine politische Linie fehlte, die diese umfassende Situation der Migranten aufgenommen hätte und LC die Strukturen, Instrumente und Bezugspunkte fehlten, um eine solche Linie umzusetzen. (Vgl. ebd., 157 f.)

Die gewünschte Einheit der Migrantinnen und Migranten könnte, so LC, aufgrund der Wechselbeziehungen der oben genannten Aspekte nicht von der Fabrik aus gedacht werden. Denn dann wäre erwiesen, dass man nicht verstanden hätte, wie die Aspekte der Situation für den Migranten sich gegenseitig bedingen und wie sie ihn in seiner Bereitschaft zu kämpfen beeinflussten („wenn ich streike, werde ich entlassen, aus dem Wohnheim geschmissen, aus Deutschland rausgeschmissen, etc.“), dass diese Zusammenhänge in jedem in der Emigration zu führenden Kampf vorhanden und Auseinandersetzungen damit notwendig seien (vgl. ebd., 158). Die Zersplitterung und Isolierung der Migrantinnen und Migranten in der Gesellschaft und ihre „nationale und kulturelle Identität“ mussten bei der Bestimmung einer politischen Linie berücksichtig werden. Eine Ausdehnung von spontanen Kämpfen sei allerdings behindert durch die Fähigkeit und Möglichkeit des Unternehmens, sie mit Hilfe von Institutionen wie Kriminalpolizei, Gericht, Gewerkschaft und Ausländeramt zu isolieren und zu kriminalisieren.

Die adäquaten Instrumente für die politische Arbeit sah LC zum einen in der Bildung von Zellen, die an den Orten, wo sich die politische Arbeit abspielte

(Fabriken, Wohnheime, Stadtviertel, Baustellen) agieren sollten, zum anderen in der Herausgabe von Betriebszeitungen auf italienisch und deutsch (oder mehrsprachig). Die italienische Zeitung der LC für die Emigranten, die zu diesem Zeitpunkt in Frankfurt, München, Zürich, Lugano, Basel, Beil, Genf, Lausanne erschien, sollte multinational ausgerichtet sein, insofern sie sich an die Italiener als Bestandteil der Emigration wende und die Notwendigkeit eines Kampfes auf gemeinsamer Ebene propagiere, zugleich versuche, Verbindungen zwischen Gruppen von Emigranten und zwischen den italienischen Emigranten und den Kämpfen in Italien zu schaffen. Sie diene als Mittel zur politischen Analyse, in dem sie Themen wie das Ausländergesetz, die Olympiade, die Tarifrunde, die Wahlen etc. aufgreife und eine multinationale Perspektive entwickle. Die Aufgabe der Organisation sah LC in der Koordinierung der Arbeiter in der Emigration: Durch die Kontakte der Zellen werde die Gruppe die Zeitung nicht definieren, sondern sie könnte von der „Masse" bestimmt und multinational sein.

Die „Massenlinie", mit anderen Worten: „die Grundbedürfnisse der Massen der Emigranten und deutschen Arbeiter" und die politischen Inhalte, die in den Auseinandersetzungen zutage gekommen waren, sollten das Programm bestimmen: „Die Verbindung zwischen den drei Ebenen, auf denen sich die Verschärfung der Ausbeutung vollzieht (die soziale, produktive und institutionelle), muß für unsere Arbeit in jeder Situation immer der Bezugspunkt sein. Es ist heute absolut undenkbar, eine Betriebsarbeit zu machen, bei der der Kampf gegen den Akkord nicht z.B. mit dem Kampf um die unbeschränkte Aufenthaltsgenehmigung verbunden ist, der Kampf gegen die Repression im Betrieb mit dem Kampf gegen die Repression im Wohnheim etc., es kann keinen Kampf mehr geben, der das Problem der Pausen oder der Entlassungen trennt von der Mobilisierung gegen das Ausländergesetz oder die Wahlen von den Tarifverträgen." (Ebd. 161)

Das Papier der LC bringt eine Verlagerung der politischen Arbeit zum Ausdruck, die am Ende einer Phase von wilden Streiks den Zusammenhang von Arbeit, Rassismus und Migration zwar herausstellt, ihn aber im Weiteren nicht mehr entwickelt.

„Deutsche und ausländischer Arbeiter – ein Gegner – ein Kampf"?

Was die Überlegungen zum Zusammenhang von Arbeit, Rassismus und Migration an eine Grenze stoßen ließ, war die Vorstellung einer „Einheit der Arbeiterklasse". Für Lotta Continua stand im Mittelpunkt der Analyse der Typus des Massenarbeiters – und zwar unter den neuen Bedingungen der multinationalen

Zusammensetzung der Arbeiterklasse. Deren Autonomie zeichnete sich durch nicht partei- oder gewerkschaftsförmige Organisierung, durch Selbstorganisation gegen das Kommando des Kapitals aus. Die Kämpfe hatten nach dieser Analyse ein Stadium an „Arbeitermacht" erreicht, das die Kriterien für weitere politische Auseinandersetzungen liefern sollte. „Die Lohnforderungen, die im Mittelpunkt dieser Kämpfe standen, entstehen als eine Konkretisierung einer viel weiter reichenden Rebellion gegen die eigene Lage der Unterordnung und Diskriminierung, gegen die eigene Emigrantensituation." (Lotta Continua 1974, 77) Dieses Resümee zog LC in ihrer Broschüre *Arbeiterautonomie in Westdeutschland*. Tatsächlich ist es aber nicht gelungen, politische Aktionsformen zu entwickeln, die etwa die Fragen der Aufenthaltsbedingungen für Migrantinnen und Migranten mit denen der Arbeitsorganisation verknüpft hätten. Anstatt aber genau an diesem Punkt anzusetzen, verloren sich die politischen Konzepte im Konstatieren von „nationalen und kulturellen Identitäten", die bei der Arbeit zu berücksichtigen seien.

Dabei ist es gerade der Begriff der Autonomie, der Prozesse der anti-rassistischen Entidentifizierung erfassen könnte, die Verweigerung, sich den rassistischen Diskriminierungen und Spaltungen zu unterwerfen, sich ihnen zu entziehen. Der Kampf richtete sich nicht nur gegen die Arbeit, sondern auch gegen den Rassismus – insofern, so ließe sich sagen, ging es nicht nur gegen die Existenz des Massenarbeiters, sondern auch gegen die des Gastarbeiters. Gerade darin äußerte sich der migrantische Widerstand gegen das, was im Kontext der internationalen Migration beherrscht werden soll: In der Flucht aus der Arbeit, in Formen der individuellen Fluktuation und kollektiven Rückkehr[77], im Kampf gegen rassistische Lohnhierarchien und für Solidarisierungen, im Protest gegen die Situation in den Wohnheimen, in den zahlreichen Einwanderungstaktiken und Aufenthaltsstrategien.

Rassismus wurde von linken Gruppen dagegen vor allem als Repression wahrgenommen: Rassistische Hetze, Ausländergesetzgebung und Fabrikhierarchie in der Form von Lohngruppen firmierten unter der Formel Spaltung der Arbeiterklasse (vgl. KB/Hamburg 1973). Der Topos von der „Spaltung der Arbeiterklasse" brachte innerhalb der historischen Konjunktur zwei unterschiedliche Artikulationen hervor. Während er den Migrantinnen und Migranten ermöglichte, ihre spezifische Diskriminierung in den Vordergrund zu rücken, trat er in den Appellen an die Einheit der Arbeiterklasse vornehmlich in den Aussagen der „deutschen

77 1973 äußerten sich bezüglich eines voraussichtlichen Daueraufenthalts in der Bundesrepublik positiv: Italiener (24%), Spanier (19%), Jugoslawen (16%), Portugiesen (14%), Griechen (11%) und Türken (9%) (vgl. BAA Nürnberg 1973, 37).

Genossen" eher wieder in den Hintergrund. Das Konzept der Arbeiterautonomie allein lieferte keinen hinreichenden Ansatz, um explizit antirassistische Dynamiken im Wirkungskontext des Klassenkampfs zu entfalten. Dem stand vielmehr ein fehlendes Verständnis des rassistisch segmentierten Arbeitsmarktes und des darin enthaltenen spezifischen sozialen Antagonismus im Weg.

Die Klassenanalyse ordnete den politisch gewollten, aber ökonomistisch artikulierten Antirassismus einer mechanischen Ableitung aus den Produktionsverhältnissen und der unterschiedlichen Verortungen der Subjekte in ihnen unter (Vorarbeiter vs. Massenarbeiter). Im besten Fall kamen so zwar die Diskriminierungen der ausländischen Arbeiter in den Blick, wie mit ihnen aber theoretisch und praktisch umzugehen sei, darüber herrschte weiterhin Ratlosigkeit. Im schlechtesten Fall verdeckte das Konzept der Arbeiterautonomie sogar den Aspekt der rassistischen Spaltung der Arbeiterklasse, sodass die ausländischen Arbeiter zum Massenarbeiter und damit zur Avantgarde der Kämpfe objektiviert erscheinen. Anstatt also die beobachtete rassistische Spaltung zum Ausgangspunkt einer neuen Form der Politik zu erklären, dethematisierte die usurpatorische Rede von der multinationalen Arbeiterklasse letztlich den Rassismus.

Die ökonomistische Verkürzung der Klassenanalyse produzierte bezogen auf die rassistische Segmentierung des Arbeitsmarktes die Tautologie, nach der der bürgerliche Staat grundsätzlich eine rassistische Politik verfolgt, weil sie für seine Organisation und Struktur als „Klassenstaat" konstitutiv ist. Nach dieser Logik hätte der bürgerliche Staat mit der Anwerbung von billigen Arbeitskräften im Interesse des Kapitals gehandelt, um so die allerdings nur in der Theorie vorausgesetzte einheitliche Arbeiterklasse nach rassistischen Kriterien zu spalten. (Vgl. Arbeitersache 1973; KB Hamburg 1973; Lotta Continua 1974)

Statt die Zusammensetzung der Klasse in ihren Bedingungen, nämlich in ihrer strukturellen Spaltung, zur Sprache zu bringen, wurde auf die Option einer Einheit der Arbeiterklasse gesetzt, die historisch bereits zu deren Niederlage beigetragen hatte. So gelang es nur defensiv, auf die Initiative eines vermeintlich einheitlich handelnden Kapitals zu reagieren, anstatt offensiv die Spaltungen zum springenden Punkt der Kämpfe zu machen.

Mit der Figur der Avantgarde, die nicht, wie häufig angenommen wird, den „bewusstesten Teil" der Arbeiterklasse, sondern den mit potenzieller Kampfbereitschaft bezeichnete, mussten sich Migrantinnen und Migranten in den Augen vieler Linker als das generische revolutionäre Subjekt dargestellt haben. Gerade die Subjektivierung sollte aber den Stolperstein für die Migranten bilden.

Bemerkenswerterweise wurde Subjektivität den Migranten in Bezug auf die Migrationsprozesse selbst abgesprochen. Diese wurden unter dem Topos industrielle Reservearmee und als Folge eines expansiv imperialistischen Projekts verhandelt, das die Peripherie Europas wegen der niedrigen Reproduktionskosten auf eine billige Arbeitskraftreserve reduziert, die durch staatliche Rekrutierungspolitik mobilisiert wird. Aufgrund des ökonomischen Reduktionismus der damaligen Analysen erscheinen die Migranten lediglich als Objekte der Kapitalakkumulation. Die Migrantinnen und Migranten bleiben in dieser Konzeption Opfer der internationalen Ausbeutungsverhältnisse und Verschubmasse staatlich gelenkter Einwanderungspolitik. Auch die rassistische Segregation, ihr Eingeschriebensein in Akkumulationsprozesse und die rassistische Form der Subjektivierung bleibt unbegriffen. Rassismus gerät allein zum funktionalen Instrument der ideologischen Spaltung der Arbeiterklasse, die Kritik staatlicher Migrationspolitik, der Verweigerung von Bürgerrechten und alltäglicher Diskriminierungspraxis fehlte weitgehend und verschwamm im Postulat selbstverständlicher Einheit des internationalen Klassenkampfes oder in der Formel „Ihr Kampf ist unser Kampf". Zudem gerieten unter dieser Option die migrantischen Kämpfe des Alltags aus dem Blickfeld.

Im Konzept der Avantgarde, durch die Betonung auf die Subjekte der Politik, scheint aber durchaus ein Aspekt auf, der in den subjektiven und sozialen Dimensionen der Migration ihren Ausdruck findet: In den mühevollen Versuchen, den in der Migration etablierten Netzwerken zu folgen und eine gewisse Autonomie gegenüber dem staatlichen Migrationsregime und unternehmerischen Interessen durchzusetzen und in zahlreichen Widerstandspraktiken sich der rassistischen Diskriminierung zu entziehen.

Multinationale Betriebsarbeit im Rückblick

Die Positionen von Lotta Continua waren trotz ihres erheblichen Einflusses auf die politischen Diskussionen und die Politik linker Gruppen wie Revolutionäre Kampf (RK), Arbeiterkampf etc. nicht unumstritten. Kritik kam von feministischer Seite, wo die Notwendigkeit für die separate Organisierung von Frauen betont wurde. In München und Frankfurt bildeten sich Frauengruppen, auch für die multinationale Betriebsarbeit. Die Frauengruppe bei Siemens in München arbeitete seit 1972. Sie organisierte Demonstrationen, schrieb Flugblätter (in türkisch, serbokroatisch, italienisch, griechisch) und gab eine Zeitung heraus, worin sie über Streiks in anderen Teilen des Bundesgebietes, etwa den der Frauen bei Pierburg und vom Häuserkampf in Frankfurt berichtete und Interviews mit Frauen aus dem Betrieb veröffentlichte. Sie engagierte sich, als im September 1973 ein Streik bei Siemens in Traunreut stattfand. An den Fließbandern, an denen dort in drei Schichten Haushaltsgeräte hergestellt wurden, standen vor allem Frauen (und ein paar Männer) aus Jugoslawien, einige aus Griechenland, Italien und Österreich, die in einem abgeschlossenen Teil der Stadt in Wohnheimen und einer Siedlung lebten. Das besondere dieses Streiks war, neben der Forderung nach einer Teuerungszulage, dass die Frauen Schulen und Kindergärten für ausländische Kinder beanspruchten und das zum Thema ihrer Auseinandersetzungen machten. Im Ergebnis erbrachte der Streik eine Teuerungszulage von 200 DM oder eine Siemens-Aktie im Wert von 213 DM – dies aber für den Siemens-Gesamtkonzern in der Bundesrepublik. Die autonome Frauenbetriebsarbeit bei Siemens macht deutlich, dass es zwischen migrantischen und feministischen Kämpfen – wenn auch nur für eine kurze Zeit – in der Betriebsarbeit eine praktische Verbindung gegeben hat. An den Forderungen der streikenden Frauen bei Siemens, aber auch der bei Pierburg wird deutlich, dass sie den Bereich der Reproduktion, die Verbesserung der Betreuungs- und Bildungssituation für ausländische Kinder und einen Hausfrauentag, in die Auseinandersetzungen im Betrieb aufnehmen.

Die Frauengruppe des RK setzte sich in einer Broschüre, die aus ihrem Diskussionsprozess vor der Betriebsarbeit bei Neckermann in Frankfurt hervorging, mit dem Ansatz von LC auseinander. In einem Text „Zur Begründung einer revolutionären Frauenbewegung" vertritt sie eine autonome Organisierung der Frauen: „Das ist auch der Punkt, an dem die Strategie von Lotta Continua zu kritisieren ist. Lotta Continua begreift zwar, daß die Herrschaft des Kapitals nicht nur in den Betrieben angegriffen werden muß. Sie fordert auch – allerdings sehr abstrakt – die Notwendigkeit der Veränderung der Beziehungen zwischen den Geschlechtern. Was sie aber nicht kapiert ist, daß die Frauen das vorantreibende Element im Angriff auf die Herrschaftsstrukturen im Proletariat sein werden, daß die Frauen selbst noch von den entrechtetsten Männern unterdrückt werden und es deshalb ihr ureigenstes Interesse ist, diese Struktur und damit die Familie zu bekämpfen. An die Ansätze von autonomen Kämpfen der Frauen hat Lotta Continua nicht angeknüpft mit der Intention auf eine revolutionäre Frauenbewegung, die allein die Gewähr sein kann, daß die proletarischen Frauen ihre spezifischen Interessen in die Klassenbewegung einbringen können. Die Genossen begreifen nicht, daß für die Kämpfe der Frauen der Begriff der 'Autonomie' in doppelter Hinsicht in Betracht kommt: sie müssen lernen (wie der männliche Teil der Klasse) ihre Bedürfnisse konsequent gegen die Interessen des Kapitals und seiner reformistischen Agenturen zu setzen, ebenso wie sie die Fähigkeit ausbilden müssen, sich als Frauen autonom zu artikulieren, d.h. sich den revolutionären Charakter der kommunistischen Bewegung zu garantieren, der sich auszeichnet durch die Einsicht in die Notwendigkeit der fundamentalen Veränderung aller Formen der Arbeit und des gesamten Lebens. Nur dann können sie selbst zum Subjekt der Bewegung werden, wenn alle Ebenen ihrer unterdrückten Bedürfnisse in die Kämpfe eingehen, nur dann können diese Kämpfe zur materiellen Ausgangsbasis für die Aufhebung der durch das Kapital zerstörten Verkehrsformen zwischen den Menschen werden." (Frauengruppe im Revolutionären Kampf o.J., 73f.)

Ich zitiere diese Stellungnahme so ausführlich, weil sie erhebliche Übereinstimmungen mit der Argumentationsfigur aufweist, die LC oder Gruppen wie die Arbeitersache für die migrantischen Arbeiterinnen und Arbeiter verwendet haben, dabei aber konzeptuell einen Schritt weitergeht. In der theoretischen Konzeption der Frauengruppe des RK werden zwei Vorstellungen formuliert. Erstens gelten ihnen die Frauen als das vorantreibende Moment der Kämpfe. Die Parallele zur Figur des migrantischen Massenarbeiters liegt in der vorgestellten Avantgardeposition: Es geht zum einen um die objektive Stellung im Produktionsprozess, wobei in der Argumentation der Frauen die Trennung zwischen Produktion und Reproduktion aufweicht – für sie gilt demzufolge ein besonderer Bezug zum Bereich der Reproduktion. Zum anderen formuliert die Frauengruppe des RK eine Position, die sich heute als „situiertes Wissen" (Donna Haraway) bezeichnen lässt, in dem sie die Perspektive der Kämpfe der Frauen einnimmt, die nicht mit der Perspektive der Frauen zu verwechseln ist. In dieser Konzeption funktioniert die Befreiung über die Autonomie der Frauenkämpfe: Sie sollen zum „Subjekt der Bewegung" werden, um den Sexismus zu bekämpfen. Diese Idee, dass „Frauen nicht außerhalb der Geschichte" stehen, bedeutet zugleich, dass es ihnen nicht um eine Anerkennung der unterschiedlichen Bedingungen der Geschlechter geht, sondern um die Kritik an den Verhältnissen, in denen solche Hierarchisierungen aufrechterhalten werden und die nur unterlaufen werden können, wenn die Frauen selbst „Subjekte werden".

Was die Figur der Avantgarde der Migrantinnen und Migranten für die Kämpfe in den Konzepten der linken Gruppen betraf, handelte es sich um drei voneinander unabhängige, aber sich verdichtende Argumentationsschritte, die auch Parallelen zu den Positionen der feministischen Gruppen aufweisen: 1. Ihre zahlenmäßige Dominanz im Segment Massenarbeiter. Ein Satz wie „Die Bänder sind ausländisch" steht für eine solche Konstruktion. 2. Zugleich wurde angenommen, dass es sich bei den Arbeitsbedingungen der Migrantinnen und Migranten, wie bei den Frauen, um eine stetige Verallgemeinerung handeln würde. Was zeitgenössisch als migrantische oder weibliche Arbeit galt, werde in naher Zukunft schon auf alle zutreffen. Deshalb, so die Argumentation, wäre ein gemeinsamer Kampf notwendig. 3. Die Rede von der besonderen Ausbeutung sollte aussagen – bei den Migranten durch die Akkordhetze, die Lohnhierarchie, die Unterbringung in Wohnheimen etc.; bei den Frauen, insofern sie „noch von den entrechtetsten Männer unterdrückt werden" –, dass sie die Hauptlast der Ausbeutung trügen. Während diese Argumentation eine Hierarchisierung der Opfer von Ausbeutung einführte, verdunkelte sie zugleich genau die Konflikte, die in jedem Segment der Ausbeutung existierten und die in den Kämpfen der Migration und des Feminismus zur Sprache kamen. Wie bei einem Vexierbild erschienen auf diese Weise die Migrantinnen und Migranten bzw. die Frauen entweder romantisiert als Heroinnen der Kämpfe oder als besondere Opfer der kapitalistischen Ausbeutung. Im Rückblick lässt sich sagen, dass diese drei Aspekte, die die Avantgardestellung der migrantischen und weiblichen Arbeit markieren sollten, einem Verelendungsdiskurs entsprachen, der auch zur Nivellierung der unterschiedlichen Bedingungen beitrug, obwohl sie zum Ausgangspunkt der politischen Arbeit hätten werden können. Wenn überhaupt von einer Avantgardeposition die Rede sein konnte, so hätte sie konjunkturell, das heißt in der jeweiligen historischen Situation, nicht strukturell, also als paradigmatisches Kennzeichen, gefasst werden müssen. Erst dann hätte sich herausarbeiten lassen, wie Rassismus und Sexismus sich in diesen Verhältnissen konstituierten. Die Kämpfe der Migration und des Feminismus, die in den Diskussionen immer wieder die Frage des Lebens aufwarfen, hätten nicht lediglich als den ökonomischen Kämpfen untergeordnet gedacht werden müssen. In ihnen, so zeigt sich von heute aus betrachtet, war vielmehr ein Umriss der neuen Arbeitsverhältnisse enthalten, der Ausblick darauf hätte geben können, was später der gesellschaftliche Arbeiter genannt werden sollte.

Die organisatorische Schwäche der linksradikalen Gruppen führte spätestens nach dem Streikzyklus 1973 zu einer Reflexion auf die eigene (Betriebs-) Arbeit. Die unterschiedlichen Auffassungen darüber, ob der Streik bei Ford als Erfolg oder als Niederlage einzuschätzen sei (vgl. positiv Lotta Continua 1974; negativ Roth 1974), konnte schließlich nicht darüber hinweg täuschen, dass die Arbeitskämpfe selbst noch autonom von jenen linken Gruppen stattgefunden hatten, die mit den Ansatz der Arbeiterautonomie operierten. In diesem Sinne argumentierte auch „ein Genosse des RK" bezogen auf die Kämpfe 1973 in der *Wir wollen alles* vom Dezember 1974: „(...) die organisatorischen Ansätze, die in bescheidenem Maße halfen, den offenen Ausbruch vorzubereiten, waren fast ausnahmslos in der Kampfsituation ohne Bedeutung und danach zerstört. Und das mit gutem Grund; die Kämpfe gingen, verglichen mit dem, was davor war, einen solchen Riesenschritt weiter, erreichten ein solches Maß an Autonomie und auch Unbekümmertheit der Offensive, daß sie alle Hilfsgerüste hinter sich lassen konnten und mußten." Was die Übertragbarkeit von politischen Diskussionen und Konzepten betrifft, ist in den Überlegungen selbstkritisch von der „italienischen Illusion" die Rede, der Vorstellung nämlich, dass die zu jener Zeit in Italien geführten Kämpfe wie ein Funken auf die Verhältnisse in Deutschland überspringen könnten, wenn ähnliche Konzepte der Organisierung zum Tragen kämen (vgl. Revolutionarer Kampf 1974, 5). Zugleich sahen die Gruppen einen Ausweg in der Orientierung auf den Alltag. Der Revolutionäre Kampf (RK) begann mit der Besetzung und Gründung eines Jugendzentrums, die Arbeitersache verfolgte das Konzept der Regionsarbeit. Auf jeden Fall verabschiedeten sie sich langsam aus den Betrieben und versuchten Antworten auf ihre politische Schwäche zu finden, während zugleich die kapitalistische Umstrukturierung des Produktionsprozesses und die Neuzusammensetzung der Arbeitskräfte ihrerseits eine Entgegnung auf die Kämpfe darstellte und deren Forderungen in ihrem Sinne zu interpretieren suchte (vgl. Kapitel 4.5.).

Für Lucha Obrera, eine spanische Arbeiterorganisation, die auch in Frankreich und Deutschland aktiv war, sollte eine Konsequenz darin liegen, die Spaltungen zwischen den migrantischen Arbeiterinnen und Arbeitern zu überwinden: „Die Multinationalität unserer Klasse hervorzuheben und zu reflektieren, ist bedeutsam nur gegenüber den traditionellen Arbeiterorganisationen in der BRD, in deren Politik wir Ausländer – wie in der Politik der Kapitalisten – nur als Spielball hin- und hergeschoben werden sollten. Da wir aber eigenständige Subjekte mit eigenen Bedürfnissen und Interessen sind, haben wir uns in eigenen nationalen Organisationen organisiert bzw. unsere eigenen Organisationen aus unseren Heimatländern mit in die BRD gebracht." Die Spaltungen gegenüber den deutschen Arbeitern wie unter den Migrantinnen und Migranten in Nationalitäten müsse durch gemeinsame Organisierung im multinationalen Arbeiterkomitee Schritt für Schritt überwunden werden. Ob jemand in Lotta Continua oder Lucha Obrera organisiert gewesen sei, hänge „letzten Endes von seiner Nationalität" ab: „Das heißt, unsere Spaltung in verschiedene Organisationen – trotz in der Tendenz einheitlicher Einschätzungen der politischen Lage – ist eine Spaltung, die unserer konkreten Kampfsituation in der BRD überhaupt nicht und in keiner Weise angemessen ist." (Lucha Obrera 1974, 9)[78]

78 Lucha Obrera gab in der Bundesrepublik drei Nummern ihrer gleichnamigen Zeitschrift mit dem Untertitel „Für die Unterstützung der Kämpfe der revolutionären Linken" heraus. Im Editorial der ersten Nummer schrieben sie: „Unsere Organisation besteht hauptsächlich aus Arbeitern und ist deshalb in den Fabriken und Stadtteilen in Spanien, wie im Ausland aktiv. Wir haben als spanische Arbeiter und Revolutionäre in den ganzen Jahren, die wir in der Emigration leben und ar-

In einer Reflexion auf die multinationale Betriebsarbeit gab das Multinationale Komitee München den Frauengruppen in einem Artikel 1974 im Nachhinein Recht, was die Vorstellung einer Vereinheitlichung auf der Basis der „gleichen Ausbeutung" im Betrieb angeht: „Erst die Frauen brachten den abstrakten Gebrauch des Begriff 'Massenarbeiter' ins Wanken als sie die Doppelausbeutung im Beruf und Haushalt entdeckten. Was auf die Frauen zutrifft, gilt ebenso für die Ausländer – sie werden doppelt ausgebeutet: in der Fabrik und durch die Emigration. Bisher haben wir nur die Fabrik gesehen, und da hatten schon viele Schwierigkeiten mit der 'proletarischen Einheit'. War die Forderung der Fordtürken nach 6 Wochen Urlaub vereinheitlichend? (...) Glücklicherweise haben ein paar Deutsche mitgemacht (...). Sowas wirkte immerhin noch beruhigend." (Multinationales Komitee München 1974, 8) Sie konstatieren, dass die Migrantinnen und Migranten in einer anderen Situation leben als die deutschen Arbeiter: „Vieles ist anders, das meiste bedeutend schwieriger. Die Männer finden keine Frauen, die ausländischen Arbeiterinnen keine Männer, die Familien keine Wohnungen, die Kinder keine Schulen." Sie wenden sich gegen den ausgesprochenen Vorwurf, die Forderungen der Migrantinnen und Migranten seien „reformistisch". Die Forderung nach gleichem Recht für alle, die in den Kämpfen der Migration zum Ausdruck gekommen sei, sei erst die Grundlage, um die Spaltungen zu überwinden. Sie kritisieren eine stark verbreitete Haltung innerhalb der Linken: „Es läuft einem kalt über den Rücken runter, wenn deutsche Genossen schlau mit Tatsachen jonglieren, indem sie den Ausländern die Spaltung in die Schuhe schieben, deren Opfer sie gerade sind und die sie leider oft als einzige aufzuheben suchen." (Ebd.)

Die selbstorganisierten Kämpfe der Migrantinnen und Migranten gegen die rassistischen Arbeits- und Lebensverhältnisse in Deutschland verknüpften rechtliche, politische und ökonomische Aspekte von Unterdrückung und Ausbeutung. Sie öffneten die enge Perspektive der Betriebskämpfe hin zu sämtlichen Lebensverhältnissen der Migration, hin zu Alltag, zu Sprache und Kultur und nicht zuletzt hin zu den Wohnverhältnissen, die neben der Fabrik den entscheidenden Kristallisationspunkt migrantischer Kämpfe bildeten.

---

beiten, immer betont, dass wir es als eine unserer zentralen Aufgaben betrachten, hier in der BRD an den Klassenkämpfen und an der Entwicklung des revolutionären Prozesses bedingungslos teilzunehmen, eben weil wir Arbeiter sind und augenblicklich in der BRD ausgebeutet werden. (...) Dieses Verhalten hat auch dazu geführt, daß deutsche Genossen sich bei uns integrieren, weil sie zum einen unsere politischen Positionen für richtig halten (...)." (Lucha Obrera Nr. 1, 1975)

4.4. Über die Betriebe hinaus. Selbstorganisierte Zentren, Wohn- und Stadtteilkämpfe

Im ersten Kapitel habe ich gezeigt, dass Arbeitsmigration aus Funktionserfordernissen des sich ständig verändernden kapitalistischen Weltsystems und seines Zwangs zum Wachstum entsteht, wie es Wallerstein (1992) analysiert hat, wenn er die Prozesse der „Ethnisierung" der Weltarbeitskraft und die rassistische Segmentierung des Arbeits- und Wohnmarktes beschreibt. Rassismus ist demnach ein Ausdruck der Institutionalisierung der durch die internationale Arbeitsteilung durchgesetzten Hierarchien. Ethnisierung kann als ein konstitutives Element der Klassenbildung in bezug auf das kapitalistische Staats- und Migrationsregime konzipiert werden. Der kapitalistische Staat reguliert innerhalb des jeweils etablierten Migrationsregimes nicht nur die Segmentierung der Arbeitskraft, sondern er kontrolliert auch eine Struktur der differenzierten Reproduktion der Arbeitskräfte. Dies geschieht in den verschiedenen Haushaltsstrukturen, die mit rassistischen Spaltungen verknüpft sind. Als institutionelle Schlüsselstrukturen bilden Haushaltsstrukturen einerseits die Voraussetzungen dafür, das sich die Menschen unter den ungleichen Bedingungen der Weltarbeitsteilung reproduzieren können. Andererseits liefern die verschieden strukturierten Haushalte, das heißt die spezifischen Formen der Alltagspraxis, in denen Menschen die tägliche Reproduktion bewerkstelligen, das Material rassischer und ethnischer Stigmata, die die Segmentierung der Weltarbeitskraft ideologisch legitimieren und zementieren. Wie diese Segmentierung entlang ethnisierender Kategorien staatlich ausgearbeitet wurde und wie Migrantinnen und Migranten sich dagegen zur Wehr gesetzt haben möchte ich in diesem Kapitel an ausgewählten Beispielen zeigen.

Es ist in den vorangegangen Kapiteln bereits deutlich geworden, dass die Migration an der Transformation bestehender und der Herausbildung neuer Haushaltsstrukturen beteiligt ist. Gerade in der neueren Migrationsforschung, die sich zum Teil kritisch von (neo-klassischen) ökonomischen Ansätzen abgrenzt, ist dieser Aspekt vielfach betont worden (vgl. Massey 1990; Basch/Glick-Schiller/Szanton-Blanc 1994), ohne jedoch eine Untersuchung von Rassismus in die Analyse aufzunehmen. In der Migration von Frauen und Männern nahm deren Haushaltsorganisation zum Teil transnationale Strukturen an, weil Eltern, Kinder, Freunde und Freundinnen oder Ehepartner aus der Migration in den Herkunftsländern mit finanziert wurden, oder sie transformierte sich in der Form der individualisierten Organisation des Haushalts unter Bedingungen von (oftmals nach Nationalitäten unterteilten) Wohnheimen. Dies hat massive

Veränderungen sowohl auf die je spezifische Rolle von Frauen und Männern in deren Reproduktion als auch in der Funktion für den segmentierten Arbeitsmarkt als rassistische Trennung mit sich gebracht. Darüber hinaus sind die migrantischen Haushaltsstrukturen eine der Grundlagen für die Herausbildung von transnationalen Netzwerken, die wie soziale Brücken für die Migrationsbewegungen funktionieren und das Leben in der Migration unterstützen helfen. Diese Netzwerke können familiäre sein, nicht selten gründen sie auf Freundschaften, die sich vor oder in der Migration ausbilden, beruhen auf der Herkunft aus denselben Dörfern, Städten und Ländern oder ergeben sich aus denselben politischen Organisationen und Orientierungen. In ihnen sammelt sich Wissen, oder wie es in der „Wir wollen alles" stand: „Die Erfahrungen der Emigration sind kollektiv: was der einzelne Arbeiter erfährt, wird weitervermittelt." (N.N. 1973b, 6) Dieses Wissen hilft Wohnungen und Papiere zu besorgen, eine Arbeitsmöglichkeit zu finden oder Geld für die Anfangsphase aufzutreiben etc. Die Kollektivität ist somit entscheidend für den Erfolg des Projekts, das sehr selten das eines Einzelnen ist, wie Moulier Boutang schreibt: „Migration (...) ist deshalb niemals die Aktion eines isolierten, asozialen, ausgestoßenen Individuums. Bilder, die diese Fiktion stützen, finden sich gewiss, und sie bedienen Vorstellungen vom Elend der Migration. Diese zum Teil tatsächlich unerträglichen Bilder werden jedoch Teil einer komplexen Inszenierung. Migrantinnen und Migranten können sich dieser Bilder bedienen, um sich den voyeuristischen oder überwachenden Blicken der Gesellschaft ihres Ziellandes zu entziehen, aber selbst lassen sie sich davon nicht täuschen." (Moulier Boutang 2002a, 1)

„Sie leben in diesen Baracken wie Tiere"

Der Alltag und die Lebens- und Arbeitsbedingungen von Migrantinnen und Migranten in der Bundesrepublik sind in zahlreichen Romanen beschrieben und verarbeitet worden. Erfahrungen rassistischer Diskriminierung werden in Gedichten, Liedertexten, Romanen und Autobiographien verarbeitet. Probleme mit den Behörden, bei der Wohnungssuche oder in Gaststätten finden sich in Textsammlungen, die Dokumente, Zeitungsartikel und literarische Verarbeitungen zusammenbringen oder in Kurzgeschichten, die schon seit den 1970er Jahren existieren. Der Werkkreis Literatur der Arbeitswelt stellt nur ein – bis heute existierendes – Projekt dar, dass die Intention verfolgt, Aussagen von Arbeitern, ihre eigenen literarischen Arbeiten und damit auch „ihre" Themen, darunter auch die von Migranten, an die Öffentlichkeit zu bringen (vgl. Werkkreis Literatur der Arbeitswelt 1974 und 1981). Den Spuren des Lebens und des Alltags von

Migranten in Europa geht auch das 1975 entstandene Buch *Arbeitsemigranten* von John Berger und Jean Mohr[79] mit einer Montage von Essays, Recherchen, Fotodokumentationen und lyrischen Arbeiten nach. Im Bild des Koffers verdeutlichen Berger und Mohr das „Drama" der Migrationssituation als Gefängnissituation, als das Verhältnis zwischen Kontrolle und Repression einerseits, den Protesten dagegen und den Kämpfen darin andererseits: „In manchen Unterkünften versuchten die Verwalter, den Emigranten zu verbieten, ihre Koffer in den Schlafräumen zu behalten, mit der Begründung, dies mache den Raum unordentlich. Die Arbeiter leisteten dagegen heftigen Widerstand, manchmal sogar bis zum Streik. In diesen Koffern bewahren sie einen persönlichen Besitz auf, nicht die Kleidung, die sie in die Spinde hängen, nicht die Fotografien, die sie an die Wand heften, sondern Gegenstände, die aus dem einen oder andern Grund ihre Talismane sind. Jeder Koffer, abgeschlossen oder zugeschnürt, ist wie das Gedächtnis eines Mannes. Sie verteidigen ihr Recht, die Koffer zu behalten." (Berger/Mohr 1976, 179)

Proteste von Migrantinnen und Migranten gegen die Unterbringung in Baracken und Wohnheimen hatte es – ebenso wie die in den vorhergegangenen Teilkapiteln behandelten Ein- und Ausreisepraktiken und Arbeitskämpfe – immer gegeben. Zunächst existierten sie vor allem als kollektive und individuelle Flucht aus Wohnheimen. In den auf dem Werksgelände gelegenen Wohnheimen etwa bei Opel in Rüsselsheim war die Fluktuation meist noch höher als bei der Beschäftigung im Werk (vgl. Dresler 1988, 134 f.; ähnlich hohe Zahlen gelten für VW: vgl. Oswald/Schmidt 1999, 209). Wie bereits im vorherigen Kapitel am Beispiel des ersten Streiks bei Pierburg deutlich wurde, war der Ausgangspunkt vieler Proteste der Widerstand gegen die Verweigerung von Privatsphäre. Drakonische Maßnahmen schränkten diese mitunter ein: Ehepaare mussten getrennt leben oder sollten sich wie im Fall eines Heims in Hamburg nur durch eine Luke in der Wand unterhalten können, die den Trakt der Männer von dem der Frauen trennte (vgl. Meinhof 1966, 102). Migrantinnen und Migranten ergriffen zahllose Maßnahmen, um der Tristesse des Alltags in den nicht selten barackenartigen Wohnheimen zu begegnen oder forderten Verbesserungen, wie den häufigeren Wechsel von Bettwäsche, warmes Wasser oder mehr Kochstellen und sanitäre Anlagen. Darüber hinaus kam es immer wieder zu offenem Widerstand. Während

79 Die Entstehungsgeschichte für das Buch geht auf die Verleihung des Booker Price 1972 an Berger zurück. Er spendete die Hälfte an die Black Panther Party in Britannien und die andere Hälfte nutzte er für die Recherchen und Produktion des Buches.

die Migrantinnen und Migranten von unterschiedlicher Herkunft so Seite an Seite ans Band in der Fabrik gestellt wurden, dass sie sich untereinander nicht verständigen können sollten, um ein gemeinsames Handeln gegen das Unternehmen zu verhindern, wurden sie in den Wohnheimen nach Nationalitäten zusammengefasst, wohl mit der Intention, dass im Alltag die bestehenden Statushierarchien aus den Herkunftsländern greifen sollten. Der Hinweis auf wenige Ereignisse mag dies belegen: Im Herbst 1960 traten in Braunschweig Arbeiter wegen unzumutbarer Wohnbedingungen in den Streik (vgl. Hildebrandt/Olle 1975, 10). Anfang November 1962 streikten die Arbeiter aus dem so genannten Italienerdorf in Wolfsburg gegen ihre miserablen Wohnverhältnisse. In dem von Maschendrahtzaun umgebenen Lager lebten ca. 400 Personen. Während des Streiks, dessen Ausgangspunkt die schlechte ärztliche Versorgung war (ein Arbeiter war gestorben und am darauf folgenden Tag brauchte ein Krankenwagen 40 Minuten, um zu einem erkrankten Bewohner zu gelangen), kam es zu einer Demonstration, zum Anzünden von Barrikaden gegen die anrückende Polizei und am folgenden Tag zu einem Sitzstreik bei VW. Der Streik wurde von der Bereitschaftspolizei und mit Unterstützung des italienischen Vizekonsuls niedergeschlagen. 71 Personen wurden als „Rädelsführer“ entlassen, 354 Arbeiter kündigten aus Protest. In der Folge wurde die gesundheitliche Versorgung verbessert und es gab verschiedene Änderungen der Wohnbedingungen. (Vgl. Elsner 1970, 184 und Oswald/Schmidt 1999, 208) Eine Schilderung der Lebensbedingungen in einem Lager der Philipp-Holzmann AG in Frankfurt Rödelheim lässt sich bei Klee (1972, 195 ff.) nachlesen. 800 Personen mussten sich dort im Jahr 1971 acht Duschen und fünf Wasserhähne teilen. In dem Bericht findet sich auch der Hinweis, dass die Lagerleitung bemüht war, durch häufiges Umquartieren Organisierung und Widerstand zu verhindern (ebd. 195). Am 25. April 1972 werfen spanische Arbeiter aus Protest die Betten aus den Fenstern ihres Wohnheims in Bochum, da sich die Firma Opel eine Sondergenehmigung zur Unterschreitung der Normen besorgt hatte, die den Mindestwohnraum pro Person vorschrieb (Vgl. Opel-Kollegen 1975, 36).[80]

Die Wohnbedingungen lieferten dergestalt immer wieder Anlass für politische Auseinandersetzungen und Konflikte. Die zum Teil katastrophale Unterbringungssituation blieb im Verlauf der 1970er Jahre Thema der migrantischen und linken Auseinandersetzungen. Wie bereits erwähnt, kam es nach dem Ende der wilden Streiks und der „multinationalen Betriebsarbeit“ Anfang der 1970er

80 Die Baubudenverordnung von 1959 sah vier Quadratmeter pro Bewohner vor, was 1971 durch neue Richtlinien auf sechs Quadratmeter erhöht wurde.

Jahre auch innerhalb der Linken zu einer Neuorientierung, die sich sowohl in den politischen Konzepten als auch in den Kämpfen niederschlug, die sich zu Fragen der Reproduktion hin öffneten. Zwei dieser Konzepte sollen hier vorgestellt werden: Zum einen die Regions- und Quartiersarbeit, zum anderen die Ausbildung von Zentren.

Konzept Regionsarbeit

Eine Idee der bereits im vorhergehenden Kapitel ausführlich behandelten Gruppe Arbeitersache aus München bestand darin, die Betriebsarbeit in verschiedenen Fabriken einer Region mit der politischen Arbeit in anderen Bereichen zu verbinden, nämlich mit dem „Kampf gegen Mieten und gegen die Preise, mit der Einrichtung eines Zentrums für die Arbeiter und Jugendlichen usw." (Gruppe Arbeitersache 1973a, 66). Probleme aus allen Lebensbereichen sollten aufgezeigt und mit Kampfmöglichkeiten verbunden werden, denn weder beschränke sich das Selbstverständnis der Arbeiter auf ihr Leben in der Fabrik noch höre die Unterdrückung dort auf.

Eine Konsequenz, die manche aus der Gruppe zunächst zogen, bestand darin, die soziale Distanz zwischen ihnen und den „Proletariern" zu minimieren, indem sie in jene Stadtteile zogen, in denen sie politische Arbeit machten. Dadurch veränderte sich auch ihr Alltag (Kneipe, Haltestelle, Einkaufen etc.). Anlass zum Konzept der Regionsarbeit war dann eine Hausbesetzung von Lehrlingen im Jahr 1972. Eine Untersuchung der „Region" brachte die Gruppe Arbeitersache zu folgender Beschreibung: „Zunächst mal eine örtliche – unsere Region ist der Norden Münchens, besonders der Stadtteil Milbertshofen, in dem das BMW-Werk liegt. Drum herum liegen viele kleinere, vor allem Metallfabriken: Huth, Südbremse, Leichtmetall, einige Frauenbetriebe (Siemens). Aus diesen Fabriken stinkt und lärmt es in die dazwischen verstreuten Wohngebiete: ein Viertel der Bevölkerung sind Ausländer; 20% leben in Wohnheimen für Griechen, Türken, Inder, Österreicher, Frauen, deutsche Wochenpendler aus dem Bayrischen Wald und für die Lehrlinge, wo drei Leute auf einem Zimmer wohnen und jeder 80-100 DM bezahlt, inklusive ständiger Kontrollen und Besuchsverbot. Die Region – das sind auch die Kneipen, die sich nach der Schicht schlagartig füllen, weil es nach der Arbeit niemand so schnell in seine enge Wohnung oder ins Wohnheim zieht. Das sind die Supermärkte, wo die Lohnerhöhung von den steigenden Preisen jedesmal wieder ganz schnell überholt wird. Das sind die griechischen und türkischen Lebensmittelgeschäfte, wo die Ausländer für teures Geld ein kleines Stückchen heimischer Kultur kaufen können. Und außer den Mauern und Maschinen wird die Region von Menschen gemacht, die dort arbeiten, dort wohnen, dort Tram fahren. Leute wie überall, die immer klarer merken, daß sie in allen Lebensbereichen beschissen werden, um ihren Lohn, um ihre Gesundheit, um ihre Ansprüche ans Wohnen, an die Freizeit, an das Leben. Ansprüche, die sie nicht wahr machen können, weil sie sowieso das Geld dazu nicht haben – vor allem aber, weil die Arbeit, die sie jeden Tag machen müssen, sei's am Band bei der BMW, als Hausfrau oder Angestellte im Supermarkt, ihnen Kraft und Zeit nimmt, um so zu leben wie sie sich's wünschen." (Ebd., 172) Die „Region" sollte von nun an die Möglichkeit bieten, jenseits der Betriebe Kontakte zu knüpfen und die Lebenssituation in einem weiteren Ausmaß in die politische Arbeit integrieren zu können. Zu dem Konzept gehörten ebenso „großangelegte Hausbesetzungen und Mieterstreiks", wie der Aufbau von eigenen Bildungsinstitutionen, Kindergärten, Schülerläden und Verkaufskooperativen. Nach dem Vorbild der Black Panther Party und der League of Revolutionary Black Workers in den USA sollten diese eine billigere Reproduktion gewährleisten (vgl. ebd., 28). Schließlich sollten die bereits existierenden Proteste in Fabriken und Häusern miteinander in Verbindung gesetzt werden, um den Stadtteil mit der Fabrik zu verknüpfen.

Bis es zu einer solchen Konzeption kam, musste ein Perspektivwechsel in der eigenen Arbeit eintreten. Auffällig an den Texten, die von einer politischen Organisierung des Alltags in den 1970er Jahren berichten, ist, dass dieser Bereich im Diskurs des Politischen zunächst legitimiert werden musste. Dies lässt sich unter anderem auch an den Erklärungen der Gruppe Arbeitersache ablesen, die sie in Bezug auf die bei MAN im Frühjahr 1971 durchgeführte „Wohnheimkampagne" festhielten. Dort behauptete die Gruppe, die Organisierung im Wohnheim sei „ein Bestandteil der Agitation im Produktionsbereich" (Gruppe Arbeitersache 1973a, 73). Der leicht ersichtliche Zusammenhang zwischen dem Barackenleben und der Ausbeutung im Betrieb verband diese Bereiche und machte der Gruppe schließlich auch die Agitation im Betrieb leichter. Das Wohnheim war zunächst nur ein günstiger Ort, um die nicht nur migrantischen Arbeiter zu erreichen: „Der Verschränkung von Produktions- und Reproduktionssphäre Rechnung tragen heißt also für uns: Die Agitation der Wohnheiminsassen kann und soll zu einer Organisierung in der Fabrik führen." (Ebd., 78)

Die ersten Aktionen bestanden in der Durchführung von Versammlungen und im Verteilen von Flugblättern gegen die Erhöhung der Wohnheimmieten. Die erste Versammlung hatte an einem Samstag im April 1971 stattgefunden, die folgenden wurden auf einen Wochentag verlegt, da am Wochenende gerade einige deutsche Arbeiter nach Hause pendelten. Die Versammlungen fanden im Freien in der Nähe der Wohnbaracken statt und wurden über Flugblätter, durch Weitersagen und Lautsprecheransagen vor der Versammlung angekündigt. Zudem organisierte die Gruppe mit einem Kleinbus einem Zubringerdienst für ein fünf Kilometer weiter entferntes Wohnheim. Der Werkschutz wurde auf diese Aktionen aufmerksam und sandte Beobachter.[81]

Auf der zweiten Versammlung im April 1971 fanden sich etwa 250 bis 300 Arbeiter ein, unter denen auch eine größere Gruppe Deutscher war. Die Versammlungen stellten sich als Maßnahme heraus, die Isolation der Arbeiter innerhalb des Wohnheims, wenn nicht aufzuheben, so doch zum Thema zu machen. Die Versammlungen wirkten auch auf jene, die nicht an ihnen teilnahmen und boten durch die Übersetzungen die Möglichkeit, Sprachbarrieren zu überwinden.

Konnte bei den Versammlungen die sprachliche Verständigung noch organisiert werden, stieß die Gruppe Arbeitersache aber auf andere „Übersetzungsprobleme". Ihrem Eindruck zufolge stand die Haltung der deutschen zu den migrantischen Arbeitern bei den Versammlungen einer gemeinsamen Politik entgegen: „Offenbar flößt die Aktivität der Ausländer vielen deutschen Arbeitern eine Art nationalistisch eingefarbtes Ohnmachts- und Minderwertigkeitsgefühl ein. Die bei den meisten Älteren und vereinzelt jüngeren deutschen Arbeitern vorhandene Ablehnung der Arbeitsemigranten schlägt unter dem Eindruck ihrer praktischen Solidarität um in eine ebenso nationalistisch begründete Diffamierung der deutschen Arbeitskollegen als 'Untertanentypen', 'dumm', 'apathisch', 'politisch unaufgeklärt' und 'immobil', das alles 'von Natur aus' oder wegen der 'deutschen Mentalität'. Zu solchen Urteilen gelangten bezeichnenderweise gerade solche Arbeiter, die sich selbst für unermüdlich klassenbewußte, aber einsame Rufer in der Wüste ansahen und im Einzelfall auch nicht mit radikalen Einsichten oder Forderungen sparten: 'Diese Misere (in den Wohnheimen) hört erst auf, wenn wir den Kommunismus bei uns haben.'„ (Ebd., 74) Gerade aus solchen Ansichten schließt die Gruppe Arbeitersache, dass die deutschen Arbeiter nicht im Stande zu sein schienen, ihre eigene Isolation im Verhältnis zu den Aktivitäten der migrantischen Arbeiter zu überwinden und mit einer eigenen lebenspraktischen Handlungsperspektive eine neue politische Praxis zu entwickeln. Auf dieser Grundlage bilde sich, so die Gruppe Arbeitersache, gleichermaßen Überheblichkeit gegenüber nicht politisch organisierten deutschen Arbeitern wie resignative Bescheidung mit der eigenen Unfähigkeit, „an dem mehr oder weniger offen bewunderten Solidarisierungsprozeß der Ausländer

81 Zur Geschichte des Werkschutz in Deutschland vgl. Karl-Heinz Roth (1974), hier auch die Dokumentation insbesondere für die Zeit nach 1945, S. 325 – 372.

teilzunehmen“ (ebd., 75). Nichtsdestoweniger trugen die Versammlungen auch zur Politisierung einzelner bei. So schilderte die Gruppe Arbeitersache, dass das Zusammenwohnen offensichtlich auch einen solidarisierenden Effekt hatte, wenn etwa die migrantischen Arbeiter diskriminierend angegriffen wurden. In einer Situation, in der an der Versammlung vorbeiziehende Bauarbeiter die anwesenden Migranten als „Zigeuner“ beschimpften, widersprach eine Reihe von deutschen Arbeitern energisch und drängte die Bauarbeiter ab.

Da die Versammlungen alle öffentlich zugänglich waren, war es für die Betriebsleitung leicht, sie zu bespitzeln und repressive Maßnahmen gegen einzelne Arbeiter anzuwenden (wie etwa Versetzungen auf einen schlechteren Arbeitsplatz oder in ein anderes Werk). Die anfänglich bei den Versammlungen erhobene Forderung zu streiken, wurde allerdings nicht weiter verfolgt. Stattdessen gründete sich als „Notlösung“ ein Arbeiterkomitee, das sich insgesamt viermal traf und bei dessen Treffen es eine erhebliche Fluktuation gab. Sie gründete zum einen auf der betrieblichen Repression (drei deutschsprachige, ein italienischer und ein griechischer Arbeiter waren entlassen worden), zum anderen existierte aber auch eine Unsicherheit darüber, in welcher Form die Auseinandersetzung weitergeführt werden sollte.

Die Gruppe Arbeitersache kam zu der Erkenntnis, dass eben nicht nur der Betrieb, sondern auch die Bereiche außerhalb der Produktion (Konsum, Freizeit, Wohnen, etc.) immer mehr dem Kommando des Kapitals unterworfen seien. Das gelte insbesondere für die Arbeiterinnen und Arbeiter in den Wohnheimen. Heimordnungen sahen etwa vor, dass Betten sich immer in einem „sauberen, ordnungsgemäßen Zustand“ zu befinden hätten oder dass man nicht angekleidet auf dem Bett liegen dürfte. Die Kämpfe um die Zustände in den Wohnheimen machten der Gruppe deutlich, dass sich der Zugriff auf die Arbeitskraft über den Produktionsbereich hinaus erstreckte: „Beim Wohnheimkonflikt wird am deutlichsten, daß dem Kapital nicht nur die Arbeitskraft gehört, sondern daß das ganze Leben des Arbeiters ihm unterworfen ist.“ (Ebd., 73) Die Agitation im Wohnheim biete die strategische Möglichkeit, den Erfolg nicht in einer kurzfristigen Verbesserung der Arbeits- und Wohnsituation zu suchen, sondern „in der Überwindung der Konkurrenz und Isolation unter den Arbeitern“ (ebd., 78).

Aus der Untersuchung, die dem Konzept der Regionsarbeit zu Grunde lag, entwickelte sich schließlich das Vorhaben, ein Zentrum in Milbertshofen, in der Nähe des BMW-Werkes, aufzubauen, das im Herbst 1972 eröffnet wurde. Mit Festen, Treffen, Versammlungen und Diskussionen sollte es zu einem kulturellen und politischen Bezugspunkt für den Stadtteil werden, was die soziale und politische Isolation zu überwinden helfe. Auch der hohen Fluktuation gerade bei den Migrantinnen und Migranten, die oft Arbeitsplätze wechselten oder es im Wohnheim nicht mehr aushielten und sich eine Wohnung (oft mit anderen zusammen) suchten, sollte so, indem man sie nicht nur am Arbeitsplatz oder nur im Wohnheim organisierte, begegnet werden. Die Regionsarbeit und das Zentrum sollten helfen, die Spaltungen nach deutschen und migrantischen Arbeitern, die Segregation in den Quartieren, die Trennung von Lehrlingen, Arbeitern und Angestellten zu überwinden.

Damit gewann der Reproduktionsbereich auch für die Frage der Organisierung enorm an Bedeutung. Allerdings ging es schwerpunktmäßig um den Kampf gegen Ausbeutung und im Fall der Wohnheime gegen die Ausdehnung des Fabrikregimes auf sämtliche Bereiche des gesellschaftlichen Lebens. Die Situation in den Wohnheimen wurde als ein Ort der Solidarisierungen und der politischen Agitation aufgefasst. Schließlich war aber die Regionsarbeit und der Aufbau des Zentrums offenbar damit verbunden, die sozialen Netzwerke jenseits der Fabrik und des Wohnheims zu unterstützen und Möglichkeiten zur Kommunikation und Kooperation vor allem für die Migrantinnen und Migranten zu geben.

Mietstreiks in Frankfurt

Nicht nur die Unterbringung in schäbigen, beengten Wohnbaracken mit katastrophalen sanitären Anlagen oder die strikte, teils offen bekundete Weigerung vieler Vermieter, an „Gastarbeiter" zu vermieten, charakterisierte deren Wohnungssituation. Auch die Stadtpolitik hatte erheblichen Einfluss auf eine Verschlechterung der migrantischen Wohnverhältnisse. Im Fall der Häuserkämpfe und Mietstreiks im Frankfurter Westend spielte die Vorstellung von der Ausdehnung der Kämpfe auf den Bereich der Reproduktion eine erhebliche Rolle. Dokumentiert ist diese Phase der linken Bewegung u.a. in einem Buch des Frankfurter Häuserrats (1974), der die Koordinierung der Hausbesetzungen besorgte, die zwischen 1970 und 1974 vor allem (aber nicht nur) im Westend stattfanden. Es ist weitgehend unbekannt, dass die Proteste gegen zu hohe Mieten und miserable Wohnbedingungen zuerst von Migrantinnen und Migranten ausgingen. Die von ihnen organisierten Mietstreiks, die an die Erfahrungen der italienischen Mietstreikbewegung anknupfen konnten, waren auch für die linke Szene ein wichtiger politischer Bezugspunkt. Die Umstände und Bedingungen in dem von der Stadt als „Cityerweiterungsgebiet" ausgewiesenen und damit zur Umstrukturierung und Entmietung freigegebenen innenstadtnahen Quartier, die zu den Auseinandersetzungen führten, sind relativ gut dokumentiert (vgl. u.a. Schulz 1971; Häuserrat Frankfurt 1974; Stracke 1980; Herding 2000; Geronimo 2002). Mich interessieren an dieser Stelle die

Hintergründe und Formen der von den Migrantinnen und Migranten initiierten Proteste und an welchen Punkten es zu einer Verbindung von Mieterstreiks und Häuserkämpfen kam und wo diese scheiterten.

Karakayalı hat in einem Aufsatz (2000) die wichtigsten Etappen und Topoi dieser Auseinandersetzungen mit Schwerpunkt auf die migrantischen Aktionen zusammengetragen. Es waren vor allem migrantische Familien oder Einzelpersonen, die den Bedingungen in Wohnheimen entgehen wollten, die bis zum Abriss der Häuser zu völlig überteuerten Mieten als Zwischenmieter akzeptiert wurden. Frankfurter Migrantinnen und Migranten wohnten Anfang der 1970er Jahre zu zwei Dritteln in Altbauwohnungen, die sich in sehr schlechtem Zustand befanden oder in einzelnen Zimmern, die Ergebnis der Zerstückelung der Mietflächen in den meist aus der Gründerzeit stammenden Wohnungen waren. Die Bedingungen waren miserabel, selten wurden die nötigsten Reparaturen von den Hausbesitzern vorgenommen, die Wände waren feucht und es gab Ratten und Wanzen in den Häusern. Mit Wohngeld unterstützt wurden gerade drei Prozent der nicht-deutschen Wohnungsmieter und Sozialwohnungen erhielten 1971 ganze 60 migrantische Antragsteller, obwohl viele Migranten und Migrantinnen einen Anspruch darauf gehabt hätten.

Die Weise ihrer Unterbringung trug nicht selten zur Stigmatisierung der Migrantinnen und Migranten bei, denen vorgeworfen wurde, die Verantwortung für den schlechten Zustand der Häuser zu tragen. Ein Beispiel hierfür nennt Karakayalı: So hat die Bürgerinitiative Aktionsgemeinschaft Westend (AGW), die selbst umfangreiche Daten über hohe Mieten und Überbelegung in den migrantisch bewohnten Häusern sammelte, die Migranten aufgefordert, „Lärm zu vermeiden und keine Abfälle neben die Mülltonnen zu werfen". Den Immobilienhändlern war es recht, wenn es so aussah, als wären es die Migrantinnen und Migranten, die den Verfall der Häuser verursachten. Neben den Zuschreibungen durch die Nachbarschaften entwickelten die Hausbesitzer und Verwaltungen selbst eine Reihe diskriminatorischer Praktiken. Beispielsweise setzte eine Hausverwaltung, die für drei Häuser zuständig war, in denen mehrheitlich türkische Migranten lebten, zunächst schon länger in Deutschland lebende Migranten als „Hausmeister" ein, die die Verwaltung, Vermietung und Mieteintreibung im jeweiligen Haus übernehmen sollten. Damit wurden alle Mietangelegenheiten – vor allem aber alle Konflikte – innerhalb einer Community platziert (vgl. Häuserrat Frankfurt, 161 ff.). In einem anderen Fall griff ein Besitzer zu rabiaten Maßnahmen, wie die FAZ berichtete: Ein Herr Gertler hatte bereits einen Teil der Fenster zerschlagen, um das Haus unbewohnbar zu machen. Zuvor hatte er türkische und jugoslawische Arbeiter, die im zweiten Stock wohnten, vertrieben, indem er sie samt Mobiliar auf Lastwagen verladen und gegen ihren Willen abtransportieren ließ. Sie würden „in Lager außerhalb Frankfurts" gebracht, erklärte Gertler. Zu empörten Anwohnern sagte er: „Was ich mit meinen Mietern mache ist meine Sache" (vgl. FAZ vom 29.8.1972). Die daraufhin alarmierte Polizei leitete keine Untersuchungen über den Tathergang der Verschleppung ein. Hausbesitzer, so ist in einigen Fällen dokumentiert, betraten des öfteren einfach die Wohnungen der migrantischen Mieter. Ein italienischer Mieter berichtete: „Er ging in die Küche und guckte in die Töpfe um zu sehen, was wir kochen. Wie oft hat er gesagt... guck mal hier, ihr eßt sehr gut, und verbraucht viel Strom und Gas. Ihr konsumiert zu viel sagte er immer. [..] Anklopfen? Nein, dann fing er an rumzugehen von einem Zimmer zum anderen, ins Bad in die Toilette. [..] Das erste Mal habe ich mir gedacht, vielleicht ist das hier so. Das zweite mal habe ich gesagt: RAUS!" (Häuserrat Frankfurt 1974, 120)

Nachdem bereits einige italienische Familien an den ersten Besetzungen im Herbst 1970 teilgenommen hatten, entstand im Sommer 1971 eine neue Form des Häuserkampfs: der Mietstreik. Das ganze hatte ebenfalls, wie schon bei der Betriebsarbeit der linken Gruppen, mit einer Untersuchung begonnen: Einige deutsche, italienische, spanische und türkische Aktivisten hatten wochenlang im Westend, vor Kinos und Konsulaten Flugblätter in verschiedenen Sprachen verteilt. Darin griffen sie eine aus den italienischen Miet- und Fabrikkämpfen der 1960er Jahre stammende Forderung auf, nur 10 Prozent des Lohnes für die Miete zu zahlen. Darüber hinaus sammelten sie mit einer Fragebogenaktion Eindrücke der Bewohner und diskutierten mit ihnen die Wohnsituation. (Ebd., 109 f.)

Den Anfang machten die Bewohner des Hauses in der Ulmenstraße 20, in dem einer der Aktivisten wohnte. Es wurden Transparente aufgehängt und auf einer Pressekonferenz der Mietstreik erklärt, nur noch 10 Prozent des Lohnes sollte für die Miete ausgegeben werden. Auch der zweite Mietstreik, der im September folgte, wurde von der Presse positiv aufgenommen. In einem Flugblatt schilderten die Mietstreikenden ihre Wohnsituation: „In der Baustraße 11, in Frankfurt, wohnen 21 italienische und jugoslawische Familien mit 27 Kindern. In anderthalb Zimmern wohnt ein Vater mit 6 Kindern, 250 Mark Miete muß er bezahlen: Wasser tropft durch die Decke, es gibt keine Heizung, es gibt kein warmes Wasser; so wie das Haus jetzt aussieht kann man da kaum noch leben." Zusätzlich schlugen die Kinder aus dem Haus vor, ein leerstehendes Grundstück nebenan zum Spielplatz umzufunktionieren, was auch geschah.

Eine erste Öffentlichkeit fanden diese Aktionen in den Radiosendungen für „Gastarbeiter". Journalisten und Journalistinnen dieser Programme besuchten die Häuser und berichteten anschließend darüber. Außerdem wurde die von den Mietstreikhäusern angebotene Rechtsberatung häufig genutzt. Im Februar des nächsten Jahres dann deuteten die Aktionen der Bewohner der Eschersheimer Landstraße 220 eine Wende an. Es handelte sich vor allem um italienische Familien, die alle aus zwei Regionen in Italien (Kalabrien und Sizilien) kamen und die offenbar in der Migration ein soziales Netzwerk etabliert hatten, das im Widerstand in der Mietstreiksbewegung von Nutzen war. Sie hatten schon zuvor – erfolglos – Versuche unternommen, ihre Wohnsituation über Gerichte oder das Amt für Wohnungswesen zu verbessern und waren zu der Einsicht gelangt, dass „ein Hausstreik keine Kraft hat, daß es notwendig ist, Verbündete zu suchen" (Häuserrat 1974, 111). Die Suche nach Verbündeten bezog sich nicht nur auf den Kampf gegen die hohen Mieten, sondern sollte auch dem Rassismus der Nachbarn eine politische Haltung entgegensetzen. So gingen die Bewohner und Bewohnerinnen der Eschersheimer 220 etwa auf Protestversammlungen von vorwiegend deutschen Mietern und solidarisierten sich mit diesen. (Ebd.) Es wurden Flugblätter verfasst und Mietstreiklieder getextet. Bei einer von den migrantischen Aktivisten initiierten Demonstration kamen über 1.000 Teilnehmer zusammen. Darunter waren italienische und spanische Arbeiter von Opel in Rüsselsheim, die zur gleichen Zeit eine Betriebsversammlung gesprengt hatten, Hausbesetzer und Mietstreikende aus allen Teilen der Stadt. Der Häuserrat sollte später kommentieren, dass es sich um die erste Emigrantendemonstration in Frankfurt gehandelt habe, die in ihren Forderungen, die sich auf „die Bedingungen der Arbeit und des Lebens hier, gegen die Akkordarbeit, gegen das Wohnheim, die Wohnsituation der Familien, für Schulen und Kindergärten" bezogen, ein „Programm der Emigration" zum Ausdruck gebracht hätte. Diese Forderungen hätten sich „gegen den kapitalistischen Gebrauch der Emigration" gewendet. (Vgl. ebd.) Die Formulierung vom „kapitalistischen Gebrauch" ist als „Ausbeutung" zu verstehen.

Aus heutiger Perspektive deutet sich hier jedoch die Möglichkeit eines nichtkapitalistischen Gebrauchs der Migration an, die in der politischen Organisierung bereits zum Ausdruck kommt. Die Mietstreiks auf der Basis von sozialen Netzwerken können als Taktiken in der Migration interpretiert werden, die einen „nicht-kapitalistischen Gebrauch" der Migration denkbar machen. Michel de Certeau (1988) hat eine Begrifflichkeit von Taktiken und Strategie entwickelt, die an dieser Stelle eine brauchbare Unterscheidung ist. Strategien sind demnach Praktiken von Subjekten – de Certeau präzisiert diese als „ein Unternehmen, eine Armee, eine Stadt oder eine wissenschaftliche Institution" (ebd., 87) – die über einen eigenen Ort verfügen, der als „Basis für die Organisierung von Beziehungen zu einer Exteriorität dienen kann" (ebd.). Taktiken nennt er dagegen Handlungsweisen, die nicht auf etwas „Eigenem" basieren. Sie haben „nur den Ort des Anderen" (ebd., 89), Taktiken sind Touren durch das Territorium der „anderen", bei denen der richtige Zeitpunkt zentral ist. An einer Stelle bringt er diese Begrifflichkeit mit der Migration in Verbindung: „Das System, in dem [die Immigranten] verkehren, ist zu groß, als daß sie irgendwo fixiert werden könnten, und zu engmaschig, als daß sie jemals entfliehen könnten. Es gibt kein Anderswo mehr. Aus diesem Grund verändert sich auch das 'strategische' Modell, als ob es in seinem Siegeszug unterginge: es beruhte auf der Definition von etwas 'Eigenem', das vom Rest unterschieden ist; es wird das Ganze." (Ebd., 94 f.) Bezogen auf die Taktiken der Migration ließe sich diese Überlegung dahingehend interpretieren, dass der Kapitalismus keine Orte mehr fixieren kann, sondern „im Ganzen" ist. Seine Strategien schlagen sich im Migrationsregime, in den Rassismen, in der Segmentierung der Produktionsweise und in den ungleichen Bedingungen der Reproduktion nieder. Sie werden durch die migrantischen Taktiken angegriffen, die sich innerhalb der „Orte" des Kapitalismus verhalten, diesen aber durch ihre Bewegungen, Netzwerke, Alltagspraxen, Kooperationen und Kämpfe eine neuen „Raum" geben. Es geht um die temporäre Besetzung von Orten (durch Zentren, Mietstreiks und Hausbesetzungen). In diesem „taktischen Modell" der Organisierung und Artikulation liegt eine Dimension der Autonomie der Migration, die über den Überlebenskampf hinausgeht.

Dem Beispiel der Eschersheimer 220 folgten ab Februar 1972 zahlreiche andere migrantische Hausgemeinschaften. Bis Ende jenes Jahres befanden sich Dutzende von Häusern im Mietstreik – an die 1.500 Migrantinnen und Migranten, die begonnen hatten, miteinander zu diskutieren und gemeinsam vorzugehen. Die Polizei stürmte immer wieder Mietstreikhäuser unter fadenscheinigen Begründungen wie der, die Papiere der Leute kontrollieren zu müssen; manche wurden von Polizeibeamten bedroht, ihre Arbeitsstelle zu verlieren, wenn sie ihre Miete nicht zahlten. (Vgl. Karakayalı 2000) Ein spanischer Arbeiter wurde von der Polizei einfach abgemeldet und bekam beim Versuch, seine Aufenthaltsgenehmigung zu verlängern zu hören, er besitze keinen festen Wohnsitz. (Vgl. Häuserrat/ AStA 1973)

Ab März entwickelte eine Initiative, die sich aus italienischen Frauen aus den Mietstreikhäusern, einigen aus der Frauengruppe des RK, dem Weiberrat, der gerade eine Untersuchung über die Situation Frankfurter Kindergärten machte, Frauen von Lotta Continua, türkischen und spanischen Familien zusammensetzte, die Forderung nach einem multinationalen Kindergarten im Westend. (Vgl.

Häuserrat Frankfurt 1974, 127 ff.) Eine Demonstration dieser Frauen wurde mit Wasserwerfern und mit Gummiknüppeln von der Polizei auseinander getrieben. Als die Frauen daraufhin mit Journalisten zum damaligen Oberbürgermeister Arndt gingen, um an ihn die Forderungen zu richten, wurden sie beschwichtigt. Ihre Beschwerden und Forderungen wurden aufgenommen, politische Maßnahmen aber nicht getroffen.

Die migrantische Mietstreikbewegung in Frankfurt wurde ab 1973 mit mehr als 140 Prozessen überzogen, die ihr schließlich auch ein Ende bereiteten. Trotz vielfacher Unterstützung von Anwälten und durch den Häuserrat waren die Hausgemeinschaften mit diesem Angriff überfordert, sie verloren mehr als 90 Prozent der Verfahren. Zugleich gelang es der SPD und dem Oberbürgermeister, die Streikgemeinschaften und auch die Initiative von migrantischen Frauen für Kindergärten und Spielplätze mit Versprechungen und Drohungen hinzuhalten und zu spalten. Einem Teil wurde zugesagt, sie könnten „erstmal bleiben", andere wurden mit dem Versprechen, ihnen Ersatzwohnungen zu geben, weggeschickt.

Der Häuserrat kritisierte, dass die Hausbesetzerszene zwar zu Verhandlungen von „organisierten Genossen" kam, „sich aber einen Dreck scherte um die Prozesse, mit denen hier einer entstehenden Massenbewegung der garaus gemacht werden soll". (Häuserrat/AStA 1973, 4) Als Migrantinnen und Migranten anfingen, selbst Häuser zu besetzen, konnten diese teilweise nicht gehalten werden, weil sie nicht in gleichem Maß unterstützt wurden, wie das bei den „eigenen" Häusern der Fall war: „Klar, wenn man das mit deutschen Hausbesetzungen vergleicht, war es schon traurig bestellt mit der Solidarität unsererseits!" (Häuserrat 1974, 158) Die Schwierigkeit lag jedoch nicht ausschließlich in einer mangelnden Solidarisierung. Vielmehr kam es in vielen Situationen, in denen Spontis die Kämpfe der mietstreikenden Migranten und Migrantinnen unterstützten, zu einer Übernahme der politischen Initiative. Beispielsweise griffen Spontis in unterstützender Absicht in den Mietstreik in der Baustraße ein, indem sie Versammlungen einberiefen und eine Rechtsberatung einrichteten. Die migrantischen Familien selbst gerieten im Organisierungsprozess immer weiter außen vor. In einem anderen Fall hatten vor allem türkische Familien einen Mietstreik organisiert, wurden jedoch vom Hausbesitzer aus der Liegenschaft vertrieben. Dieser mauerte daraufhin die Fenster des Hauses zu, in dem sich aber noch persönlicher Besitz der migrantischen Familien befand. Spontis schlugen vor, ein Straßenfest zu organisieren, in dessen Schutz es möglich sein sollte, die Fenster aufzubrechen und die Sachen heraus zu holen. Das Fest fand letztlich ohne Beteiligung der Migranten und Migrantinnen statt, die sich erst nach Stunden – und nachdem das Haus bereits geöffnet war – zu den „Hippies“, wie sie die Spontis nannten, gesellten. Die – von Spontis im Buch des Häuserrats selbst als paternalistische Praxis kritisch reflektierte – Vorgehensweise machte solidarische Verbindungen in den Kämpfen schwierig.

Darüber hinaus waren jedoch auch rassistische Ideologeme in den Artikulationen und Praktiken linker „Unterstützer“-Gruppen präsent, wie folgendes Beispiel zeigt:

In dem von Kuhlen-Sauer und Kuhlen 1986 herausgegebenen Buch über *Ausländische Arbeiterfamilien in Hessen* findet sich eine ausführliche Dokumentation einer so genannten „Emigrantengruppe“, bei der sich es um eine Gruppe von Deutschen handelte, die auch nach der heißen Phase der Auseinandersetzungen „stadtteilbezogene Arbeit mit Ausländern“ machen wollte, um auf diese Weise einen „‘revolutionären Beitrag’ zur gesellschaftlichen Veränderung zu leisten“ (ebd., 29). Der Dokumentation lassen sich das Vorgehen und die Vorstellungen der „Emigrantengruppe“ entnehmen: Beginnend mit einer Untersuchung im Frankfurter Nordend lag das formulierte Ziel darin, „multinationale Arbeit“ zu machen, was zunächst nichts anderes hieß, als dass die zu Agitierenden verschiedene Staatsbürgerschaften haben sollten. Nachdem die Gruppe mit einer Umfrage zur Wohnstruktur und -situation begonnen hatte, stellte sie fest, dass sie es im Grunde nur mit Italienern zu tun hatten. In mehreren Sitzungen diskutierten sie diesen „Verrat“ an ihrer ursprünglichen, multinationalen „Zielgruppe“ und fassten diese Diskussion folgendermaßen zusammen: „‘Wir wollen hier weder die Unterschiede, etwa kultureller Art, beschreiben, die das Verhalten der Emigranten bestimmen, noch wollen wir den Beweis führen für die sichtbaren Hierarchien und den Rassismus zwischen ihnen. Da sie jeder kennt, können wir von ihrer Existenz ausgehen. Hinzu kommen unsere eigenen Schwierigkeiten. Sprachprobleme sind noch die geringeren, knüppliger wird es bei unserer mangelnden Fähigkeit, etwa ein Verhältnis ‘türkischer Mann – deutsche Genossin’ anders als problematisch zu definieren.“ (Ebd., 31) In der ideologischen Konstruktion existieren kulturelle Unterschiede, Hierarchien und Rassismus unter den Migrantinnen und Migranten, während die „Emigrantengruppe“ davon unterschieden ist. Der Verweis darauf, dass diese Unterschiede „jeder kennt“ und sie somit auch existieren, stellt, wie im ersten Kapitel diskutiert, eine Fiktion (Balibar) dar, die zwischen dem Imaginären und dem Realen eine Beziehung der Eindeutigkeit etabliert und den ideologischen Effekt „So ist es“ hervorruft (vgl. Müller 1995, 96). Erst zu diesem „So-Sein“ kommen die eigenen Schwierigkeiten der Gruppe. Diese beschreiben sie einerseits als ein banales Problem der sprachlichen Verständigung. Andererseits gabe es das „Problem“ „türkischer Mann – deutsche Genossin“, eine mögliche Verbindung, die keinesfalls als Beziehung gedacht werden kann, sondern als „Verhältnis" bezeichnet wird. Wobei das „Problem" darin besteht, dass die Gruppe eine solche Verbindung nicht anders denn als „Problem" denken kann. Diese Konstruktion ist – offenbar aus der Perspektive deutscher linker Männer – als artikuliertes rassistisches Ideologem zu analysieren, das den Migranten als Mann setzt, während die deutsche Frau „Genossin" ist. Auf den Umgang mit diesen „eigenen Schwierigkeiten" geht die „Emigrantengruppe" im Anschluss näher ein: „Auch unsere Schwierigkeiten sind eine Realität, die sinnvollerweise niemand verleugnen wird. Immer, aber nicht zufälligerweise, sind Hinweise und die Probleme kaum systematisch ausgeführt. In allen Bereichen über Emigrantenarbeit tauchen sie als Barrieren einer effektiven Arbeit auf, aber nirgends gibt es eine konsistente Einschätzung.'" (Ebd.) Die „Realität" der fehlenden Sprachkenntnisse und der chauvinistischen, türkischen Männer muss also in dieser Wendung, die einen Tabubruch inszeniert, offen ausgesprochen werden, oder werden dürfen, um sie bearbeiten zu können. Während es sich der „Emigrantengruppe" zufolge hier um ein Problem kultureller Unterschiede handelt, ist es tatsächlich das Problem von Rassismus, das nicht konsistent thematisiert wurde.

In der Dokumentation kommt die „Emigrantengruppe" aufgrund ihrer Diskussion zu dem Entschluss, gegen ihr „revolutionäres Über-Ich" nur mit Italienern zusammenzuarbeiten. Dies komme, wie sie schreiben, ihren Vorlieben, Kenntnissen und Erfahrungen näher, die Option, die zukünftige Arbeit „für andere Nationalitäten freizuhalten", bleibe aber bestehen. Dafür müssten sie jedoch erst die „nationalen Eigenheiten" kennen lernen, „mit ihnen zusammen im Kampf erproben" und die „realen Widersprüche solidarisch ausagieren". Mit dem lapidaren Verweis auf die Zukunft winden sie sich heraus: „Für uns heißt das, daß wir unseren Wünschen und Möglichkeiten entsprechend mit Italienern zusammenarbeiten werden. Und zwar nicht nationalistisch beschränkt, sondern im Hinblick auf ein mögliches Einreißen der Grenzen, die das Kapital immer von neuem zwischen den einzelnen Emigrantengruppen aufzieht." (Ebd., 32) Da „die Revolution" – also die selbst definierte revolutionäre Strategie der Gruppe – ihnen vorschreibt, nicht nationalistisch vorzugehen, legitimieren sie in einer komplexen Argumentation Hierarchisierungen, wobei schließlich der Rassismus zugleich sein eigenes Erklärungsmuster liefert. Die Position der „Emigrantengruppe" ist dabei zugleich als „deutsch" affirmiert, was an keiner Stelle zur Debatte steht.

Die rassistische Trennung in Deutsche und Ausländer ließ sich, ganz offenbar, auch in den Kämpfen nur punktuell aufheben. Im selben Buch findet sich ein Beispiel, wie es einer migrantischen Familie gelang, die rassistischen Zuschreibungen durch ihre Affirmation umzukehren und auf diese Weise zu unterlaufen: Nach einem erfolgreichem Mietstreik bekam eine italienische Familie eine Wohnung in einem anderen Stadtteil angeboten, die sie aber ablehnte, weil die Kinder nicht die Schule wechseln sollten und sich der Arbeitsplatz der Frau in Wohnnähe befand. Es gelang ihnen mit vielen Tricks noch ein weiteres Jahr in dem zur Räumung anstehenden Haus zu bleiben, in dem sie am Ende die einzigen Mieter blieben. Schließlich taten sie eine andere Wohnung auf und renovierten, worauf der Hausbesitzer die Miete um das Doppelte erhöhte, weil nur eine mündliche Zusage bestanden hatte, aber noch kein Mietvertrag unterschrieben worden war. Die Familie sollte zahlen oder verzichten. Sie entschied sich für die letztere Option. Unter „Hinweis auf sizilianische Sitten und Gebräuche" holten sie sich aber die Renovierungskosten, die Kaution und die erste Marge für die Miete bei einem Besuch vom Hausbesitzer zurück. (Vgl. Kuhlen-Sauer/Kuhlen 1986, 77 f.)

Die vermutlich zahlreichen Ursachen für das Ende der Mietstreikbewegung, schreibt Karakayalı, könnten kaum erschöpfend geklärt werden. Die rassistische Segmentierung des Wohnungsmarkts sowie die persistente Diskriminierung durch städtische Institutionen und Vermieter haben sicherlich dazu beigetragen, ebenso die Unfähigkeit, die rassistischen Spaltungen stärker zu bekämpfen. Festzuhalten bleibt aber, dass in der migrantischen Mietstreikbewegung die Modi gesellschaftlicher Reproduktion angegriffen wurden. Es gelang in ihrem Verlauf durch die aufgebauten, erzwungenen und konstruierten Kooperationen selbst eine Form des politischen Kampfes zu etablieren und in den Quartieren ein Kampffeld zu eröffnen. Dass sich viele daraus resigniert zurückzogen, lag nicht zuletzt daran, dass die Pläne, ein multinationales Zentrum nach einem Vorbild in Essen aufzubauen, scheiterten.

Zentren

Migrantische Zentren, Clubs und Vereine gründeten sich seit dem Beginn der 1960er Jahre. Sie waren meist nach Nationalitäten unterteilt, organisierten Kommunikationsstrukturen, boten Freizeitmöglichkeiten und nicht wenige waren konfessionell (katholisch, griechisch-orthodox etc.) oder politisch ausgerichtet. So kam es, dass sich etwa in Rüsselsheim Mitte der 1960er Jahre zwei griechische Organisationen nach der jeweiligen exilpolitischen Linie ausgerichtet gründeten, was auch zu Konflikten in der Stadt führte. Die karitativen Verbände der Bundesrepublik, aber auch die Gewerkschaften versuchten sich der Arbeitsmigranten anzunehmen, stellten Sozialfürsorger ein und Räumlichkeiten und Zentren bereit, die Beratungs-, Bildungs- und Freizeitangebote einschlossen. Diese waren nach Nationalitäten und Verbänden unter- und aufgeteilt; so war etwa die Caritas für spanische und italienische, portugiesische und katholische jugoslawische, die Diakonie für griechische und die Arbeiterwohlfahrt für nicht-christliche, darunter hauptsächlich türkische Migrantinnen und Migranten „zuständig". (Vgl. für Südhessen Sonnenberger 2003, 162)

Mit Beginn der 1970er Jahre kam es zur Gründung zahlreicher „multinationaler Zentren" in den Städten der Bundesrepublik und selbstorganisierte, autonome migrantische Arbeiter- und Kulturvereine mehrten sich, die sich zum Ziel setzten, den sozialen und kulturellen Bedürfnissen der eingewanderten Arbeiter gerecht zu werden und juristische, materielle und gesundheitliche Hilfe anzubieten. Viele Veranstaltungen waren auf das Herkunftsland ausgerichtet, andere wiederum thematisierten die Situation in der Migration. Die Protagonisten waren oft Gegner der aktuell in den Herkunftsländern regierenden Regimes. Die Arbeiterföderation italienischer Emigranten (FILE) etwa gehörte dazu. Sie forderte das Wahlrecht für Ausländer und wollte gegen rassistische Polizeigewalt ebenso wie gegen Hetzkampagnen in der Presse vorgehen. Die Föderation setzte sich den Kampf gegen die besondere Ausbeutung der Emigranten, gegen die menschenunwürdige Wohn- und Familiensituation, gegen Unterbezahlung und Leichtlohngruppen der Frauen, gegen die Lohnabschlüsse des DGB und der italienischen Gewerkschaft CGIL zum Ziel. Nach Einschätzung der FILE-Mitglieder waren allein autonome Arbeiterorganisationen in der Lage, diesen Kampf offensiv zu führen und die Rebellion von Migrantinnen und Migranten zu fördern.

Der Círculo Cultural in Essen[82]

Ein weiterer Versuch, die Praktiken der Migrantinnen und Migranten aufzunehmen und die Interessen von „ausländischen Arbeitern" in Arbeit und Alltag selbst zu organisieren, war der „Círculo Cultural", das „Spanische Zentrum" in Essen. Das in der Innenstadt gelegene Haus des Kultur- und Arbeitervereins, 1969 gegründet, wurde während der 1970er Jahre zu einem wichtigen Ort dieser Interessensartikulation. Neben kleineren Räumen gab es dort einen Buchladen, benannt nach dem spanischen Dichter Miguel Hernández, eine Kneipe, die

82 Für ein außerordentlich freundliches und beeindruckendes Gespräch über das Spanische Zentrum möchte ich Paco Gonzalez, Juan Marín und Beate Zimmermann danken, die auch so freundlich waren, mir Material aus der Zeit des Círculo zu überlassen.

kleinere Gerichte, Tapas und einmal die Woche, sonntags, ein größeres Gericht anbot, und einen Festsaal, der für größere Veranstaltungen genutzt werden konnte und als Kino diente. Das Zentrum gab mehrere Zeitungen (eine des Zentrums namens „Espirale“ und eine von Lucha Obrera, eine Organisation der Neuen Linken aus Spanien) heraus, sorgte für medizinische Beratung und juristische Unterstützung etwa in Wohnungsangelegenheiten, bei politischer Betätigung oder in Betriebskämpfen und bot darüber hinaus Hilfe bei der Wohnungs- und Arbeitssuche an. Finanziell wahrte der Círculo Unabhängigkeit von Kirchen und Konsulaten, über eigene Arbeit und Spendentätigkeit wurde er gestützt. Unter seinem Dach trafen sich auch unterschiedliche deutsche Gruppen trotz ideologischer Distanz: K-Gruppen, die DKP-Jugend, die Jusos, auch Gewerkschafts- und Frauen-Gruppen.

„Das Spanische Kulturzentrum in Essen“, so wird das eigene Programm in einer Selbstdarstellung umrissen, „ist ein Modell einer Arbeiter-Selbstorganisation, entstanden aus der dringenden Notwendigkeit der ausländischen Arbeiter, ihre Probleme selbst in die Hand zu nehmen, sowie als logische Konsequenz der absoluten Unfähigkeit deutscher sowie spanischer Institutionen, unsere Probleme zu beantworten.“ (Spanisches Zentrum Essen 1975, 5) Und weiter heißt es dort: „So konnte unser Kulturkreis mit seinem Wachsen Barrieren einreißen, Kontakte schaffen, nationalistische Vorurteile zerstören usw. und schuf somit die Voraussetzungen, um unserer Organisation einen multinationalen Charakter zu geben. In unseren Räumen treffen sich deutsche, türkische, italienische Gruppen usw. Sie diskutieren ihre Probleme und lösen sie auch, und zwar nicht nur auf der Ebene ihrer Nationalität, sondern in Zusammenarbeit mit allen anderen.“ (Ebd.)

Veranstaltungen, Beratungstätigkeiten und Sprachkurse, aber auch politische Aktionen eröffneten schließlich die Möglichkeit, öffentlich Druck auszuüben. Als spanische ArbeiterInnen 1972 mit ihren Familien aufgrund unzumutbarer Wohnverhältnisse ein Haus besetzten, ging so vom Essener Spanischen Zentrum eine der erfolgreichen Hausbesetzungen der 1970er Jahre aus. Die Aktion stand im Kontext einer Untersuchung, die Aktivistinnen und Aktivisten aus dem Zentrum zuvor in Essener Wohnheimen gemacht hatten und deren Veröffentlichung heftige Kommentare und Stellungnahmen in der lokalen Presse provozierte. Weitere Aktivitäten umfassten die Unterstützung bei der Arbeitsuche. Juristische Vertretung bot das Zentrum u.a. für diejenigen an, „die durch ihre Teilnahme an Arbeitskämpfen um ihre legitimen Rechte besonderen Repressalien ausgesetzt wurden“ (ebd., 6), aber auch wenn es darum ging, Ausweisungen zu verhindern. Den gesetzlichen Maßnahmen gegen den Aufenthalt von Migranten setzte der Círculo außerdem Informationsveranstaltungen, Öffentlichkeitsarbeit und Aktionen entgegen, etwa wenn es um die Verweigerung von Verlängerungen von Arbeitserlaubnissen für diejenigen ging, die weniger als fünf Jahre in der Bundesrepublik lebten. Für die Unterstützung der migrantischen Kinder gründete sich im Zentrum ein „Verein Hilfe für Kinder ausländischer Arbeitnehmer", der dann in sechs Kindergruppen in verschiedenen Essener Stadtteilen arbeitete.

Vier Jahre hintereinander, ab 1972, organisierte der Círculo „Spanische Wochen", bei denen zwei Punkte thematisiert wurden: zum einen die Situation der Migrantinnen und Migranten, zum anderen die sozialen, politischen und ökonomischen Verhältnisse in Spanien. „Die Spanische Woche soll", so die Selbstdarstellung des Círculo zu jener Zeit, zudem „(...)den deutschen Arbeitern klarmachen, daß unsere Probleme keine spezifischen Probleme ausländischer Arbeiter sind, sondern ganz allgemein Probleme der Arbeiterklasse. (...) Nur die Gleichheit aller Arbeiter garantiert die Einheit der Arbeiterklasse und macht es unmöglich, die ausländischen Arbeiter als Spaltungsfaktor der Arbeiterklasse einzusetzen." (Ebd., 8) Ein Mittel bestand für den Círculo darin, Einblick in die alltäglichen Kämpfe in Spanien zu geben. Die Aktivistinnen und Aktivisten des Zentrums luden Musiker und Schriftsteller aus Spanien, Frankreich, Portugal, Italien, aus Chile und Uruguay ein, deren kulturelle Arbeiten zum Teil in jenen Ländern verboten waren. Im Mittelpunkt stand die Idee, Erfahrungen der Kämpfe zu übermitteln und Solidarität zu befördern. Die internationale Ausrichtung des Zentrums führte zu einer breiten politischen Vernetzung. (Vgl. Informations-Dienst zur Verbreitung unterbliebener Nachrichten Nr. 109, 1976)

Nach Aussage einer Aktivistin im Rückblick[83] existierte insgesamt eine Stimmung, die vermittelte, dass alles möglich sei, wenn man es anpackte. Es sei viel diskutiert, vor allem aber gehandelt worden. Wenn es um Aktionen ging, stellte man die Infrastruktur des Zentrums und Dolmetscher zur Verfügung. Auf diese Weise kamen Menschen zusammen, die etwas tun wollten, und unter den verschiedenen Gruppen wurde über alles diskutiert, was man wichtig fand, ohne dabei eine Strategie der Einverleibung zu verfolgen, oder sich einverleiben zu lassen. Man sah sich in Opposition zu orthodoxen Strömungen der Kommunisten, es gab keine Stalinisten, keine Eurokommunisten und wenig Trotzkisten. Lucha Obrera, als eine der Gruppen im Círculo, pflegte vor allem Kontakte zu Gruppen in Spanien, die in Opposition zu offiziellen kommunistischen Parteien standen. Gemeinsam fuhr man zum Kongress von Lotta Continua nach Italien.

Das Spanische Zentrum stand immer wieder unter politischem Druck auch seitens des spanischen Konsulats, außerdem war ihm mehrfach mit Kündigung

83 Interview am 19. September 2002 in Essen.

des Mietvertrags gedroht worden (vgl. Informations-Dienst zur Verbreitung unterbliebener Nachrichten Nr.164, 1977). 1977 kam es zu erheblichen finanziellen Problemen, die zunächst durch ein großes Fest im November aufgefangen werden sollten. Man entschied sich, es in der Essener Gruga-Halle zu organisieren, nannte es „Leben-Kämpfen-Solidarisieren" und es kamen über den Tag verteilt 20.000 Personen. Wichtige Figur für die Organisierung des Zentrums war von Anfang an Rafael Sanchez, der 1977 nach Spanien zurückging. Auf dem Fest in der Gruga-Halle übernahm er die Begrüßung, erklärte die autonome Organisierung des Spanischen Zentrums und betonte den internationalen Charakter: „Der Spanische Kulturkreis ist ein Teil einer breiten autonomen Bewegung, die heute überall auf allen Ebenen entsteht, einer Bewegung, die wir in Italien, Frankreich, Portugal, Chile, Spanien und auch in der BRD erleben, einer Bewegung, die alle bürokratischen Formen ablehnt und sich von keiner Partei oder Gruppe führen läßt, sondern sich selbst bestimmt und deshalb eine offene Auseinandersetzung unter den Betroffenen ermöglicht. (...) Auf diesem Weg zu einem gemeinsamen Kampf sind noch sehr viele Schritte notwendig, Schritte der gemeinsamen Auseinandersetzung, der gemeinsamen Erfahrung, der Diskussion unserer Erfahrungen aus den verschiedenen Bereichen, weil nur das Zusammentreffen vieler verschiedener Meinungen und Erfahrungen die Diskussion ermöglicht sowie eine Entwicklung, die uns weiterbringt. Vielleicht klingt das alles noch wie Zukunftsmusik, weil wir alle wissen, wie schwer es ist, solche Zusammenhänge aufzubauen, ich meine aber, daß wir trotz aller Schwierigkeiten diese Sache im Kopf behalten müssen und im Grunde schon heute damit angefangen haben, denn was wir hier zusammen erleben, ist unsere gemeinsame Sache." (LP Leben. Kämpfen. Solidarisieren) Die Schulden konnten mit dem Fest getilgt werden, aber es existierte keine politische Perspektive für die Zukunft (vgl. Interview vom 19. September 2002). Auch der „deutsche Herbst" trug massiv zu dieser Stimmung bei. Die meisten der Aktivisten gingen – auch weil politisch 1975 das Ende des Franco-Regimes gekommen war – nach Spanien. Das Zentrum hatte immer eine anti-institutionelle Ausrichtung, weshalb es auch nie wirklich gefestigte Strukturen gegeben hatte, die eine Weiterführung hätten tragen können. Allerdings sei dies, so die Aktivistinnen und Aktivisten im Rückblick, nicht so sehr zu bedauern als vielmehr zu konstatieren und die sozialen Netzwerke, die damals ausgebildet worden waren, hätten bis heute gehalten (vgl. ebd.).

Im Zentrum kamen insofern zwei wesentliche Organisationsformen zusammen. Das Zentrum war ein Ort der Kommunikation, durch das viele der damaligen lokalen, nationalen und internationalen politischen Diskussionen zirkulierten und das über ein weites Netz an Kontakten in viele Länder verfügte. Es bot zahlreichen Gruppen einen Ort für politische Veranstaltungen und Kampagnen. Einen Schwerpunkt der Arbeit bildete, was aus heutiger Sicht als Antirassismus zu bezeichnen wäre. Es sollte ein Ort sein, der den migrantischen Arbeiterinnen und Arbeitern eine autonome Struktur bot, um ihre Belange selbst in die Hand zu nehmen, aber nicht reduziert auf eine nationale Gruppe. Diese Struktur half den Rassismen eine Strategie entgegenzusetzen. Sie ergriffen Maßnahmen gegen die schlechten Wohnbedingungen und die Benachteiligung der Kinder in der Bildung. Die Aktivisten thematisierten die Bürgerrechte, indem sie gegen Ausweisungen und Diskriminierungen vorgingen oder Aufklärungsarbeit machten, wenn es um Aufenthaltsrechte ging.

Das Zentrum war zugleich ein Ort des Alltags. Durch die Kombination von politischen und kulturellen Praktiken bot es eine offene Struktur, die über den Buchladen, das Kino, die Feste oder Verpflegungsmöglichkeiten auch für jene zugänglich war, die nicht in die jeweiligen politischen Aktionen involviert waren. Durch ein Beratungssystem für Gesundheits- und Rechtsfragen und Sprachkurse wurde es ermöglicht, die migrantischen Haushaltsstrukturen zu unterstützen. Das Zentrum bildete so ein Netzwerk für die tägliche Reproduktion und den Widerstand in der Migration.

Kindergeldaktionen

Eine weitere zentrale politische Mobilisierung in den migrantischen Kämpfen im Bereich der Reproduktion und des Alltags zielte auf die Neuregelung des Kindergelds im Zusammenhang mit der Steuerreform der SPD/FDP-Regierung. Worum ging es? Im Rahmen der Steuerreform wurde eine Herabsetzung des Kinderfreibetrags und damit die Erhöhung der Lohnsteuer ab 1. Januar 1975 festgelegt. Zum Ausgleich sah die Reform eine Erhöhung des Kindergelds vor. Diese Erhöhung sollte aber nur für Deutsche, für Migrantinnen und Migranten aus EG-Staaten sowie für jene aus Nicht-EG-Staaten gelten, die bereits mehr als 15 Jahre in der BRD lebten. Alle anderen sollten die in bilateralen Abkommen zwischen der deutschen Regierung und den Regierungen einzelner Herkunftsländer (etwa Türkei, Jugoslawien, Spanien, Portugal und Griechenland) ausgehandelten geringeren Kindergeldbeträgen erhalten. Für die Übrigen, die Migrantinnen und Migranten etwa aus Marokko und Tunesien oder aus fernöstlichen Staaten, existierten keine Sondervereinbarungen, das heißt es gab auch kein Kindergeld. Die Regelung für den vollen Kindergeldbetrag galt außerdem nur für die Kinder, deren Lebensmittelpunkt Deutschland war. Ein Beispiel: Bei einem Einkommen von 20.000 DM jährlich sollte eine Familie mit vier Kindern, die in der Türkei lebten, 1.800 DM mehr Lohnsteuer bezahlen. Dieser Verlust würde durch 4.000 DM kompensiert, wenn die Kinder in der Bundesrepublik lebten. Nach den Vereinbarungen mit der Türkei beliefe sich das Kindergeld aber lediglich auf 500 DM für die in der Türkei lebenden Kinder, was eine beträchtliche Absenkung des Reallohns für die migrantischen Haushalte bedeutete.

Betroffen von dieser Gesetzesnovelle waren knapp eine Million Kinder, die im Ausland geblieben waren, nicht zuletzt, weil die Bundesrepublik nur eine schlechte Infrastruktur zu ihrer Bildung und Betreuung bereitstellte[84] (vgl. Metall Komitee KB/Gruppe Hamburg 1974, 22). Bei der Berechnung angemessenen Wohnraums in Deutschland wurden die Kinder im Herkunftsland allerdings nach wie vor mitgezählt.

Die neue Regelung führte zu zahlreichen Protesten von Migrantinnen und Migranten. Bei den zahlreichen Aktionen handelte es sich um einen Kampf gegen eine schon festgelegte Reform, eine Rücknahme der Neuregelung des Kindergeldes und der Steuerreform war somit kaum zu erreichen. Es ging in der Auseinandersetzung inhaltlich um die Finanzierung der transnationalen Haushaltsstrukturen, politisch brachten die Kämpfe eine bundesweite Mobilisierung zustande. In 19 Städten[85] bildeten sich im Verlauf des Jahres so genannte Kindergeldkomitees, die sich bundesweit koordinierten, gegen die Diskriminierung der Migrantinnen und Migranten auftraten und – über die Frage des Kindergeldes hinausgehend – gleiche Rechte für Deutsche und Ausländer forderten. Ab Sommer 1974 führte diese Organisierung zu Demonstrationen und Veranstaltungen in verschiedenen Städten, darunter auch in Stuttgart, wo rund 200 Arbeiter aus Griechenland, Portugal, Spanien und der Türkei, die der Arbeitsgemeinschaft ausländischer Organisationen angehörten, durch die Innenstadt zogen und u.a. „Volle staatsbürgerliche Rechte für ausländische Arbeitnehmer" forderten. (vgl. auch Metall Komitee KB/Gruppe Hamburg 1974, 22)

---

84 1973 stellte die Bundesanstalt für Arbeit in einer Erhebung fest, dass im Vorjahr etwa 950.000 Kinder von MigrantInnen in der Bundesrepublik Deutschland lebten. Davon entfielen auf die Einwandergruppen: Italien (257.000), Türkei (195.000), Jugoslawien (115.000), Griechenland (111.000), Spanien (80.000) und Portugal (18.000). 40% waren Kleinkinder, 9% besuchten einen Kindergarten, 32% gingen zur Schule, 3% befanden sich in einer betrieblichen Lehre und 16% waren erwerbstätig (vgl. BAA Nürnberg 1973, 23). (Vgl. Güngör 2005)

85 In Augsburg, Bad Honnef, Bochum, Bonn-Bad Godesberg, Essen, Frankfurt, Frankfurt-Höchst, Hannover, Kassel, Korbach, Mannheim, München, Nürnberg, Rüsselsheim, Sindelfingen, Troisdorf, Waldorf, Weinheim und Wuppertal. (Vgl. Wir wollen alles, Nr. 20, September 1974, 14)

In einem Artikel der Zeitung Arbeiterkampf heißt es, dass nach Schätzungen des KB Hamburg 1971 ca. 500.000 ausländische Kinder in der Bundesrepublik lebten, davon 120.000 im schulpflichtigen Alter – davon besuchten 30.000 keine Schule, von den restlichen erreichten nur ein Drittel den Hauptschulabschluss. Für den größten Teil gab es keinen besonderen Deutschunterricht, dafür war aber der nachmittägliche so genannte muttersprachliche Unterricht Schulpflicht. In München gingen von 1.600 griechischen Kindern 1.200 auf die griechische Schule, deren Lehrplan und deren Personal von der griechischen Diktatur kontrolliert wurde. (Vgl. KB Hamburg 1973, Nr. 30, 6; Güngör 2005) Ein türkischer Arbeiterverein in Gelsenkirchen ermittelte in einer Umfrage, dass in der Stadt nur 845 von 1538 türkischen Kindern zur Schule gingen. Als ein Grund dafür lässt sich verstehen, dass von 252 befragten Familien nur 27 sagten, sie könnten den Kindern bei den Schulaufgaben helfen. Darüber hinaus bestand aufgrund der schlechten Wohnungssituation nicht immer die Möglichkeit, überhaupt die Bedingungen für ein Lernen zu Hause schaffen zu können. (Vgl. Metall Komitee KB/Gruppe Hamburg 1974, 22; Spanisches Zentrum Essen 1975, 65 ff.) Die schlechte Bildungsinfrastruktur für Kinder aus migrantischen Haushalten interpretierte das Spanische Zentrum als Versuch, die Arbeiter mobil und billig zu halten. Wie ich bereits anhand der scharfen Restriktionen für die Möglichkeit der Familienzusammenführung, denen Migrantinnen und Migranten unterworfen waren, in den ersten beiden Teilen des Kapitels gezeigt habe, wurde die rassistische Spaltung in der Familienpolitik vorangetrieben. Darin spielte, wie der Konflikt um die Schulsituation deutlich macht, auch die Frage der sozialen Infrastruktur für Bildung eine tragende Rolle. Die Annahme der politischen Instanzen war, dass die Weigerung, solche Infrastrukturen bereitzustellen, Migrantinnen und Migranten davon abhalten würde, eine langfristige Existenz in der Migrationssituation anzustreben und so die verweigerte Infrastruktur gar nicht erst einzufordern.

Ein weiteres Beispiel für diese Form der Bevölkerungspolitik im Kontext der Arbeitsmigration waren steuerpolitische Maßnahmen, die im Verlauf der 1970er Jahre ergriffen wurden, um die (deutsche) bürgerliche Kleinfamilie gegenüber anderen Lebensformen zu privilegieren und zu stabilisieren. Die staatlichen Maßnahmen dienten dazu die transnationalen Solidaritäten aufzubrechen, die in der Migration etabliert worden waren, etwa wenn Familienmitglieder in den Herkunftsländern lebten und diese über so genannte Remittances finanziell unterstützt wurden. Wallerstein argumentiert, dass der Haushalt als die „Einheit, in der das Einkommen gemeinsam verwaltet wird, (...) ein Bollwerk sowohl der Anpassung an als auch des Widerstands gegen die von den kapitalakkumulierenden Instanzen bevorzugte Formen der Allokation von Arbeitskräften" (Wallerstein 1992, 136) ist. Neben den Wohnkämpfen und der Herausbildung von Zentren und Arbeitervereinen kann der politische Widerstand gegen die Änderungen der Kindergeldverordnung als ein Konflikt zwischen dem Haushalt der globalen migrantischen Arbeitskraft und den kapitalakkumulierenden Instanzen, den Kontrollmechanismen staatlicher und wirtschaftlicher Strukturen gelesen werden (vgl. Wallerstein 1992, ebd.). Die neue Kindergeldregelung kann als Angriff auf die transnationalen Haushaltsstrukturen interpretiert werden. Die durch sie bewirkte faktische Senkung des Reallohns sollte dazu beitragen, im Zusammenhang mit der erschwerten Familienzusammenführung eine Remigration auszulösen. Entsprechend stellte etwa das Spanische Zentrum die Maßnahmen der Regierung zum Kindergeld in eine Kontinuität mit der Verabschiedung von Ausländergesetzen, mit dem Anwerbestopp von 1973 und mit der Weigerung, die Arbeitserlaubnis für jene Ausländer zu verlängern, die sich weniger als fünf Jahre in der Bundesrepublik aufhielten.

Darüber hinaus war die Rede über die Höhe der Kindergeldbezüge immer wieder Teil des rassistischen Diskurses. Sie gehörte zum Repertoire der Gerüchte über die Migrantinnen und Migranten, denen nachgesagt wurde, sie erhielten aufgrund ihrer angeblich hohen Geburtenrate unverhältnismäßig viel Kindergeld. In einem Artikel hat Ulrike Meinhof dies neben anderen Gerüchten über die Migranten bereits 1966 aufgenommen und die Zahlen widerlegt (vgl. Meinhof [1966] 1995). Die Persistenz dieses Gerüchts ist dann beispielsweise in einem Beitrag der FAZ vom 12.07.1974 nachzulesen, in dem zu den Vorschlägen zur neuen Kindergeldregelung gesagt wird, dass „die Einbeziehung der Gastarbeiter mit ihren oft kinderreichen Familien (...) große Schwierigkeiten" bereite. Der Artikel argumentiert, dass das Kindergeld in manchen „unterentwickelten Ländern" den Lohn eines Arbeiters übertrifft und die Bundesregierung daher mit ihrer Neuregelung „unerwünschten Reaktionen" entgegensteuern wolle. Zugleich sei mit dieser Regierungspolitik jedoch die Gefahr verbunden, dass „dieses Verfahren wie eine Prämie wirken [würde], möglichst viele Kinder mit in die Bundesrepublik zu bringen."

Wie bereits angemerkt bildeten sich in vielen Städten zur Frage der Kindergeldregelung Komitees, und verschiedene Gruppen griffen das Thema auf. Eine der Gruppen, die gegen die Kindergeldänderung mobilisierte, war die Avrupa Türkiyeli Demokratik İşçi Dernekleri Federasyonu (Föderation demokratischer Vereine der Arbeiter aus der Türkei in Europa e.V.), kurz: TDF. Es handelte sich um einen bundesweiten Zusammenschluss von 16 linken türkischen Arbeitervereinen, der sich 1974 in Essen gründete.[86] Im September des Jahres organisierten sie eine bundesweite Veranstaltungsreihe zu den Kindergeldkürzungen und sorgten vor allem im Ruhrgebiet für Öffentlichkeitsarbeit gegen die gesetzliche Änderung. (Vgl. Özcan 1989, 232 f.)

Das Multinationale Komitee München, das sich auch an den Protesten gegen die neue Kindergeldregelung beteiligte und vor allem mit türkischen Gruppen zusammenarbeitete, stellte die Novelle in den Zusammenhang mit der Neuzusammensetzung der Arbeiterklasse nach den Arbeitskämpfen zu Beginn der 1970er Jahre. Diese betraf neben der allgemeinen Reorganisation der Produktion, so die Einschätzung des Münchner Komitees, durch den 1973 verhängten Anwerbestopp und die massive Entlassungswelle, die häufig mit dem Verlust des Wohnheimplatzes einherging, vor allem Migrantinnen und Migranten: „Mit der neuen Regelung ist u.a. beabsichtigt, daß viele Ausländer 'freiwillig' in ihre Heimat zurückkehren und dann auf das ihnen zustehende Arbeitslosengeld verzichten. Weiterhin spart der Staat am Ausbau von Kinderkrippen, Schulen, Wohnungen, Gesundheitseinrichtungen und Ausbildungsstätten. Die erste Reaktion von Emigranten, jetzt alle Kinder nach Deutschland zu holen, ist unrealistisch, weil pro Kind eine bestimmte Quadratmeterzahl Wohnraum gefordert wird. Schon jetzt schnüffeln Vermessungstrupps in den Wohnungen der Ausländer herum." (Multinationales Komitee München 1974, 8) Das Komitee schildert die lokale Zusammenarbeit und die am 2. November 1974 stattgefundene Demonstration in München. Der Versuch, mit möglichst vielen Gruppen einschließlich der Jusos und der Kirchen zu kooperieren, reduzierte sich demnach im Laufe der Mobilisierungen mehr oder weniger auf die türkischen, meist parteiförmig organisierten Gruppen, die Informationsabende zu Rechtsfragen, zu Kündigungen und zum Arbeitsamt mitorganisierten und dies für ihre Parteiarbeit zu nutzen wussten. Das Komitee ging auch in Wohnheime, öffentliche Kantinen, an Fabrik-

86 Ihrer Satzung zufolge proklamierten sie das Recht auf Organisationsfreiheit, wollten vor allem eine Koordinierung der Arbeiter aus der Türkei in Europa anvisieren und boten Beratung in rechtlichen und ökonomischen Fragen, Sprachkurse, Erziehungs- und Bildungsarbeit. Die TDF führte insgesamt drei Jahreskongresse in Folge durch und fasste darin eine Reihe von Beschlüssen. Diese lauteten u.a. im Februar 1976 in Münster: „Aktiver Kampf gegen die Verbreitung der Diskriminierung und Unterdrückung ausländischer Arbeiter, z.B. den Zwang zur Rückkehr der ausländischen Arbeiter in ihre Heimat. (...) Kampf für die Bildung von 'Ausländerparlamenten', die zu den Kampfinstrumenten für die politische Integration ausländischer Arbeiter zu zählen sind, und Kampf für die Anerkennung des kommunalen Wahlrechts." (Vgl. Özcan 1989, 234 f.)

tore und den Bahnhof und besuchte einige Familien. Auf diese Weise konnten zugleich Informationen zusammentragen und Menschen mobilisiert werden. Die Demonstration begann dann zwar mit nur ca. 100 vor allem organisierten deutschen und migrantischen Leuten, führte aber durch städtische Quartiere, in denen viele Migrantinnen und Migranten lebten oder sich aufhielten und wuchs im Verlauf auf 600 Personen an, darunter hauptsächlich türkische und einige griechische, spanische und jugoslawische Arbeiterinnen und Arbeiter. Eine am Ende stattfindende Versammlung beschloss eine kollektive Rechtsberatung und Aktionen gegen Entlassungen. Außerdem wurde der Aufbau eines Ausländerzentrums diskutiert. (Ebd., 9)

Die ebenfalls in München situierte Initiativgruppe für ein multinationales Frauenkomitee stellte außerdem heraus, dass der Angriff auf die transnationalen Haushaltsstrukturen vor allem diejenigen traf, die für die Reproduktion der migrantischen Arbeitskraftmobilität zuständig waren und bezieht sich darin auch terminologisch auf die Frage des Rassismus in der staatlichen Politik: „Man stelle sich vor, es wäre offen eine direkte Lohnkürzung der hier arbeitenden Ausländer betrieben worden, nicht lediglich eine Kürzung des Geldes für ihre Familien – eine solche massiv offen rassistische Politik hätte man sich wahrscheinlich noch nicht zugetraut. Provokation und Rassismus gegenüber Alten, Frauen oder Kindern ist aber vertretbar, zwar ein politisches Risiko, aber eines, bei dem man sich trotz allem nicht auf zu viel Widerstand einrichten zu müssen glaubt." (Initiativgruppe für ein multinationales Frauenkomitee 1974, 9) Der Angriff sei jedoch trotz dieser Zurichtung durchaus als einer auf die „Emigranten insgesamt" zu verstehen, da ein Nachzug der Kinder die migrantischen Haushalte zwangläufig mit der schlechten Infrastruktur konfrontiere, die Frauen besonders treffe. Die Hausarbeit in den schlechten Wohnverhältnissen, unter der Bedingung mangelhafter Sprachkenntnisse, die einen erschwerten Informationszugang bedeutete, die Trennung von den Kindern, wenn sie diese im Herkunftsland ließen, und die Schwierigkeiten der migrantischen Kinder in den Schulen in Deutschland stelle für die Frauen eine erhebliche Belastung dar. Das Leben in der Emigration hieße vor allem Arbeiten in der Emigration. Für Frauen, die neben der Arbeit in der Fabrik noch zusätzlich einem zweiten Job als Putzfrau oder in der Prostitution nachgehen, um die Familien ernähren zu können, seien dies mehrheitlich Arbeiten, die eine Nähe zum Haushalt also zur Reproduktionsarbeit aufweisen und die am schlechtesten bezahlt würden. Die Initiativgruppe multinationales Frauenkomitee zielte in ihrer politischen Arbeit darauf, eine Kommunikation unter den Frauen zu ermöglichen, um ihre Arbeits- und Lebensbedingungen zu diskutieren: Abtreibung, Schwangerschaft, ärztliche Versorgung, Kinder, kontrollierte Wohnheimsituation, verschärfte Ausbeutung, Lohnkürzung, Entlassungen sollten die Themen sein (ebd.).

In Essen kamen anlässlich der Demonstration zur Kindergeldneuregelung im Juni 1974 10.000 Leute zusammen. Die Demonstration richtete sich jedoch nicht nur gegen die Kürzung des Kindergelds. Längerfristige Ziele bestanden darin, der Diskriminierung am Arbeitsplatz, im Erziehungs- und Bildungssystem wie bei der Wohnungsvergabe ein Ende zu setzen, einen Stopp für Entlassungen und Ausweisungen zu erwirken und die Abschaffung des Ausländergesetzes und im Besonderen der staatlich verfügten – zumeist verkoppelten – Arbeits- und Aufenthaltserlaubnis durchzusetzen. „Wir wollen in Freiheit arbeiten und wohnen, wie und wann und wo wir wollen", lautete der Anspruch in der Diktion des Spanisches Zentrums. In einem Flugblatt, das das Zentrum auf deutsch und spanisch verteilte, wandte es sich gegen die Diskriminierung der transnationalen Haushaltsstrukturen. Der Argumentation der Bundesregierung, nach der das Leben der Kinder in den Herkunftsländern für diese billiger sei, stellte der Círculo im genannten Flugblatt die Einsparungen der Reproduktionskosten für den bundesdeutschen Staat hinsichtlich der Erziehung, Ausbildung und Versorgung dieser Kinder gegenüber. „Auf der andern Seite", so die Argumentation im Weiteren, „ist es für uns teuer, einen doppelten Haushalt zu führen, nur weil die BRD nicht über die notwendigen infrastrukturellen Einrichtungen verfügt, um unsere Kinder hier aufwachsen zu lassen."

Im November kam es zu einer bundesweiten Demonstration in Frankfurt am Main, bei der mehr als 5.000 Personen durch die Stadt vom Opernplatz durch das Bahnhofsviertel zogen. Sie skandierten „Menos impuestos – mas Kindergeld" (Weniger Steuern – mehr Kindergeld) und „Unsere Kinder wollen leben". Unterstützt wurden sie von linken Gruppen und karitativen Organisationen, aber nicht von den Gewerkschaften.

Reproduktion und Kampf um Rechte

In einem Schwerpunktheft der Zeitung „Wir wollen alles" reflektierten drei Gruppen diese Mobilisierung. Eine davon war der Revolutionäre Kampf (RK), demzufolge es sich um „eine der schönsten Demonstrationen, die es hier je gab", handelte (Wir wollen alles, Nr. 23, Dezember 1974, 2). Der Demonstration gingen eine Reihe von Mobilisierungen in der Stadt voraus, die von verschiedenen migrantischen und linken Gruppen in Frankfurt, wie Lucha Obrera, Lotta Continua, dem Revolutionären Kampf (RK) und dem Kindergeld-Komitee ausgingen. In den Versammlungen kamen die Erfahrungen der Kämpfe der letzten Jahre zum Ausdruck. Dazu gehörten die Mietstreiks und Arbeitskämpfe, aber auch etwa die Aktionen gegen die Fahrpreise im Öffentlichen Nahverkehr. Im Rückblick auf diese Kämpfe entwickelte sich die Vorstellung, dass es aus der Perspektive der Kontinuität einer multinationalen Bewegung diese durchaus noch gebe und der Erfolg der sehr verschiedenen Auseinandersetzungen in der Erfahrung der Kollektivität, des gemeinsamen Widerstands gelegen habe. Lucha Obrera aus Essen sah in ihrem Beitrag für das Sonderheft im Kampf um gleiche Rechte für alle eine „unerlässliche Bedingung", um die „Einheit der deutschen und ausländischen Arbeiterklasse zu erreichen". Insofern kehrten sie die Frage nach der Einheit in eine politische Strategie um: Sie setzten sie nicht voraus, um dann ihre Spaltung zu beklagen, sondern erklärten den Kampf der Bürgerrechte zu einem entscheidenden Bezugspunkt, um eine solche Einheit überhaupt herstellen oder sie das Problem neu aufwerfen zu können.

Die Änderungen in der Kindergeld- und Besteuerungsregelung gehören, so die Einschätzung von Lucha Obrera, die jener des Münchner Multinationalen Komitees sehr nahe ist, zu einer Reihe von Krisenerscheinungen und staatlichen Versuchen, die Krise zu bewältigen, und markieren die Neuzusammensetzung der Klasse etwa durch Entlassungen und durch die Einführung von Kurzarbeit. Zugleich handelte es sich um Strategien, die Migranten und Migrantinnen zur „Rückkehr" zu nötigen und neue Hierarchisierungen einzuziehen: zwischen Migranten und Deutschen einerseits und zwischen den Migranten andererseits. Lucha Obrera plädierte dafür, die Vernetzung der „ausländischen Organisationen" bundesweit nach dem Muster der Kindergeld-Komitees auszuweiten und Aktionsebenen zu finden, die „alle Probleme der Emigranten" umfasse. Unter dem Motto: „Die gegenwärtige ökonomische Krise haben wir nicht geschaffen, sondern sie! Deshalb sollen sie sie auch bezahlen" forderte die Gruppe „Stop der Ausweisungen und Entlassungen", „Weg mit dem Ausländergesetz", „Beseitigung der Diskriminierung in Arbeit, Ausbildung und Wohnheim". (Vgl. Lucha Obrera 1974b, 3) Der Revolutionäre Kampf (RK) teilte die Einschätzung von Lucha Obrera nicht, dass mit der Organisierung gegen die Kindergeldverordnung Voraussetzungen für eine neue Phase von Arbeitskämpfen gegeben seien, und argumentierte stattdessen: „Wir meinen, es wird eine Phase vieler kleiner Einzelkämpfe sein, eine Phase der Herausbildung und Stabilisierung von organisatorischen Ansätzen, eine Phase des Kräftesammelns." Zugleich fürchtete der Revolutionäre Kampf (RK), „daß die Angst ein Massenphänomen ist, daß die Spaltung heute in vielfältiger Weise funktioniert, daß gerade heute die Klassensolidarität der deutschen mit den ausländischen Arbeitern noch eine recht entfernte Perspektive ist. Was vielmehr beharrlich zu machen ist: die Basis von Angst, Vereinzelung, Spaltung und Rassismus zu unterhöhlen!“ (Ebd.)

Bemerkenswert an den drei in der „Wir wollen alles“ abgedruckten Beiträgen vom Revolutionäre Kampf (RK), der Multinationalen Arbeiterversammlung wie von Lucha Obrera sind kritische Anmerkungen zur eigenen bisherigen Politik, die eine neue Perspektive auf migrantische Kämpfe im Besonderen und Auseinandersetzungen um Reproduktionsbedingungen und Alltagsstrukturen im Allgemeinen markieren. Lucha Oberera bemerkt, dass bei den Aktionen um das Kindergeld viele Leute aus vorher unorganisierten Zusammenhängen gekommen seien. Die Multinationale Arbeiterversammlung[87] zitiert einen spanischen Arbeiter, der sagte, ihm gefiele die Art Politik zu machen, es gäbe keinen Chef, ihm gefiele die Einheit und die Freundschaft, die sich darin artikuliere: „Ich habe keine Partei. Die Parteien können kommen, Vorschläge machen, erzählen, was sie tun, das ist interessant. Aber wir sind hier Leute, die zusammen beschließen, was sie machen.“ (Ebd.) Es ginge darum, resümiert der Revolutionäre Kampf (RK), eine neue Art von Politik zu machen, die das Scheitern der radikalen linken Organisierung der vergangenen Jahre reflektiert. Diese Politik müsste sich zwischen Initiativen bewegen, ohne Initiativen zu ersticken, und diesen eine Stabilität geben, die zugleich aus ihnen erwächst.

Die Debatte bezieht sich auf die Frage der Autonomie, die besonders in Bezug auf die Migrationsbewegungen umstritten war. Dies geht aus einem Kapitel im Buch des Frankfurter Häuserrats (1974) hervor, das den Verlauf der Mietstreikbewegung der Migrantinnen und Migranten darstellt. Unter dem Titel „Emigration und Revolution“ wird hier eingangs versucht, einen politischen Rahmen zur Einschätzung der Bedeutung der Migration für den Kapitalismus wie für radikale linke Politik zu liefern. Diese Einführung nimmt im Duktus Anleihen am Kommunistischen Manifest von Marx und Engels und sie beginnt folgendermaßen: „Millionen Gastarbeiter überall in Europa. In zehn Jahren werden es doppelt so viele sein. Eine ungeheure Masse Menschen, von deren Arbeit das Geschick der kapitalistischen Entwicklung in Europa und vielleicht

87 Aus diesem Zusammenhang entstand auf Vorschlag einiger griechischer Arbeiter die Broschüre „Und sind wir jetzt auch arbeitslos“, die Tipps für den Umgang mit Behörden und Arbeitgebern bei Kündigungen und Arbeitslosigkeit zusammenstellte und auf eine Organisierung in der Arbeitslosigkeit zielte. Die Broschüre erschien siebensprachig (deutsch, italienisch, griechisch, türkisch, italienisch, französisch und arabisch).

des Kapitalismus selbst abhängen; denn auf ihnen lastet der Mechanismus der Mehrwertproduktion am schwersten und sie sind es, die mit einem endgültigen Ruck die Fesseln des Kapitalherrschaft abschütteln werden." (Ebd., 104) Diese zuversichtliche Einschätzung über den Stand der revolutionären Bewegung wird jedoch sogleich eingeschränkt: Bei den Emigranten handele es sich um eine „Manöverreserve", deren Konfliktpotential durch prekäre, materielle und rechtliche Bedingungen niedrig gehalten werde. Dort, wo es dennoch zu Auseinandersetzungen käme, weil keine institutionellen Vermittler eingesetzt seien, wären die Migranten und Migrantinnen sofort „offen, gewalttätig, frontal" – diese Situation kündige sich überall in Europa bereits an. Die Entwicklung des revolutionären Prozesses käme folglich nicht daran vorbei, die Emigration mit einzubeziehen, müsse aber zunächst als eine Niederlage verstanden werden, insofern sie das Fehlen einer organisierten Antwort auf die Ausbeutung darstelle: „Aber nur wenn der 'Kreislauf' der Emigration in seiner Gesamtheit angegriffen wird, wenn in allen Punkten des beweglichen Flusses der Emigration das rigide Element des organisierten Kampfes zum Wirken gebracht wird, ist es möglich, den kapitalistischen Gebrauch der Mobilität des Proletariats in ein Angriffsprogramm umzuwandeln" (ebd., 105). Hier spiele die Organisation eine „vorrangige, absolute Rolle", kein „Mechanismus der Autonomie" könne die „politische Energie des mobilen Arbeiters der Emigration" befreien (ebd.).

Die Frage der Autonomie der Migration blieb also offen und wurde von den spanischen Migranten aus dem Lucha Obrera oder dem Spanischen Zentrum anders beantwortet – beide betonten in ihren Ansätzen die Frage der Bürgerrechte und die globale autonome Vernetzung – als von den deutschen Genossen des Häuserrats.

Unter dem Begriff der Autonomie lassen sich nicht nur die sichtbaren Kämpfe, sondern auch die „unsichtbaren" Taktiken, sich Räume zu schaffen, in denen die eigene Reproduktion gegen oder zumindest an den vorgegeben staatlichen Kontrollpraxen und Strukturen vorbei, oder vielleicht besser: durch sie hindurch, stattfindet. Wie die Kämpfe des Alltags der Migrantinnen und Migranten zeigen, waren sie zum Teil durchaus in der Lage, eine soziale Infrastruktur der Reproduktion in Form von Gesundheitsberatung, kulturellen Praktiken, Bildung für Kinder, Sprachkursen, Hausbesetzungen und Mietstreiks etc. wenigstens zeitweise zu etablieren. Wie sich zeigte, waren es auch die Migrantinnen und Frauengruppen, die den Zusammenhang zur Reproduktion hergestellt haben, sei es durch die Forderungen nach Kindergartenplätzen in den Häuserkämpfen im Frankfurter Westend oder durch die Stellungnahme des Frauenkomitees aus München, die die Neuregelung des Kindergelds mit der Frage feministischer

Kämpfe verbunden haben, die zu jener Zeit ihre Autonomie etwa in der Forderung nach Lohn für Hausarbeit zum Ausdruck brachten (vgl. Dalla Costa/James 1973; N.N. 1974).

Wie sich aber bereits an der Kindergeldregelung abzeichnete, die einen Angriff auf die transnationalen Haushaltsstrukturen und die Rechte in der Migration darstellte, sollten sich vor allem jene Kräfte verstärken, die eine Rekuperation der von mir bisher untersuchten Kämpfe der Migration vorantrieben. Das Verhältnis von Autonomie und Rekuperation möchte ich deshalb in einer historischen Analyse im anschließenden Abschnitt diskutieren.

4.5. Rekuperation der Kämpfe und der Imperativ der Integration

Autonomie, so die Gruppe Arbeitersache, muss immer wieder neu bestimmt werden: „[w]as gestern ein autonomer Kampf war, weil das Kapital keine Mittel hatte, um ihm zu begegnen, muß es heute nicht mehr sein, weil nun das Kapital Mittel gefunden hat, diesen Kampf ungefährlich und duldbar zu machen. Ein solcher Kampf kann aber morgen schon seinen autonomen Charakter verlieren, dann nämlich, wenn die Institutionen die Inhalte aufgreifen und an sich reißen, wenn sie die Initiative den Arbeitern entreißen und ihre Forderung nur erfüllen, ohne daß die Kampfkraft der Arbeiter dabei wachsen könnte“ (Gruppe Arbeitersache 1973a, 83).

Der Vorgang, den die Gruppe Arbeitersache hier im zeitgenössischen Duktus beschreibt, lässt sich als Rekuperation bezeichnen. Mit dem Konzept der Rekuperation hatte die Situationistische Internationale jene Prozesse zu bestimmen versucht, in denen subversive Praxis für die Modernisierung der bestehenden Verhältnisse funktionialisiert wird und schließlich nur als affirmierendes Moment erhalten bleibt. Für die Situationisten war in den 1960er Jahren besonders die massenkulturelle und -mediale „Gesellschaft des Spektakels“ der Hintergrund, vor dem die Institutionalisierung oder „aneignende Enteignung“ (Vaneigem 1963) der Kämpfe stattfindet und deren Inhalte und Form integriert. Die Situationistische Internationale dachte Rekuperation vor allem vom Modus der Stillstellung sozialer Kämpfe durch gesellschaftliche Integration her. Rekuperative Praxen stehen repressiven nicht entgegen. Einerseits handelt es sich bei der Rekuperation um eine umgeformte Einschließung subversiver, autonomer Praxis, andererseits bringt sie neue Grenzziehungen von „Aufnahme und Ausschluss“ (Vaneigem), Integration und repressiver Praxis hervor. (Vgl. Vaneigem 1963, 142). Gegenüber dem Begriff der Kooptation erlaubt das Konzept der Rekuperation meines Erachtens aber auch Umrisse eines, in diesem Fall, autonomen Prozesses auch noch in den Veränderungen zu fassen, die das kapitalistische Kommando restrukturieren und konsolidieren. Mithin den Blick nicht nur auf die Vereinnahmung zu richten. In jedem Aspekt der „Konterrevolution", so Paolo Virno über die Modernisierung und Restrukturierung des kapitalistischen Kommandos als Entgegnung der sozialen Kämpfen in Italien der 1970er Jahre, seien daher „die Umrisse, die Inhalte und die Bedingungen der revolutionären Möglichkeiten zu entdecken" (Virno 1998, 84).

In mehrfacher Hinsicht bedeutet das Jahr 1973 einen Einschnitt in den von mir in den vorherigen Abschnitten untersuchten sozialen und politischen Verhältnissen. Die Einwanderung erwies sich als schwer regulierbar, der migrantische Massenarbeiter hatte rassistische Unterdrückung und Ausbeutung durch politische Organisierung in Frage gestellt und die Rekuperation erfolgte nun in verschiedenen Sphären: Die Grenzen wurden mit dem Anwerbestopp in den bisherigen Modi geschlossen und das Migrationsregime neu strukturiert, Arbeitsprozesse wurden reorganisiert und der Arbeitsmarkt neu segmentiert. Die Forderungen der Kämpfe um Bildung und Wohnverhältnisse, die Selbstorganisierungen in Fragen von Recht und Gesundheit sollten im Imperativ der Integration zum Stillstand gebracht werden, der rassistische Diskurs, hatte er zuvor vorwiegend exotisierende und paternalistische Züge angenommen, drückte sich nun im Kontext der Kämpfe der Migration seit Beginn der 1970er Jahre aggressiv, ausschließend und in die Migrantengruppen hierarchisierenden Statements aus.[88]

88 Schönwälder liefert eine Analyse der Presse in der Bundesrepublik. Ihr zufolge zeichnete diese im Verlauf der 1960er Jahre ein vorwiegend idyllisches, paternalistisches und selbstgefälliges Bild vom Leben der Migrantinnen und Migranten, denen gestattet sein sollte, am bundesdeutschen Wohlstand zu partizipieren. Eine Abgrenzung Nachkriegsdeutschlands gegenüber dem Nationalsozialismus war diesen Darstellungen implizit. Schönwälders Analyse zufolge änderte sich mit Beginn der 1970er Jahre die Situation, als sich Stimmen mehrten, die Wohnverhältnisse, Armut und Ausbeutung der Arbeitsmigranten anprangerten und die ersten Diskussionen um die angebliche Entstehung von Ghettos auf die Tagesordnung setzten. Der Titel von Ernst Klees Buch *Die Nigger Europas* (1971) markiert in gewisser Hinsicht eine Erweiterung der diskursiven Bezüge, die sich auf die Bürgerrechtsbewegung in den USA und die Ausbeutung der Dritten Welt bezog.

Das Ende des Gastarbeiterregimes

Die Einwanderung der Migrantinnen und Migranten hatte Fakten geschaffen, die es notwenig machten ihren Rechsstatus zu verändern. Die Debatten drehten sich zunächst um Kosten und Nutzen der Arbeitsmigration. Schon während der Rezession von 1966/67 begann eine Diskussion darüber, ob die langfristigen sozialen Kosten der Arbeitsmigration den unmittelbaren privatwirtschaftlichen Nutzeffekt für die Unternehmen nicht übertrafen. Zwischen 1968 und 1973 stieg die Zahl der Migrantinnen und Migranten von 1,014 auf 2,595 Mio. an. Die Infrastrukturkosten der Migration gerieten immer mehr in den Vordergrund; befürchtet wurde, dass es zu sozialen Unruhen kommen könnte (vgl. Herbert 2001, 235). Das Handelsblatt vom 23.1.1971 rechnete: „Der nicht integrierte, auf sehr niedrigem Lebensstandard vegetierende Gastarbeiter verursacht relativ geringe Kosten von vielleicht 30.000 DM. Bei Voll-Integration muss jedoch eine Inanspruchnahme der Infrastruktur von 150.000 bis 200.000 DM je Arbeitnehmer angesetzt werden. Hier beginnen die politischen Aspekte des Gastarbeiterproblems." (Zit. nach Herbert 2001, 227)

Für das Jahr 1973, also für jenes Jahr, in dem es die meisten von Migrantinnen und Migranten initiierten und mitgetragenen Arbeitskämpfe gab, lässt sich zeigen, wie die Debatten um die angeblich zu große Anzahl an Ausländern in Deutschland und die Behauptung, damit hingen die Infrastrukturprobleme Deutschlands zusammen (zu wenig Kindergarten- und Schulplätze, Wohnungen) zum „Aktionsprogramm Ausländerbeschäftigung" führen.[89] Das Aktionsprogramm erschwerte eine Beschäftigung von „ausländischen Arbeitnehmern" für die Unternehmen, indem die Vermittlungsgebühr erhöht wurde. Unter dem Deckmantel der Hilfeleistung für Migrantinnen und Migranten und deren „angemessene Eingliederung" sollte die erhöhte Vermittlungsgebühr für die Förderung von sprachlichen und beruflichen Bildungsmaßnahmen genutzt und außerdem die von den Unternehmen bereitzustellenden Unterkünfte strenger überprüft werden. Das „Aktionsprogramm Ausländerbeschäftigung" sah zudem einen Kampf gegen „illegale Beschäftigung" vor und der Zuzug in so genannte überlastete Siedlungsgebiete – nach der damaligen Definition Stadtviertel mit einem „hohen Ausländeranteil" – sollte nach bundeseinheitlichen Vorgaben von der „Aufnahmefähigkeit der sozialen Infrastruktur" abhängig gemacht werden.

---

89 Vgl. die von Morgenstern (2002, 240 ff.) analysierte Bundestagsdebatte zu diesem Thema.

„Ausländerbeschäftigung", so die Grundannahme des Aktionsprogramms, sei für das Entstehen gesellschaftlicher Konflikte verantwortlich.

Wenige Monate später im Rahmen einer Haushaltsdebatte, die vor der Verhängung des Anwerbestopps im Bundestag stattfand, erklärte der damalige Finanzminister Helmut Schmidt, die ausländischen Arbeitnehmer seien zu einer Belastung der bundesdeutschen Volkwirtschaft geworden und kam damit auf die Frage der „Kosten der Migration" zurück. Er nannte die hohen Ausfuhrüberschüsse, die als reale Zuwächse des Bruttosozialprodukts nicht den Bürgern Deutschlands, sondern denen anderer Länder zur Verfügung stünden und beklagte, durch die Ausländerbeschäftigung sei eine Modernisierung der deutschen Industrie zumindest verlangsamt worden: „Sie hat zweitens den Druck zur Erzielung höherer Produktivitätsfortschritte gemildert und vermindert. Wir müssen in Zukunft verstärkt dafür sorgen, dass neue Fabriken und neue Arbeitsplätze in den Heimatländern der Gastarbeiter errichtet werden. Das heißt also Kapitalexport an Stelle von Warenexportüberschüssen." (Zit. nach Morgenstern 2002, 244) Um Einwanderung zu begrenzen, visierte er offenbar ein Modell an, das in entwicklungspolitischer Manier vorsah, bestimmte Produktionsteile, die tayloristische Fabrik, in die Herkunftsländer der Migration zu exportieren. Eine solche Reorganisation der Produktionsprozesse impliziert zugleich eine neue Arbeitsteilung im internationalen Maßstab.

Die Arbeitslosenrate des Jahres 1973 lag zwar unter der von 1955, dem Jahr des ersten Anwerbeabkommens, und die meisten Unternehmen vermeldeten auch in den folgenden Jahren weiterhin Bedarf an ausländischen Arbeitskräften. Aber trotz allem Druck, den die Arbeitgeber auf die Behörden und Ministerien ausübten, wurde der vom DGB initiierte Anwerbestopp am 23. November 1973 verhängt. Die Regierung legitimierte den Anwerbestopp als politische und ökonomische Notwendigkeit zur Verhinderung möglicher konjunktureller Einbrüche in den folgenden Jahren.

Bis Mitte der 1970er Jahre versuchte die Bundesregierung zunächst durch eine Reihe juristischer Maßnahmen Arbeitsmigrantinnen und -migranten zur Rückkehr in ihre Herkunftsländer zu bewegen oder gar zu nötigen. Eine Serie neuer Auflagen bei der Aufenthaltsgewährung führte zur Verdrangung einer großen Zahl von Migrantinnen und Migranten aus der Bundesrepublik und zielte zudem auf die Abschottung gegenüber den Migrationsbewegungen. Der Anwerbestopp und die Weigerung, all jenen die Arbeitserlaubnis zu verlängern, die weniger als fünf Jahre in der Bundesrepublik waren, sind dafür nur die ersten deutlichen Zeichen. Neben einem auf höchstens drei Monate Aufenthalt befristeten Touristenvisum oder einem Antrag auf Asyl war nun der Zuzug auf der Grundlage des Gesetzes zur Familienzusammenführung die einzige legale Möglichkeit, in die Bundesrepublik einzureisen, was Migrantinnen und Migranten großzügig auszulegen versuchten. Eine Reihe von staatlichen Praktiken sollte dieser Praxis entgegenwirken: Diskriminierungen etwa in der schulischen Erziehung und Ausbildung, im Wohnungssektor, beim Kindergeld oder im Bereich der medizinischen Versorgung, die schon Themen der Kämpfe der Migration ausgemacht hatten, verschlechterten die Bedingungen der Familienzusammenführung. Mit allen erdenklichen Mitteln wurde versucht, einen dauerhaften Aufenthalt von Ausländern und Ausländerinnen zu verhindern. Ausweisung von Migrantinnen und Migranten, die in Betriebs- oder Wohnkämpfen aktiv gewesen waren, war übliche Praxis.

Darüber hinaus sollte die „Entlastung des Arbeitsmarkts" durch eine Reihe von Instrumentarien ermöglicht werden. In Fällen, wo der Inländerprimat Geltung hatte, verlängerten Behörden die Arbeitserlaubnis nicht. Lief das Arbeitslosengeld aus, wurde die Aufenthaltserlaubnis entzogen und die Ausweisung bei Annahme von Sozialhilfe war ohnehin die Regel (außer bei EWG-Ausländern). Alle diese Maßnahmen gingen auf Anweisungen zurück, die der damalige Arbeitsminister Arendt an die Bundesanstalt für Arbeit im Jahr 1973 und 1974 erteilt hatte (vgl. Samp 1977, 11 und 1978a, 9). Außerdem enthielten Mitarbeiter in den Behörden Migrantinnen und Migranten zuweilen das Arbeitslosengeld vor (vgl. Samp 1976).

Die staatliche Disposition über die Migrantinnen und Migranten war freilich auf ihre prekäre Rechtslage zurückzuführen. Obwohl in Bezug auf das Zivil- und das Sozialrecht Ausländer nicht benachteiligt sein dürften, unterläuft die Kopplung von Aufenthalts- und Arbeitserlaubnis diese Gleichstellung. Ein Ausländer hat etwa prinzipiell Anspruch auf Sozialhilfe, kann aber nach dem Ausländerrecht bei ihrer Inanspruchnahme abgeschoben werden. Die Funktionsweise des Ausländerrechts, das auf Ermessenspielräumen basiert, ist hierbei entscheidend und macht es zu einem flexiblen Instrument der Regulierung, mit dem politisch, ökonomisch oder sozial unerwünschten Migrantinnen und Migranten die Arbeits- oder Aufenthaltserlaubnis entzogen werden kann.

Die neuen Bürgerrechte und die Zusammensetzung der Migration

Rechtlich war durch den Anwerbestopp und die repressiven Maßnahmen zur Verhinderung des dauerhaften Aufenthalts der „Gastarbeiter" als dominante Figur der Einwanderung abgeschafft. In der Folge etablierte sich auch diskursiv – etwa in den Debatten des Bundestages – eine neue Kategorie, nämlich die des

„Ausländers" (vgl. Morgenstern 2002, 252 ff). Der größte Teil jener, die länger als fünf Jahre in der Bundesrepublik waren, erhielten mit einer Veränderung der Allgemeinen Verwaltungsvorschriften vom Oktober 1978 eine längerfristige Aufenthaltserlaubnis, die ihren Status weniger prekär gestaltete. Im gleichen Jahr änderte sich auch die Arbeitserlaubnisverordnung, sodass Ausländer nach achtjährigem Aufenthalt eine unbefristete Arbeitserlaubnis erhielten. Mit dieser Rekuperation, die einige der Migrantinnen und Migranten zu „Ausländern" machte, andere zur Rückkehr in die Herkunftsländer nötigte oder in die Illegalität zwang, wurde rechtlich ein ausschließender Einschluss installiert.

Darüber hinaus kam es bis Ende der 1970er Jahre zur weiteren Klassifizierung und Hierarchisierung von Ausländern, die nicht nur durch die Länge und den Status des Aufenthalts, durch den Abschluss einer Schul- oder Ausbildung in der Bundesrepublik oder durch Deutschkenntnisse differenzierte. Auch Kategorien konturierten sich deutlicher, wie etwa EG-Staatsbürger, „Illegale" und „Flüchtlinge", wobei letztere immer stärker in den Vordergrund der gesetzlichen Restriktionspraxen treten. Im Jahr 1980 wurde ein „Sofortprogramm" zur Begrenzung der Einreise „unechter" Asylbewerber beschlossen, das eine Beschleunigung des Asylverfahrens und die Versagung der Arbeitserlaubnis im ersten Jahr nach der Einreise einschloss. Darauf folgten weitere Restriktionen des Asylgesetzes, die eine Einwanderung über dieses Verfahren unterbinden sollten. In diesem Zusammenhang muss der zu trauriger Berühmtheit gekommene Selbstmord von Kemal Altun gesehen werden, der sich am 30.8.1983 nach dem behördlichen Beschluss der Auslieferung an die Militärdiktatur der Türkei aus dem Fenster des Gerichtssaals des Verwaltungsgerichts in Berlin stürzte (vgl. Ardent-Rojahn 1983).

Die Hierarchisierung qua Bürgerrechte, die ausländerrechtlichen Regularien, trugen zu einer Stigmatisierung der unterschiedlichen Migrantengruppen bei, die nun als „Gastarbeiter", „Asylanten" oder „Illegale" diffamiert wurden. Darüber hinaus bedeuten die prekären Bürgerrechte für Migrantinnen und Migranten im Verhältnis zu einer dauerhaften deutschen Staatsbürgerschaft eine andere Zeitlichkeit. Eine migrantische Biographie kann im Laufe des Aufenthalts verschiedene Rechtslagen auf sich vereinen, die sich nicht notwendigerweise verbessern. Auch kann „illegal" nur jemand erst im Nachhinein werden, d.h. nach der Einwanderung oder nach dem Verlust der Aufenthaltserlaubnis. Zudem kommt es vermittelt über die Bürgerrechte zu einer neuen Topographie, die neue Verhältnisse von Begrenzung und Entgrenzung, Einschließung und Ausschließung konstituieren und Mobilität zugleich regeln und begrenzen. Der bis dahin als homogen konzipierte nationale Raum wird nun von neuen Wegen durchkreuzt, er deterritorialisiert sich, indem transnationale Räume sich überlappen.

Die Rekuperation der Kämpfe der Migration findet in hohem Maße durch Versuche der Abschottung statt. Dies ist nur möglich, weil anders als etwa in den Kämpfen des Feminismus, Migrantinnen und Migranten als Ausländer nicht Teil der national strukturierten Gesellschaft waren und somit die staatliche Disposition eine solche repressive Form annehmen konnte. Der Versuch, die national homogene Integrität der Gesellschaft aufrechtzuerhalten, musste sich aber der Herausforderung durch die Kämpfe der Migration und der faktischen Einwanderungssituation stellen, die Teile des Territoriums bereits eingenommen hatten.

Die neuen Bürgerrechte sortieren die politische Zugehörigkeit und tragen, wie ich in diesem Kapitel bereits eingeführt habe, zugleich die Spuren der Kämpfe der Migration und der Aneignung von Rechten in sich. Mit der Einwanderung und in den sozialen Auseinandersetzungen erzwangen Migrantinnen und Migranten eine Transformation des politischen Systems, stellten durch ihre soziale Praxis die formale Institution und Beschränkung der Bürgerrechte infrage.

Diese Dimension der Bürgerrechte als soziale Praxis und die sich darüber vollziehende Transformation des politischen Systems interessierte zu jener Zeit, d.h. Anfang der 1970er Jahre, die Gruppe Arbeitersache in ihrer Diskussion über das Verhältnis von repressivem und integrativem staatlichen Handeln nicht. Auf der einen Seite interpretierten sie die staatlichen Diskriminierungspraktiken als Rassismus, auf der anderen Seite gingen sie davon aus, dass die zu jener Zeit einsetzende Politik der Integration seitens staatlicher Apparate und der Gewerkschaften die Kämpfe der Migration korrumpierten. Rassismus und Integration galten ihnen als politische und soziale Maßnahmen im Klassenkampf, die Antworten auf die migrantischen Kämpfe der frühen 1970er Jahre darstellten: „Integrationsgefasel einerseits, Rassismus andererseits – sind die zwei Seiten einer Medaille: beides ist in jedem Fall eine taktische Waffe zur Schwächung der Arbeiterklasse: die 'Integration', um die Konkurrenz unter den Arbeitern zu verschärfen, der 'Rassismus', um die ausländischen Kampfavantgarden zu isolieren." (Gruppe Arbeitersache 1973a, 20) Die seit Beginn der 1970er Jahre einsetzende Integrationspolitik seitens der Gewerkschaften, in denen es Ausländern seit 1972 möglich war, für die Betriebsräte zu kandidieren, und der staatlichen Apparate, in denen erste Ideen für die Partizipation von Ausländern in der Kommunalpolitik auftauchten, verstand die Gruppe Arbeitersache als gegen die antikapitalistische Bewegungen gerichtet. „Die Integrationspolitik sowie die Initiativen zur Verschärfung der Repression gegen politisch aktive Ausländer sind zu einem Zeitpunkt in Bewegung geraten, zu dem sich zum ersten Mal die klassenkämpferische Militanz der ausländischen Arbeiter in größerem

Ausmaß gezeigt hat. (...) Auf Unternehmertagungen beschwört man das Gespenst eines 'neuen Proletariats' herauf, von dem man nicht ohne Grund fürchtet, daß es die eingeschlafene Klassenkampfszene wiederbeleben wird." (Ebd., 25) Das „soziale Konfliktpotential", das bereits als Aspekt für das „Aktionsprogramm Ausländerbeschäftigung" auftauchte, stellt für die Gruppe Arbeitersache einen Teil des Klassenkampfes dar. Sie warnte entsprechend: „Da im Gegensatz zu den Vorstellungen der sozialdemokratischen Modellbastler die kollektive Integration der Ausländer – genauso wie die kollektive Integration der Arbeiterklasse ins kapitalistische System – ein Unding innerhalb der sozialen Realität der kapitalistischen Produktionsverhältnisse ist, wird sich das System in Zukunft auf die individuelle Integration (Verbesserung der Wohn- und Ausbildungsverhältnisse) konzentrieren. Dadurch werden mehrere Fliegen auf einen Schlag getroffen: a) Spaltung der Ausländer von ihren potentiellen Kampfavantgarden, b) Aufweichung des Bewußtseins von der kollektiven sozialen Diskriminierung (...), c) Versicherung der Loyalität der Aufsteiger durch ihre Beteiligung an den systemstabilisierenden Vertretungsorganen und Miniprivilegien." (Ebd., 25 f.)

Das Wort Miniprivilegien indiziert hier bereits, dass die rechtliche Gleichstellung der migrantischen Arbeiter als politisch nachrangig gegenüber der gleichen Position aller Arbeiter in den Produktionsverhältnissen gedacht wurde. Gleiche Rechte lassen sich im Begriff der Privilegien aber nicht denken. Die „Einheit der Arbeiterklasse" blieb Leitidee, selbst wenn sie als Resultat der Kämpfe gedacht wurde. Bekräftigt wird dieser Eindruck in einem Papier, das 1973 aus einer Diskussion zwischen Revolutionärem Kampf (RK), der Gruppe Arbeitersache und Lotta Continua in der „Wir wollen alles"-Redaktion entstand. Dort werden die Binnenmigration und jene über nationalstaatliche Grenzen hinweg im Bild des „mobilen Arbeiters" vereinheitlicht. „Die Frage der rechtlichen Schlechterstellung (Stimmrecht, Ausländerrecht) ist gegenüber dieser Grundsituation eine sekundäre. Es geht nicht darum, die 'Angleichung' der Einwanderer im rechtlichen Sinne zu fordern. Der italienische Arbeiter als EWG-Arbeiter ist juristisch weitaus bessergestellt als der Türke. Die soziale Realität – Wohnbereich, Schulbereich, von der Arbeit ganz zu schweigen – ist grundsätzlich gleich. Und diese teilt er mit den jungen Österreichern oder Deutschen, die im Wohnheim leben. (Der Rassismus als Komponente kommt zwar hinzu, aber es geht darum, die *Grund*komponenten zu bezeichnen.)" (N.N. 1973b, 6)

In der Ausrichtung des Kampfes auf die Ausbeutung bestand die Hoffnung, die Schaffung einer Einheit der Arbeiterklasse für die politische Organisierung weiterhin als Möglichkeit und Perspektive aufrechtzuerhalten. Zwar erkennt die Gruppe in der Entrechtung der Migrantinnen und Migranten den Rassismus, der sich über das Migrationsregime und die ausländerpolitische Rechtssprechung und Gesetzeslage in die staatlichen Apparate einschreibt. Sie verkennt allerdings, welchen Stellenwert ein Kampf um gleiche Rechte auch für die Frage der Ausbeutung hat, da über die Entrechtung auch die Zusammensetzung der Arbeiterklasse und eine Segmentierung des Arbeitsmarkts reguliert wird, die der apostrophierten Einheit im Klassenkampf die Grundlage entzieht. Insofern fehlten zu jener Zeit politische Konzepte, die in der Lage gewesen wären, den antirassistischen Komponenten in den Kämpfen der Migration und der sich verändernden Rechtslage Rechnung zu tragen. Die Trennung von ökonomischen und politischen Kämpfen blieb erhalten. In dem Versuch, die dominante Form der Herrschaft zu bestimmen, konnte die verstärkende Wirkung des Rassismus auf Ausbeutung – und umgekehrt, der Ausbeutung auf Rassismus – nicht in den Mittelpunkt der Analyse treten. Obwohl es sich um Herrschaftsformen handelt, die auf unterschiedlichen Ebenen und mit unterschiedlichen Mitteln ansetzen, können sie nicht real getrennt werden, da jede in der Praxis die Konsolidierung der anderen leistet.

Der Analyse von Lotta Continua folgend wird die durch die Kämpfe der frühen 1970er Jahre ausgelöste gesellschaftliche und ökonomische Krise durch eine Neuzusammensetzung der Arbeitskraft und die restriktiven staatlichen Maßnahmen wie den „Ausländerstop“ beantwortet: „Die 'Rezession', diese ungeheure Kombination zwischen Lohnraub (Inflation) und Arbeitslosigkeit (Deflation usw.), mit ihren Folgen von Kurzarbeit, Entlassungsdrohung, u.U. – für Ausländer – Abschiebung nach Hause – alles das möchte die Bourgeoisie verwenden, um eine kapitalistische Entwicklung wieder in Gang zu setzen, die in diesen Jahren durch den Klassenkampf und ihre eigenen Widersprüche schwer angeschlagen wurde.“ (Lotta Continua 1974, 79 f.) Die Reorganisation hatte, wie Lotta Continua richtig bemerkt, für Migrantinnen und Migranten besondere Konsequenzen. Es ging für diese nun auch darum, den Aufenthalt unter den neuen rechtlichen bzw. entrechteten Bedingungen auch in ökonomischer Sicht anders zu sichern. Der rechtlich prekäre Status der migrantischen Arbeitskräfte korrelierte mit ihrer sozialen Position bzw. mit ihrer Position im Produktionsprozess. Die migrantischen Arbeiter waren de facto qua Prekarisierung zu einem festen Bestandteil des Arbeitsmarktes geworden. Ein großer Teil bildete das untere Segment der industriellen Arbeiterklasse, verfügte aber zugleich nicht über die gleichen und vollen Bürgerrechte. Der Status „Ausländer“ und die damit verbundenen neuen Bürgerrechte untermauerten rechtlich, politisch wie ideologisch den weiterhin temporär begrenzten bzw. jederzeit begrenzbaren Charakter des Aufenthalts. Dieses neu instituierte Verhältnis von Inrechtsetzung und Entrechtung regulierte eine neu konstituierte, ethnisierte Klasse, deren Kontrolle mittels Integration und Repression als notwendig erachtet wurde.

Zugleich war es möglich, nicht nur die internationale, sondern auch die sektorale Mobilität innerhalb der Produktion zu begrenzen. Das hatte Effekte auf die Zusammensetzung der Arbeiterklasse und die Haushaltsstrukturen. Veränderungen im Produktionsprozess, wie etwa die Automatisierung und Informatisierung des Produktionsprozesses, strukturelle Erwerbslosigkeit, langfristige Prekarität, illegale Beschäftigung, Zwang zur Mobilität und Teilzeitarbeit etc. charakterisierten die Transformation ebenso wie die Krise der Institutionen des Wohlfahrtsstaats und der Familie, die zentrale Bedeutung für die Reproduktion der Arbeitskraft hatten. Arbeitslosigkeit, die Migrantinnen und Migranten durchschnittlich stärker betraf, so sie nicht in die Herkunftsländer „exportiert" werden konnte, rief ökonomische Unternehmungen auf den Plan. Um den Aufenthalt trotz Entlassungen zu sichern, machten sich im Verlauf der 1970er Jahre viele Migrantinnen und Migranten selbstständig, gründeten Gewerbe wie Änderungsschneidereien, Lebensmittelgeschäfte, Export/Import-Läden, betrieben Handel, eröffneten Buchläden, Restaurants und Cafés. Die neue Selbstständigkeit verknüpfte für einen Teil der Migrantinnen und Migranten den Willen, in der Bundesrepublik zu bleiben, mit der Hoffnung, ökonomisch erfolgreich zu sein und auf diese Weise den Diskriminierungen auf dem Arbeitsmarkt zu entkommen. Für einen anderen Teil stellte sie die Möglichkeit dar, der Arbeitslosigkeit auszuweichen und auch noch Familienmitglieder und Freunde in die teilweise informellen Arbeitsverhältnisse einzubinden. So entstand zugleich eine migrantische Infrastruktur, die die Ebene des Alltags und der alltäglichen Praktiken einschloss. In diesem Zusammenhang erweiterten sich die in der Migration ausgebildeten sozialen Netzwerke und Solidaritätszusammenhänge. Diese Netzwerke unterstützten unter anderem jenen Teil der Einwanderung, der in die Illegalität verdrängt wurde – was sowohl jene, die ohne Papiere eingereist waren, wie jene, die ihren Aufenthaltsstatus verloren hatten, betreffen konnte. Die in die Illegalität Verdrängten verdingten sich mehrheitlich auf Baustellen, in der Landwirtschaft, im Dienstleistungsbereich, d.h. im Gaststättengewerbe, in der Hausarbeit oder in der Gebäudereinigung.

Das staatliche Dispositiv der Integration

Unter dem Titel „Chance NRW" haben die Ford-Werke Köln in Kooperation mit dem Landesarbeitsministerium am 15. November 2002 mehrere Migrantinnen und Migranten für ihren „Erfolg" und ihre Leistungsbereitschaft ausgezeichnet.

Erhalten haben sie einen „Fortbildungsgutschein" über 6.000 Euro, der ihnen zukünftig als Ausweis ihrer „Nützlichkeit" für die Wirtschaft dienen soll. Als „gute Beispiele" von Arbeitsminister Harald Schartau bei der Preisverleihung in Essen bezeichnet, sollen sie „Unternehmen und Zugewanderte zur Nachahmung anregen und ihnen Mut" machen. So lautet die offizielle Redeweise, die Migrantinnen und Migranten nicht länger als soziale Problemgruppe kennzeichnen, sondern als integrationsfähige Bürger präsentieren will.

So kulant und einfallsreich war in den 1970er Jahren, als sich der Begriff der Integration zu einem ausländerpolitischen Paradigma verfestigte, noch niemand. Der Integrationsbegriff fand nachdrücklich Verwendung im Bereich der Stadtpolitik. Zentral für die damalige Vorstellung war das Bild von „Ausländerghettos", in denen sich Konflikte und Problemlagen anhäuften oder zusammenballten, die sich als sozialer „Sprengstoff" notwendigerweise irgendwann „entladen" müssten, falls keine staatlichen Interventionen erfolgten. Auf Dauer, so die Grundannahme, dürfe kein Teil der Bevölkerung außerhalb der staatlichen Gemeinschaft stehen, weil sonst der „innere Friede" bedroht sei. Der strukturellen Segregation von Migranten wurde eine Sprengkraft zugeschrieben, die es mit Hilfe von Integrationspolitik zu entschärfen gelte. Dabei operierte man vornehmlich mit einem Bedrohungsszenario, das eine Warnung an die Mehrheitsbevölkerung implizierte: Gelänge es nicht, die Ausländer zu integrieren, seien zukünftig gesellschaftliche Konflikte unvermeidbar. Im Kern ging es um die Vermeidung von sozialen Unruhen und den Erhalt der sozialen Kontrolle. Die Auflösung von „Ausländerghettos" galt als Bedingung und Voraussetzung für eine gelungene Integrationspolitik (vgl. Bojadžijev/Ronneberger 2001). Eine drastische Berichterstattung über Ghettos, Verwahrlosung und Kriminalität in den deutschen Städten begleitete und unterstützte diese Szenarien, wie etwa der Schwerpunkt „Ghettos in Deutschland" in der Zeitschrift „Der Spiegel" vom 30. Juli 1973 dokumentiert.

Zur Voraussetzung der Erteilung einer Aufenthaltserlaubnis an Familienangehörige und zu ihrer Verlängerung im Rahmen der Regelung des Familiennachzugs erhöhte die damalige sozialliberale Regierung die vorgeschriebene Quadratmeterzahl pro Ausländer im öffentlichen Wohnungssektor auf 12 qm. Auch für Migranten und Migrantinnen, die Wohnungen auf dem privaten Wohnungsmarkt gemietet hatten, galt der Nachweis einer solchen „ordnungsgemäßen und zureichenden Wohnung" (vgl. Morgenstern 2002, 250). Von 1975 bis 1977 wurde diese Verordnung mit der bereits erwähnten Zuzugsquote für Migrantinnen und Migranten in „überlasteten Siedlungsgebieten", auch „Ballungsgebiete" genannt, kombiniert (vgl. Samp 1978b, 4). Bereits im September 1972 hatte ein ressortübergreifendes Planungsteam der Stadt Berlin ein Modell für die Ausländerpolitik unter dem Titel „Eingliederung der ausländischen Arbeitnehmer und ihrer Familien" erarbeitet. Vorgesehen war ein „bedarfsorientiertes Integrationsmodell", das den Bedarf auf dem Arbeitsmarkt zunächst durch deutsche und erst dann durch ausländische Arbeitskräfte gedeckt sehen wollte, letztere sollten unter „Erhaltung (...) der allgemeinen Sicherheit und Ordnung" eingegliedert werden. Gewarnt wurde zugleich: „Um dem bei ungehindertem Fortschreiten der Ballung drohenden Zusammenbruch der Infrastruktur dieser Stadtteile und der damit verbundenen Gefährdung der ausländischen und der deutschen Bevölkerung sowie der allgemeinen Sicherheit vorzubeugen, ist eine Minderung der Ballung, zumindest aber ein begrenzter Zuzugsstop, unbedingt erforderlich. Es sollte nicht unerwähnt bleiben, daß möglicherweise eine bevorzugte Versorgung der Ballungsgebiete mit Infrastruktureinrichtungen zu einem Zielkonflikt führt, der sich darin auswirkt, daß ausländische Arbeitnehmer und deren Familien noch stärker motiviert werden, nach Berlin zu kommen und in die Ballungsgebiete zu drangen." (zit. nach Ausländerkomitee Berlin (W) e.V. 1978, 3) Noch im Sommer 1973 lehnte der Berliner Senat eine Zuzugssperre ab, weil sie zu irregulären, unangemeldeten Wohnformen führen könnte.

Im Jahr 1974 entschloss sich die Westberliner Regierung jedoch ab 1. Januar 1975 für die Bezirke Tiergarten, Wedding und Kreuzberg[90] eine Zuzugssperre für Migrantinnen und Migranten zu erlassen und verkoppelte diese Maßnahme mit der Erteilung von Aufenthaltsgenehmigungen. Für Ausländer aus Nicht-EG-Ländern wurde eine solche nur noch erteilt, wenn sie eine Wohnung außerhalb dieser Bezirke nachweisen konnten. Die Familienzusammenführung wurde erschwert, da hinzuziehende Familienmitglieder nicht in einem gesperrten Bezirk wohnen durften.[91] Berlin machte damit einen Vorstoß, der bundesweit auf Nachahmung stoßen sollte. In dieser Situation ergriff am 15. Mai 1975 der CDU-Abgeordnete Mick das Wort im Bundestag: „Wenn ich durch Berlin-Kreuzberg komme und den Eindruck habe, als wäre ich in Ankara, dann ist das doch wohl kein Zustand. Diesen Zustand wünschen wir nicht etwa deswegen nicht, weil wir etwas gegen Gastarbeiter haben, sondern deshalb, weil wir sie integrieren wollen, weil wir keine neuen Ghettos schaffen wollen mit alle den Folgen, die wir allesamt zur Genüge kennen." (Zit. nach Morgenstern 2002, 251) Zuzugs-

90 Der Anteil der ausländischen Wohnbevölkerung betrug Ende 1973 in Kreuzberg rund 23%, in Tiergarten rund 15%, in Wedding rund 17%. Vgl. Ausländerkomitee Berlin (W) e.V. 1978, 10

91 Ausnahme bildeten nur Kinder unter 16 Jahren.

sperren galten von April 1975 bis April 1977 in verschiedenen bundesdeutschen Agglomerationen. In der Senatsdebatte begründete der Berliner Innensenator Neubauer die Entscheidung im Sinne der Ausländer, die nicht zu „Bürgern zweiter Klasse“ werden dürften. Aus diesem Grund und zu ihrer Integration sollten sie über das Stadtgebiet verteilt werden (Ausländerkomitee Berlin (W) e.V. 1978, 5). Gegen diese Politik hat das Ausländerkomitee Berlin (W) e.V. mit anderen Gruppen zu intervenieren versucht. In einer Selbstdarstellung schreiben sie: „Das Ausländerkomitee Berlin (W) e.V. ist ein Verein, in dem sich ausländische und deutsche Gruppen und Einzelpersonen zusammengeschlossen haben, um die rechtliche und soziale Lage der ausländischen Arbeiter, Studenten und ihrer Familienangehörigen öffentlich zu machen, Mißstände anzuprangern und sich dafür einzusetzen, daß diese beseitigt werden.“ (Ebd., 34)

Wohlfahrtsverbände, Kommunen, Gewerkschaften und Kirchen unterstützten Integrationspolitiken und übten öffentlich Druck auf Parteien aus, administrative Konsequenzen aus der – wie es nun hieß – „faktischen Einwanderungssituation“ zu ziehen. Zeitgleich gab es massive Bestrebungen seitens verschiedener staatlicher und zivilgesellschaftlicher Akteure, das Postulat aufrecht zu erhalten, dass Deutschland kein Einwanderungsland ist. Einerseits ging es darum, Einwanderung auf keinen Fall zu institutionalisieren, andererseits wurden mit der Forderung nach Anerkennung der „faktischen Einwanderung“ auch die Forderungen nach politischen Maßnahmen zur Integration der Eingewanderten stärker. Diese Positionen artikulierten sich im öffentlichen Diskurs in den Parolen von „Eingliederung ja“ und „Einwanderung nein“. „Eingliederung auf Zeit“ lautete schließlich die breit geteilte Formel, die es zuließ, die Option auf eine Rückkehr in die Herkunftsländer beizubehalten und zeitgleich die zur Sicherung des „sozialen Friedens“ als notwendig erachteten Integrationsmaßnahmen zu legitimieren. Da die Ära der „Gastarbeiterbeschäftigung“ beendet worden war, stellte „Integration“ den gesellschaftlichen Kompromiss dar, der politisch zwischen ökonomischen Interessen, die weiterhin auf die Beschäftigung von „ausländischen Arbeitnehmern“ drangen, und nationalistischen Tendenzen, die jede weitere Einwanderung verhindern wollten, geschmiedet werden konnte. Aufrechtzuerhalten war mit diesem Kompromiss die Behauptung, Deutschland sei kein Einwanderungsland und könne auch nie eines werden.[92]

Ab Mitte der 1970er Jahre häuften sich die Stimmen, die die Existenz der im Integrationsdiskurs so genannten zweiten Generation, ihre schlechte Schulbildung und ihre angebliche Delinquenz zu Problemen erklärten, die eine Interven-

92 Vgl. auch zur Kritik dieser Behauptung Morgenstern 2002, 252 f.

tion der Staatsapparate verlangte. So erklärte etwa ein Beamter aus dem Bundesministerium für Arbeit und Sozialordnung in einer Rede von 1976: „Es ist nicht nur eine humanitäre Frage, ob unser Land den insgesamt 1 Million ausländischen Kindern und Jugendlichen gute Entwicklungschancen bietet, sondern eine Frage der Stabilität unseres Landes. (...) Jeder, der in Kategorien sozialer Prozesse denken kann, der weiß, daß das, was sich hier anbahnt, sozialer Zündstoff mit Zeitzünder ist." (Bodenbender 1976, 12 ff. zit. nach Czock 1993). Auch die Bundesministerin für Jugend, Familie und Gesundheit Hubert sah einen großen „Lösungsbedarf" und forderte im Bundestag auf Ausländer bezogene administrative Maßnahmen, die deren „Probleme" und die Nationalstaatsräson verbinden könnten: „Ihre besonderen Probleme – geringe berufliche Qualifikation, Wohnungssorgen, Anpassungsprobleme der Familie und der Kinder, Schul- und Arbeitsplatzsorgen besonders der nachwachsenden Generation – sind lösungsbedürftig. Gleichzeitig soll die nationale Eigenständigkeit erhalten bleiben, was zu erreichen bisher in nur wenigen Modellen versucht wird." (Zit. nach Morgenstern 2002, 262) Dass Integration mit der Erhaltung einer so genannten nationalen Identität verbunden werden sollte, fand auch der DGB. In einem Positionspapier zur Ausländerpolitik formulierte der Bundesvorstand: „In Zusammenhang mit der Beschäftigung ausländischer Arbeiter kann nur von 'sozialer Integration' gesprochen werden. (...) Integration als gemeinsamer sozialer Prozeß heißt demnach: Die deutsche Gesellschaft muß die Voraussetzung schaffen, damit integrationsbereite ausländische Arbeitnehmer unter den gleichen Voraussetzungen leben können wie vergleichbare deutsche Arbeitnehmer, ohne Aufgabe der nationalen Identität. Aus diesem Selbstverständnis hat der DGB schon Anfang 1973 die Verfestigung des aufenthaltsrechtlichen Status gefordert, nicht aber die Einbürgerung von Ausländern." (DGB-Bundesvorstand 1978, 7 f.) Die Bereitschaft zur Integration erklärte der DGB zur Voraussetzung, sich in die Gesellschaft überhaupt integrieren zu dürfen, in der die Migrantinnen und Migranten bereits leben. Integration wird Ende der 1970er Jahre zum Imperativ. Die soziale, nicht rechtliche Integration stellt sich als Fortschritt, Emanzipationsakt, als Gewährung eines Rechts dar. Zugleich suggeriert die Annahme einer so genannten kulturellen oder nationalen Identität der Migrantinnen und Migranten, ihre Integration bleibe immer oberflächlich und unvollständig. Oder wie es der Ethnologe Claude Meillassoux bei dem Symposium „Drei Welten oder eine?" in Berlin 1979 ausdrückte: „Es ist ein Grunderfordernis dieser Politik (der Nichtintegration, MB), sie als Fremde zu brandmarken, auf ihre Besonderheit zu bestehen und sogar vorzutäuschen, den Schutz ihrer Kultur zu fördern." (Meillassoux 1980, 58) Der Erhalt der kulturellen Identität in Kombination mit der Vorenthaltung von Rechten deutet zumindest an, dass Migrantinnen und Migranten letztlich das Bleiberecht verweigert werden sollte und ihre Rückkehr perspektivisch anzuvisieren ist, was die Formel „Integration auf Zeit" letztlich bedeutet. Der Begriff Ausländer markiert zudem, dass es sich um einen Bevölkerungsteil handelt, der zwar in Deutschland lebt, aber nicht Teil der deutschen Gesellschaft ist. Die Vorstellung der kulturellen Identität, die sich in diesen Aussagen bereits artikuliert, findet später im Konzept des Multikulturalismus seine Ausarbeitung.

Integration bezeichnete im Kontext der ausländerpolitischen Maßnahmen der 1970er Jahre eine Rekuperation der Widerstandspraktiken und Kämpfe der Migrantinnen und Migranten. Selbstverständlich lässt sich der Imperativ der Integration nicht schematisch als funktionale Politik, als schlichte „Antwort" des Staates auf die Kämpfe verstehen. Es lassen sich aber zahlreiche Hinweise dafür zusammentragen, dass die Migrantinnen und Migranten tatsächlich zunehmend als eine politische und soziale Gefahr angesehen wurde. Es galt, diese entweder zu integrieren und zu befrieden oder sie auszuweisen. Integration und Abschottung/Ausschließung sind so zu den tragenden Pfeilern der Ausländerpolitik ausgebaut worden. Beide Aspekte – Integration und Abschottung – wurden in Form einer Drohung verknüpft: Integration könne nur gewährleistet werden, wenn der Anwerbestopp aufrechterhalten bliebe, denn Deutschland könne „einen weiteren Zustrom ausländischer Arbeitnehmer nicht verkraften" (zit. Morgenstern 2002, 257).

Trotz der genannten Veränderungen im Migrationsregime und aller Maßnahmen der Abschottung und Verdrängung verringerte sich während der 1970er Jahre die Zahl der Migrantinnen und Migranten insgesamt jedoch keineswegs, sondern erhöhte sich. Von 1973 bis 1979 blieb die Zahl der ausländischen Wohnbevölkerung stabil und nahm ab 1979 zu, sodass 1980 offiziell 1 Million mehr Ausländerinnen und Ausländer in Deutschland lebten als noch 1972, also vor dem Anwerbestopp (Fathi 1996, 28). Bei diesen Zahlen muss außerdem beachtet werden, dass Migrantinnen und Migranten ohne Papiere darin nicht berücksichtigt sind. In dieser Hinsicht sind letztlich alle staatlichen Abschottungsbemühungen fehlgeschlagen. Die in der Migration aufgebauten sozialen Netze waren offenbar in der Lage, weitere Einwanderung zu organisieren.

Die sozialliberale Koalition reagierte auf die öffentlichen Aufforderungen der Wohlfahrtsverbände, Kommunen, Gewerkschaften und Kirchen, die „faktische Einwanderungssituation" anzuerkennen und „Integrationspolitiken" zu initiieren, indem sie ein neues Amt schuf, den „Beauftragten der Bundesregierung für Ausländerfragen", dessen erster Inhaber 1979 Heinz Kühn wurde. Im Memorandum des Amtes über „Stand und Weiterentwicklung der Integration der ausländischen

Arbeitnehmer und ihrer Familien in der Bundesrepublik Deutschland" hieß es entsprechend, dass die bisherige „negative Entwicklung" in „absehbarer Zeit zu ganz erheblichen gesamtgesellschaftlichen Schäden führen" werde. Kühn schlug unter anderem vor, jede weitere Zuwanderung bei gleichzeitiger Anerkennung der faktischen Einwanderung zu unterbinden und Maßnahmen zur Verbesserung der Situation der „ausländischen Kinder und Jugendlichen", vor allem im schulischen Bereich, zu ergreifen. Außerdem sei die Option auf Einbürgerung für in der BRD aufgewachsene und geborene Jugendliche sowie die Einführung des kommunalen Wahlrechts erstrebenswert. Auch die CDU/CSU-Opposition mutmaßte inzwischen, die so genannte zweite Generation könne sich zu einem „sozialen Sprengsatz" entwickeln. Ihr Abgeordneter Hasinger warnte: „Meine Damen und Herren, wenn wir uns nicht energisch dieser Probleme annehmen, sollte sich niemand darüber wundern, wenn sich die Jugendlichen eines Tages organisieren und gegen ein Schicksal, das sie nicht ausgesucht haben, rebellieren." (Zit. nach Morgenstern 2002, 256) Der CDU/CSU-Fraktion zufolge, die sich in diesem Punkt mit der Position des DGB und der Jugendministerin traf, sollte die soziale Integration der Jugendlichen ermöglicht werden, ohne dass deren „nationale und kulturelle Identität" zerstört würde, vor allem auch, um eine „freigewählte Entscheidung zur Rückkehr" zu befördern (alle Zitate nach Morgenstern 2002, 257). Jene Vorschläge in Kühns Memorandum, die sich auf Einbürgerungserleichterungen und Gleichstellungsbestrebungen bezogen, konnten sich in der politischen Konjunktur, die sich konsensual auf den Erhalt der „nationalen Einheit" verständigt hatte, nicht durchsetzen, da die Bundesregierung wie weite Teile der zivilgesellschaftlichen Organisationen „Einwanderung" als gesellschaftliches Konzept weiterhin leugneten. Dagegen fanden die Vorschläge, die einen sehr deutlich prohibitiven Charakter trugen, Niederschlag in der nachfolgenden Ausländerpolitik, die sich entlang dreier Prinzipien charakterisieren lässt: „Integration auf Zeit" der hier lebenden Ausländer, Rückkehrförderung, Verhinderung weiterer Migration.

Damit setzt sich Integration als Dispositiv der Ausländerpolitik in der Bundesrepublik durch. Gleichzeitig finden sich in den staatlichen Erklärungen zur Bemühung um Integration alle Themen wieder, die in den Kämpfen der Migration zu Beginn und im Verlauf der 1970er Jahre artikuliert wurden. Es handelt sich hier um etatistische Entgegnungen, die von Migrantinnen und Migranten zweifellos als Rekuperation ihrer Forderungen aufgefasst werden konnten. So sah das Spanische Zentrum in Essen in der Erschwerung der Familienzusammenführung beispielsweise eine Fortsetzung der Ausbeutung und den staatlichen Versuch, die Kontinuität der Kämpfe zu zerstören. Denn auf diese Weise müssten sich die Migrantinnen und Migranten Sprache und Rechte immer wieder neu aneignen. Die Restriktion diene der Abbremsung der radikaler werdenden Kämpfe seit Beginn der 1970er Jahre und ziele darauf, die Vereinheitlichung der Kämpfe zu verhindern: „Man versucht damit, den Problemen zu entgehen, die sich im Bereich der Erziehung, der sozialen Dienste, der Wohnung usw. stellen." (Spanische Zentrum Essen 1975, 98; vgl. auch Lotta Continua 1974, 100) Die Familienpolitik in Form der Kindergeldneuregelung ist zugleich ein Angriff auf die transnationalen Haushaltsstrukturen, bei dem es darum geht, unter den neuen Modi der Bürgerrechte die Familien zusammenzuführen, entweder in der Bundesrepublik oder in den Herkunftsländern. Benannten Migranten und Migrantinnen in ihren Kämpfen die Ausschlussmechanismen ihrer Kinder aus dem nationalen Schulsystem, so taucht dies als Maßnahme zur Prävention möglicher zukünftiger „Konfliktherde" im Integrationsforderungskatalog wieder auf. Diesmal aber, im Gegensatz zur Artikulation in den Kämpfen der Migration als staatliche Anforderung: Es geht nicht mehr um ein Recht auf Bildung, sondern um die Pflicht der so genannten zweiten Generation, sich sprachlich, kulturell und „staatsbürgerlich" für ein unbefristetes Aufenthaltsrecht zu qualifizieren. Kämpften Migrantinnen und Migranten in den Mietstreiks um angemessene Wohnverhältnisse, taucht dies in der administrativen Verordnung, ein Wohnraum von mindestens 12 qm pro Person müsse zur Gewährung einer Aufenthaltserlaubnis gewährleistet werden, repressiv und restriktiv wieder auf. Forderten Migranten und Migrantinnen eine soziale Infrastruktur zur Artikulation und Repräsentation ihrer „Bedürfnisse", schlägt sich dies in den 1970er Jahren in der institutionalisierten Form der „Ausländerpädagogik" nieder, die „Ausländer" als neues Klientel funktionalisiert.

Das Dispositiv der Integration desartikuliert die kollektiven Ansprüche, verschiebt sie hin zu individuellen Anpassungsleistungen der Migrantinnen und Migranten und reduziert sie auf Infrastrukturprobleme, denen am besten mit Rückkehrförderung beizukommen sei. Vor allem aber ist die Forderung nach gleichen Rechten im Dispositiv der Integration vollständig absorbiert.

Auf die Fragen, die sich in den Kämpfen artikuliert haben, gibt das Dispositiv durch deren Reinterpretation entgegengesetzte Antworten und übersetzt die Forderung nach Kollektivrechten in individuell zu erbringende Leistungen. Die Bevölkerung erscheint auf dubiose Weise neu homogenisiert, Rechte und Pflichten scheinen neu verteilt. Dennoch bauen sich Asymmetrien erneut auf. Die ungleichen sozialen Positionen der verschiedenen „Partner" korrespondieren mit dem Grad, nach dem ihnen politische und soziale Rechte vorenthalten bleiben. Das Recht, zumal es im Begriff der Integration vermittelt ist, kann so zwar niemals vollständig suspendiert sein, bleibt aber unrealisiert und daher seine Suspension ständig virulent.

Die Einbettung in den nationalen Rahmen administrativer und zivilgesellschaftlicher Maßnahmen hat zu einer Stillstellung dieser Konjunktur autonomer Kämpfe der Migration beigetragen. Ausschließung und Integration drängten den möglichen Widerstand in den Hintergrund. In der Kompromissformel der Integration hat sich die in den Fabriken thematisierte Spaltung der Arbeiterklasse längst zu institutionalisieren begonnen. Die langsame Entstehung des staatlichen Integrationsdispositivs seit dem Beginn der 1970er Jahre trennt die Migrantinnen und Migranten vom historischen Prozess der Migration. Zugleich kann es als Versuch gedeutet werden, die Geschichte und Erinnerung jener Arbeitergeneration zu zerstören, die antirassistische Forderungen erhob und Erfahrungen im Kontext der Betriebskämpfe gemacht hatte. Die Kämpfe der Migration konnten niemals vollständig stillgestellt werden. Sie sollten fortan und in einem neuen Anlauf andere Wege finden, den Restriktionen der Einwanderungsgesetze und Aufenthaltsbedingungen, der Reorganisation des Produktionsprozesses und den rassistischen Diskriminierungen im Alltag zu begegnen. Ihre Geschichte, so weitgehend unbekannt wie sie bisher geblieben ist, kann als Bestandteil der heutigen Situation gelten, sie gehört bereits zu unserer Erfahrung.

4.6. Entwicklungen seit dem Ende der 1970er Jahren

Die Logik der Integration ist neben der Abschottungspolitik bis in die späten 1990er Jahre in der Ausländerpolitik persistent geblieben. Zugleich können wir beobachten, wie sich eine Kulturalisierung und ein Zwang zur Identität eingeschlichen hat, der die Politik zu bestimmen begann. Eine verhängnisvolle Konstellation, die bisher kaum eine kritische Politik überwinden konnte. Von zwei Achsen konturiert, die die migrations- und ausländerpolitische Konstellation prägen – Abschottung einerseits und Integration andererseits – war mit dem Begriff der kulturellen Identität ein Vektor – Angriffspunkt und Richtung zugleich bestimmend – eingeführt, der eine Tendenz ausgab, wer in welchem Maße zur deutschen Gesellschaft Zugang erhalten sollte oder nicht. Je nach dem, wie viel Kompatibilität der deutschen mit einer anderen Kultur zugeschrieben wird, tendiert der Vektor eher in Richtung Integration oder in Richtung Abschottung. Einmal eingerichtet, erwies sich diese Konstellation als höchst effektiv und zudem als flexibel genug, sich mit den Jahren anzupassen und: gegen unterschiedliche Migrationsgruppen immer aufs Neue Drohungen zu formulieren, Konjunkturen des Rassismus neu auszurichten, diskursiven Konstellationen flexibel zu entsprechen. Richteten kritische Politiken sich gegen allein eine dieser Größen – stellten die Logik nationalstaatlicher Integrität in Frage, wiesen kulturelle Zuschreibungen zurück oder betonten die Asymmetrie eines Imperativs der Integration und seine Funktionen, sozialen Frieden zu schaffen – verfingen sie sich in der Konstellation. Kritische Konzepte, die in den Jahren seit Beginn der 1980er Jahre auftauchen sollten und denen es nicht gelang, zugleich alle drei Größen zu problematisieren, sollten weitgehend in der Defensive bleiben. Daran hat sich bis heute nichts geändert.

Obwohl die Entwicklungen seit der 1970er Jahren nicht den eigentlichen historischen Untersuchungszeitraum meiner Arbeit bilden, nehme ich die Fäden aus jener Zeit auf und zeichne kursorisch eine Reihe von Charakteristiken thesenhaft nach, die den sich reorganisierenden Rassismus entlang des Integrationsdiskurses und durch ihn hindurch kennzeichnen. Zum Schluss komme ich auf die Situation in den 1990er Jahren zu sprechen, die auch die Ausgangslage für meine Beschäftigung mit diesem Thema gebildet hat.

Die 1980er Jahre oder „Ausländer raus"

Im Verlauf der 1980er Jahre kristallisierte sich ein Rassismus heraus, der „scheinbar der Vergangenheit" angehörte. Rassistische Artikulationen hatten das westliche Europa in einem autoritär-populistischen Netzwerk aus neokonservativen Regierungen, Intellektuellenzirkeln der so genannten Neuen Rechten, (neo)faschistischen Parteien wie auch Debatten an Stammtischen vereint. Balibar konstatierte in einem Vortrag 1990 rückblickend, dass sich die unterschiedlichen Formen der Verbindung zwischen Migration und Rassismus in den europäischen Staaten „gegenseitig beeinflussen und seit einigen Jahren konvergieren, um ein neues bedrohliches Phänomen hervorzubringen, das man den europäischen Rassismus nennen könnte. Es handelt sich nicht bloß um Analogien, sondern um institutionelle Phänomene, die durch den 'Aufbau Europas' selbst beschleunigt werden, und die sich aus einem Idealbild von Europa speisen" (Balibar 1992, 11).

Für Deutschland lässt sich sagen, dass die von mir herausgearbeiteten Parameter der 1970er Jahre in der gesamten Regierungszeit Helmut Kohls (1982 bis 1998) aufrechterhalten blieben und verstärkt wurden. Der bayerische Sozialminister Fritz Pirkel (CSU) hatte die zuvor amtierende sozialliberale Regierung noch 1981 kritisiert, sie wolle die kulturelle und nationale Eigenständigkeit der Migranten gegen deren erklärten Willen unterdrücken. Diese Kritik war allerdings keine Fürsprache des zu jener Zeit sich entwickelnden Multikulturalismus, vielmehr sollte kulturelle Identität à la CDU/CSU in den darauf folgenden Jahren ausländerpolitische Tropen wie „rückkehrfördernde Integration“ oder „Re-Integration“ hervorbringen, wobei mit letzterer die Rückkehr in das Herkunftsland gemeint war. Das im Laufe der 1970er Jahre von der SPD entwickelte sozialtechnokratische Modell der partiellen Integration, das insbesondere die Kinder der „Gastarbeiter“ zu erfassen versuchte, denunzierten CDU und CSU nun als „Zwangsgermanisierung der Türkenkinder“.

Die „Förderung der Rückkehrbereitschaft“ wurde politisch propagiert und durch diverse gesetzliche Maßnahmen flankiert, etwa Prämien für Rückkehrwillige[93], allerdings unter der Bedingung, dass Migrantinnen und Migranten damit auf alle Rentenansprüche verzichten sollten. Darüber hinaus wurde die Familienzusammenführung erschwert und das Mindestalter von nachziehenden Kindern stetig gesenkt. Angesichts solcher Abschottungs- und Vertreibungsmaßnahmen lässt sich in Bezug auf die Einwanderungsstrategien von Migranten beobachten, dass sie zunehmend den Weg über das Asylgesetz wählten, weil der eine legale Option der Einreise bot. In den Jahren 1984 bis 1992 stieg die Zahl der Asylbewerber auf insgesamt ca. 440.000 an. Gleichzeitig wurden immer weniger Menschen als asylberechtigt anerkannt (1992 nur noch 4,25 %). Die Migrationsbevölkerung setzte sich auf neue Weise in Hinblick auf die Herkunftsländer zusammen.[94] In den Mittelpunkt der medialen Berichterstattung und staatlichen Politiken rückte immer wieder die Quantität der Migrationsbevölkerung. Zum einen bezog sich diese auf die Zahl der Asylbewerber, die man nunmehr als Asylanten stigmatisierte. Auf diskursiver Ebene begann die Legitimation für ihre Einwanderung über die Einführung der Trennung zwischen legitimer politischer Flucht auf der einen Seite und illegitimer ökonomisch motivierter Migration auf der anderen Seite (Begriffe wie „Wirtschaftsflüchtlinge“, „Scheinasylanten“

93 Die Prämie belief sich auf 10.000 DM. Die Maßnahme war jedoch wenig erfolgreich, vorwiegend nahmen nur diejenigen sie an, die ohnehin das Land verlassen wollten. Das Konzept der Rückkehrförderung durch Prämien nahm die Bundesregierung allerdings wieder Anfang der 1990er Jahre auf, als es nach der Vereinigung der beiden deutschen Staaten darum ging, die Vertragsarbeiter der DDR vor Vertragsende aufzufordern, in ihre Herkunftsländer zurückzukehren. Die Prämie belief sich da aber nur auf 3.000 DM (vgl. Do Thi Hoang Lan 2005). Heute sind solche Programme an „länderspezifischen entwicklungsorientierten Vorhaben“ orientiert, was hauptsächlich mögliche Kreditvergaben meint, für die sich Rückkehrer für eine „Teilnahme“ bewerben können.

94 Bis Mitte der 1980er Jahre waren es vor allem Migranten aus afrikanischen und asiatischen Staaten und der Türkei, danach kam die Mehrzahl der Asylsuchenden aus Osteuropa.

setzen sich zunehmend durch) ins Schwanken zu geraten.[95] Diese begriffliche Trennung sollte in langsamen Schritten den Weg zur Demontage des Asylrechts bereiten. Zum anderen in der Rede über einzelne Stadtteile und bezogen auf die Finanzierung der Infrastruktur machte man „Ausländer" für die Defizite in Bildung und Wohnungsbau verantwortlich. Insbesondere die aus der Türkei kommende Bevölkerung erklärte die von Innenminister Zimmermann eingeführte Unterscheidung zwischen Integrationswilligen und Integrationsfähigen zur Zielscheibe öffentlicher rassistischer Anfeindungen.

Der Diskurs der kulturellen Identität wurde von der so genannten Neuen Rechten im Konzept des „Ethnopluralismus" entwickelt, bei dem es um die Förderung der kulturellen Identität und Differenz ging, um damit eine räumliche Segregation in die politische Diskussion einzuführen, nach der gegen die „Differenz der Anderen" nichts zu sagen wäre, so lange sie an einem anderen Ort lebten. Der zu Beginn der 1980er Jahre zunächst in kirchlichen und gewerkschaftlichen Kreisen einsetzende und der internationalen Debatte entliehene Topos des Multikulturalismus, der etwa zwei Dekaden lang überleben sollte, arbeitete ebenfalls eine Vorstellung der kulturellen Identität ideologisch aus, blieb aber letztlich als ein antirassistisches Echo auf den Diskurs über den Ethnopluralismus. Der staatlichen Negation der Einwanderung setzte der „Multikulti"-Diskurs die defensive Forderung nach einer Anerkennung der multikulturellen Realität entgegen. Defensiv, weil von Anfang an darin ein Kompromiss enthalten war, der zwischen Rückkehr und politischer Integration zu vermitteln suchte, dabei stets dem Zwang zu Identität unterworfen blieb. Entsprechend schlug sich das Konzept sowohl in der sozialarbeiterischen Betreuungsarbeit nieder, die Beratung und Betreuung von Gruppen nach ihrer „Herkunftskultur" einrichtete als auch in Ansätzen zur so genannten „interkulturellen Erziehung", die eine Homogenisierung von Gruppen voraussetzte.

95 Die Zahl der Asylbewerber stieg (mit einer Ausnahme 1980 als sich die Zahl, u.a. aufgrund des Militärputschs in der Türkei aber auch aufgrund der Auswanderung aus Osteuropa verdoppelte, aber im nächsten Jahr wieder halbierte) erst seit 1985 stetig an. Bereits im Wahlkampf 1980 wurde der „Kampf gegen den Mißbrauch des Asylrechts" zum Slogan.

Die 1990er Jahre oder die freundliche Zivilgesellschaft als Aushängeschild

In Deutschland häuften sich nach der Wiedervereinigung 1989 Angriffe sowie Pogrome gegen Flüchtlinge, Migrantinnen und Migranten. Eine gesellschaftliche Stimmung machte sich breit, in der der Alltag in Deutschland für Migrantinnen und Migranten und Flüchtlinge zu einer massiven Bedrohung wurde. Im Nachgang zu diesen Übergriffen wurde zunächst seitens der Politik und der Repräsentanten von Wirtschaft und Gesellschaft sowie in den Massenmedien versucht, die rassistische Gewalt auf die „Modernisierungsverlierer" in Ostdeutschland einzugrenzen; die rassistischen Angriffe und Pogrome im Westen wie etwa in Mannheim-Schönau (1992) fanden noch eher geringere Aufmerksamkeit, doch spätestens nach Mölln (1992) und Solingen (1993) war klar, dass Maßnahmen getroffen werden sollten, die Deutschland und die „freundliche Zivilgesellschaft" (Redaktion diskus 1992) aus dem schlechten Licht der internationalen Öffentlichkeit bringen sollten. Es schlug die Zeit der Lichterketten und der Kampagnen „gegen Gewalt". Zugleich definierte die Bundesregierung noch 1991 Integration als „Eingliederung in das wirtschaftliche, soziale und kulturelle Leben", hielt aber daran fest, dass Deutschland kein Einwanderungsland sei, sondern, wie es hieß, ein „Aufenthaltsland". Das bestätigte das 1987 auf den Weg gebrachte und schließlich 1991 in Kraft tretende neue Ausländergesetz erneut. Im November 1992, kurz nachdem der damalige Bundeskanzler Helmut Kohl den Staatsnotstand wegen der Asylbewerberzahlen angedroht hatte und damit den Rassismus der Übergriffe legitimierte, ebneten Staatsapparate und Zivilgesellschaft der De-facto-Abschaffung der Asylrechts den Weg. (Vgl. Müller 1995; Räthzel 1997; Morgenstern 2002)

Der sich dann dynamisierenden antirassistischen Bewegung gelang es nicht, dieser Entwicklung wirkungsvoll etwas entgegenzusetzen. Ihre Schwäche zeichnete sich in der versuchten Bundestagsblockade am 26. Mai 1993 gegen die Asylgesetzänderung ab, weil es jenseits der symbolischen Blockade trotz Anstrengungen nicht gelungen war, eine gesellschaftliche Auseinandersetzung über Rassismus und Migration in Gang zu setzen. Mit dem Ende eines vergleichsweise liberal gehandhabten Asylrechts endete auch seine zentrale Bedeutung für die Migrationsbewegungen sowie die Migrantinnen und Migranten, die nach dem Anwerbestopp von 1973 diesen Weg zur Einreise genutzt hatten. Die Mobilisierung der Linken und der liberalen Öffentlichkeit hatte auf die Verteidigung des Asylrechts gesetzt. In Kombination mit der Devise „Offene Grenzen für alle" tat sich eine Schere zwischen der Radikalität einer Forderung und dem defensiven Charakter einer linken Politik auf, die das Asylrecht nicht selten mit moralischen Argumenten verteidigte. Eine solche Politik blieb in ihrer Wirkung begrenzt. Öffentliche Kampagnen für das „Bleiberecht“ hatten seither allenfalls im Zusammenhang mit Abschiebewellen in jene Herkunftsländer mit besonderen Krisen oder lang andauernden Kriegen eine gewisse Wirkung. Migration wurde lange Zeit vor allem als Zwang begriffen und Migrantinnen und Migranten als Opfer der Globalisierung gesehen, was zugleich mit der Betonung der Metapher von der „Festung Europa“ herausgestellt wurde (vgl. Bojadžijev/Tsianos 2002).

Kurz nach der Vereinigung der beiden deutschen Staaten kündigte die Bundesrepublik die Abkommen mit jenen Ländern (u.a. Vietnam, Mosambik, Kuba, Angola), aus denen so genannte Vertragsarbeiter in die DDR gegangen waren. Der weitere Aufenthalt der Migranten wird von dem Nachweis von Arbeit und von genügendem Wohnraum abhängig gemacht. Etwa 50% der Vietnamesen (in Berlin sogar 80%) verlieren ihre Arbeit und geraten so in die Illegalität. Erst 1997 kommt es zu einer rechtlichen Gleichstellung mit den Arbeitsmigranten aus Westdeutschland. (Vgl. Schüle 2002)

Ende der 1990er Jahre änderte sich die Situation mit dem Antritt der sozialdemokratisch-grünen Regierung. Der neue Bundeskanzler Gerhard Schröder erklärte Fragen rechtsextremer Gewalt zur „Chefsache“. Zügig wurde eine offizielle Anti-Nazi-Kampagne erdacht und gefördert. Rechtsextremismus sollte jetzt in gesellschaftlicher Koalition von Bundesgrenzschutz, Verfassungsschutzbehörden, Sonderermittlungsgruppen der Landeskriminalämter bis hin zu Bürgerinitiativen in einem „Aufstand der Anständigen“ bekämpft werden. Der Anspruch der „Berliner Republik“ war es, eine gefestigte Demokratie zu repräsentieren. Die Kritik an der Nationalisierung, die in der so genannten Walser-Debatte[96] und im ersten Auslandseinsatz der Bundeswehr im Krieg gegen Jugoslawien öffentlich artikuliert wurde, ging in dieser Konstellation weitgehend unter. Eine der ersten Gesetzesinitiativen der neuen Regierung bestand in der Novellierung des Staatsbürgerrechts mit dem Vorschlag, die Möglichkeit der doppelten Staatsbürgerschaft für in Deutschland Neugeborene einzuführen. Nach der Unterschriften-Kampagne unter dem Motto „Ja zur Integration, Nein zur doppelten

96 Der Schriftsteller Martin Walser hatte im Rahmen der Verleihung des Friedenspreis des Deutschen Buchhandels im Oktober 1998 in der Frankfurter Paulskirche in seiner Rede von einer „Instrumentalisierung des Holocaust“ als „Moralkeule“, „Einschüchterungsmittel“ und „Pflichtübung“ gesprochen und behauptet, über das „deutsche Volk“ ließe sich nicht als „ganz gewöhnliche Gesellschaft“ reden. Ignatz Bubis, der damalige Vorsitzende des Zentralrats der Juden, warf ihm daraufhin eine Schlussstrichmentalität und latenten Antisemitismus vor.

Staatsangehörigkeit" des hessischen Ministerpräsidenten Roland Koch während des Landtagswahl 1999 konnte die Novellierung nur in abgeschwächter Form verabschiedet werden. Spätestens seitdem gab es zwischen Konservativen, Grünen und Sozialdemokraten eine Einigung auf die Kompromissformel „Integration". Konsens blieb zudem, weitere Einwanderung weitgehend zu verhindern oder aber nach den eigenen Bedürfnissen zu regulieren und Integration als Imperativ an die bereits in Deutschland lebenden Migrantinnen und Migranten ebenso wie an die hinzukommenden heranzutragen, ohne dabei die staatsbürgerrechtlichen Grundlagen der Migrationsbevölkerung, die Bedingungen ihres Aufenthalts, ernsthaft zu verbessern (vgl. Bojadžijev/Ronneberger 2001). Integration blieb vage in der Sphäre Alltagskultur, die zugleich Problem und Lösung darstellen sollte. Die Integrationspolitik half, rassismustheoretisch gesehen, die Praktiken staatlicher Institutionen, des öffentlichen Diskurses und des Alltags bis heute zu einem äußerst flexiblen Instrument der Ausländerpolitik zu verschränken. Nach der gescheiterten Initiative für die doppelte Staatsangehörigkeit setzte den strategischen Anfang für eine neue Herangehensweise in der Einwanderungspolitik die von Schröder bei der Eröffnung der CeBIT 2000 ausgelöste Greencard-Diskussion. In Anspielung auf die US-amerikanische „Green Card" handelte es sich um den Vorschlag, IT-Spezialisten aus dem Ausland zu rekrutieren. Ungeachtet der Tatsache, dass die Zahlen derjenigen, die später tatsächlich über dieses Verfahren einwandern sollten, nicht besonders hoch waren, hatte diese Initiative das Thema der Einwanderung erneut platziert und die Diskussion über ein Zuwanderungsgesetz eingeleitet. Das nach langen Verhandlungen am 1. Januar 2005 in Kraft getretene Zuwanderungsgesetz ist Ausdruck davon, dass Einwanderung in die Bundesrepublik auch noch nach dem Anwerbestopp von 1973 und der Verschärfung des Asylgesetzes von 1993 ganz offenbar nicht verhindert werden konnte und inzwischen unter restriktiven Bedingungen sogar gewollt ist. Hier folgt die Bundesregierung dem internationalen Trend hin zum Migrationsmanagement.

Migrantischer Widerstand

Zwei unterschiedliche Richtungen lassen sich bezüglich der Organisierung von Migrantinnen und Migranten für die 1980er und 1990er Jahre typologisch benennen: der migrantische Lobbyismus und die Formen migrantischer Selbstermächtigung und -verteidigung[97]. Der per Ausländergesetzgebung festgeschriebene Ausschluss von politischer Partizipation, die rückkehrorientierten Regulationsmodi des Aufenthaltsstatus (Saisonarbeiter, Bürgerkriegsflüchtling, Asylbewerber, Ausländer), das heißt die historisch spezifischen Formen der Ausgrenzung, lieferten den Rahmen, in dem sich migrantische Politik formieren konnte. Es boten sich zwei Möglichkeiten an, die Reglementierung der politischen Betätigung zu umgehen.

Aufbauend auf den seit Anfang der 1970er Jahre gegründeten Arbeitervereinen, auf den Eltern-, Sport-, Kultur- und religiösen Vereinen etablierten sich im Verlauf der 1980er Jahre Organisationsstrukturen, die auf der Basis der Selbstorganisation die in der Migration entstandenen Beziehungsstrukturen und Netzwerke mobilisierten, um etwa Exilpolitik trotz ihrer anfänglichen Inkriminierung voranzutreiben. Sie orientierte sich vorwiegend an deutschen Vereinstrukturen.[98]

Die Suche nach einem starken zivilgesellschaftlichen Partner bildete eine weitere Möglichkeit, gefunden wurde ein solcher in Parteien, Gewerkschaften, paritätischen Wohlfahrtsverbänden, oder den Kirchen. Im Rahmen der zivil-

---

97 Selbstorganisierte Flüchtlingspolitik definiert sich in den 1990ern Jahren zunehmend aus und ist in sich sehr heterogen. Die verschiedenen Ausprägungen lassen sich schwer in Kategorien fassen, reichen aber von zentralistisch organisierter Exilpolitik, über die Ausbildung von Anti-Abschiebenetzwerken bis hin zu lokalen Initiativen zur Beratung und Unterstützung von Flüchtlingen.

98 Das Vereinsrecht sieht eine besondere Regelung für so genannte „Ausländervereine“ vor. Für die Einordnung eines Vereins als Ausländerverein ist vor allem die Nationalität des Vorstands aber auch der Mitglieder von Bedeutung. Es gelten dann andere Auflagen, etwa besondere Verbotsmöglichkeiten, die so vage gefasst sind, dass sie als permanente Existenzbedrohung der betroffenen Vereine gesehen werden müssen. Diese können nämlich „auch dann verboten werden, wenn sie durch politische Betätigung die innere oder äußere Sicherheit, die öffentliche Ordnung oder sonstige erhebliche Belange der Bundesrepublik Deutschland oder eines ihrer Länder verletzen oder gefährden“. Darüber hinaus gilt eine „Auskunftspflicht für Ausländervereine“. Sie müssen zuständigen Behörden auf Verlangen 1. Auskunft über ihre Tätigkeit geben, 2. wenn sie sich politisch betätigen, Auskunft a) über Namen und Anschrift ihrer Mitglieder, b) über Herkunft und Verwendung ihrer Mittel zur Verfügung stellen.

gesellschaftlichen Institutionen blieben migrantische Initiativen der Arbeit der Großinstitution allerdings oftmals untergeordnet und wurden zur Stellvertreterpolitik, die alle Beteiligten zu identitären Positionen drängte.

In den 1990er Jahren kam eine andere Form migrantischer Politik hinzu, die so genannte „Selbstorganisierung". Gruppen wie FeMigra, Antifa Gençlik, Café Morgenland, KöXüs traten vor allem in der radikalen Linken auf und kritisierten diese, was oft zu gegenseitigen Beschuldigungen des Separatismus oder Rassismus führte. Die „Selbstorganisierung" versuchte seit Anfang der 1990er Jahre, sich gegen die alltäglichen Formen des Rassismus zur Wehr zu setzen. Sie mobilisierte zu Demonstrationen nach Brandanschlägen, etablierte Notruftelefone gegen die alltäglichen verbalen und handgreiflichen Übergriffe, setzte der Hetze in der Politik und den Medien durch Flugblätter, auf Konferenzen, durch Aktionen andere inhaltliche Perspektiven entgegen. Sie behauptete das Recht auf Selbstverteidigung. Zugleich wollte sie sich von jeder Form der Entmündigung seitens des linken deutschen Antirassismus befreien und setzte sich von der zivilgesellschaftliche Komplizenschaft migrantischer Lobbyisten ab, die versucht hatten, sie über die „richtigen" oder „angemessenen" Formen des Widerstands paternalistisch zu belehren.

Dieses Konzept geht im Wesentlichen auf zwei wichtige Momente zurück. Im Kontext feministischer Politik kündigten feministische Migrantinnen Ende der 1980er Jahre demonstrativ die Zusammenarbeit mit den „deutschen Feministinnen" auf und thematisierten zum ersten Mal Rassismus innerhalb der Linken.[99] Parallel dazu und im Zuge einer Politikwende innerhalb der radikalen türkischen Exil-Linken formierten sich zum Teil migrantische Aktionszusammenhänge, die sich von der Exilpolitik abwandten und Rassismus in Deutschland zur Hauptaufgabe ihrer Politik machten. Antifa Gençlik erreichte einen hohen Mobilisierungsgrad unter migrantischen Jugendgangs in Berlin, die sich der aktiven Selbstverteidigung anschlossen.

Die Beispiele migrantischer Politiken in den 1990er Jahren, hier resümierend nachgezeichnet, ging Hand in Hand mit identitären Zuschreibungen, ob als Objekte paternalistischer Politik oder Opfer des Rassismus oder als multikulturelles Schmuckstück (vgl. Kalpaka/Räthzel 1994, 71 ff.) Gegenidentifikatorische

99 Der Vorwurf bestand darin, dass die deutschen Feministinnen in der Selbstgewissheit der eigenen Unterdrückung alle Unterschiede zwischen Frauen übergingen und in den Mittelpunkt die Vorstellung eines homogenen globalen Patriarchats ruckten, das Frauen gleichermaßen zu Opfern von Männergewalt macht. Rassismus ließ sich so nicht thematisieren (vgl. Eichhorn 1992)

Positionen waren häufig die Folge, die die Anmaßungen der Ethnifizierung umzukehren versuchten, positiv besetzten oder schlicht negierten. Sie blieben darin der Logik kultureller Identitätspolitik verfangen, entwickelten kaum signifikante organisierende Kraft und trugen vielfach zur Moralisierung der Politik bei.

Ein Hinweis auf die Schwäche dieser Politik lässt sich auf begrifflicher Ebene vielleicht auch an dem Umstand illustrieren, dass im Zuge der Selbstorganisationsbemühungen die Selbstbezeichnung „schwarz" zu Irritationen führte. Eine Selbstbezeichnung, die von denjenigen benutzt wurde, die selbst (oder deren Eltern) aus der Türkei, aus Griechenland, aus Jugoslawien, Spanien oder auch Italien, aus eben jenen Staaten gekommen waren, die als so genannte „Anwerbeländer" galten. Ein interessantes Detail, eine hilflose Analogie, die darauf hinweist, dass das Repertoire der Texte sowie Erzählungen über die Geschichte des Rassismus und die Kämpfe gegen ihn aus den USA und aus Britannien importiert waren. Die Identifizierung entwickelte sich aus einer Anlehnung mit den schwarzen Widerstands- und Bürgerrechtsbewegungen und ließ es legitim erscheinen sich als „schwarz" zu bezeichnen, um überhaupt verstehen zu können, was in Zeiten von erstarktem Nationalismus und täglichen Übergriffen mit einem geschah. „Schwarz" wurde in dieser kurzen Zeit eine politische Metapher. (Vgl. Bojadžijev 2002b, 269 f.)

Der Antagonismus zwischen Täterkollektiv („den Deutschen") sowie Migrantinnen und Migranten machte den Kernpunkt der Argumentation und den Ausgangspunkt politischer Gegenidentifizierung aus. Grundlage bildete die Unterstellung einer Kontinuität des Rassismus in Deutschland, Bezug genommen wurde auf den Antisemitismus und die Vernichtung der europäischen Juden im Nationalsozialismus. Gerade diese „anti-deutsche" Haltung verhinderte es aber, die Entwicklungen und Veränderungen in der Konfiguration des Rassismus zu historisieren. Sie legte sich auf eine abstrakte Kritik fest, die zwar kurzfristig politisierend wirkte, auf Dauer aber den sich auch in der Reaktion auf den Widerstand wandelnden Konjunkturen des Rassismus nichts Elementares entgegensetzen konnte (vgl. Bojadžijev/Demirović 2002, 24 f.). Ende der 1990er Jahre geriet diese Politik durch ihre oftmals selbstgerechte Haltung und durch die Selbst-Stilisierung als Opfer in die Krise. Die politisch begründete Gegenidentifikation führte wiederum in identitäre Muster. Damit wurden Widersprüche in der politischen Organisierung zu Spaltungen und die Kritik blieb auf der Basis eines Moralismus, der für die Analyse der Kräfteverhältnisse nicht herhalten konnte (vgl. Bojadžijev/Tsianos 2000). Oftmals reduzierte sich der Widerstand auf eine Reaktion gegen Rassismus.

Mainstream der Minderheiten

Die kulturalistische Verschiebung des Migrationsdiskurses schlug sich auch in der sich zu jener Zeit etablierenden Migrationssoziologie nieder. Ausgehend von der Vorstellung einer „ethnisch-kulturell" differenzierten Gesellschaft schlugen die Befürworter eines Multikulturalismus[100] in der Kritik sozialdemokratischer Integrationspolitik ein eigenes Modell vor, aus dessen Perspektive die Einwanderer weniger eine Bedrohung darstellen, sondern eine kulturelle Bereicherung der Gesellschaft (vgl. Rommelspacher 1995; Bronfen/Marius 1997; kritisch dazu Ha 2000). Der Multikulturalismus unter dem Motto „Gleichberechtigung ohne Identitätsverlust" folgt einer Modernisierungslogik, nach der die Gesellschaft sich dynamisch weiterentwickeln soll, diese Dynamik allerdings von Akteuren ausgeht, denen eine als unveränderlich hypostasierte Kultur zugeschrieben wird.

Die in den 1990er Jahren einsetzende Konjunktur postmoderner Theorien führte zu einer zusätzlichen Aufwertung des Kulturbegriffs, die sich auch in der Debatte über Einwanderung erkennbar machte – wenngleich in Form einer kritischen Verschiebung des Multikulturbegriffes. Die Kritik an den Diskursen des Multikulturalismus hob hervor, dass sie die Differenz immer wieder betonen und sie zementieren (vgl. Müller 1992, 39; Holert/Terkessidis 1996). Etwa zeitgleich setzte im feministischen, kulturtheoretischen und sozialwissenschaftlichen Feld auch die Rezeption von repräsentationstheoretischen und postkolonialen Diskussionen[101] ein. Der zumeist auf den Arbeiten von Stuart Hall und Homi Bhabha basierende Ansatz führte anhand des kulturalistischen Rassismus (vgl. Karakayalı 2001), wie er sich im Multikulturalismus findet, vor, wie Ethnizität, Rasse und Geschlecht als soziale Konstruktionen beschrieben werden können (vgl. Günem 1998, Gutiérrez Rodríguez 1999, Ha 2007).

Eine Gefahr solcher Ansätze, die Rassismusanalysen auf eine Untersuchung von Ein- und Ausschlüssen bestimmter Migrantengruppen fokussiert, als Prob-

---

100 Dieser Versuch einer vor allem von den Grünen politisch forcierten Modernisierung der Migrationspolitik scheiterte jedoch spätestens in den Diskussionen um die Einführung der doppelten Staatsbürgerschaft und die gegen sie gerichtete erfolgreiche Kampagne der Unions-Parteien im Jahr 2000. Ihre Schwäche lag nicht zu letzt darin, dass sie auf einen Kulturbegriff rekurrierte, dessen Bestimmung notwendig vage blieb.

101 Eine Kritik (post-)kolonialer Traditionen nimmt hierzulande tatsächlich erst in den letzten Jahren Fahrt auf und verbindet sich nicht immer mit rassismustheoretischen Überlegungen. Der Sammelband von Conrad/Randeria 2002 verzichtet zum Beispiel darauf; andere Beiträge zu diesem Thema nehmen diesen Zusammenhang aber auf (vgl. Grosse 2000; Arndt 2001; El-Tayeb 2001).

lem der (mangelnden) Repräsentation fasst, die zudem häufig nicht als politische, sondern lediglich als kulturelle Repräsentation konzipiert wird, ist der Verlust einer Kritik an den Repräsentationsverhältnissen selbst. Gemäß dieser Logik stellt sich die Frage, welche Repräsentationsformen für angemessen und welche Nicht-Repräsentation noch für tragbar gehalten werden. Zudem gilt die (Re-) Präsentation der „Identitäten" a priori als Garant ihres antirassistischen Gehaltes (vgl. Ha 2003). So formuliert gerät Widerstand gegen Rassismus im besten Fall zum abstrakten, appellativen oder moralisierenden Prinzip. Dies ist keineswegs ein Problem ihrer Radikalität, sondern konstitutiv für die Rassismusanalyse. Tatsächlich erschöpft sich die Formierung des Rassismus nicht in der Konzeption und diskursiven Durchsetzbarkeit von stereotypen Gruppen. Es geht zugleich darum, ein antagonistisches Verhältnis zu formulieren, in dem die Gruppen angeblich zueinander stünden.[102] Es geht insofern um die Aufrechterhaltung und Kontrolle eines Kräfteverhältnisses.

Rassismus selbst – und darin liegt eine Schwierigkeit der antirassistischen Theorie und Praxis – zwingt die den Rassismus bekämpfenden Subjekte in Identitäten. Das als Anforderung oder Vorwurf an diese zurückzugeben, führt nicht sehr weit. Migrantischer Widerstand ist nicht per se als „Identitätspolitik" zu bewerten. Vielmehr ist es dieses Schema, das jede historische und theoretische Analyse vermeiden sollte. Denn theoretisch wie methodisch bleibt es essenzialistisch und sieht von einer Erklärung des Rassismus in seiner je konkreten historischen Konjunktur ab (vgl. Miles 1991, Demirović/Bojadžijev 2002). Eine historische Perspektive kann analysieren, in welcher Konjunktur Identitätspolitik eine Antwort dargestellt hat, interessant ist aber, was von diesen Kämpfen jenseits ihrer identitätspolitischen Dimensionen übrig bleibt. Nicht nur die Analyse, sondern auch eine Historisierung des Rassismus muss sich die Kämpfe gegen den Rassismus zur Grundlage machen und nicht die durch den Rassismus produzierten Subjekte. Die Kämpfe gegen rassistische Verhältnisse verändern sich nicht nur, weil „der Rassismus" sich immer neu organisiert, sondern auch weil der Kampf gegen „ihn" eigene Dynamiken und Kräfte entwickelt, die auch die Gruppe der Migrantinnen und Migranten historisch immer neu konstituiert, Identitätsmuster aufbricht und einen neuen Alltag möglich macht.

---

102 So gesehen ist für die deutsche Flüchtlings- und Migrationspolitik die Hierarchisierungen der Migrantengruppen (Migranten, Flüchtlinge, Aussiedler, Illegalisierte etc.) zentral.

Das Ende des Antirassismus?

Die Sackgassen von Kämpfen gegen Rassismus hat Paul Gilroy für Britannien untersucht. Um die theoretischen sowie praktischen Überlegungen migrantischer Politik noch einmal zu kontextualisieren, sind seine Analysen aufschlussreich. Gilroy konzentriert sich auf jene antirassistischen Bewegungen, die sich auf den Multikulturalismus beziehen und auf Kämpfe gegen Rassismus reduzieren lassen.

1990 verkündet er in einem Aufsatz das „Ende des Antirassismus". Im Lichte der rechten Hegemonie, der Erfolge des konservativen Thatcherismus sei die antirassistische Bewegung nicht in der Lage, die Angriffe abzuwehren und sei damit zu ihrem eigenen Problem geworden, insofern sie einerseits nie in der Lage gewesen sei, sich wirklich über ihre engen Grenzen und Mobilisierungsfelder hinaus zu verbreiten, andererseits seien ihre politische Sprache, ihre Bilder und kulturellen Symbole inzwischen in die Krise geraten. Am Begriff des Antirassismus beschreibt Gilroy den diskursiven Übergang zwischen herrschenden Diskursen und denen des Antirassismus. Letzteren fehle eine kohärente Definition von Rassismus. Antirassistische Kreise hielten weiterhin an einer naturalistischen Vorstellung von Rasse und ethnischer Identität fest. „Dies hat dazu geführt, dass politisch gegensätzliche Gruppen in ihrer Sicht auf 'Rasse' zusammenkommen, weil sie sich ausschließlich auf Kultur und Identität anstatt auf Politik und Geschichte beziehen." (Gilroy 1993, 130)

Er plädiert dafür, über das bisherige, eng begrenzte Projekt des Antirassismus hinauszugehen. Antirassismus selbst definiert er als „den Wunsch, Rassismus loszuwerden" (ebd.). Die existierenden Formen und Praktiken trivialisierten den Rassismus insofern sie glaubten, ihn unabhängig von anderen gesellschaftlichen Antagonismen (etwa Ausbeutungsverhältnissen oder Sexismus) bekämpfen zu können. Faktisch hätte sich aus den Tätigkeiten in den neu entstandenen Berufen des Antirassismus für Schwarze (Sozialarbeit, Bildungsarbeit) eine neue Mittelklasse herausgebildet. Ihr komme eine Schlüsselrolle bei der Organisation der politischen Kräfte des Antirassismus zu. Alle der darin enthaltenen drei Strömungen (jene für Gleichberechtigung, jene des schwarzen Nationalismus und jene, die Rasse und Klasse gleichsetzten) reduzierten das Leben in den schwarzen Communitys lediglich auf eine Reaktion auf den Rassismus. Gilroys Fazit fällt entsprechend desillusionierend aus: „Wir müssen akzeptieren, daß wir uns während der nächsten Jahre in der Defensive befinden und den Schritt zu gefestigteren und umfassenderen Politikansätzen wohl kaum schaffen werden." (Ebd., 142) Auf Dauer müsse die (antirassistische) Politik, wolle sie sich dieser Herausforderung stellen, die nationalen Grenzen überschreiten, Verbindung zu anderen sozialen Kämpfen aufnehmen und die Kategorien von Rasse und Ethnizität überhaupt überwinden.

Die Einschätzungen, die Gilroy hier liefert, geben Hinweise darauf, welche Begrenzungen und Fallstricke mit antirassistischer Politik verbunden sind, die meines Erachtens immer noch aktuell und durchaus in Teilen auf Deutschland übertragbar sind. Antirassistische Politiken, die sich auf Fragen von Kultur und Identität beschränken lassen anstatt auf Geschichte und Politik zu rekurrieren, bleiben schließlich in den Parametern der staatlichen Ausländer- und Migrationspolitik verfangen und können keine neuen Wege der Politik einschlagen.

5. Rassismus und Kämpfe der Migration

Zumindest historisch liegt es nahe, die Thematik des Rassismus mit der Frage der Kämpfe gegen Ausbeutung zu verknüpfen: So haben in Deutschland, wie ich zeigen konnte, Migranten und Migrantinnen in den 1960er und 1970er Jahren nicht nur antirassistische Forderungen im Kontext „ökonomischer" Kämpfe und der Kämpfe des Alltags erhoben, sondern auch neue Verbindungslinien zwischen diesen Auseinandersetzungen gezogen. Über diese Kämpfe der Migration war bisher allerdings nur wenig bekannt. Ein Grund hierfür liegt sicherlich in der Limitierung der Historiographie in Deutschland, die sich erst in jüngster Zeit der Geschichte der Migration in Deutschland zugewendet hat. Auch in der linken Geschichtsschreibung, etwa der Arbeitergeschichte, hat die Geschichte migrantischer Kämpfe wenig Beachtung gefunden. Dies ist nicht zuletzt der lange vorherrschenden reduktionistischen Vorstellung von sozialen Kämpfen geschuldet, die diese immer dem Konzept des Klassenkampfs untergeordnet hat. Es geht mir nicht darum, die bisherige Geschichtsschreibung um eine Geschichte der Migration zu ergänzen oder die Geschichte als Geschichte von Klassenkämpfen additiv um „andere" soziale Kämpfe, in diesem Fall: migrantische Kämpfe, zu erweitern. Worum es hier gehen soll, ist die Frage, ob es nicht nur historiographisch, sondern auch auf theoretischer Ebene möglich ist, Verbindungslinien zwischen einer Analyse des Rassismus und einer Analyse der Ausbeutung zu ziehen. Wie weit lassen sich die Analogien treiben? Was können wir daraus über ein Verständnis von Rassismus als sozialem Verhältnis gewinnen?

Darüber hinaus ist die Frage – und das ist der Gegenstand der zunächst folgenden Ausführungen – nach den grundlegenden Bedingungen zu stellen, unter denen sich historisches Wissen über Rassismus im Kontext der Kämpfe der Migration überhaupt produzieren lässt. Die Geschichtsschreibung selbst, die immer, wie Walter Benjamin schreibt, von den historischen „Siegern" überliefert ist, fungiert als ein Ausschließungsmechanismus, der bestimmte historische Auseinandersetzungen ignoriert und unterschlägt (vgl. Benjamin 1992 [1940]; vgl. auch Demirović 1993, 63 ff.). Wenn aber die Begriffe und Texte der Geschichtsschreibung herrschaftlich strukturiert sind, stellt sich die Frage, wie überhaupt eine Geschichte als Geschichte von sozialen Kämpfen – und hier: der Kämpfe im Kontext von Rassismus und Migration – aus einer Perspektive der Befreiung von Rassismus zu schreiben ist. Welche Probleme stellen sich einer Geschichtsschreibung, die sich einer bisher unbekannten Geschichte zuwendet, einem bisher unbekannten Wissen über die Vergangenheit, der Suche nach einem Wissen, die unterbrochen worden und unterblieben ist? Nicht ohne weiteres lässt sich davon ausgehen, dass aus diesem Wissen um die historischen Kämpfe eine Kraft für die Gegenwart erwächst. Zwar geht es darum, dieses Wissen freizulegen, zugleich muss aber auch der Gefahr der Rekuperation dieses Wissens immer wieder neu entgegen gearbeitet werden (vgl. Foucault 1999, 21).

Michel Foucault hat verschiedene historische Formen des Widerstands unterschieden: Kämpfe gegen soziale Herrschaft, gegen ökonomische Ausbeutung und solche „gegen all das, was das Individuum an es selbst fesselt und dadurch anderen unterwirft" (Foucault 1994, 247), das heißt Kämpfe gegen Formen der Subjektivierung. Auch wenn sich diese unterschiedlichen Formen des Widerstands bis heute immer überlagerten und Subjektivierungsprozesse nicht unabhängig von Ausbeutungs- und Herrschaftsverhältnissen zu verstehen seien, sei diese letzte Form, so Foucault 1982, in den Kämpfen der 1960er und 1970er Jahre in den Vordergrund getreten. Für die Zielsetzung einer Geschichtsschreibung, die die Formen der rassistischen Subjektivierung und die Praktiken des Widerstands gegen Rassismus einbezieht, kommt diesen Überlegungen insofern eine besondere Bedeutung zu, als sie eine antirassistische Perspektive erweitern, die nur die ent-subjektivierenden Praktiken in der Geschichte der sozialen Kämpfe herauszustellen vermag.

5.1. Die Bedingungen der Gegenwart und die Poesie der Vergangenheit: Assimilation, Négritude und Befreiungskampf bei Frantz Fanon

Frantz Fanon[1] hat neben seinen rassismustheoretischen auch solche geschichtstheoretischen Überlegungen im Kontext der antikolonialen Befreiungsbewegung in Algerien angestellt, mit denen sich das Verhältnis von Rassismus und antirassistischen Praktiken konzeptualisieren lässt. Ausgehend von der Situation des französischen Kolonialismus unterscheidet Fanon besonders in Bezug auf die Praktiken der kolonisierten Intellektuellen drei Phasen, die er in „Die Verdammten dieser Erde" (im französischen Original unter dem Titel „Les damnés de la terre" 1961 erschienen) idealtypisch benennt und in anderen Schriften vertiefend

1 Der auf der Insel Martinique geborene Mediziner und Philosoph Fanon arbeitete von 1953 bis 1956 in der Psychiatrischen Klinik von Blida-Joinville in Algerien, bevor er sich der Nationalen Befreiungsfront Algeriens (FLN) anschloss und am Unabhängigkeitskrieg teilnahm, der 1954 begonnen hatte und bis 1962, ein Jahr nach Fanons Tod, andauerte, als Algerien die Unabhängigkeit von der Kolonialmacht Frankreich erklärte.

ausarbeitet. Sie können bezogen auf die rassistische Subjektivierung zu den drei Formen der Herrschafts- und Widerstandspraktiken analogisiert werden, die ich mit Bezug auf Pêcheux im ersten Kapitel definiert habe: Identifikation, Gegenidentifikation und Entidentifizierung (vgl. Pêcheux 1984a und 1984b). Die von Fanon definierten Phasen sind nicht in einer zeitlichen Abfolge zu denken, sondern markieren eher unterschiedliche Haltungen der Intellektuellen, die sich historisch überlagern können.

Die erste Phase ist die der durch die Kolonialmacht auferlegten Assimilation, in der die Kultur des Okkupanten – im Sinne der Identifikation bei Pêcheux – übernommen wird. Diese angenommene Kultur sei allerdings nicht, wie Fanon es in einem Vortrag vor dem Ersten Kongress schwarzer Schriftsteller und Künstler in Paris 1956 ausführte, die „gleiche" wie die des Kolonialregimes. „Die Installierung des Kolonialregimes bringt nicht den sofortigen Tod der einheimischen Kultur mit sich. Bei einer historischen Untersuchung fällt im Gegenteil auf, dass das beabsichtigte Ziel vielmehr eine kontinuierliche Agonie ist als das Verschwinden der zuvor existierenden Kultur. Diese Kultur, einst lebendig und offen für die Zukunft, kapselt sich ab, gerinnt im kolonialen Status, eingepresst in das Halseisen der Unterdrückung. Gegenwärtig und mumifiziert zugleich legt sie Zeugnis ab gegen ihre Träger. Sie legt sie unentrinnbar fest. Die kulturelle Mumifizierung bringt eine Mumifizierung des individuellen Denkens mit sich." (Fanon 1972, 41)

Die zweite Phase, die Fanon definiert, entspricht der Politik der Négritude, in der eine „eigene Herkunft" erinnert und gegen die koloniale Geschichtsschreibung rehabilitiert werde. Die kulturelle Politik der Négritude wendete sich gegen den Assimilationsdruck des französischen Kolonialismus und fand in der Dichtung wie in wissenschaftlichen Arbeiten Ausdruck. Es ging der Bewegung der Négritude vor allem darum, eine andere Geschichte als die des Kolonialismus aufzuspüren. Trotz unterschiedlicher Positionen gelten Aimé Césaire und Léopold S. Senghor als ihre bedeutendsten Vertreter (vgl. Césaire 1968 [1951]; Senghor 1967). Mit den Theorien und Praktiken der Négritude verbanden sich eine Zurückweisung und Umkehrung des kolonialen Blicks, eine Strategie der Gegenidentifikation, wie sich mit Pêcheux sagen lässt, bei der unter Rückgriff auf die Vergangenheit Afrikas vor Sklaverei und Kolonialismus rassistische Zuschreibungen einer Um- und Aufwertung unterzogen werden. Jean-Paul Sartre spricht bezogen auf die Négritude in dem Text „Schwarzer Orpheus" von einem „antirassistischen Rassismus" und begreift ihn als Vorstufe eines dialektischen Fortschritts. Er definiert die Schwarzen als die von der Ausbeutung am stärksten Betroffenen, deren Kampf um Befreiung, durch eine dialektische Aufhebung, letztlich die Befreiung aller bedeute. Zugleich belegte er den Antirassismus mit einer geschichtsphilosophischen Theorie des Fortschritts (vgl. Grimm 2000). Fanon dagegen verbindet mit der Bewegung der Négritude zwar eine Praktik des Widerstands, die er in gewisser Weise als „Fortschritt“ versteht, er teilt aber Sartres emphatischen Bezug darauf nicht, sondern grenzt sich von derartigen gegen-identitären Politiken ab, was auch als eine Kritik am Modell des Fortschritts zu interpretieren ist. Der Preis sei zu hoch, die Vergangenheit auf Kosten der Gegenwart und der Zukunft zu besiegen. An anderer Stelle pointiert er: „Ich will nicht ein Opfer der *List* einer schwarzen Welt sein.“ (Fanon 1985, 164)

Fanon fühlt sich einer dritten Phase verpflichtet, in der sich Kultur[2] und Befreiungskampf gegenseitig begründen müssten. Bezug nehmend auf Marx' bekannten Satz aus dem „Achtzehnten Brumaire des Louis Bonaparte“, dass die Geschichte sich wiederhole, „das eine Mal als Tragödie, das andere Mal als Farce“ (Marx 1978 [1852], 115), treten Fanon zufolge, sobald die dritte Phase einsetze, die anderen beiden Phasen in den Hintergrund: „Komödie und Farce verschwinden und verlieren ihren Reiz“ (Fanon 1981, 204). Er fordert: „Wenn der Kolonisierte, der für sein Volk schreibt, die Vergangenheit benutzt, dann wird er es in der Absicht tun, die Zukunft zu öffnen, zur Aktion aufzufordern, die Hoffnung zu begründen.“ (Ebd., 197) Die Kultur müsse sich ins Zentrum des Befreiungskampfes stellen. Denn was einzelne afrikanische Kulturen vereinige, sei keine Schicksalsgemeinschaft, sondern die Beherrschung durch den Kolonialismus. „Sich vorstellen, daß man durch eine schwarze Kultur geschaffen wird, heißt vor allem vergessen, daß der *Neger* im Begriff ist, zu verschwinden, weil diejenigen, die ihn geschaffen haben, der Auflösung ihrer ökonomischen und kulturellen Vorherrschaft beiwohnen.“ (Ebd., 198) Die Ausbreitung der afrikanischen Kultur lasse sich nur vorantreiben, wenn man konkret „zur Existenz der Bedingungen dieser Kultur beiträgt, daß heißt zur Befreiung des Kontinents“ (ebd., 199). Der Kampf besteht unter anderem darin, sich der Logik der kolonialen

2 Fanon spricht von der Nationalkultur, wobei sein Begriff der Nation keinem ethnischen Verständnis unterliegt und die politische Form des Nationalstaats als eine Etappe im Befreiungskampf gedacht ist. Darüber hinaus denkt er an die Konstitution einer anderen Gesellschaft, wenn er zum Verhältnis von Nation und Internationalismus schreibt: „Nur das Nationalbewußtsein, das kein Nationalismus ist, vermag uns eine internationale Dimension zu geben. Anstatt die Nation von den anderen Nationen zu entfernen, führt der nationale Befreiungskampf sie auf der Bühne der Geschichte ein. Innerhalb des Nationalbewußtseins entwickelt und belebt sich das internationale Bewußtsein. Und diese doppelte Entwicklung ist letztlich der Nährboden jeder Kultur.“ (Fanon 1981, 208 f.) Zum Begriff der Nation bei Fanon vgl. Grimm 2000 und Atzert/Müller 2001.

Vergangenheit zu entziehen und Menschen zu vereinen, „die suchen": „Ich bin kein Gefangener der Geschichte. Nicht in ihr darf ich den Sinn meines Schicksals suchen. In jedem Augenblick muß ich mich daran erinnern, daß der wahre *Sprung* darin besteht, die Erfindung in die Existenz einzuführen. In der Welt, in der ich fortschreite, erschaffe ich mich unaufhörlich. Ich bin solidarisch mit dem Sein, insofern ich es überwinde. (...) Ich habe nicht das Recht, den Determinationen der Vergangenheit auf den Leim zu gehen. (...) Die Dichte der Vergangenheit bestimmt keine einzige meiner Handlungen. (...) Und nun, indem ich die historische, instrumentale Gegebenheit überschreite, eröffne ich den Zyklus meiner Freiheit." (Ebd., 164 f.) Um gegen die Unterjochung zu kämpfen, müssten die „unmenschlichen Wege unserer Vorfahren" verlassen werden, um im Zuge des Befreiungskampfes eine wirkliche „Kommunikation" zwischen Schwarzen und Weißen herstellen zu können.

Fanon macht hier drastisch klar, dass Rassismus und Kolonialismus die Bedingungen ausmachen, in denen zugleich auch die Ansatzpunkte der Befreiung zu suchen sind. Für seine eigene Strategie setzt er an ent-subjektivierende Praktiken an. Diese beziehen sich einerseits, wie im Duktus seiner Schriften bereits deutlich wird, auf einen emphatischen Bezug auf „das Subjekt". Dieser Bezug bricht sich andererseits aber, insofern seinen Schriften eine Befreiungsperspektive zu entnehmen ist, die Subjektivität weder identifizierenden noch gegen-identifikatorischen Identitätszwängen unterordnet. In seinen Analysen ist es ihm vor allem daran gelegen, den gesellschaftlichen Kern der Gewaltverhältnisse, die koloniale Situation, offen zu legen. Und Fanon verbindet das mit der These, dass erst mit dem Tod des Kolonialismus *„der Tod der Kolonisierten und zugleich der des Kolonisators"* (Fanon 1969, 17) verbunden sei. Ein Kampf gegen den Kolonialismus ist somit zugleich ein Kampf gegen die Existenz der Kolonisierten.

Die Toten ihre Toten begraben lassen: Ent-Subjektivierung

In „Aspekte der algerischen Revolution", 1966 unter dem Titel „Sociologie d'une révolution"[3] erschienen, macht Fanon die Veränderungen der Alltagsverhältnisse zum Ausgangspunkt seiner Analyse (vgl. auch Cherki 2001, 63 f.) und gibt eine Vorstellung, wie entidentifizierende Praktiken im Kontext von Rassismus und Dekolonisation gedacht werden können. Er beschreibt, wie sich der antikoloniale

3 Im französische Original ist der Text bereits 1959 erstmalig erschienen – damals noch unter dem Titel „L'an V de la révolution algérienne", allerdings ohne das Vorwort der späteren Ausgabe (vgl. Cherki 2001, 189 ff.).

Kampf in Algerien in den Alltag hinein übersetzt und die kolonisierte Gesellschaft in Bewegung bringt. Fanon bezieht sich im Kontext des Widerstands unter anderem auf den Bedeutungs- und Funktionswandel des Haïks, des traditionellen Schleiers, um seinen unterschiedlichen Einsatz für den Kolonialismus und im antikolonialen Kampf zu beschreiben. Der Algerierin sollte – als Teil des Assimilationszwangs der französischen Kolonisatoren – verboten sein, den Haïk zu tragen. Aber: „Der kolonialistischen Offensive gegen den Schleier setzt der Kolonisierte den Kult des Schleiers entgegen." (Fanon 1969, 31) Um den „Kult des Schleiers" webt sich „ein Netz der Widerstände" (ebd.). Dem Okkupanten gerade durch das Tragen des Haïks standzuhalten, ihm etwas zu entgegnen „bedeutet, ihm eine spektakuläre Niederlage beizubringen, heißt vor allem, der 'Koexistenz' ihre Dimension als Konflikt zu bewahren; es bedeutet, die Atmosphäre des bewaffneten Friedens aufrechtzuerhalten" (ebd.).

Im Verlauf eines Befreiungskriegs vollziehen sich in den Einstellungen, in diesem Fall zum Schleier, wichtige Wandlungen. Um den Befreiungskampf taktisch zu unterstützen, kann die „entschleierte" Algerierin das zustimmende Lächeln der französischen Militärs nutzen, die annehmen, dass es sich bei der Entschleierung um eine Assimilierungsleistung handelt. „Der Schleier, abgetan und dann wieder angelegt, ist funktionalisiert, ist umgewandelt in ein Instrument der Tarnung, in ein Kampfmittel. Der einem Tabu gleichkommende Charakter, den der Schleier in der kolonialen Situation angenommen hatte, verschwindet fast völlig im Laufe des Befreiungskampfes. Sogar die nicht aktiv am Kampf beteiligten Frauen gewöhnen sich daran, den Schleier abzunehmen." (Ebd., 41) Erst als die französische Kolonialmacht diesen Trick entdeckt und auch, dass nicht nur Algerier, sondern auch Europäer am Befreiungskampf teilnehmen, was die bis zu diesem Zeitpunkt scheinbar klaren Unterscheidungsmerkmale verwischt, beginnt sie Kontrollen an allen Passanten vorzunehmen. In diesem Zusammenhang erlangt der Schleier aufgrund seiner bedeckenden Funktion erneut eine andere Bedeutung, die eine Neubewertung von Tradition und Kultur entfaltet. Aber diesmal genügt es nicht, nur den Schleier anzulegen, um etwa Waffen oder Nachrichten zu transportieren, „man muß so überzeugend als 'Fatma' auftreten, daß der Feind keinen Verdacht schöpft" (ebd., S. 42).

Der Haïk wird zum Instrument im Befreiungskampf. Die bisher geltenden Signifikanten von Assimilation und Gegenidentifikation geraten in Bewegung: „Es gibt also eine konkret wahrnehmbare historische Dynamik des Schleiers im Laufe der Kolonisierung in Algerien. Zu Anfang ist der Schleier Werkzeug des Widerstands, doch seine Geltung in der sozialen Gruppe bleibt unangetastet. Man verschleiert sich traditionsgemäß zur scharfen Trennung der Geschlechter, aber auch, weil der Okkupant *Algerien entschleiern will*. In einer zweiten Periode tritt aufgrund der Revolution ein Wandel in dieser Auffassung ein. Der Schleier wird abgelegt. Was vorher den Zweck hatte, den psychologischen oder politischen Offensiven des Okkupanten eine Niederlage zu bereiten, wird nun selbst zum Mittel, zum Werkzeug. Die Initiative bei den Reaktionen des Kolonisierten entzieht sich der Kontrolle der Kolonialisten. Durch die Erfordernisse des Kampfes werden in der algerischen Gesellschaft neue Einstellungen, neue Verhaltensweisen entwickelt." (Ebd., 43 f.) Gerade aus der Perspektive des Kampfes eröffnet sich für Fanon eine Möglichkeit des anderen Bezugs auf die Vergangenheit, eines Bezugs, der das Mögliche in den ent-subjektivierenden Praktiken erkennt. Am Beispiel der wechselnden Verwendung des Haïks im Kontext des Befreiungskampfes zeigt Fanon das die koloniale Situation überschreitende „Selbstbewußtsein der Menschen", ihre Subjektivität als verändernde und veränderte soziale Praxis, die auch die Machtverhältnisse unter den Kolonisierten in Frage stellt – etwa den Sexismus.

In den antikolonialen Kämpfen bricht sich die Evidenz rassistischer Zuschreibungen und Bilder. Darüber hinaus weisen sie auf eine andere Zeitlichkeit hin als die durch den kolonialen Rassismus bestimmte: Während die Kolonisatoren noch denken, dass sie jene Kolonisierten ausmachen könnten, die sich assimilieren und von denen sie annehmen, dass von ihnen keine Widerstandspraktiken ausgehen, wird genau jenes Zeichen (der Vergangenheit) der Assimilation, „die Entschleierung", in den Befreiungskämpfen (für die Zukunft) zum Instrument gegen die Kolonisatoren. Die Möglichkeit dazu entsteht zwischen den Zeitschichten, aus denen der Kolonialismus zusammengesetzt ist. Fanon zeigt, wie unter den Bedingungen der Kolonisierung eine Befreiung aussehen kann, die durch die rassistische Form der Subjektivierung hindurchgeht, ohne dass sich die Subjekte des Kolonialismus, auch nicht in gegenidentifikatorischer Absicht, definieren müssen. In diesem Sinne fordert Fanon, dass „die Menschen" sich im gleichen Augenblick verändern müssten, „in dem sie die Welt verändern", denn letztlich strebt ihr Befreiungskampf „eine grundsätzliche Neuordnung der Beziehungen zwischen den Menschen an" (Fanon 1969, 14). Befreiung, so lässt sich mit Fanon sagen, liegt auch in der Befreiung von der Subjektivierung.

Rassismus und Zeitlichkeit: Nicht „Sklave der Vergangenheit"

Fanon geht davon aus, dass die Geschichte eine Geschichte der „Sieger" ist und deshalb ein einfacher Rückgriff auf die Vergangenheit der Unterdrückten nicht möglich ist. Dieses Postulat verbindet er mit seiner Analyse der Konjunkturen, die Rassismus in den Prozessen der Dekolonialisierung durchläuft. Er kommt bei seinen Schlussbemerkungen zu „Schwarze Haut, weiße Masken" (im Original: „Peau noire, masques blancs", 1952) noch einmal auf ein Zitat aus Marx' Schrift „Der achtzehnte Brumaire des Louis Bonaparte" zurück. Marx interpretiert die von ihm analysierten Kämpfe in Frankreich dahingehend, dass die Tradition der Vergangenheit wie ein „Alp" auf den Lebenden lastet. Er schreibt: „Die Menschen machen ihre Geschichte, aber sie machen sie nicht aus freien Stücken, nicht unter selbstgewählten, sondern unmittelbar vorgefundenen, gegebenen und überlieferten Umständen." (Marx 1852, 115) Gerade, wenn sie damit beschäftigt sind, die Dinge umzuwälzen, nicht Dagewesenes zu schaffen, beschwören sie Marx zufolge ängstlich die Geister der Vergangenheit zu ihren Diensten herauf, sie wenden sich der Geschichte zu, indem sie an den alten Traditionen festhalten. Marx vergleicht dies mit einem „Anfänger", der eine neue Sprache erlernt und sie immer wieder in seine Muttersprache zurückübersetzt. Eine neue Sprache sei aber erst gelernt, wenn man die alte in der neuen vergisst. Für die zeitgenössischen Kämpfe fordert er deshalb (und dieses Zitat wählt Fanon): „Die soziale Revolution des neunzehnten Jahrhunderts kann ihre Poesie nicht aus der Vergangenheit schöpfen, sondern nur aus der Zukunft. Sie kann nicht mit sich selbst beginnen, bevor sie allen Aberglauben an die Vergangenheit abgestreift hat. Die früheren Revolutionen bedurften der weltgeschichtlichen Rückerinnerungen, um sich über ihren eigenen Inhalt zu betäuben. Die Revolution des neunzehnten Jahrhunderts muß die Toten ihre Toten begraben lassen, um bei ihren eigenen Inhalten anzukommen." (Ebd., 117) Gegen eine betäubende Form der Rückerinnerung und eine „schicksalhafte Wiederkehr des Vergangenen" schreibt Fanon an und betont die Möglichkeit eines geschichtlichen Aufbruchs. Er stellt sich die Frage, was es bedeuten kann, in der Gegenwart zu sprechen, wenn sowohl die Vergangenheit als auch die Gegenwart von Unterdrückung und Ausbeutung gekennzeichnet ist. Er schreibt apodiktisch: „Ob man will oder nicht, die Vergangenheit ist in keiner Weise geeignet, mich in der Gegenwart zu leiten." (Fanon 1985, 160)

Für das von struktureller Gewalt geprägte Verhältnis zwischen Kolonisatoren und Kolonisierten, die „koloniale Situation", ist der Rassismus das zentrale Element. Fanon bestimmt Rassismus als ein historisch sich veränderndes, zugleich wechselseitiges Verhältnis von Inferiorisierung auf Seiten der Kolonisierten und Superiorisierung auf Seiten der Kolonisatoren, wobei es der Rassist ist, der „den Minderwertigen schafft". Der biologisch argumentierende Rassismus, der sich als wissenschaftlich erwiesen gab, ist Fanon zufolge dem kulturellen gewichen, d.h. der Rassismus ist ein Element, das sich erneuert, sich nuanciert, entsprechend der sozialen historischen Entwicklung, die er mit hervorbringt (vgl. Fanon 1972,

39 ff.). Auch das Verhältnis der kolonisierten Schwarzen untereinander ist vom Rassismus bestimmt, dort wo sie etwa rassistische Zuschreibungen übernehmen.

Das Regime, „das auf der Ausbeutung einer bestimmten Rasse durch eine andere beruht, auf der Verachtung einer bestimmten Menschheit durch eine Form der Zivilisation“ (Fanon 1985, 159), setzt die Schwarzen in eine andere Zeitlichkeit als die Weißen und diese unterschiedlichen Zeitlichkeiten in ein spezifisches Verhältnis zueinander: „Gegenüber dem Weißen hat der Schwarze eine Vergangenheit, die es aufzuwerten, eine Revanche, die es zu nehmen gilt; gegenüber dem Schwarzen spürt der zeitgenössische Weiße die Notwendigkeit, an die Zeit der Menschenfresserei zu erinnern.“ (Ebd., 160 f.) Als Mensch jedoch müsse man sich diesen von der „kolonialen Situation“ hervorgebrachten Zeitlichkeiten verweigern, müsse darum kämpfen, „sich nicht in den substantialisierten Turm der Vergangenheit sperren zu lassen“ (ebd., 161); als Schwarzer müsse man ablehnen, die Gegenwart als endgültig anzusehen: „Ich bin ein Mensch, und ich muß die ganze Vergangenheit der Welt revidieren.“ (Ebd.) Fanon verweist hier auf eine von Rassismus durchdrungene Gesellschaft, die Kolonisatoren wie Kolonisierte in ihrem Bann hält, wodurch ein positiver Bezug auf die Vergangenheit verstellt ist. Rassismus, so ließe sich sagen, ist also nicht nur ein spezifisches Moment in der Geschichte, sondern eine besondere Weise, die unterschiedlichen Rhythmen der Unterdrückung zu artikulieren.

5.2. Das Kontinuum sprengen

Fanon verbindet in seinen Arbeiten drei Gesichtspunkte: 1. Die Frage nach den Möglichkeiten und Grenzen eines Bezugs auf Geschichte, die vom Rassismus durchdrungen ist, für jene, die sich von ihm befreien wollen. 2. Das damit einhergehende Problem, Geschichte nicht als Fortschritt zu denken. 3. Die Frage aufzuwerfen, wie unter diesen Bedingungen Veränderung möglich ist, ohne darüber eine abstrakte Aussage zu treffen, sondern die materiellen Praktiken der Ent-Subjektivierung in der Geschichte zu analysieren.

Fanons Zurückweisung eines Bezugs auf die von Kolonialismus geprägte Vergangenheit und die kritische Bemerkung, dass es keineswegs genügt, die eigene Vergangenheit aufzuwerten und „Revanche zu nehmen“, lässt mich auch mein Projekt, ein Verständnis von Rassismus aus den Widerstandsformen gegen ihn zu entwickeln, noch einmal theoretisch rekapitulieren. Meinen Ausgangs- und Endpunkt bildete eine unterbrochene Geschichte, deren verlorenen Spuren ich nachspüren wollte, ohne dabei in Bezug auf die Kämpfe der Migration von Heroismus zu sprechen oder einer Nostalgie nachzuhängen. Fanons Anmerkungen, dass wir es mit einem Zusammenspiel unterschiedlicher Zeitlichkeiten zu tun haben, sind hier hilfreich, wenn wir über die Geschichte, Gegenwart und Zukunft von Rassismus und Antirassismus nachdenken. Im ersten Kapitel habe ich bereits gezeigt, dass sich eine Konjunktur aus unterschiedlichen Rassismen zusammensetzt, und angedeutet, dass es nicht genügen wird, schlicht auf eine Heterogenität und Komplexität der Erscheinungsformen zu verweisen, wenn wir heute verstehen wollen, wie sich Rassismus ausbildet, reproduziert und transformiert. Ebenso können wir nicht einfach eine differentielle Geschichtsschreibung einführen, die in einer pluralistischen Geschichte von verschiedenen Zeiten resultiert.

Ich möchte hier auf diese Punkte zurückkommen, insofern ich die von Fanon aufgeworfene Frage von Zeitlichkeit hinzuziehe, denn es scheint, als begingen wir einen Fehler, wenn wir sowohl den Konzepten von Integration als auch repräsentationstheoretischen Rassismusanalysen folgten, die allesamt dazu neigen, eine lineare, an Modernisierung und Fortschritt orientierte Vorstellung von Zeit zu unterstellen, die in Richtung eines wenn nicht Endes des Rassismus überhaupt, so doch eines Endes des Rassismus für eine bestimmte Gruppe verläuft. Offensichtlich gibt es nicht nur *eine* Zeit des Rassismus. Die unterschiedlichen Bezüge auf Zeit trennen ganz offenbar die Ansätze, insoweit auf unterschiedliche Vergangenheiten und Erfahrungen Bezug genommen wird und auch insofern diese unterschiedlichen Vergangenheiten verbunden werden, zueinander in Konkurrenz treten oder unverbunden bleiben. Ich möchte hier noch einmal präzisieren, warum die Vorstellung einer linearen Zeit für eine Theorie des Rassismus als soziales Verhältnis so problematisch ist.

Gerade marxistischen Ansätzen ist vorgeworfen worden, auf lineare Konzepte von Zeit und Fortschritt gesetzt zu haben. Der Historiker Reinhart Koselleck, der in seinen Arbeiten u.a. versucht, eine Theorie der Geschichte zu konzeptualisieren, verteidigt in seinem Buch „Zeitschichten" (2000) marxistisch orientierte Geschichtsschreibung zunächst gegenüber den ansonsten theorieblinden Geschichtswissenschaften, da sie das Verhältnis von Theorie und Praxis immer wieder reflektiert habe. Geschichte, so Koselleck, könne auf Grund der Unwiderrufbarkeit des Vergangenen nicht als res factae, sondern nur als res fictae formuliert werden. Diese Beschränktheit zu reflektieren, erlaube erst, die politische Funktion der Geschichtsschreibung zu bestimmen (vgl. ebd., 316). Gleichzeitig greift Koselleck den relativ gängigen Vorwurf auf, der gegen die Geschichtstheorie eines – wie er ihn nennt – „vulgären Marxismus" erhoben wird, nämlich dass dieser allzu häufig monokausale Erklärungsschemata heranziehe. Ein solches Verfahren könne zwar durchaus zur Hypothesenbildung beitragen und sei deshalb legitim. Tatsächlich zu kritisieren sei aber, dass der „vulgäre Marxismus" die

Monokausalität naiv handhabe und mit einer Vorstellung vom Fortschritt des revolutionären Prozesses verknüpfe (vgl. ebd., 313).

Der Vorwurf der Fortschrittsideologie hat *den* Marxismus wohl am meisten in Misskredit gebracht hat. Allerdings verschweigt Koselleck, dass es durchaus kritische Transformationen innerhalb des Marxismus gibt, die auf die veränderten Bedingungen reagiert und „Möglichkeiten der Geschichte" konzeptualisiert haben. Ich möchte hier insbesondere jene Tradition erwähnen, die in unterschiedlicher Weise an die Arbeiten Louis Althussers anschließt.[4]

Diesen kritischen Theoriestrang entwickeln Balibar in seinem Buch „The Philosophy of Marx" (1995) und Alex Demirović in seinem Beitrag „Die Konflikttheorie von Karl Marx" (2002). Beide zeichnen in einer Re-Lektüre der Marx'schen Schriften nach, dass darin durchaus eine Auffassung von „Geschichte als Fortschritt" enthalten ist. Sie zeigen aber zugleich, welche Kritik dieser Vorstellung von Geschichte sich implizit bereits bei Marx finden lässt und wie diese im „Marxismus" weiterentwickelt wurde, wie quasi „Marx beyond Marx", um einen Titel von Antonio Negri aufzugreifen, gelesen werden kann. Ich gehe kurz auf ihre Argumentation ein, weil ich an dieser Stelle einige Analogien zum Verständnis von Rassismus herstellen möchte.

Marx' Argumentation, so Demirović, scheint auseinander zu fallen: einerseits existiert die ökonomische, technisch-wissenschaftliche Sachlogik, andererseits gibt es das Handeln von Klassenakteuren, das deren Entwicklung nur nachvollzieht. Wenn die Gesellschaft Naturgesetzen ähnlichen Gesetzmäßigkeiten folgen würde, dann wäre freies Handeln nur sehr begrenzt, wenn überhaupt, möglich. Dann aber wäre auch die Geschichte ausgestrichen (vgl. Demirović 2002). Die Geschichte ist den Menschen aber nicht äußerlich, betonen sowohl Balibar wie auch Demirović im Rückgriff auf Marx' eigene Überlegungen, insofern die Geschichte als Geschichte des Klassenkampfs zu verstehen ist. In der Rede vom Klassenkampf sind, hier grob benannt, zwei Aspekte implizit. Klassenkampf meint, das ist der erste Aspekt, „daß es Niederlagen und Siege gibt, die Ergebnisse der Konflikte nicht von vorneherein feststehen und die historische Entwicklung nicht vorherbestimmt verläuft" (ebd.). Der zweite Aspekt betrifft die Frage der politischen Subjektivität im Verständnis von Klasse. Erst im Kampf findet der Prozess der Konstituierung als Klasse statt, d.h. Klassen sind keine empirisch „aufzufindende" Größe, sondern Klassen gibt es nur im Kampf. In Wirklichkeit, so schreibt Balibar bezogen auf die „Arbeiterklasse", gibt es also immer zwei sich

4 Einflussreich waren auch die Subaltern Studies mit ihrer Kritik und Aufforderung, die Moderne neu zu denken (vgl. u.a. Spivak 1999; Chakrabarty 2002).

überlappende Kollektive von Arbeitern, bestehend aus denselben Individuen und dennoch inkompatibel: das durch das Kapital erzeugte Kollektiv und das Proletariat-Kollektiv (vgl. Balibar 1995, 101). Oder anders gesagt: Die objektive Einheit der Arbeiterklasse, die durch die Entwicklung des Kapitalismus geschaffen wird, und ihre subjektive Einheit, die im Kampf gegen ihre Situation angelegt ist, d.h. in der Unvereinbarkeit ihrer Interessen und ihrer Existenz mit der Entwicklung, deren Produkt sie ist. Anstatt aber die Identität der beiden Kollektive in der Figur „Einheit der Arbeiterklasse" politisch zu postulieren, geht es den beiden Theoretikern genau um die Diskrepanz, also um die sich fortwährend wandelnde Identität der sozialen Klassen. Nur so können die Begriffe Klassenkampf und Klasse einen Transformationsprozess ohne vorgegebenes Ziel, d.h. ohne eine lineare, teleologisch orientierte Zeit denken lassen, vielleicht sogar mit neuen Begriffen.[5]

Rassismus interveniert, so habe ich gezeigt, in die durch das Kapital erzeugten Kollektive. Im Kontext der Migration handelt es sich um die durch die Mobilität der Arbeitskräfte ermöglichte Ausbeutung und die Herausbildung eines Migrationsregimes mit Einwanderungsregelungen und Ausländergesetzgebungen, die nicht nur Instrumente schaffen, die Migration und Bevölkerung neu zusammenzusetzen, sondern auch die strukturelle Segmentierung der beherrschten Klassen aufrechtzuerhalten. In diesem Sinne zeigt die Geschichte, dass sich die sozialen Beziehungen nicht *zwischen* geschlossenen Klassen entwickeln, sondern durch die Klassen *hindurch*gehen – auch durch die Arbeiterklasse – bzw. dass der Klassenkampf *in den Klassen selbst stattfindet*. Aber auch, dass der Staat durch seine Institutionen, seine Vermittlungsfunktionen und seine Diskurse bei der Konstituierung der Klassen immer schon präsent ist (vgl. Balibar 1992c, 210). Innerhalb der Kollektive entstehen durch den Rassismus und den Widerstand gegen ihn, so könnte man sagen, weitere Kollektive, z.B. das „Deutschen-Kollektiv" und das „Migranten-Kollektiv". Die Kollektive sind selbst fragmentiert, was wiederum Ausdruck von Rassismus und Antirassismus und von der jeweiligen Zusammensetzung der Migration ist. Wenn ich in meiner Geschichtsschreibung identitäre und gegenidentifikatorische Positionen zu vermeiden gesucht habe, indem ich mich auf die Kämpfe gegen Rassismus und Ausbeutung konzentriert habe, dann geschieht das – wie etwa in einer oftmals verallgemeinernden Ver-

5 Die Ausarbeitung des Begriffs Multitude in den Arbeiten des so genannten Post-Operaismus stellt einen solchen Versuch zur neuen Begriffsfindung dar. Multitude bezeichnet ein in sich heterogenes soziales Subjekt, das zur politischen Handlung fähig ist (Vgl. Hardt/Negri 2002; Virno 2005).

wendung des Begriffes der Migrantinnen und Migranten – in jener Sprache, die ihren Sinn dadurch von Grund auf verlieren soll.

Es gibt, so würde ich Balibars Re-Lektüre der Marx'schen Schriften rekapitulieren, zwei grundsätzlich unterschiedliche Zugänge von Marx auf Geschichte: einen auf Transzendenz gerichteten, teleologischen Zugang einerseits, einen auf Immanenz gerichteten andererseits. Anstatt wie in vielen zeitgenössischen postmodernen Theorien „Fortschritt" kategorial zu verwerfen und damit ein Paradigma durch ein anderes zu ersetzen, greift Balibar das aufgeworfene Problem auf, indem er die Frage von einer anderen Seite stellt: Wie ließe sich Geschichte in immanenter Weise denken, d.h. ohne Kräfte oder Prinzipien hinzuzuziehen, die dem Prozess äußerlich sind?

Um die Analogie zu meinen Überlegungen in Richtung einer Theorie des Rassismus als sozialem Verhältnis herzustellen, ließe sich sagen, dass ein Fortschrittsdenken ganz offenbar mit der Annahme einer Identität von Wesen und Erscheinung, von der empirischen oder soziologischen Auffindbarkeit von Kategorien wie Klassen und Rasse zusammenhängt. Mit einer relationalen Theorie des Rassismus verbinden sich zunächst zwei Gesichtspunkte der Analyse, nämlich 1. die Annahme eines offenen Ausgangs der Geschichte, die in immanenter Weise zu denken ist, und 2. die Anforderung, dabei nicht auf die durch den Rassismus produzierten Kategorien zu rekurrieren. Mit anderen Worten, es gibt nicht eine einfache Tendenz zum Fortschritt, im Sinne der Integration oder Modernisierung; ein „Rückfall" in alte Formen des Rassismus oder aber auch eine Vermehrung der auftretenden Formationen des Rassismus zur gleichen Zeit ist immer denkbar. Darüber hinaus muss eine Unterscheidung getroffen werden zwischen den durch den Rassismus produzierten Kollektiven und dem im Kampf gegen ihn produzierten Kollektiven. Der Widerspruch zwischen den Kollektiven setzt eine ständige Bewegung des offenen Konflikts in Gang, bei dem die damit einhergehenden unterschiedlichen Formen von Subjektivierung erneut an Boden verlieren und in Bewegung geraten. Die Positionen der Kollektive erhalten in den sozialen Auseinandersetzungen durch vielerlei Praktiken einen Sinn („sie machen Sinn" und entwickeln Evidenz, wie ich es im ersten Kapitel in Bezug auf die Logik der Ideologie gefasst habe), der in doppelter Weise einen subjektivierenden Effekt hat: im Sinne der Unterwerfung und im Sinne der Ermächtigung. Beides ist für eine relationale Theorie des Rassismus wesentlich. Die Frage, die sich stellt, ist aber: Wie kann dieser Sinn verloren gehen?

In Bezug auf meine Geschichtsschreibung der Kämpfe der Migration unter Berücksichtigung dieser rassismustheoretischen Überlegungen lässt sich die Frage aufwerfen: Wenn wir Konjunkturen des Rassismus bestimmen, aber damit sowohl eine gewisse Kontinuität des Rassismus in der Geschichte unterstellen als auch zugleich seine Veränderung postulieren – welche Funktion haben dann die Kämpfe der Migration, von denen ich behauptet habe, dass wir ohne sie Rassismus nicht verstehen können? Wie können wir uns eine relationale Theorie des Rassismus vorstellen, die zum einen davon ausgeht, dass Rassismus existiert, zum anderen aber davon, dass er von einer kontinuierlichen, instabilen Bewegung, den Kämpfen gegen ihn geprägt ist, die ihn zur Transformation zwingen? Wie kann Subjektivität gedacht werden, ohne auf ein Subjekt der Geschichte (z.B. *der* Migrant im Kampf gegen *den* Rassismus) rekurrieren zu müssen? Das Spiel der Kräfte, der gegenseitigen Determination und gleichzeitigen Kontingenz, hat Althusser als „Überdeterminierung" gefasst. Ein Begriff, auf den ich im Folgenden eingehen will.

5.3. Überdeterminierung und aleatorischer Materialismus

Zwischen den politisch-ökonomischen Prozessen der Geschichte und den Effekten der Subjektivierung besteht in der Geschichte eine Komplementarität. Es lässt sich sagen, dass sie sich gegenseitig stützen. Wie aber lassen sich die Begrenzungen denken, die genau den Horizont dieser Komplementarität darstellen und die dennoch die Form der Opposition in dem Verhältnis bilden müssen? Mit dem Konzept der Überdeterminierung versucht Althusser, die Singularität des Ereignisses in seinem jeweiligen Moment („kairos") im Gegensatz zum Zeitkontinuum („chronos") zu fassen, das Problem der gleichzeitigen Determination und Kontingenz der historischen Ereignisse zu konzeptualisieren. Der Begriff der Überdeterminierung dient dazu, den Verlauf der Geschichte weder objektiv, gelenkt durch ökonomische Prozesse, noch subjektiv als intentionale Tat eines Individuums oder Kollektivs zu konzipieren. Er erlaubt es, die Frage nach dem Zusammenhang von objektiven und subjektiven Elementen der Geschichte auf neue Weise zu stellen (vgl. Althusser 1968), was sich mit meinen Überlegungen zum Rassismus verbinden lässt.

Das Konzept der Überdeterminierung greift Althusser in seinen Arbeiten immer wieder auf (vgl. Althusser 1999), so auch im Zusammenhang seiner Interpretation der Schriften Niccolò Machiavellis (vgl. Althusser 1987b und 1999). In einer späten Wendung kommt er Mitte der 1980er Jahre darauf zurück, als er das Konzept des aleatorischen Materialismus entwickelt, das sich vom teleologischen Paradigma in der Vorstellung von Geschichte zu entfernen versucht. Diesem geschichtstheoretischen Problem nimmt sich in Folge auch Antonio Negri in seinem Aufsatz „Anmerkung über die Entwicklung des Denkens beim späten

Althusser" (1996) an. Es handelt sich um das Problem des Unzeitgemäßen, in dem das Neue möglich wird, die singuläre Geschichte. Es geht dabei um zwei einander entgegengesetzte Überlegungen. In einem Fall muss das Neue immer seinen Weg finden in dem, was immer noch die alten „Bedingungen" sind, nachdem etwa ein politischer Bruch aufgetaucht ist; in dem anderen Fall muss das Alte das Gegenwärtige „abkürzen", indem es das Mögliche dem Verlauf der Geschichte abgewinnt (vgl. Balibar 1995, 108).

Althusser diskutiert Machiavellis Schrift „Der Fürst", in der dieser das Problem der Gründung des Staates formuliert und damit eines der ersten Werke der politischen Philosophie der Neuzeit verfasst hat. Machiavelli denkt in seiner Schrift die politische Notwendigkeit eines zu gründenden Nationalstaats. Es handelt sich um eine Theorie des Nationalstaats *avant la lettre*, die die Einheit Italiens zu denken versucht, um sich aus der feudalen Tradition zu befreien.

Einer der Aufsätze von Althusser über Machiavellis Schriften ist ins Deutsche übersetzt worden und trägt den Titel „Die Einsamkeit Machiavellis". Machiavelli ist Althusser zufolge in doppelter Hinsicht einsam. Erstens weil er in seiner Schrift vom notwendigen Alleinsein spricht: Dem Alleinsein, der Isolierung einer Person, die frei sein kann, die historische Aufgabe zu vollbringen, einen Nationalstaat zu gründen. Bei dieser Person muss es Althusser zufolge zu einem Zusammentreffen von nötigen Fähigkeiten (virtú) zum einen und glücklichen Umständen (fortuna) zum anderen kommen – sie muss der ganzen feudalen Vergangenheit entrissen sein, d.h. ihren Institutionen, ihren Sitten und ihren Gedanken (vgl. Althusser 1987b, 20). Althusser betont, dass Machiavelli zwar an das Bewusstsein seiner Zeitgenossen appelliert, es aber nicht um einen Akt der Bewusstwerdung eines Individuums geht, vielmehr muss es sich *in der Lage befinden*: „Wenn das Individuum die nötige Fähigkeit (virtú) besitzt, dann ist das – jedenfalls im extremen Fall – keine Sache des Bewusstseins oder des Willens; wenn es wirklich fähig ist, dann befindet es sich einfach in der Lage, in der diese Fähigkeit über es kommt und von ihm Besitz ergreift." (Ebd., 21) Diese Auslegung Althussers über die Formulierung „sich in der Lage befinden" hilft, eine Subjektivität zu denken, ohne auf ein Subjekt der Geschichte rekurrieren zu müssen.

Zweitens bezeichnet Althusser Machiavelli als einsam, weil er im Gegensatz zu der in seiner Zeit vorherrschenden Tradition des Naturrechts davon schreibt, wie ein Staat entstehen muss, um bestehen bleiben zu können: Machiavelli spricht offen von der notwendigen bewaffneten Macht, von der notwendigen Gewalt, von einer Politik ohne Religion, die jene aber zu instrumentalisieren verstehen muss, von der Notwendigkeit, zugleich moralisch und nicht moralisch zu sein. Insofern, schreibt Althusser, spricht Machiavelli „die Sprache des Kampfes zwischen den Klassen und verweist das Recht, die Gesetze und die Moral auf den ihnen gebührenden, untergeordneten Platz“ (ebd., 24). Damit gelingt es Machiavelli, so Althusser, die Gewalt im Geburtsakt des Staats zu denken. Zugleich spricht er aber auch von ihrer Zufälligkeit und entwirft den Staat nicht als schicksalhafte Vorbestimmung. Darum ist diese Schrift, das meint der Begriff der Einsamkeit eben auch, eine unzeitgemäße, sie stellt ein unzeitgemäßes politisches Manifest dar. Unter Rückgriff auf Antonio Gramsci, der den „Fürsten“ als politisches Manifest bezeichnet hat, schreibt Althusser, dass sich ein Manifest dadurch auszeichnet, dass es zugleich „politisch und realistisch“ sein muss, um „materialistisch“ zu sein: Es erfordert, die von ihm formulierte Theorie „zugleich innerhalb des sozialen Raums zu verorten, in den es eingreift und den es begreift“ (ebd., 27). Beim „Fürsten“ ist dieses Kriterium erfüllt, denn es geht um einen Einsatz, obwohl unzeitgemäß, der das Denken nicht außerhalb der politischen Praxis setzt und zugleich eine Figur entwirft, den einsamen „Fürsten“, der sich in der Lage befindet, das Unzeitgemäße zu tun. Das Unzeitgemäße ist damit nicht als ein plötzlich eintreffendes, völlig kontingentes Ereignis gedacht, auf das die Akteure der Geschichte keinen Einfluss hätten.

Negri kommt in seinem Aufsatz auf diese Überlegungen zurück, indem er die Ideen von Althusser auf das Problem der Geschichte und Gegenwart sozialer Kämpfe anwendet. Jene Kämpfe, in denen das Unzeitgemäße zum Ausdruck kommt. Es geht ihm in der Geschichte um die Momente, die Ereignisse, die sich nicht in ihrer historischen Verwirklichung erschöpfen und die der Geschichte abgerungen werden müssen. Wie lässt sich in der langen Geschichte der wiederkehrenden Krise der Arbeiterbewegung, so Negri, der Bruch so denken, dass die Krise positiv genutzt werden kann? Wie lassen sich darin Konstruktionslinien finden, die die Bewegungen, zusammengesetzt aus Kämpfen, Widersprüchen und Krisen, unterbrechen?

Negri betont, dass es Althusser vor allem um den Radikalismus des Denkens Machiavellis geht. Ein Radikalismus, der mit der Unmöglichkeit der Verwirklichung des eigenen Projekts kollidiert. In dieser Kollision, so Negri, liegt der Grund für „das Denken des Neuen in Abwesenheit von allen Bedingungen. Oder besser: in der Abwesenheit aller Bedingungen der Möglichkeit“ (Negri 1996, 4). Durch das Aufbrechen der historischen Kontinuität wird die Einsamkeit Machiavellis in Althussers Interpretation zur schöpferischen Unzeitgemäßheit.

Der aleatorische Materialismus Althussers gründet auf das Aufeinandertreffen von Kontinuitäten und Brüchen innerhalb der Abwesenheit aller historischen Bedingungen. Das Aleatorische des Materialismus, die Betonung des Möglichen und der Ereignisse, handelt Negri zufolge auch von der Suche nach einer offenen

Subjektivität, „die Theorie und Kampf gemeinsam konstruieren wird" (ebd., 10). Praxis, so hat Althusser in „Für Marx" entwickelt, lässt sich niemals auf das Bewusstsein reduzieren, vielmehr müsse der Standpunkt des Bewusstseins überwunden werden, was auch die bloße Möglichkeit eines „Subjekts der Geschichte" in Zweifel zieht (vgl. Althusser 1968). Sich vom Subjekt der Geschichte zu verabschieden, lässt den Antagonismus in den Vordergrund treten. Die Praxis einer sozialen Gruppe ist durch eine imaginäre Identität bestimmt, die ambivalent ist; sie tritt unvermeidlich in Widerspruch zu ihren Vorstellungen (vgl. Balibar 1994a, 62 und 2006, 11).

Wenn die soziale Herrschaft heute totalitär geworden ist, wie es die Analyse von Negri nahe legt, die Trennung von Staat und Gesellschaft kaum noch zu denken ist, dann macht es auch keinen Sinn mehr, von einem „Übergang" zum Sozialismus zu sprechen. Es geht, wenn wir über gesellschaftliche Veränderung nachdenken, vielmehr um einen „aleatorischen Übergang" zu „etwas anderem". Der aleatorische Materialismus erlaubt es, eine Logik von Ereignissen zu denken, die nicht dem kausalen Schema der Historizität folgt, sondern in der sich die Ursache durch ihre Wirkungen bestimmt sieht. Das heißt, der aleatorische Materialismus denkt Geschichte als offene Struktur, die auf der Grundlage der sozialen Praktiken errichtet ist, zugänglich für jedes aleatorische Ereignis – „alles ist im aleatorischen Materialismus festgelegt, aber nachträglich (*après coup*) festgelegt" (Negri 1996, 13).

5.4. Rassismus und Kämpfe der Migration

Diese Überlegungen von Fanon, Althusser und Negri können meines Erachtens auf die von mir diskutierten Probleme in der Geschichte sozialer Kämpfe, in Hinblick auf Rassismus und Migration Anwendung finden und helfen, eine Vorstellung zu entwickeln, die aus der bisherigen Logik von linearer Zeitlichkeit und Fortschritt herausführt. Rassismus ist historisch jeweils unterschiedlichen Konjunkturen unterworfen. Den Analysen der kritischen Rassismustheorie entsprechend habe ich im ersten Kapitel auf drei historische Stufen des Rassismus verwiesen: den universellen Rassismus, den superioren Rassismus und den differentiellen Rassismus. Diese Formen sind selten in ihrer reinen Form aufgetreten, es kam immer zu Verschränkungen von Räumlichkeiten und Zeitlichkeiten in den Rassismen. Sklaverei, kolonialer Rassismus, Antislawismus, Nazismus, Antisemitismus, Apartheid, Antiislamismus oder die Formen des Neo-Rassismus, die sich vor allem in den Nationalstaaten Europas im Kontext der Migration je verschieden dynamisiert haben, bringen regional oder nationalstaatlich unterschiedliche Ausprägungen hervor und sind jeweils verschieden stark hervorgetreten. Allerdings treten dabei wiederum Überschneidungen zwischen den gesellschaftlich und historisch unterschiedenen Aspekten von der Entrechtung über „unfreie Arbeit", Segregation und Formen diskursiver Diskriminierung und Stigmatisierung bis hin zur Tötung auf.

Für eine relationale Theorie des Rassismus genügt es aber noch nicht, die Konjunkturen, ihre zeitlichen und regionalen Unterschiedlichkeiten zu analysieren. Es geht auch darum, sich aus der Rationalität von Fortschritt und rassistischer Subjektivierung in der Geschichte der Kämpfe der Migration zu befreien. In Bezug auf die Migrationsbewegungen ist eine modernisierungstheoretische Position, die notwendigerweise von der Integration in die (nationale) Gemeinschaft ausgeht, in Zweifel zu ziehen. Integrationistische Ansätze unterscheiden Gesellschafen danach, zu welchem Grad sie in der Lage sind, Migrantinnen und Migranten zu integrieren. In dieser Logik ist eine lineare Entwicklung unterstellt, die ethnisch homogen vorgestellte Gesellschaften, die noch dazu als in sich friedlich integriert vorgestellt werden, zu Einwanderungsgesellschaften macht. Die jeweilige Form dieser Gesellschaften hängt dann von der Balance staatlicher, ökonomischer und sozialer Maßnahmen ab, die ergriffen werden, um mit Prozessen von Einwanderung umzugehen und sie zu regulieren. Tatsächlich bietet der Blick auf die Kämpfe der Migration „vor der Integration" die Möglichkeit, staatliche *Politiken* der Integration von *Praktiken* der Integration zu unterscheiden, eine Möglichkeit also, Formen und Praktiken gesellschaftlicher Organisierung in den Vordergrund zu stellen, die über die Integration hinausgehen (vgl. Bojadžijev 2006b). So hatte etwa der Círculo Cultural in Essen durch das selbst organisierte Zentrum einen Raum für Konzepte von Alltag eröffnet, die sich nicht an staatlich administrierten Formen von Wohnen, Gesundheit und Bildung orientierten. Ihre Forderungen hatten die Aktivistinnen und Aktivisten des Zentrums auch nicht in der Sprache des Rechts formuliert, sondern dem eine selbstbestimmte Definition dessen gegenübergestellt, „wie und wo wir leben wollen". Mit ihren internationalen Kontakten und Bezügen formulierten sie – etwa in der Rede, die auf dem Fest in der Gruga-Halle gehalten wurde – den Anspruch auf eine globale Bewegung, die nationale Grenzen überschreitet und die durchaus erste Umrisse von einer globalen Bewegung enthalten, für die u.a. Migrationsbewegungen eine nicht unerhebliche Bedingung darstellen. Migrationsbewegungen sperren sich konstitutiv und immer wieder aufs Neue einer Einverleibung in eine nationalstaatliche Gemeinschaft. Gerade unter den Bedingungen eines Ausschlusses von der formalen Institution der Staatsbürgerschaft, der sich in der Zeit reproduziert, stellen sie die Grenzen dieser Gemeinschaft und ihrer Konstitution infrage (vgl. Honig 2001; Rancière

2002). Durch die Praxisformen, die Migrantinnen und Migranten in Bezug auf die Frage der Bürgerschaft entwickeln, darauf hat Mezzadra unter Rückgriff auf Überlegungen von Jacques Rancière aufmerksam gemacht, befördern sie „neue Rechte, neue Kräfte, neue Visionen" (vgl. Mezzadra 2005b) und machen zugleich auf die Konflikte und Prozesse der Kompromissbildung aufmerksam.

In Bezug auf die Kämpfe der Migration muss der rekuperative Charakter staatlicher und zivilgesellschaftlicher Maßnahmen im Vordergrund stehen, und in einer historischen Analyse müssen jene Gesichtspunkte betont werden, die eine subversiv transformierende Kraft entfalten und das Mögliche auch für die Zukunft denken lassen. Schließlich muss die Logik der Prozesse rassistischer Subjektivierung zunächst der Konzeption nach und in der Geschichtsschreibung durchbrochen werden, um ent-subjektivierende Praktiken befördern zu können. Rassismus existiert in seinen Effekten und durch seine Effekte. Ebenso wie es keinen Rassismus im Allgemeinen gibt, sondern nur Konjunkturen des Rassismus, was das Zusammentreffen von vielen Rassismen einbezieht, gibt es keine universelle Geschichte, nur singuläre Historizitäten.

Die beiden Thesen – Konjunkturen des Rassismus und singuläre Historizitäten – zusammengenommen lassen sich theoretisch gesprochen mit dem Konzept der „Überdeterminierung", wie es Althusser gefasst hat, verbinden. Die Kämpfe der Migration addieren zu der Annahme der Konjunkturen des Rassismus keinen subjektiven Relativismus hinzu, sondern stellen ihre aleatorische Bestimmung dar und führen so zu einer dritten These: dass der Rassismus sich nämlich immer verändert. Die These der objektiven Veränderung ist nicht die Wiederkehr des immer gleichen Rassismus, sondern der Ausgangspunkt, der es uns erlaubt, die Bedingung dafür zu bestimmen, wie ihm zu entkommen ist. Damit diese These nicht abstrakt gerät, muss die Veränderung als allgemeine Behauptung immer auf den besonderen Fall ausgeweitet werden: Darum die konkrete Analyse der Praktiken in der Geschichte.

5.5. Europa heute

Die Konzepte der Überdeterminierung und des aleatorischen Materialismus, die Verschränkungen und Schichten von Zeitlichkeiten und Räumlichkeiten, das Verhältnis von Kontinuität und Veränderung zu fassen versuchen, lassen sich für eine Vorstellung über die gegenwärtige Ausgangslage von Rassismus und Migration in Europa verwenden. In einem rückblickenden Ausblick möchte ich in diesem Sinne einige Thesen formulieren, um ideologische und politische Verschiebungen zu bestimmen, mit denen wir zur Zeit konfrontiert sind.

Im gegenwärtigen Europa existiert eine Vielfalt von „nationalen Situationen", wie Balibar geschrieben hat, in der sich eine jeweils eigene Verbindung von Migration und Rassismus durchsetzt, „nationale Situationen", „in denen der Ursprung der Migrationen und der Umgang damit, die Art der Diskriminierungen, das Niveau der sozialen Spannungen, der Umfang der politischen Folgeerscheinungen (insbesondere die Entwicklung von organisierten rassistischen und antirassistischen Bewegungen) keineswegs gleich sind" (Balibar 1990, 11). Meines Erachtens verweist Balibar mit dieser Überlegung auf eine Überdeterminierung des Rassismus in der heutigen Zeit. Der Prozess eines Aufbaus Europas stellt eine Bedingung und eine Beschleunigung der Konvergenz dieser nationalen Situationen und unterschiedlichen Formen des Rassismus her.

Die Migrationsbewegungen nach Deutschland und nach Europa und die Kämpfe der Migration haben selbst zu Verschiebungen beigetragen, die den Rassismus sicherlich nicht aufgelöst, aber seine Reorganisierung befördert haben, etwa bezogen darauf, welche Gruppen in welcher Weise den Rassismen ausgesetzt sind. Wie Allen in seiner Studie zur Erfindung der weißen Rasse gezeigt hat, kann nur eine relationale Theorie des Rassismus erfassen, wie sich Rassismus auf neue Weise und im Kontext sozialer Kämpfe konstituiert. In Deutschland wird die Diskriminierung von Griechen, Italienern, Portugiesen und Spaniern, denen andere „kulturelle Identitäten" und „Mentalitäten" zugeschrieben worden sind, denen mit Schildern zu Gaststätten und Cafés Zugang verwehrt wurde, an die Hausbesitzer ihre Wohnungen nicht vermieten wollten oder die durch Behörden schikaniert wurden, heute kaum noch erinnert. Bei den anderen beiden großen Einwanderergruppen aus Anwerbeländern, aus der Türkei und den Ländern des ehemaligen Jugoslawiens, verhält es sich anders. Die Flüchtlingsbewegungen aus dem Bürgerkrieg der 1990er Jahre und die massive anti-türkische Hetze vor allem seit den 1980er Jahren haben zu einer ziemlich resistenten rassistischen Diskriminierung dieser Gruppen beigetragen und wirken in die Gegenwart. In der aktuellen Bezeichnung von Regisseuren, Schriftstellern und Unternehmern als „deutsch-türkisch" ist eher eine Tendenz von der Identitätswahrung, die in der Rede des Erhalts der kulturellen Identität seit dem Ende der 1970er Jahre im Integrationsdiskurs vorhanden war und die einen nur zeitweiligen Aufenthalt der Migrantinnen und Migranten suggerierte, zu einer neuen Identitätsbildung zu erkennen, mithin zu einer – wenn auch nicht vollständigen – Akzeptanz ihres Aufenthalts, die diese Personen neuen Zwängen aussetzt, sich nämlich immer zwischen den nationalen Kulturen verorten zu müssen. Die Türkei ist außerdem bis heute in komplizierte Beitrittsverhandlungen mit der EU verwickelt; das gilt ebenso für die Länder des ehemaligen Jugoslawiens, mit Ausnahme Sloweniens, im Hinblick auf einen möglichen Beitritt im Rahmen der jeweiligen Stabilitäts- und Erweiterungsprogramme der EU. Die Diskussionen um diese Prozesse und der Ausschluss von der Freizügigkeit innerhalb der EU haben auch Konsequenzen bezüglich der Stigmatisierung dieser Einwanderergruppen in Deutschland (vgl. Bojadžijev 2007).

Der Prozess der so genannten europäischen Erweiterung markiert bereits die sich gegenwärtig vollziehende Transformation von Staatlichkeit im Sinne eines europäischen Konföderalismus. Der national-soziale Staat, so habe ich bereits argumentiert, unterliegt einem spezifischen Prozess der Staatsbildung und enthält zugleich einen fragilen Kompromiss. Einen Kompromiss, der zwischen Nationalismus und ökonomischen Kämpfen Bestand hatte. Die Krise der Institutionen des national-sozialen Staats ist auch eine Krise der relativen Integration dieser Kämpfe in einem Kompromiss, der durch die Nation-Form reguliert wurde. Ändert sich diese Konfiguration, wie wir es zur Zeit im Rahmen der EU erleben, ändern sich auch die Konjunkturen des Rassismus, die bisher zu einem Teil an diesen national-sozialen Staat gebunden waren. Aufs Neue muss dann untersucht werden, wie im politischen und ideologischen Klassenkampf die internen und strukturellen Widersprüche der Segmentierung der Klassen mit dem Rassismus artikuliert und die beherrschten Klassen desorganisiert werden. Unter dem Stichwort Prekarisierung wird zur Zeit versucht, die Neuzusammensetzung der Klassen unter veränderten Arbeitsbedingungen und Beschäftigungsverhältnissen zu konzeptualisieren. Im Kontext dieser Debatten ist argumentiert worden, dass die migrantische Arbeit einen paradigmatischen Charakter in den aktuellen Transformationen hat, insofern sie von Mobilität und Flexibilität gekennzeichnet ist – Aspekte, die eine Veränderung der Arbeit überhaupt betreffen. So gilt die subjektive Arbeitskraftmobilität auch als Ausdruck der Forderungen nach Flexibilität in den sozialen Kämpfen. Sollen die Verengungen von Konzepten vermieden werden, wie sie im Konzept der Avantgarde des migrantischen Massenarbeiters in den 1970er Jahren enthalten waren, müssen die unterschiedlichen Existenzweisen von Migrantinnen und Migranten und die rassistischen Formen der Subjektivierung in den Arbeitsverhältnissen und im Alltag ein wesentliches Element der aktuellen Analysen bilden.

Ein Antirassismus, der eine Kommunikation mit anderen sozialen Kämpfen suchen muss, will er in dieser Situation effektiv sein, muss eine Politik erwägen, die in der Lage ist, die unterschiedlichen „nationalen Situationen" auch in ihrer Geschichtlichkeit zum Ausdruck zu bringen. Gerade weil die praktischen Formen des Widerstands gegen Rassismus an Stärke gewonnen haben und die Arbeit an unterschiedlichen Erinnerungen des Rassismus die Unterschiede zwischen verschiedenen Politiken und Erfahrungen des Rassismus haben hervortreten lassen, tauchen nun die Fragen danach auf, ob eine (und welche) Form des Rassismus die anderen in der Vergangenheit und Gegenwart abgewechselt hat oder in der Zukunft abwechseln wird. Dazu kommen noch jene Formationen von Rassismus, die sich historisch mit anderen Unterdrückungsformen, wie Sexismus, religiösem Absolutismus, Nationalismus etc. überlagern und kombinieren, und die in Begriffen von Abfolge, Analogie, Korrelation, Gegensatz oder manchmal einfach nur additiv zueinander konzipiert werden. Diese Ausgangslage macht es schwierig, die Ansatzpunkte zu bestimmen, an denen sich die Rekonfigurationen des Rassismus heute festmachen. (Vgl. Balibar 2005)

Eine dieser Rekonfigurationen ist sicherlich in der neuen Konjunktur des Antiislamismus als transnationale Situation in Europa nachzuzeichnen. So tritt inzwischen im Kontext des „Kriegs gegen den Terror" eine neue Konstellation hervor, die den Antiislamismus in sich trägt. Ein Antiislamismus, der inzwischen für die Frage des europäischen Einigungsprozesses und das, was Europa „sein soll", eminent wichtig geworden ist; mithin wird die Frage der Bürgerrechte in Europa berührt – nimmt man nur die Debatte um die Zugehörigkeit der Türkei zur Europäischen Union oder die Diskussionen in ganz Europa über die Ermordung des Filmemachers Theo van Gogh im November 2004 in Amsterdam. Ausprägungen von Antiislamismus hat es seit geraumer Zeit vor allem in Frankreich, aber auch in Deutschland gegeben, denkt man nur an die hitzigen Diskussionen um das Tragen des Kopftuchs von Lehrerinnen und Lehrern (wie in Deutschland) oder Schülerinnen und Schülern (wie in Frankreich). Aber der Antiislamismus artikuliert sich auch in den Ländern an den Rändern der EU. So kam es im April 2004, nach den Pogromen im Kosovo, zum Angriff auf Moscheen in Belgrad und Niš. Auf Demonstrationen in Belgrad, die den Brandanschlägen auf Moscheen folgten, trugen Teilnehmer Banner mit der Aufschrift „New York, Madrid, Kosovo". Der „Krieg gegen den Terror" hat hier offenbar bereits einen Sinnzusammenhang geliefert. In diesem Kontext muss auch die Ermordung des Brasilianers Jean Charles de Menezes in London durch die Polizei nach den Anschlägen in Bussen und U-Bahnen vom 7. und 21.7.2005 und müssen zudem diese Anschläge selbst gesehen werden. Eine Metropole, in der so viele Migrantengruppen wie in London leben, erlaubt keine einfache Unterscheidung nach integrierten und nicht-integrierten Teilen oder von Kategorisierungen und Stigmatisierungen entlang von phänotypischen Merkmalen oder phantasmatischen „Rassen". Das Konzept der Integration – das immer gleichzeitig Bevölkerungsgruppen ausmacht, die als nicht assimilierbar gelten und zugleich eine Integration in die ökonomischen, kulturellen und rechtlichen Strukturen der Gesellschaft vorantreibt – schlägt an dieser Stelle auch auf jene zurück, die „Integrationsbereitschaft“ und „-fähigkeit“ zum Merkmal von Zugehörigkeit zu einer Gesellschaft machen wollten (vgl. für die Diskussion in Deutschland Bojadžijev/Karakayalı/Tsianos 2001). Der Antiislamismus hat aber noch einen weiteren Effekt, nämlich den der Desorganisation eines möglichen migrantischen Widerstands. Die Konfliktlinien bisheriger Kämpfe der Migration verschieben sich dort, wo Einwanderergruppen in einen staatlichen Konsens gegen den Terrorismus gezwungen werden, der sie von ihrer Geschichte des Widerstands gegen eben jene staatlichen Apparate trennt, die heute behaupten, sie schützen zu wollen (vgl. für die Entwicklung in Britannien Bhatt 2006).

Es ergibt sich aber ein Dilemma, dem sich ein zu reformulierender Antirassismus stellen muss. Denn mit dem „Kampf gegen den Terror“ und den Anschlägen in New York, Madrid und London – um nur auf jene zu verweisen, die im so genannten Westen stattgefunden haben – ergibt sich eine Konstellation, in der eine islamistische Bewegung mit einer imperialen Macht im Konflikt steht. Diese Bewegung allein als Reaktion auf den Imperialismus, den (Post-)Kolonialismus, die Globalisierung oder als das Einbrechen des Nahost-Konflikts in die so genannte erste Welt zu verstehen, greift zu kurz und sieht die Konstitution des Konflikts nur auf einer Seite. Beide Seiten – die islamistische und die imperiale – operieren mit auf Identität basierenden Polarisierungen. Wobei der Antiislamismus rassische (der arabische Andere) und spirituelle (der islamische Andere) Zuschreibungen verknüpft, worauf schon Edward Said in seinem Buch „Orientalismus“ (1981) aufmerksam gemacht hat, und kulturelle Unvereinbarkeiten („Clash of Cultures“) behauptet.

Diese ideologische Konstellation, in der imaginäre Gemeinschaften – seien es christliche, jüdische oder islamische – fetischisiert werden, wird allerdings durch sozio-politische Bedingungen überdeterminiert, die im Kontext der Globalisierung und im Übergang zum Postfordismus in einer Krise gesellschaftlicher Institutionen und staatlicher Souveränität zu suchen sind, in der die bisher von (national-)staatlichen Apparaten ausgearbeiteten Ideologien ihre kohäsiven Funktionen verlieren und in der Logik eines „permanenten Krieges“ recodiert werden.

Der Kontext der Globalisierung verweist aber auf eine weitere Entwicklung. Die Überlegungen von Fanon können hier in einen Zusammenhang mit den Kämpfen der Migration gerückt werden. Denn in der Gegenwart lebt die Verbindung zwischen Antikolonialismus und Postkolonialismus fort, sei es in der Mobilität der Arbeitskraft, in der Funktion der Bürgerrechte, in den aktuellen Konjunkturen des Rassismus oder in den globalen Migrationsbewegungen. Eine neue Dimension von Räumlichkeit tritt hinzu, wie Balibar schreibt: „Der neue

Rassismus ist ein Rassismus der Epoche der 'Entkolonialisierung', in der sich die Bewegungsrichtung der Bevölkerung zwischen den alten Kolonien und den alten 'Mutterländern' umkehrt und sich zugleich die Aufspaltung der Menschheit innerhalb eines einzigen politischen Raums vollzieht." (Balibar 1992e, 28) Insofern handelt es sich um ein Vermächtnis, das die Zeit in der Dimension antikolonialer Kämpfe in ihrem Kampf gegen die Ausbeutung und die entidentifizierenden Formen des Widerstands, aufrechterhalten muss. Zugleich wird durch die Herstellung transnationaler Räume eine neue Segregation installiert, die sowohl nationale wie auch internationale Räume neu zusammensetzt. Die zuvor noch klare Unterscheidung von Metropole und Kolonie verschwimmt. Balibar hat in diesem Zusammenhang von der Entstehung einer „europäischen Apartheid" gesprochen. Dabei geht es ihm zum einen um die verschärften Migrationspolitiken an den Grenzen Europas, die sowohl als Außengrenzen wie auch, durch die Bürgerrechte, als Grenzen im Inneren Europas zu denken sind. Die Hierarchisierung von Migrantengruppen durch Bürgerrechte produziert u.a., wie er unter Rückgriff auf eine Formulierung von Catherine Withol de Wenden schreibt, die 13 Millionen Angehörigen von „Drittländern", die sich – vor der Erweiterung der EU am 1. Mai 2004 – mit einer „sechzehnten europäischen Nation" innerhalb Europas vergleichen ließen und die zu Bürgern „zweiter Klasse" werden (vgl. Balibar 2003a, 91 f.). Über die Migrationskontrollen und Bürgerrechte werden unterschiedliche Schichten von Räumen differenziert und reguliert.

Eine relationale Theorie des Rassismus muss sich die Situation der Überdeterminierung in Europa, der Verschränkung von unterschiedlichen Zeitlichkeiten und Räumlichkeiten, vergegenwärtigen und sie konzeptualisieren. Einem Antirassismus müsste es gelingen, die unterschiedlichen „nationalen Situationen" in Europa in Kommunikation zu bringen und sich die darin enthaltenen Widersprüche im Sinne einer entidentifizierenden Taktik zunutze zu machen. Die in einem solchen Prozess zu entwickelnden offenen Subjektivitäten können nicht auf ein Subjekt der Geschichte rekurrieren oder auf die Rückkehr des Weltproletariats warten, aber die Subjekte der Geschichte, ihre Geschichte und ihre Geschichten der Kämpfe der Migration müssen sie kennen. Darin liegt eine Herausforderung, nämlich die Geschichte konsequent als einen „Prozess ohne Subjekt" zu denken, einen Prozess der keinen Ursprung und kein Ziel hat, sondern in allen gesellschaftlichen Verhältnissen immer umkämpft ist (vgl. Althusser 1974, 62 ff. und 82ff.), ein Prozess auch, bei dem es immer wieder von neuem zum Auftauchen politischer Subjektivitäten kommt.

Denkbar wird eine solche Taktik im Kontext der Migration, weil es sich durch die historische, nationale und supranationale spezifische Zusammensetzung der

Migration nicht um eine irgendwie zu homogenisierende Bevölkerung handelt, aber deutlich auch nicht um eine politisch stabilisierte Form wie die Arbeiterklasse. Es handelt sich um einen neuen Typ sozialer Bewegung, sie okkupiert und eröffnet einen neuen gesellschaftlichen Raum und ein neues Feld des Konflikts. In diesem Kontext geht es zum einen um die Kontrolle über die eigene Mobilität, zum anderen um das Recht auf Bürgerrechte in Europa.

Unter Rückgriff auf die Formulierung von Althusser lassen sich Migrantinnen und Migranten mit ihren Praktiken, die Grenzen zu überschreiten und transnationale soziale Netzwerke auszubilden, als Individuen und Kollektive begreifen, die „sich in der Lage befinden". In ihrer konstituierenden Dimension verbindet „die windige Internationale" eine nicht-intentionale Fähigkeit, die Grenzen nationalstaatlicher Verfasstheit infrage zu stellen, mit dem Glück der Umstände: sie „spricht die Sprache des Kampfes", indem sie auf den notwendig gewaltvollen Charakter aufmerksam macht, der einen nationalen Staat aufrechterhält. Die Migrationsbewegungen sind in diesem Sinne eine Herausforderung nicht nur nationalstaatlicher Grenzen, sondern auch der Grenzen unserer Vorstellung des Politischen. Migration besitzt die Fähigkeit, Grenzen zu überwinden und dadurch neue Dimensionen des Konflikts zu eröffnen. Interessant ist an den sozialen Bewegungen der Migration genau das, was sich als „Überschuss" bezeichnen ließe, der sich nicht durch die Politik von Staaten vollends kontrollieren oder auf ökonomische Push- und Pull-Faktoren reduzieren lässt. Doch damit nicht genug: Die Migrationsbewegungen müssen sich organisieren, sie müssen vor allem in der Lage sein, die vorhandenen Bedingungen zu unterlaufen, die dem, was diese Bewegungen in ihrer Potenzialität sind, entgegenstehen. Das bedeutet auch, dass sie sich gegen die sich transformierenden Formen des Rassismus organisieren müssen. Autonomie der Migration (und nicht die Autonomie von Migrantinnen und Migranten) kann nicht bedeuten, emphatisch auf eine Subjektivität zu verweisen, von der wir wissen, dass sie durch die Bedingungen von Migrationsregimen und von Rassismus geprägt ist. Rassismus unterwirft Subjekte Identitätszwängen, was noch die gegenidentifizierenden Strategien eines Anti-Rassismus mit einschließt, der sich auf eine per se kritische Identität von Migrantinnen und Migranten verlässt.

Gegen die These der „Autonomie der Migration" ist eingewandt worden, dass sie das Elend der Migration und die Restriktionen von Einwanderungskontrollen und -gesetzen nicht zur Sprache bringt. Kritisiert wird vor allem, dass der Begriff der Autonomie den Zwangscharakter der Migrationen, die Ausbeutung und Entrechtung in der Migration verleugne und also die Migration als Bewegung romantisiere (Pieper 2004; Interface 2005). Migration, so der Einwand weiter, sei keine organisierte Form der Bewegung. Tatsächlich geht es mit der These der „Autonomie der Migration" keineswegs um eine Glorifizierung von Migrantinnen und Migranten als neues „revolutionäres Subjekt" oder um eine Ästhetisierung der Migration, wie sie häufig in Arbeiten der Cultural Studies anzutreffen ist. Die These erlaubt vielmehr eine andere Perspektive auf, mithin eine andere Analyse von Migrationsbewegungen in ihren historischen und aktuellen Dimensionen.

Diese Kritik – bezogen auf die Migrationsbewegungen und die Kämpfe der Migration – geht auf den Einwand zurück, dass die Migrantinnen und Migranten sich selbst nicht als subversive Kräfte verstehen oder dass ihre Forderungen häufig legalistische Formen annehmen, in ihnen „bloß" Wünsche nach Integration zum Ausdruck kommen oder sie „nur" ökonomische Ansprüche verwirklicht sehen wollen. Dieser Einwand betrifft bei weitem nicht nur migrantische Kämpfe, sondern begleitet schon immer die Geschichte sozialer Auseinandersetzungen. Tatsächlich trifft die Subjektivität der Ausgebeuteten und Unterdrückten nicht immer mit den Formen des Bewusstseins zusammen, die sie in den Kämpfen entwickeln. Im Fall der Migration sind die Subjektivitäten oftmals von alltäglichen Vorstellungen von einem besseren Leben geprägt, die mit staatlichen und bürokratischen Willkürmaßnahmen, mit Grenzschutz- und Polizeieinsätzen oder Diskriminierungen in der Ausbildung, beim Wohnen oder der Arbeit kollidieren. Migrantische Communitys entwickeln demgegenüber Taktiken, Widerstand zu leisten und durch diese Erfahrungen hindurch, an ihnen vorbei oder über sie hinweg sich ihren Erwartungen und Vorstellungen anzunähern. Der Blick auf die Geschichte der Kämpfe der Migration zeigt, dass darin durchaus Formen politischer Organisierung zum Ausdruck kommen. Zu welchem Grad sich in den sozialen Kämpfen das Mögliche abzeichnet und entwickelt, hängt nicht zuletzt davon ab, ob autonome Praktiken enthalten bleiben können, die sich etwa gegen die Disziplin der Lohnarbeit, die nationalstaatliche Souveränität oder die jeweilige Konjunktur des Rassismus richten. In den Formen, in denen Communitys den sozialen Bedingungen entgegentreten, können durchaus verhärtete Identitätsmuster, enge Gemeinschaftsvorstellungen, Sexismen und moralische Muster existieren, was nicht selten durch staatliche Institutionen und religiöse Gemeinschaften unterstützt wird. Zugleich werden Communitys zum Terrain sozialer Konflikte, in denen alle diese Aspekte stets umkämpft sind. Das gilt für sie ebenso wie für alle sozialen Bewegungen. Migration kann insofern nicht per se als anti-kapitalistische Bewegung aufgefasst werden.

Die Frage der Bürgerrechte in Europa wird durch die Migrantinnen und Migranten in die europäischen Zentren getragen. Schon 1973 hatte der DGB in Nürnberg eine Vision entworfen, als er schrieb: „Der ausländische Arbeiter ist der europäische Bürger von morgen. Der europäische Arbeiter geht dem europäischen Bürger voran." (Zit. nach KB/Hamburg 1973, 7) Migrationsbewegungen eröffnen ein soziales Feld des Konflikts. In den konstanten Versuchen, die Mobilität unter eigene Kontrolle zu bringen, kombinieren sich in den Bewegungen der Migration permanent Kämpfe um das Recht auf Rechte mit der Erzwingung eines Verhandlungsrahmens. In diesem Verhandlungsrahmen muss etwas von der Subjektivität der Migrantinnen und Migranten auf eine Weise enthalten sein, das sie nicht einfach in den Händen von Staatsapparaten, NGOs etc. verschwindet lässt. Die Autonomie der Migration deutet auf die Überschreitung der Grenzen und auf ein Leben auf der Basis von sozialen Netzwerken der Migration hin. Aber es handelt sich nicht um das Reich der Freiheit, wo die autonome Migrantin morgens den Grad ihrer Verwertung festlegt, mittags ihre Wege bestimmt und abends die Früchte ihrer Mobilität genießt. Im Gegenteil: Für ein Verständnis der Konjunkturen des Rassismus und der autonomen Praktiken in der Migration sind die Kämpfe und Praktiken der Migrantinnen und Migranten und ihre Geschichte konstitutiv.

Literatur

Abdallah, Mogniss H. (2000): Die Bewegung der Sans Papiers – ein Höhepunkt in Frankreichs Einwanderungsgeschichte, in: AutorInnenkollektiv „kein mensch ist illegal“ (Hg.): Ohne Papiere in Europa. Illegalisierung der Migration – Selbstorganisation und Unterstützungsprojekte in Europa. Berlin/Hamburg 2000, 17-68.

– (2002): Kämpfe der Immigration in Frankreich: Übergänge in die Politik und soziale Transformationen, in: 1999. Zeitschrift für Sozialgeschichte des 20. und 21. Jahrhunderts, März 2002, Heft 1, 101-124.

Abdallah, Mogniss H./Le Réseau No Pasaran (2000): J'y suis, J'y reste! Les luttes de l'immigration en France depuis les années soixante. Paris.

Ackermann, Irmgard (Hg.) (1982): Als Fremder in Deutschland. Berichte, Erzählungen, Gedichte von Ausländern. München.

Allen, Theodore W. (1997): The Invention of the White Race. The Origin of Racial Oppression in Anglo-America. London/New York.

– (1998a): Die Erfindung der weißen Rasse. Rassistische Unterdrückung und soziale Kontrolle. Band 1, Berlin.

– (1998b): An Interview with Theodore W. Allen by Jonathan Scott and Gregory Meyerson, in: Cultural Logic, Volume 1, Number 2, Spring. http://eserver.org/clogic/1-2/1-2index.html

– (2002): Rebellion in der Kolonie Virginia. Die historische Bedeutung des Bacon-Aufstandes von 1676, in: Subtropen, Monatliches Supplement der Jungle World, Nr. 15/07, Juli.

Alleyne, Brian (2002): Radicals Against Race. Black Activism and Cultural Politics. Oxford/New York.

Allinger, Elke/Kim-Morris, Soon Im (1993): Die Koreanische Frauengruppe in Berlin, in: Berliner Geschichtswerkstatt e.V. (Hg.): „... da sind wir keine Ausländer mehr“. Eingewanderte ArbeiterInnen in Berlin 1961–1993. Berlin, 75-79.

Alquati, Romano (1974): Klassenanalyse als Klasseenkampf. Arbeiteruntersuchungen bei Fiat und Olivetti (1961–63). Hrsg. v. W. Rieland. Frankfurt a. Main.

Althusser, Louis (1968) [1962] : Für Marx. Frankfurt am Main.

– (1974): Lenin und die Philosophie. Reinbek.

– (1977): Ideologie und ideologische Staatsapparate. Aufsätze zur marxistischen Theorie. Frankfurt am Main/Berlin.

– (1987a): Über Jean-Jacques Rousseaus „Gesellschaftsvertrag“ (1966), in: Machiavelli – Montesquieu – Rousseau. Berlin, 131-172.

– (1987b): Die Einsamkeit des Machiavelli (1977), in: Machiavelli – Montesquieu – Rousseau. Berlin, 11-32.

– (1999): Machiavelli and Us. London/New York.

– (2006): Philosophy of the Encounter. Later Writings, 1978–1987. London/New York.

Anagiostidis, Homer (1972): Gewerkschaften und Ausländerbeschäftigung, in: Ders. (Hg.): Gastarbeiter. Analysen und Berichte. Frankfurt am Main, 104-136.

Andrijašević, Rutvica (2003): The Difference Borders Make: (Il)legality, Migration and Trafficking in Italy among „Eastern" European Women in Prostitution, in: Ahmed, Sara/Castaeda, Claudia/Fortier, Anne-Marie/Sheller, Mimi (eds.): Uprootings/Regroundings: Questions of Home and Migration. Oxford.

Andrijašević, Rutvica/Bojadžijev, Manuela (2005): Notes Towards Migration Management and Citizenship in the area of Ex-Yugoslavia. http://www.transitmigration.org

Antov, Draško (1982): Wir kennen uns, Ausländer, in: Ackermann, Irmgard (Hg.): Als Fremder in Deutschland. Berichte, Erzählungen, Gedichte von Ausländern. München, 118-128.

Arbeiterkampf (Hg.) (1975): Streik bei Ford. Köln.

Arendt-Rojahn, Veronika (1983): Ausgeliefert. Cemal Altun und andere. Reinbek bei Hamburg.

Armann, Claus (1974): Pierburg-Prozeß, in: express, 10. Dezember, Nr.12, 8.

Armann, Claus/Taudien, Reiner (1974): 5 Tage standen alle Bänder still. Zum Streik bei Pierburg, in: Werkkreis Literatur der Arbeitswelt (Hg.): Dieser Betrieb wird bestreikt. Frankfurt am Main, 125-135.

Arndt, Susan (2001): AfrikaBilder. Studien zu Rassismus in Deutschland. Münster.

Atzert, Thomas/Jost Müller (2001): Verdammter Fanon. Nation, Gewalt und Entfremdung in der postkolonialen Situation, in: Subtropen. Supplement der Jungle World, Nr. 32, 01.August.

Atzert, Thomas/Jost Müller (Hg.) (2003): Kritik der Weltordnung. Globalisierung, Imperialismus, Empire. Berlin.

Atzert, Thomas/Gisbert Lepper/Jost Müller/Jürgen Roth/Bernhard Ruppert (1996): Marxismus als Springteufelchen, in: Die Beute, Nr. 1, 95-107.

Ausländerkomitee Berlin (W) e.V. (1978): Gleiches Wohnrecht für alle! Dokumentation zur Zuzugssperre für ausländische Arbeiter. Berlin (West).

Ayata, İmran (1999): Heute die Gesichter, morgen die Ärsche, in: Spex, Nr. 11, 10-11.

(2005): Hürriyet Love Express. Köln.

Aziz, Alexandra (1993): Das neue Kleingewerbe, in: Berliner Geschichtswerkstatt e.V. (Hg.): „... da sind wir keine Ausländer mehr". Eingewanderte ArbeiterInnen in Berlin 1961–1993. Berlin, 42-47.

Bundesanstalt für Arbeit Nürnberg (BAA) (Hg.) (1973): Repräsentativ-Untersuchung 1972. Nürnberg.

Bade, Klaus J. (1983): Vom Auswanderungsland zum Einwanderungsland? Deutschland 1880 bis 1980. Berlin.

– (2002): Europa in Bewegung. Migration vom späten 18. Jahrhundert bis zur Gegenwart. München.

Balibar, Étienne (1992a): „Es gibt keinen Staat in Europa". Rassismus und Politik im heutigen Europa, in: Institut für Migrations- und Rassismusforschung e.V. (Hg.): Rassismus und Migration in Europa. Beiträge des Hamburger Kongresses „Migration und Rassismus in Europa". Hamburg/Berlin, 10-29.

– (1992b): Die uneindeutigen Identitäten, in: kultuRRevolution. zeitschrift für angewandte diskurstheorie, Heft 27, August, 71-78.

– (1992c): Vom Klassenkampf zum Kampf ohne Klassen? In: Ders./Wallerstein, Immanuel: Rasse, Klasse, Nation. Ambivalente Identitäten. Hamburg, 190-224.

– (1992d): Rassismus und Krise, in: Ders./Wallerstein, Immanuel: Rasse, Klasse, Nation. Ambivalente Identitäten. Hamburg, 261-272.

– (1992e): Gibt es einen „Neo-Rassismus"? In: Ders./Wallerstein, Immanuel: Rasse, Klasse, Nation. Ambivalente Identitäten. Hamburg, 23-38.

– (1992f): Rassismus und Nationalismus, in: Ders./Wallerstein, Immanuel: Rasse, Klasse, Nation. Ambivalente Identitäten. Hamburg, 49-87.

– (1993): Die Grenzen der Demokratie. Hamburg.

– (1994a): Für Althusser. Mainz.

– (1994b): Masses, Classes, Ideas. Studies on Politics and Philosophy before and after Marx. New York/London.

– (1995): The Philosophy of Marx. London/New York.

– (1999): Conjectures and Conjunctures, in: Radical Philosophy, No. 97, 30-41.

– (2001): Kommunismus und Staatsbürgerschaft. Überlegungen zur emanzipatorischen Politik am Ende des 20. Jahrhunderts, in: Diskus, Jg. 50, 2, Sondernummer zur Frankfurter Buchmesse, 11-15.

– (2002): Reflections on „The Nation Form: History and Ideology", in: Essed, Philomena/Goldberg, David Theo (eds.): Race Critical Theories. Text and Context. Malden/Oxford, 413-416.

– (2003a): Sind wir Bürger Europas? Politische Integration, soziale Ausgrenzung und die Zukunft des Nationalen. Hamburg.

– (2003b): L'Europe, l'Amérique, la guerre. Paris.

– (2005): Difference, Otherness, Exclusion, in: parallax, Vol. 11, No. 1, 19-34.

– (2006): Der Schauplatz der Anderen. Formen der Gewalt und Grenzen der Zivilität. Hamburg.

Balibar, Étienne/Mezzadra, Sandro (2006): Borders, Citizenship, War, Class: A Discussion with Étienne Balibar and Sandro Mezzadra, in: new formations, Nr. 58, 10-30.

Balibar, Étienne/Wallerstein, Immanuel (1992): Rasse, Klasse, Nation. Ambivalente Identitäten. Hamburg.

Basch, Linda/Glick-Schiller, Nina/Szanton Blanc, Cristina (1994): Nations unbound: Transnational projects, postcolonial predicaments, and deterritorialized nationstates. Amsterdam

Beer, Mathias (1999): Lager als Lebensform in der deutschen Nachkriegsgesellschaft. Zur Neubewertung der Funktion der Flüchtlingswohnlager im Eingliederungsprozeß, in: Motte, Jan/Ohliger, Rainer/von Oswald, Anne (Hg.): 50 Jahre Bundesrepublik – 50 Jahre Einwanderung. Nachkriegsgeschichte als Migrationsgeschichte. Frankfurt am Main, 56-75.

Bell, Vikki (2002): Reflections on „The End of Antiracism" (P. Gilroy), in: Essed, Philomena/Goldberg, Theo David (eds.): Race Critical Theories. Text and Context. Malden/Oxford, 509-512.

Benjamin, Walter (1992) [1940]: Über den Begriff der Geschichte, in: Ders.: Sprache und Geschichte. Philosophische Essays. Stuttgart, 141-154.

Berger, Hartwig (1990): Vom Klassenkampf zum Kulturkonflikt – Wandlungen und Wendungen der westdeutschen Migrationsforschung, in: Dittrich, Eckhard J./Radtke, Frank-Olaf (Hg.): Ethnizität. Wissenschaft und Minderheiten. Opladen, 119-138.

Berger, John/Mohr, Jean (1976): Arbeitsemigranten. Erfahrungen/Bilder/Analysen. Reinbek bei Hamburg.

Berner, Heike/Choi, Sun-ju/Koreanische Frauengruppe (2006) (Hg.): zuhause. Erzählungen von deutschen Koreanerinnen. Berlin/Hamburg

Bhabha, Homi (2000) [1994]: Die Verortung der Kultur. Tübingen.

– (1997): Die Frage der Identität, in: Bronfen, Elisabeth/Marius, Benjamin (Hg.): Hybride Kulturen. Beiträge zur anglo-amerikanischen Multikulturalismusdebatte. Tübingen, 97-122.

Bhatt, Chetan (2006): „The Fetish of the Margins: Religious Absolutism, Anti-Racism and Postcolonial Silence" in: *new formations*, Nr. 59, 98-115.

– (2010): The spirit lives on: Race and the Disciplines, in: Patricia Hill Collins and John Solomos (eds): Handbook of Race and Ethnic Studies London: Sage.

Birke, Peter (2007): Wilde Streiks im Wirtschaftswunder. Arbeitskämpfe, Gewerkschaften und soziale Bewegungen in der Bundesrepublik und Dänemark. Frankfurt am Main/New York.

– (2005a): 60 Pfennig nicht genug. Muss eine Mark. Wilde Streiks und Gewerkschaften in der Bundesrepublik, 1967–1973. Vortragsmanuskript zur Konferenz „1968 und die Arbeiter. Ein europäischer Vergleich". DGB-Bildungszentrum Hattingen, 11.2.2005.

– (2005b): Bizarre Autonomie: Turmuhren, Stoppuhren und Fabrikarbeit in Dänemark bis ca. 1973, in: Heigl, Richard/Ziegler, Petra/Bauer, Philip (Hg.): Kritische Geschichte. Perspektiven und Positionen. Leipzig.

– (2005c): 60 Pfennig nicht genug, muss eine Mark. Geschichte der wilden Streiks in der Bundesrepublik und Dänemark, 1950 –1973. Dissertationsschrift.

Blaschke, Jochen/Greussing, Kurt (1980): „Dritte Welt" in Europa. Probleme der Arbeitsimmigration. Frankfurt am Main.

Bock, Gisela (1976): Die andere Arbeiterbewegung in den USA von 1909–1922. Die I.W.W. The Industrial Workers of the World. München.

Bock, Gisela/Duden, Barbara (1977): Arbeit aus Liebe – Liebe als Arbeit. Zur Entstehung der Hausarbeit im Kapitalismus, in: Gruppe Berliner Dozentinnen (Hg.): Frauen und Wissenschaft. Beiträge zur Berliner Sommeruniversität für Frauen. Juli 1976. Berlin, 118-199.

Bojadžijev, Manuela (2002a): Antirassistischer Widerstand von Migrantinnen und Migranten in der Bundesrepublik: Fragen der Geschichtsschreibung, in: 1999. Zeitschrift für Sozialgeschichte des 20. und 21. Jahrhunderts, 17. Jg., Heft 1, 125-152.

– (2002b): „Deutsche und ausländische Arbeiter: Ein Gegner – ein Kampf?" Antirassistische Kämpfe – Methodische Fragen, historische Entwicklungen, in: Demirović, Alex/Bojadžijev, Manuela (Hg.): Konjunkturen des Rassismus. Münster, 268-299.

– (2003): Zwölf Quadratmeter Deutschland. Staatliche Maßnahmen und das Konzept der Autonomie, in: Subtropen, Supplement der Jungle World, Nr. 1, Januar.

– (2005a): Bürgerrechte und die Perspektive der Migration, in: Kölnischer Kunstverein et al. (Hg.): Projekt Migration. Köln: Dumont, 219-220.

– (2006a): Autonomie der Migration. Eine historische Perspektive, in: Jour fixe-Initiative (Hg.): Klassen und Kämpfe. Unrast: Münster 149-166.

– (2006b) Verlorene Gelassenheit. Eine Genealogie der Integration, in: Kurswechsel, Nr. 02, 79-87.

– (2007): Does Contemporary Capitalism need Racism?, in: ICFAI (eds.): Global Capitalism: A Study of Impacts. Hyderabad: The ICFAI University Press.

– (2007): Najkrači put u svet – Der kürzeste Weg in die Welt. Migration, Bürgerrechte und die EU in den Staaten des ehemaligen Jugoslawien, in: Forschungsgruppe TRANSIT MIGRATION (Hg.): Turbulente Ränder. Neue Perspektiven auf Migration an den Grenzen Europas. Bielefeld: Transcript 87-106.

– (2007): Autonomie der Migration, in: Ulrich Brand et al. (Hg.): ABC der Alternativen. Hamburg: VSA 26-27.

Bojadžijev, Manuela/Demirović, Alex (2002): Vorwort, in: Dies. (Hg.): Konjunkturen des Rassismus. Münster, 7-27.

Bojadžijev, Manuela/Karahasan, Yilmaz (2005): Anpassung oder Widerstand? Gespräch mit Manuela Bojadžijev und Yilmaz Karahasan, in: Kölnischer Kunstverein et al. (Hg.): Projekt Migration, Köln, 336-345.

Bojadžijev, Manuela/Karakayalı, Serhat (2000): Licht aus, Kopf an. Aus Normalisierung und staatlichem Antirassismus wird eine neue Form rassistischer Herrschaft gemischt, in: Jungle World, Nr. 35, 23. August.

– (2003): Welcher Widerstand gegen welchen Rassismus? In: Jakob-Moneta-Stiftung (Hg.): Welcher Widerstand gegen welchen Rassismus? Eine Dokumentation. Hamburg, 61-74.

– (2005): Blind Passage. Illegalisierte Migration und Migrationskontrollen in der Geschichte der Bundesrepublik, in: ASTA der FH Münster (Hg.): Alle reden vom Wetter. Wir nicht. Beiträge zur Förderung kritischer Vernunft. Münster, 100-116.

– (2006): Autonomie der Migration. 10 Thesen zu einer Methode, in: TRANSIT MIGRATION Forschungsgruppe (Hg.): Turbulente Ränder. Neue Perspektiven auf Migration an den Grenzen Europas. Bielefeld: Transcript.

Bojadžijev, Manuela/Tsianos, Vassilis (2000): Mit den besten Absichten. Spuren des migrantischen Widerstands, in: iz3w, Nr. 244, April, 35-38.

– (2002): Border clash, in: Zugewinn Gemeinschaft. Publikation der 5. Werkleitz Biennale, 26-27.

Bojadžijev, Manuela/Karakayalı, Serhat/Tsianos, Vassilis (2000): Nichts ist identisch. Ein Abriss über den migrantischen Widerstand in den neunziger Jahren, in: Jungle World, Nr. 43, 18. Oktober.

– (2001): Legalisierung statt Rasterfahndung. Migration, rassistisches Regime und linker Antirassismus, in: Subtropen, Supplement der Jungle World, Nr. 7, November.

– (2003a): Papers and Roses. Die Autonomie der Migration und der Kampf um Rechte, in: BUKO (Hg.): radikal global. Bausteine für eine internationalistische Linke. Berlin/Hamburg/Göttingen, 196-208.

– (2003b): Das Rätsel der Ankunft. Von Lagern und Gespenstern, in: Kurswechsel, Heft 3, 39-52.

Bojadžijev, Manuela/Ronneberger, Klaus (2001): Gleich in die Ungleichheit. Integration in Deutschland, in: iz3w, Nr. 253, Mai/Juni, 19-22.

Bojadžijev, Manuela/Seibert, Thomas/Tsianos, Vassilis (2001): Kommunismus, Universalismus, Antirassismus, in: http://www.links-netz.de/K_texte/K_kanak_universalismus.html.

Bommes, Michael/Halfmann, Jost (Hg.) (1998): Migration in nationalen Wohlfahrtsstaaten. Theoretische und vergleichende Untersuchungen (IMIS Schriften, Bd. 6). Osnabrück.

Bonnett, Alastair (2000): Anti-Racism. London.

Bouamama, Saïd (2000): J'y suis, J'y vote. La lutte pour les droits politiques aux résidents étrangers. Paris.

Bourne, Jenny/Sivanandan, Amabalavaner/Fekete, Liz (Hg.) (1992): From Resistance to Rebellion. Texte zur Rassismus-Diskussion. Berlin.

Bratić, Ljubomir (Hg.) (2002): Landschaften der Tat. Vermessung, Transformation und Ambivalenzen des Antirassismus in Europa. St. Pölten.

– (2002): Rassismus und migrantischer Antirassismus in Österreich, in: Ders. (Hg.): Landschaften der Tat. Vermessung, Transformation und Ambivalenzen des Antirassismus in Europa. St. Pölten, 119-142.

Bronfen, Elisabeth/Benjamin Marius (1997): Hybride Kulturen. Einleitung zur angloamerikanischen Multikulturalismusdebatte, in: Dies. (Hg.): Hybride Kulturen. Beiträge zur angloamerikanischen Multikulturalismusdebatte. Tübingen, 1-30.

Budzinski, Manfred (1979): Gewerkschaftliche und betriebliche Erfahrungen ausländische Arbeiter. Frankfurt am Main.

Buhle, Paul/Schulman, Nicole (2005): Wobblies! A Graphic History of the Industrial Workers of the World. London/New York.

Bundesministerium des Inneren/Sachverständigenrat für Zuwanderung und Integration/Bundesamt für Migration und Flüchtlinge (2004): Migrationsbericht. http://www.bmi.bund.de/cln_012/nn_121894/Internet/Content/Common/Anlagen/Broschueren/2004/Migrationsbericht__2004,templateId=raw,property=publicationFile.pdf/Migrationsbericht_2004

Caixeta, Luzenir/Salgado, Rubia (2002): Ein Zwischen-Ort der politischen Artikulation von Migrantinnen, in: Bratić, Ljubomir (Hg.): Landschaften der Tat. Vermessung, Transformation und Ambivalenzen des Antirassismus in Europa. St. Pölten, 187-198.

Centre for Contemporary Cultural Studies (1982): The Empire Strikes Back. Race and Racism in 70s Britain. London/New York.

Certeau, Michel de (1988): Kunst des Handelns. Berlin.

Césaire Aimé (1968) [1951]: Über den Kolonialismus. Berlin.

Cherki, Alice (2001): Frantz Fanon. Ein Porträt. Hamburg.

Chakrabarty, Dipesh (2002): Europa provinzialisieren. Postkolonialität und die Kritik der Geschichte, in: Conrad, Sebastian/Randeria, Shalini (Hg.): Jenseits des Eurozentrismus. Postkoloniale Perspektiven in den Geschichts- und Kulturwissenschaften. Frankfurt/New York, 283-313.

Cinanni, Paolo (1970): Emigration und Imperialismus. Zur Problematik der Arbeitsemigranten. München.

Cissé, Madjiguène (2002): Papiere für alle. Die Bewegung der Sans Papiers in Frankreich. Berlin/Hamburg/Göttingen.

Cohen, Daniel (2004): Remembering Post-War Displaced Persons: From Ommission to Resurrection. Paper for the conference Commemorating Migrants and Migration: Towards New Interpretations of European History organized by the German Historical Institute/Centre Marc Bloch, Paris, November 15th–16th, 2004.

Cohen, Philip (1994): Gefährliche Erbschaften: Studien zur Entstehung einer multirassistischen Kultur in Großbritannien, in: Kalpaka, Annita/Räthzel, Nora (Hg.): Die Schwierigkeit, nicht rassistisch zu sein. Rassismus in Politik, Kultur und Alltag. Köln, 81-143.

Cohn-Bendit, Daniel (1975): Der große Basar. Gaiganz.

Conrad, Sebastian/Randeria, Shalini (2002): Jenseits des Eurozentrismus. Postkoloniale Perspektiven in den Geschichts- und Kulturwissenschaften. Frankfurt am Main/New York.

Cuninghame, Patrick (2003): Für eine Untersuchung der Autonomia. Interview mit Sergio Bologna, in: Utopie kreativ. Nr. 155, 848-857.

Czock, Heidrun (1993): Der Fall Ausländerpädagogik. Erziehungswissenschaftliche und bildungspolitische Codierung der Arbeitsmigration. Frankfurt am Main.

D'Amato, Gianni (2001): Vom Ausländer zum Bürger. Der Streit um die politische Integration von Einwanderern in Deutschland, Frankreich und der Schweiz. Münster.

Dalla Costa, Mariarosa/James, Selma (1973): Die Macht der Frauen und der Umsturz der Gesellschaft. Berlin.

Demirović, Alex (1987): Nicos Poulantzas. Eine kritische Auseinandersetzung. Hamburg/Berlin.

– (1988): Der ungleichzeitige Marxismus Louis Althussers. Assoziationen zur „Krise des Marxismus", in: kultuRRevolution, Nr. 20, 52-56.

– (1990): Der Staat als Wissenschaftspraxis. Hegemonietheoretische Überlegungen zur intellektuellen Produktion von Politik und Staat, in: kultuRRevolution, Nr. 22.

– (1992): Vom Vorurteil zum Neorassismus. Das Objekt „Rassismus" in Ideologiekritik und Ideologietheorie, in: Redaktion Diskus (Hg.): Die freundliche Zivilgesellschaft. Berlin, 73-94.

– (1993): Politische Führung und Geschlechterverhältnis. Zu einem Aspekt politischer Ideengeschichte, in: Institut für Sozialforschung (Hg.): Mitteilungen, Heft 2, 63-89.

– (1994a): Totalität und Immanenz, in: Böke, Henning/Müller, Jens-Christian/Reinfeldt, Sebastian (Hg.): Denk-Prozesse nach Althusser. Hamburg 1994, 87-102.

– (1994b): Fordistischer Nachkriegskonsens, Krise und Neorassismus, in: Wohlfahrtsausschüsse (Hg.): Etwas Besseres als die Nation. Berlin, 105-114.

– (1994c): Rechtsextremismus in der Bundesrepublik, in: Institut für Sozialforschung (Hg.): Rechtsextremismus und Fremdenfeindlichkeit. Studien zur aktuellen Entwicklung. Frankfurt am Main/New York, 29-58.

– (1996a): Kritische Theorie und Nationalismus, in: Österreichische Zeitschrift für Politikwissenschaft, Nr. 2, 223-234.

– (1996b): Die Transformation des Wohlfahrtsstaats und der Diskurs des Nationalismus, in: Bruch, Michael/Krebs, Hans-Peter (Hg.): Unternehmen Globus. Münster, 89-115.

– (2002): Die Konflikttheorie bei Karl Marx, in: Bonacker, Thorsten (Hg.): Soziale Konflikttheorie. Opladen, 47-64.

– (2003): Kämpfen, kämpfen, immer nur kämpfen? Radikale Demokratie und der Verein freier Individuen, in: Jungle World, Nr. 43 vom 15. Oktober, D2-D3.

Demirović, Alex/Bojadžijev, Manuela (Hg.) (2002): Konjunkturen des Rassismus. Münster.

Demirović, Alex/Paul, Gerd (1996): Demokratisches Selbstverständnis und die Herausforderung von rechts. Student und Politik in den neunziger Jahren. Frankfurt am Main/New York.

Dennis, Mike (2005): Self-determination in the niches: The Vietnamese contract workers in the GDR 1980–1989, in: In: Kölnischer Kunstverein et al. (Hg.): Projekt Migration. Köln: Dumont, 702-709.

Desai, Ashwin (2002): We are the poors: community struggles in post-apartheid South Africa. New York.

DGB-Bundesvorstand (1971): Die deutschen Gewerkschaften und die ausländischen Arbeitnehmer, verabschiedet am 02. November 1971.

– (1978): Positionspapier des DGB zur Ausländerpolitik. Düsseldorf.

Dietrich, Helmut (1998): Das Phantom einer homogenen Gesellschaft in der ostdeutschen Grenzregion, in: Mittelweg 26, 5.

– (2000): Grenzgänger. Am Ende der alten Welt, in: Jungle World, Nr. XX, Datum, 51.

Diminescu, Dana (2003): Das System D gegen das System SIS. Reisende, Navigierende, Schleuser und Gefangene virtueller Grenzen, in: von Osten, Marion/Spillmann, Peter (Hg.): Moneynations. Constructing the Borders – Constructing East-West. Wien.

Do Thi Hoang Lan (2005): Der lange Weg zu einem gesicherten Leben, In: Kölnischer Kunstverein et al. (Hg.): Projekt Migration. Köln: Dumont, 807-809.

Dohse, Knut (1976): Ausländerpolitik der europäischen Gewerkschaften. Eine Analyse der 3. Konferenz von Gewerkschaften aus Europa und dem Maghreb, in: Journal G, Nr. 7, 16-31.

– (1985): Ausländische Arbeiter und bürgerlicher Staat. Genese und Funktion von staatlicher Ausländerpolitik und Ausländerrecht. Vom Kaiserreich bis zur Bundesrepublik Deutschland. Berlin.

Dominik, Katja/Jünemann, Marc/Motte, Jan/Reinecke, Astrid (Hg.) (1999): Angeworben, eingewandert, abgeschoben. Ein anderer Blick auf die Einwanderungsgesellschaft. Münster.

Dresler, Achim (1988): Ausländische Arbeitsmigranten in Rüsselsheim nach 1945. Geschichte, Wohnsituation und die Rolle der Beschäftigungspolitik von Opel. Diplom-Arbeit am Fachbereich Geographie der Universität Frankfurt am Main.

Dunkel, Franziska/Stramaglia-Faggion, Gabriella/Kulturreferat der Landeshauptstadt München (2000): „Für 50 Mark ein Italiener". Zu Geschichte der Gastarbeiter in München. München.

Düvell, Frank (1992): England: Krise, Rassismus, Widerstand. Materialien für einen neuen Antiimperialismus, Nr. 3.

Dutschke, Rudi (1980) [1968]: Die geschichtliche Bedingungen für den internationalen Emanzipationskampf. Rede auf dem Internationalen Vietnam-Kongress in West-Berlin, Februar 1968, in: Ders.: Geschichte ist machbar. Berlin, 105-121.

El Hajaj, Mustapha (1969): Vom Affen, der ein Visum suchte und andere Gastarbeitergeschichten. Wuppertal-Barmen.

Elsner, Lothar (1970): Fremdarbeiterpolitik in Westdeutschland. Zur Lage und zum Kampf der ausländischen Arbeiter unter den Bedingungen des westdeutschen staatsmonopolitischen Herrschaftssystems (1955–1968). Berlin.

El-Tayeb, Fatima (2001): Schwarze Deutsche. Der Diskurs um „Rasse" und nationale Identität 1890–1933. Frankfurt am Main/New York.

Elliott, Gregory (1988): Die Einsamkeit Althussers, in: kultuRRevolution, Nr. 20, 15-18.

Engelmann, Jan (Hg.) (1999): Die kleinen Unterschiede. Der Cultural-Studies-Reader. Frankfurt am Main/New York.

Eichhorn, Cornelia (1992): „Frauen sind die Neger aller Völker". Überlegungen zu Feminismus, Sexismus und Rassismus, in: Redaktion Diskus (Hg.): Die freundliche Zivilgesellschaft. Berlin, S. 95-104.

– (2004): Geschlechtliche Teilung der Arbeit. Eine feministische Kritik, in: Atzert, Thomas/Müller, Jost (Hg.): Immaterielle Arbeit und imperiale Souveränität. Analysen und Diskussionen zu Empire. Münster, 189-202.

Erdoğmus, Feride (1983): „Am Großmarkt wartet schon die Polizei". Bericht eines „Illegalen" aus der Türkei, in: Habbe, Christian (Hg.): Ausländer. Die verfemten Gäste. Hamburg, 69-78.

Erel, Umut (1993): Grenzüberschreitungen und kulturelle Mischformen als antirassistischer Widerstand? In: Gelbirn, Cathy S./Konuk, Kader/Piesche, Peggy (Hg.): Kulturelle Produktionen von Migrantinnen, Schwarzen und jüdischen Frauen in Deutschland. Königsberg/Taunus, 172-194.

Eryılmaz, Aytaç/Jamin, Mathilde (Hg.) (1998): Fremder Heimat. Eine Geschichte der Einwanderung aus der Türkei. Essen.

Fanon, Frantz (1969) [1966]: Aspekte der Algerischen Revolution. Frankfurt am Main.

– (1972) [1969]: Für eine afrikanische Revolution. Frankfurt am Main.

– (1981) [1961]: Die Verdammten dieser Erde. Frankfurt am Main.

– (1985) [1952]: Schwarze Haut, weiße Masken. Frankfurt am Main.

Fathi, Ali (1996): Die bundesrepublikanische Einwanderungspraxis im europäischen Vergleich mit Großbritannien und Frankreich. Politische Ansichten von Berliner Einwanderern zur deutschen Einwanderungspraxis und zu den Auswirkungen der Vereinigung Europas. Berlin.

Forschungsgesellschaft Flucht und Migration (2001): Kommerzielle Fluchthilfe als Dienstleistung, in: Ressler, Oliver/Krenn, Martin (Hg.): Informationsbroschüre „Neues Grenzblatt".

Foucault, Michel (1978) [1976–1977]: Dispositive der Macht. Berlin.

– (1984): Von der Freundschaft. Michel Foucault im Gespräch. Berlin.

– (1992) [1978]: Was ist Kritik? Berlin.

– (1991) [1972]: Die Ordnung des Diskurses. Frankfurt am Main.

(1994) Das Subjekt und die Macht [1982]. In: Hubert L. Dreyfus, Paul Rabinow: Michel Foucault. Jenseits von Strukturalismus und Hermeneutik. Weinheim, 243-261.

– (1999) [1975–1976]: In Verteidigung der Gesellschaft. Frankfurt am Main.

Frankenberg, Ruth/Mani, Lata (1995): Crosscurrents, Crosstalk: Race, „Postcoloniality" and the Politics of Location, in: Cultural Studies, Nr. 2, 292-310.

Friedrichs; Jürgen (1998): Vor neuen ethnisch-kulturellen Konflikten? Neue Befunde der Stadtsoziologie zum Verhältnis von Einheimischen und Zugewanderten in Deutschland, in: Heitmeyer, Wilhelm (Hg.): Die Krise der Städte. Frankfurt am Main, 233-265.

Ganßloser, Dagmar (1992): „Wir riefen Arbeitskräfte, es kamen Menschen". Migrationspolitik und verschärftes Ausländergesetz in der BRD, in: Redaktion Diskus (Hg.): Die freundliche Zivilgesellschaft. Berlin, 45-52.

Geiselberger, Siegmar (1972): Schwarzbuch: Ausländische Arbeiter. Frankfurt am Main.

Geronimo (2002) [1990]: Feuer und Flamme. Zur Geschichte und Gegenwart der Autonomen. Ein Abriss. Berlin.

Geschichtswerkstatt Göttingen e.V. (1999): Zur neueren Migrationsgeschichte in Deutschland, in: Dominik, Katja/Jünemann, Marc/Motte, Jan/Reinecke, Astrid (Hg.): Angeworben, eingewandert, abgeschoben. Ein anderer Blick auf die Einwanderungsgesellschaft Bundesrepublik Deutschland. Münster, 29-55.

Gienanth, Ulrich Freiherr von (1966): So schnell geht es nicht! In: Der Arbeitgeber, 18. Jahrgang.

Gilroy, Paul (1993) [1990]: Das Ende des Antirassismus, in: Diedrichsen, Diedrich (Hg.): Yo! Hermeneutics! Schwarze Kulturkritik. Pop, Medien, Feminismus. Berlin, 129-144.

(1987): „There Ain't No Black in the Union Jack". The Cultural Politics of Race and Nation. Chicago.

(2001): Between Camps. Nations, Cultures and the Allure of Race. London.

Görg, Andreas (2002): Antirassismus – Konfliktlinien und Allianzbildung, in: Bratić, Ljubomir (Hg.): Landschaften der Tat. Vermessung, Transformation und Ambivalenzen des Antirassismus in Europa. St. Pölten, 223-237.

Gosewinkel, Dieter (2001): Einbürgern und Ausschließen. Die Nationalisierung der Staatsangehörigkeit vom Deutschen Bund bis zur Bundesrepublik Deutschland. Göttingen.

Gramsci, Antonio (1992): Gefängnishefte. H.13. Hamburg.

Griese, Hartmut M. (1984): Der gläserne Fremde. Bilanz und Kritik der Gastarbeiterforschung und der Ausländerpädagogik. Opladen.

Grimm, Sabine (1997): Postkoloniale Kritik, in: Die Beute, Nr. 14, 48-61.

– (2000): Subjekte des Antikolonialismus, in: ANYP. Zeitschrift für die nächsten 10 Jahre.

Grosse, Pascal (2000): Kolonialismus und bürgerliche Gesellschaft in Deutschland 1850–1918. Frankfurt am Main.

Gruppe Arbeitersache (1973a): Was wir brauchen müssen wir uns nehmen. Multinationale Betriebs- und Regionsarbeit der Gruppe Arbeitersache München. München.

– (1973b): Wir wollen leben. Regionsarbeit in München-Nord, in: Wir wollen alles, Nr. 2, 6-8.

– (1973c): Der 1. Mai kommt. Wir schlagen aus, in: Wir wollen alles, Nr. 4, 6.

Gruppe Internationaler Marxisten (o. J.): Der Streik bei Ford. Streikverlauf, Analyse, Einschätzung, Dokumentation. Was tun? Sonderdruck. Frankfurt.

Güngör, Murat (2005): Kommen, bleiben und verändern, in: Kölnischer Kunstverein, DOMiT, Institut für Kulturanthropologie und Europäische Ethnologie der Universität Frankfurt/Main, Institut für Theorie der Gestaltung und Kunst, HGK Zürich (Hg.): Projekt Migration. Köln, 474-481.

Guillaumin, Colette (1992): Die Bedeutung des Begriffs Rasse, in: Institut für Migrations- und Rassismusforschung e.V. (Hg.): Rassismus und Migration in Europa. Beiträge des Hamburger Kongresse „Migration und Rassismus in Europa". Hamburg/Berlin, 77-87.

– (1995): Racism, Sexism, Power and Ideology. London/New York.

Günem, Sedef (1996): Die sozialpolitische Konstruktion „kultureller" Differenzen in der bundesdeutschen Frauen- und Migrationsforschung, in: beiträge zur feministischen theorie und praxis, Nr. 42, 77-90.

– (1998): Das Soziale des Geschlechts, in: Das Argument, Nr. 224, 187-202.

Guitérrez Rodríguez, Encarnación (1999a): Intellektuelle Migrantinnen – Subjektivitäten im Zeitalter von Globalisierung: Eine postkoloniale dekonstruktive Analyse von Biographien im Spannungsverhältnis von Ethnisierung und Vergeschlechlichung. Opladen.

– (1999b): Fallstricke des Feminismus: Das Denken „kritischer Differenzen" ohne geopolitische Kontextualisierung. Einige Überlegungen zur Rezeption antirassistischer und postkolonialer Kritik, in: Polylog. Zeitschrift für interkulturelles Philosophieren, Nr. 4. Wien, 13-24.

– (2003): Repräsentation, Subalternität und postkoloniale Kritik, in: Steyerl, Hito/Guitérrrez Rodríguez, Encarnación: Spricht die Subalterne Deutsch? Migration und postkoloniale Kritik. Münster 2003, 17-36.

Ha, Kien Nghi (1999): Ethnizität und Migration. Münster.

– (2000): Ethnizität, Differenz und Hybridität in der Migration: Eine postkoloniale Perspektive, in: Prokla, Nr. 120, 377-398.

– (2003): Die kolonialen Muster deutscher Arbeitsmarktpolitik, in: Steyerl, Hito/Guitérrrez Rodríguez, Encarnación (Hg.): Spricht die Subalterne Deutsch? Migration und postkoloniale Kritik, 56-108

– (2004): Kolonial-rassistisch – subversiv – postmodern: Hybridität bei Homi Bhaba und in der deutschsprachigen Rezeption, in: Habermas, Rebecca/Mallinckrodt v., Rebekka (Hg.): Interkultureller Transfer und nationaler Eigensinn. Göttingen, 53-71.

Hall, Stuart (1994): Rassismus und kulturelle Identität. Ausgewählte Schriften 2. Hamburg.

– (1996a): Einige „politisch nicht korrekte" Pfade durch PC, in. Das Argument 213, 71-82.

– (1996b): Terrains der Verstörung, in: Texte Zur Kunst, Nr. 24, 47-58.

– (1997) Wann war „der Postkolonialismus“? Denken an der Grenze, in: Bronfen, Elisabeth/Marius, Benjamin/Steffen, Therese (Hg.): Hybride Kulturen. Tübingen, 219-247.

– (2000): Cultural Studies. Ein politisches Theorieprojekt. Ausgewählte Schriften 3. Hamburg.

– (2004): Ideologie, Identität, Repräsentation. Ausgewählt Schriften 4. Hamburg.

Haraway, Donna (1991): „Situated Knowledges: The Science Question in Feminism and the Privilege of Partial Perspective“, in: Simians, Cyborgs, and Women: The Reinvention of Nature. New York, 183-201.

Hardt, Michael/Negri, Antonio (2002): Empire. Die neue Weltordnung. Frankfurt am Main.

Hardt, Michael (2003): Im Zwielicht der bäuerlichen Welt. Zur Klassenanalyse in Empire, in: Atzert, Thomas/Müller, Jost (Hg.): Kritik der Weltordnung. Globalisierung, Imperialismus, Empire. Berlin, 65-90.

Haschemi Yekani, Minu (2002): Motte, Jan; Ohliger, Rainer; von Oswald, Anne (Hg.) (1999): 50 Jahre Bundesrepublik – 50 Jahre Einwanderung. Nachkriegsgeschichte als Migrationsgeschichte. Buchbesprechung, in: 1999. Zeitschrift für Sozialgeschichte des 20. und 21. Jahrhunderts, 17. Jg., Heft 1, 217-218.

Häuserrat Frankfurt (1974): Wohnungskampf in Frankfurt. München.

Häuserrat Frankfurt und AStA der Uni Frankfurt (1973): Kettenhofweg 51. Dokumentation des Häuserrates und des AStA der Uni Ffm.

Haug, Susanne/Pichler, Edith (1999): Soziale Netzwerke und Transnationalität. Neue Ansätze für die historische Migrationsforschung, in: Motte, Jan/Ohliger, Rainer/von Oswald, Anne (Hg.): 50 Jahre Bundesrepublik – 50 Jahre Einwanderung. Nachkriegsgeschichte als Migrationsgeschichte. Frankfurt am Main, 243-258.

Heckmann, Friedrich (1981): Die Bundesrepublik – ein Einwanderungsland? Stuttgart.

Heldmann, Hans Heinz (1974): Ausländerrecht. Disziplinarordnung für die Minderheit. Darmstadt und Neuwied.

Herbert, Ulrich (2001): Geschichte der Ausländerpolitik in Deutschland. Saisonarbeiter, Zwangsarbeiter, Gastarbeiter, Flüchtlinge. München.

Herding, Richard (2000): Der Westend-Konflikt als öffentlicher Lernprozess. Vom Abbruch zur Erhaltung, vom ökonomischen zum ökologischen Stadt-Bild, in: Martin Wentz (Hg.): Hans Kampffmeyer. Planungsdezernent in Frankfurt am Main. Frankfurt am Main, 156-172.

Hess, Sabine/Linder, Andreas (1997): Antirassistische Identitäten in Bewegung. Tübingen.

Hess, Sabine/Lenz, Romana (2001): Das Comeback der Dienstmädchen, in: Dies. (Hg): Geschlecht und Globalisierung. Königstein/Taunus, 128-165.

Hess, Sabine (2005): Globalisierte Hausarbeit. Au-pair als Migrationsstrategie von Frauen aus Osteuropa. Wiesbaden.

Hildebrandt, Eckart/Olle, Werner (1975): Ihr Kampf ist unser Kampf. Ursachen, Verlauf und Perspektiven der Ausländerstreiks 1973 in der BRD. Offenbach.

Hoffmann, Lutz/Even, Herbert (1984): Soziologie der Ausländerfeindlichkeit. Zwischen nationaler Identität und multikultureller Gesellschaft. Basel.

Hoerder, Dirk (2002): Cultures in Contact. World Migrations in the Second Millennium. Durham.

Holert, Tom/Terkessidis, Mark (1996): Mainstream der Minderheiten. Pop in der Kontrollgesellschaft. Berlin.

Honig, Bonnie (2001): Democracy and the Foreigner. Princeton.

Hunn, Karin (2002): Aufstand der „Konjunktur-Kulis". Ein Rückblick auf den „Türkenstreik" bei Ford, in: iz3w, Oktober, Nr. 264, 16-19.

(2005): „Nächstes Jahre kehren wir zurück ..." Die Geschichte türkischer Gastarbeiter in der Bundesrepublik. Göttingen.

Huth, Christine/Miksch, Jürgen (1981): Ausländer Frauen. Interviews, Analysen und Anregungen für die Praxis. Frankfurt am Main.

IG Metall (Hg.) (o. J.): Die Ausländerwelle und die Gewerkschaften. Materialien und kritische Feststellungen. Zu den Versuchen, die deutschen und ausländischen Arbeitnehmer gegeneinander auszuspielen.

Initiativgruppe für ein multinationales Frauenkomitee (1974): Die Kürzung des Kindergelds ist vor allem ein Angriff auf die Frauen, in: Wir wollen alles, Nr. 22, 9.

Interface (Hg.) (2005): WiderstandsBewegungen. Antirassismus zwischen Alltag und Aktion. Berlin.

Jacobson, Matthew Frye (1998): Whiteness of all Colors. European Immigrants and the Alchemy of Race. Cambridge, Mass.

Jäger, Siegfried/Jäger, Margarete (2002): Das Dispositiv des Institutionellen Rassismus. Eine diskurstheoretische Annäherung, in: Demirović, Alex/Bojadžijev, Manuela (Hg.): Konjunkturen des Rassismus. Münster, 212-224.

James, Cyril L. R. (1984) [1938]: Die schwarzen Jakobiner. Toussaint l'Ouverture und die San-Domingo-Revolution. Berlin/DDR.

Jamin, Mathilde (1999): Fremde Heimat. Zur Geschichte der Arbeitsmigration aus der Türkei, in: Motte, Jan/Ohliger, Rainer/von Oswald, Anne (Hg.): 50 Jahre Bundesrepublik – 50 Jahre Einwanderung. Nachkriegsgeschichte als Migrationsgeschichte. Frankfurt am Main, 145-164.

Kalpaka, Annita/Räthzel, Nora (Hg.) (1994): Die Schwierigkeit, nicht rassistisch zu sein. Rassismus in Politik, Kultur und Alltag. Köln

Kammrad, Horst (1971): „Gast"-Arbeiter-Report. München.

Kanak Attak (2001): Der Kanak-Aha-Effekt. Was hat „OpelPitbullAutoput" mit Antirassismus und Subjektivität zu tun? Ein Gespräch mit kanak attak, in: Jungle World, Nr. 17, 18. April.

Karakayalı, Serhat (2000): Across Bockenheimer Landstraße, in: Diskus Heft 8, 41-47.

– (2001a): Sechs bis acht Kommunisten, getarnt in Monteursmänteln, in: Kölner Stadtrevue Nr.10, 41-44.

– (2001b): Multikulturalismus? Die Caprifischer schlagen zurück! In: Deck, Jan/ Dellmann, Sarah/Loick, Daniel/Müller, Johanna (Hg.): Ich schau dir in die Augen, gesellschaftlicher Verblendungszusammenhang. Texte zu Subjektkonstitution und Ideologieproduktion. Mainz, 80-90.

Karakayalı, Serhat/Tsianos, Vassilis (2002): Migrationsregimes in der Bundesrepublik Deutschland. Zum Verhältnis von Staatlichkeit und Rassismus, in: Demirović, Alex/Bojadžijev, Manuela (Hg.): Konjunkturen des Rassismus. Münster, 246-267.

Karakayalı, Serhat/Tsianos, Vassilis (2004): Von Amts wegen anders. Institutioneller Rassismus ist in der Struktur des Staates schon angelegt, in: iz3w. Nr. 275, 14-17.

Katsoulis, Haris (1984): Bürger zweiter Klasse. Ausländer in der Bundesrepublik. Berlin.

KB/Gruppe Hamburg (1973): Westdeutsche Arbeiter – ausländische Arbeiter – eine Arbeiterklasse, in: Arbeiterkampf, Mai, Nr. 28, 17-19 und Juli, Nr. 30, 6-7.

Klee, Ernst (Hg.) (1971): Die Nigger Europas. Zur Lage der Gastarbeiter. Düsseldorf.

– (Hg.) (1972): Gastarbeiter. Analysen und Berichte. Frankfurt am Main.

Kleinschmidt, Harald (2002): Menschen in Bewegung. Inhalte und Ziele historischer Migrationsforschung. Göttingen.

Koreanische Frauengruppe BRD und Berlin West (o. J.): Dokumentation.

Koselleck, Reinhart (2000): Zeitschichten. Studien zur Historik. Frankfurt am Main.

Kosek, Brigitte (1999): Gegenrassismen. Konstruktionen, Interaktionen, Interventionen. Hamburg.

Kuhlen-Sauer, Antia/Kuhlen, Hans-Wilfried (Hg.) (1986): Italienische Familien in Frankfurt – Berichte und Geschichten über das Zusammenleben von Deutschen und Ausländern, in: Kuhlen Hans-Wilfried (Hg.): Ausländische Arbeiterfamilien in Hessen. Berichte über das Zusammenleben von Deutschen und Ausländern. Frankfurt am Main, 9-108.

Kundnani, Arun (2007): The End of Tolerance. Racism in 21st century Britain. London.

Kushner, Tony (2005): Racialization and „White European" Immigration in Britain, in: Murji, Karim/Solomos, John (eds.): Racialization. Studies in Theory and Practice. Oxford, 207-226.

Langguth, Heide (1973): Spontane Streiks und ausländische Arbeiter, in: express, 15. Septmeber, Nr. 9, 12.

Leuthardt, Beat (1994): Festung Europa. Asyl, Drogen, „organisierte Kriminalität": die „innere Sicherheit" der 80er und 90er Jahre und ihre Feindbilder. Zürich.

Linhart, Robert (1978): Eingespannt. Erzählungen aus dem innern des Motors. Berlin.

Link, Jürgen (1988): Wie funktioniert „Überdetermination"? Zu einem Grundbegriff Althussers, in: kultuRRevolution, Nr. 20, 57-61.

Lloyd, Catherine (1994): Universalism and Difference: The Crisis of Anti-Racism in the UK and France, in: Rattansi, Ali/Westwood, Sallie (eds.): Racism, Modernity and Identity on the Western Front. Cambridge, 222-243.

– (1998): Discourses of Antiracism in France. Aldershot.

Lotta Continua München (1973a): Diskussionspapier, in: Gruppe Arbeitersache (Hg.): Was wir brauchen müssen wir uns nehmen. Multinationale Betriebs- und Regionsarbeit der Gruppe Arbeitersache München. München, 153-161.

– (1973b): Zur Diskussion der Streikbewegung, in: Wir wollen alles, Nr. 10, 9-10.

– (1974): Arbeiterautonomie in Westdeutschland. Erlangen/Gaiganz.

Lucha Obrera (1973): Wir wollen 50 Pfennig für *alle*! In: Wir wollen alles, Nr. 6, 16-17.

– (1974a): Gegen die Spaltung! Multinationale 1. Mai-Veranstaltung in Essen, in: Wir wollen alles, Nr. 16, 9.

– (1974b): Der Kampf um das Kindergeld, in: Wir wollen alles, Nr. 23, 3.

Maihofer, Andrea (1995): Geschlecht als Existenzweise. Frankfurt am Main.

Marx, Karl (1978) [1852]: Der 18te Brumaire des Louis Bonaparte, in: MEW, Band 8, 115-207.

– (1989) [1847]: Das Elend der Philosophie. Antwort auf Proudhons „Philosophie des Elends", in: Marx, Karl/Engels, Friedrich: Ausgewählte Werke in 6 Bänden, Bd. 1, 279-312.

Marx, Karl/Engels, Friedrich (1990) [1846]: Die deutsche Ideologie. Kritik der neuesten deutschen Philosophie in ihren Repräsentanten Feuerbach, B. Bauer und Stirner und des deutschen Sozialismus in seinen verschiedenen Propheten", in: MEW, Band 3, 9-77.

– (1999) [1848]: Das Kommunistische Manifest. Hamburg

Massey, Douglas (1990): Social structure, household strategies, and the cumulative causation of migration, in: Population Index 56: 3-26.

Massey, Douglas et al. (1993): Theories of International Migration. A Review and Appraisal, in: Population and Development Review, Vol. 19, No. 3 (Sep.), 431-466.

Materialien zum Projektbereich „Ausländische Arbeiter" (1980): Kindergeld-Demonstration. Nr. 29, 53-55.

Mattes, Monika (1999): Zum Verhältnis von Migration und Geschlecht. Anwerbung und Beschäftigung von „Gastarbeiterinnen" in der Bundesrepublik 1960 bis 1973, in: Motte, Jan/Ohliger, Rainer/Oswald, Anne von (Hg.:): 50 Jahre Bundesrepublik, 50 Jahre Einwanderung. Frankfurt/New York, 285-309.

– (2005): „Gastarbeiterinnen in der Bundesrepublik. Anwerbepolitik, Migration und Geschlecht in den 50er bis 70er Jahren. Frankfurt am Main,

Matzouranis, Georg (1985): Man nennt uns Gastarbeiter. Frankfurt am Main.

Maurer, Monika (1972): Gastarbeiterstreik bei BMW, in: express, 25.Oktober, Nr. 155, 4-5.

McRobbie, Angela (1991): Feminism and Youth Culture. London.

Meillassoux, Claude (1980): Gegen eine Ethnologie der Arbeitsimmigration in Westeuropa, in: Blaschke, Jochen/Greussing, Kurt (Hg.): „Dritte Welt" in Europa. Probleme der Arbeitsimmigration. Frankfurt am Main, 53-59.

– (1989): Anthropologie der Sklaverei. Frankfurt am Main.

Meinhof, Ulrike Marie (1995) [1966]: Kuli oder Kollege. Gastarbeiter in Deutschland, in: Dies.: Deutschland Deutschland unter anderm. Aufsätze und Polemiken. Berlin.

Memmi, Albert (1987): Rassismus. Frankfurt am Main.

mestre Vives, laura (1998): Wer, wie über wen? – Eine Untersuchung über das Amt für multikulturelle Angelegenheiten. Pfaffenweiler.

Metall Komitee KB/Gruppe Hamburg (1974): Steueränderungsgesetz bringt u.a. schamlose Diskriminierung ausländischer Arbeiter, in: Arbeiterkampf, Nr. 47, Juli, 22.

Mezzadra, Sandro (2002): Das Recht auf Flucht, in: Bratić, Ljubomir (Hg.): Landschaften der Tat. Vermessung, Transformation und Ambivalenzen des Antirassismus in Europa. St. Pölten, 101-110.

– (2004a): Nach dem Kolonialismus. Migration, Bürgerrechte, Globalisierung, in: Atzert, Thomas/Müller, Jost (Hg.): Immaterielle Arbeit und imperiale Souveränität. Münster.

– (2004b): The Borders of Citizenship. Vortragsmanuskript für: Roman and Italian Political Cultures and Contemporary Debates. Vakava Doctoral Course at Villa Lante. Rom, 25.-28. Oktober.

– (2005a): Conflicts, Law, and Constitutionalism. Vortragsmanuskript für die Konferenz am Maison de Science de L'Homme, Paris, 16.–18. Februar.

– (2005b): Kapitalismus, Migrationen, Soziale Kämpfe. Vorbemerkungen zu einer Theorie der Autonomie der Migration, in: Pieper, Marianne/Atzert, Thomas/Karakayalı, Serhat/Tsianos, Vassilis (Hg.): Empire und die biopolitische Wende. Frankfurt am Main/New York, 179-194.

Mezzadra, Sandro/Neilson, Brett (2003): Die Einforderung der Zukunft. Migration, Kontrollregime und soziale Praxis: Ein Gespräch, in: Subtropen, Supplement der Jungle World, Nr. 7, Juli.

Mezzadra, Sandro/Rahola, Federico (2004): Der postkoloniale Zustand. Warum auch in der „Post"-Zeit die Vergangenheit präsent bleibt, in: iz3w, Nr. 278/79, 48-51.

Miles, Robert (1991): Rassismus. Einführung in die Geschichte und Praxis eines Begriffs. Hamburg.

Miguele, Paulino José (2005): Mosambikanische und angolanische Vertragsarbeiter in der DDR, In: Kölnischer Kunstverein et al. (Hg.): Projekt Migration. Köln: Dumont, 816-818.

Morgenstern, Christine (2002): Rassismus – Konturen einer Ideologie. Einwanderung im politischen Diskurs der Bundesrepublik Deutschland. Hamburg.

Morokvašić, Mirjana (1987): Jugoslawische Frauen. Die Emigration – und danach. Basel/Frankfurt am Main.

Morice, Alain (2004): Die neuen Grenzen des Asyls, in: Le Monde Diplomatique vom 12.03.2004.

Motte, Jan/Ohliger, Rainer (Hg.) (2004): Geschichte und Gedächtnis in der Einwanderungsgesellschaft. Migration zwischen historischer Rekonstruktion und Erinnerungspolitik. Essen.

Motte, Jan/Ohliger, Rainer/Oswald, Anne von (Hg.) (1999): 50 Jahre Bundesrepublik – 50 Jahre Einwanderung. Nachkriegsgeschichte als Migrationsgeschichte. Frankfurt am Main/New York.

Moulier Boutang, Yann (1993): Interview mit Yann Moulier Boutang, in: Strategien der Unterwerfung – Strategien der Befreiung. Materialien für einen neuen Antiimperialismus Nr. 5, 29-56.

– (1997): Papiere für alle. Frankreich, die Europäische und Union und die Migration, in: Die Beute, Nr.13, 50-63.

– (1998): De l'esclavage au salariat: Économie historique du salariat bridé. Paris.

– (2002a): Nicht länger Reservearmee. Thesen zur Autonomie der Migration und zum notwendigen Ende des Regimes der Arbeitsmigration, in: Subtropen, Monatliches Supplement der Jungle World, Nr. 12, April.

– (2002b): Die Farben der Geschichte. Von der Erfindung der weißen Rasse zur Erfindung des weißen Multikulturalismus, in: Subtropen, Monatliches Supplement der Jungle World, Nr. 15, Juli.

– (2003): The Art of Flight: An Interview. Yann Moulier Boutang with Stany Grelet, in: http://slash.autonomedia.org/article.pl?sid=03/02/07/1350202.

– (2005): Europa, Autonomie der Migration, Biopolitik, in: Pieper, Marianne/Atzert, Thomas/Karakayalı, Serhat/Tsianos, Vassilis (Hg.): Empire und die biopolitische Wende. Frankfurt am Main/New York, 169-178.

Müller, Jost (1992): Rassismus und die Fallstricke des gewöhnlichen Antirassismus, in: Redaktion Diskus (Hg.): Die freundliche Zivilgesellschaft. Berlin, 25-44.

– (1994): Rechtes Denken und linke Intellektuelle, in: Wohlfahrtsausschüsse (Hg.): Etwas Besseres als die Nation. Berlin, 115-128.

– (1995): Mythen der Rechten. Nation, Ethnie, Kultur. Berlin.

– (1998): Vorwort, in: Allen, Theodore W.: Die Erfindung der weißen Rasse. Rassistische Unterdrückung und soziale Kontrolle. Berlin, 7-24.

– (2002a): An den Grenzen kritischer Rassismustheorie. Einige Anmerkungen zu Diskurs, Alltag und Ideologie, in: Demirović, Alex/Bojadžijev, Manuela (Hg.): Konjunkturen des Rassismus. Münster, 226-245.

– (2002b): Vom Unglück der Integration. Thesen zur aktuellen Veränderung des Migrationsregimes, in: Subtropen, Monatliches Supplement der Jungle World, Nr. 15, Juli.

– (2003): Theorie und Kritik der Ideologie. Vom Spätkapitalismus zur Postmoderne, in: Demirović, Alex (Hg.): Modelle kritischer Gesellschaftstheorie. Traditionen und Perspektiven der Kritischen Theorie. Stuttgart, 290-311.

Müller, Michael (1973): Streik Pierburg, Neuss, in: express, 15. September, Nr. 9, 3-4.

Multinationales Komitee München (1974): „Heute nehmen sie unser Kindergeld – wenn wir keinen Widerstand leisten, nehmen sie uns morgen andere Rechte", in: Wir wollen alles, Nr. 22, 8-9.

Multinationales Komitee von Lippstadt (1973): Der Streik ist beendet, der Kampf geht weiter, in: Wir wollen alles, Nr. 9, 14.

Münz, Rainer (2001): Deutschland wird Einwanderungsland – Rückblick und Ausblick, in: Schriftenreihe des Bundesamtes für die Anerkennung ausländischer Flüchtlinge, Band 8, Nürnberg, 173-214.

N.N. (1973a): Streik bei Pierburg/Neuss. „Heute ist unser Tag, wir müssen feiern und tanzen", in: Wir wollen alles, Nr.7/8, 6.

N.N. (1973b): Nur mit den Ausländern. Die Multinationale Perspektive, in: Wir wollen alles, Nr. 5, 6-8.

N.N. (1974): Frauen in der Offensive. Lohn für die Hausarbeit oder: Auch Berufstätigkeit macht nicht frei. München.

N.N. (1982): Die Segmentation der Arbeitsmärkte und die Zunahme prekärer Arbeit, in: Autonomie. Materialien gegen die Fabrikgesellschaft. Neue Folge, Heft 11, 20-39.

Negri, Antonio (1991): Marx beyond Marx. New York.

– (1996): Notes on the Evolution of the Thought of the Later Althusser, in: Callari & Ruccio (eds.): Postmodern Materialism and the Future of Marxist Theory. Essays in the Althusserian Tradition. Hanover 51-68. Zitiert nach der deutschen Übersetzung in: http://www.episteme.de/htmls/Negri.html.

– (2003a): Krieg ist eine biopolitische Maschine. Toni Negri über die Grundlage der Politik im Empire und die Fluchtlinien der Multitude, in: Subtropen, Monatliches Supplement der Jungle World, Nr. 23, März.

– (2003b): Empire und die konstituierende Macht der Multitude. Interview mit Thomas Atzert und Jost Müller, in: Atzert, Thomas/Müller, Jost (Hg.): Kritik der Weltordnung. Globalisierung, Imperialismus, Empire. Berlin.

Neusüß, Christel/Teschner, Eckart (1973): Verschärfte Ausbeutung und spontane Streiks, in: express, 20.Oktober, Nr. 10, 5.

Noiriel, Gérard (1994): Die Tyrannei des Nationalen. Sozialgeschichte des Asylrechts in Europa. Lüneburg.

Oberpennig, Hannelore (1999): Das „Modell Espelkamp". Zur Geschichte der sozialen und kulturellen Eingliederung von Flüchtlingen, Vertriebenen und Aussiedlern, in:

Motte, Jan/Ohliger, Rainer/von Oswald, Anne (Hg.): 50 Jahre Bundesrepublik – 50 Jahre Einwanderung. Nachkriegsgeschichte als Migrationsgeschichte. Frankfurt am Main, 31-55.

Østbø Haugen, Heidi/Carling, Jørgen (2005): On the edge of the Chinese diaspora: The surge of baihuo business in an African city, in: Ethnic and Racial Studies, Vol. 28 No. 4, July, 639-662.

Omi, Michael/Winant, Howard (1994): Racial Formation in the United States. From the 1960s to the 1990s. New York/London. Second Edition.

Opel-Kollegen (Hg.) (1975): Opel-Bochum 1972–1975. Eine Belegschaft sammelt Erfahrungen! Broschüre. Opel-Querenburg.

Oswald, Anne von/Schmidt, Barbara (1999): „Nach Schichtende sind sie immer in die Lager zurückgekehrt ..." Leben in „Gastarbeiter"-Unterkünften in den sechziger und siebziger Jahren, in: Motte, Jan/Ohliger, Rainer/von Oswald, Anne (Hg.): 50 Jahre Bundesrepublik – 50 Jahre Einwanderung. Nachkriegsgeschichte als Migrationsgeschichte. Frankfurt am Main, 184-214.

Özcan, Ertekin (1989): Türkische Immigrantenorganisationen in der Bundesrepublik Deutschland. Berlin (West).

Özdamar, Emine Sevgi (1998): Die Brücke vom goldenen Horn. Köln.

Pagenstecher, Cord (1994): Ausländerpolitik und Immigrantenidentität. Zur Geschichte der „Gastarbeit" in der Bundesrepublik. Berlin.

Panzieri, Raniero (1972): Sozialistischer Gebrauch des Arbeiterfragebogens (1965): In: Claudio Pozzoli (Hg.), Spätkapitalismus und Klassenkampf. Eine Auswahl aus den Quarderni Rossi, Frankfurt am Main, 105-113.

Patterson, Orlando (1982): Slavery and Social Death. A Comparative Study. Cambridge/Massachusetts/London.

Pauli, Helmut (1971): Menschenhändler, in: Klee, Ernst (Hg.): Die Nigger Europas. Zur Lage der Gastarbeiter. Düsseldorf, 80-83.

Pazarkaya, Yüksel (1983): Spuren des Brots. Zur Lage der ausländischen Arbeiter. Zürich.

Pêcheux, Michel (1982) [1972]: Language, Semantics and Ideology. Stating the Obvious. London/Basingstoke.

– (1984a): zu rebellieren und zu denken wagen! ideologien, widerstände, klassenkampf. Teil 1, in: kultuRRevolution. zeitschrift für angewandte diskurstheorie, Heft 5, Februar, 61-65.

– (1984b): zu rebellieren und zu denken wagen! ideologien, widerstände, klassenkampf. Teil 2, in: kultuRRevolution. zeitschrift für angewandte diskurstheorie, Heft 6, Juni, 63-66.

– (1988): Sind die Massen ein beseeltes Objekt? In: kultuRRevolution. zeitschrift für angewandte diskurstheorie, Nr. 17/18, Mai, 7-12.

Phizacklea, Anne (1984): A Sociology of Migration or „Race Relations"? A View from Britain, in. Current Sociology, 32, Vol. 3, 199-218.

Pieper, Tobias (2004): Das dezentrale Lagersystem für Flüchtlinge. Scharnier zwischen regulären und irregulären Arbeitsmarktsegmenten, in: Prokla, Nr. 136, September.

Pierburg-Autorenkollektiv (1974): Pierburg-Neuss: „Deutsche und ausländische Arbeiter – ein Gegner – ein Kampf". O.O.

Portes, Alejandro (1994/95): America 2050: Immigration and the Hourglass, in: Crosscurrents, Winter & Spring 1994-95, Volume II, Numbers 1 & 2.

Poulantzas, Nicos (2002) [1978]: Staatstheorie. Politischer Überbau, Ideologie, autoritärer Etatismus. Hamburg.

Proletarische Front (1971): Programmatische Erklärung der Proletarischen Front, in: N.N.: Die Partei aufbauen. Berlin, 147-169.

– (1973): Die wilde Sau macht wilden Streik. Zum Streik bei Mannesmann, in: Wir wollen alles, Nr. 3, S. 9.

Projekt Ideologietheorie (1986): Theorien über Ideologie. Argument-Sonderband 40. Berlin.

Pühretmayer, Hans (2002): Antirassismus als emanzipatorisches Projekt und die Probleme antirassistischer Praktiken in Wien, in: Demirović, Alex/Bojadžijev, Manuela (Hg.): Konjunkturen des Rassismus. Münster, 290-311.

Räthzel, Nora (1997): Gegenbilder. Nationale Identität durch Konstruktion des Anderen. Opladen.

Ranciere, Jacques (1994): Die Namen der Geschichte. Frankfurt am Main.

Redaktionskollektiv „express" (1974): Spontane Streiks 1973. Krise der Gewerkschaftspolitik. Offenbach.

Revolutionärer Kampf (1973): Streikdiskussion in Essen, in: Wir wollen alles, Nr. 9, 13.

– (1974): Arbeiterautonomie!? In: Wir wollen alles, Nr. 18, 5.

Rigo, Enrica (2005): Citizenship at Europe's Borders: Some Reflections on the Postcolonial Condition of Europe in the Context of EU Enlargement, in: Citizenship Studies, IX, 1, 3-22.

Rieland, Wolfgang (1970): Fiat-Streiks. Massenkampf und Organisationsfrage. München.

Ritsstieg, Helmut (1974): Gesellschaftliche und politische Perspektiven des Ausländerrechts, in: Ansay, Tuğrul/Gessner, Volkmar (Hg.): Gastarbeiter in Gesellschaft und Recht. München, 56-79.

Roediger, David R. (1994): Towards the Abolition of Whiteness. London/New York.

– (1999): The Wages of Whiteness. Race and the Making of the American Working Class. Revised Edition. London/New York.

Röttger, Herbert (1976): Thesen zur Arbeitslosigkeit – Exkurs zur Ausländercommunity, in: Autonomie. Materialien zur Fabrikgesellschaft, Heft 2, 13-23.

Rommelsbacher, Birgit (1995): Dominanzkultur. Texte zu Fremdheit und Macht. Berlin.

Ronneberger, Klaus/Tsianos, Vassilis (2001): Abschied von der postmodernen Kulturgesellschaft. Nachlese zur „Leitkultur"-Debatte, in: Texte zur Kunst, Heft 41, 93-98.

Roth, Karl-Heinz (1974): Die „andere" Arbeiterbewegung und die Entwicklung der kapitalistischen Repression von 1880 bis zur Gegenwart. Ein Beitrag zum Neuverständnis der Klassengeschichte in Deutschland. Mit ausführlicher Dokumentation zur Aufstandsbekämpfung, Werkschutz u.a. München.

Saint-Saëns, Isabelle (2005): Des camps en Europe aux camps de l'Europe, in: Multitude, Nr. 19, Hiver, 61-72.

Samp, Kurt (1976): Kein Arbeitslosengeld für Ausländer, in: express, Nr. 3, 5.

– (1977): Politik der Familientrennung. Rückkehrzwang durch die Hintertür, in: express, Nr. 2, 11.

– (1978a): Arbeitslosigkeit und ausländische Arbeiter, in: express, Nr. 1, 9.

– (1978b): Weniger Rechte für Ausländer. Schubladenentwürfe des Bundesministeriums, in: express, Nr. 12, 4.

Sanz Díaz, Carlos (2004): „Clandestinos", „Ilegales", „Espontáneos". La emigración ilegal de españoles a Alemania en el contexto de las relaciones hispano-alemanas, 1960–1973. Madrid.

Sartre, Jean-Paul (1966): Vorwort, in: Fanon, Frantz: Die Verdammten dieser Erde. Frankfurt am Main, 7-27.

Sassen, Saskia (1988): The Mobility of Labor and Capital. A Study in International Investment and Labor Flow. Cambridge.

Sayad, Abdelmalek (2006): L'immigration ou les paradoxes de l'altérité. Band 1 (L'illusion du provisoire) und 2 (Les enfatns illègitimes). Paris.

Schmid, Bernhard (1998): No Justice, No peace. Im M.I.B. organisieren sich die jugendliche Migranten aus den Banlieues französischer Großstädte, in: Jungle World, 18. August 1998, Nr. 34.

– (2003): Neue Ausländergesetze in der Beratung, in: http://www.labournet.de/internationales/fr/alg03.html.

Schmidt-Soltau, Kai (2003): Die Unschuld vom deutschen Lande. Die koloniale Vergangenheit „vor Gericht", in: iz3w, Nr. 267, März, 14-17.

Schönwälder, Karen (2001): Einwanderung und ethnische Pluralität. Politische Entscheidungen und öffentliche Debatten in Großbritannien und der Bundesrepublik von den 1950er bis zu den 1970er Jahren. Essen.

– (2004): Why Germany's Guestworkers were largely Europeans: The selective principles of post-war Labour recruitment policy, in: Ethnic and Racial Studies, No. 2, Vol. 27, 248-265.

Schüle, Annegret (2002): Vertragsarbeiterinnen und -arbeiter in der DDR: „Gewährleistung des Prinzips der Gleichstellung und Nichtdiskriminierung", in: 1999. Zeitschrift für Sozialgeschichte des 20. und 21. Jahrhunderts 1, 80-100.

Schulz, Til (1971): Hausbesetzungen im Westend – eine Bürgerinitiative? In: Grossmann, Heinz (Hg.): Bürgerinitiativen. Schritte zur Veränderung? Frankfurt am Main, 138-151.

Seibert, Thomas (1996): Geschichtlichkeit, Nihilismus, Autonomie. Philosophie(n) der Existenz. Stuttgart.

– (2002): Untiefen des Materialismus, in: Fantômas, Nr. 2, Winter, Sonderausgabe zu ak – analyse & kritik, 46-49.

Seidel-Arpaci, Annette (2003): Kant in „Deutsch-Samoa“ und Gollwitz: „Hospitalität“ und Selbst-Positionierung in einem deutschen Kontext, in: Steyerl, Hito/Gutièrrez Rodríguez, Encarnación (Hg.): Spricht die Subalterne deutsch? Migration und postkoloniale Kritik. Münster, 195-212.

Senghor, Léopold S. (1967): Négritude und Humanismus. Düsseldorf/Köln.

Silverman, Maxim (1994): Rassismus und Nation. Einwanderung und Krise des Nationalstaats in Frankreich. Hamburg.

Simmel, Georg: (1992): Soziologie. Untersuchungen über die Formen der Vergesellschaftung. Frankfurt am Main.

Solomos, John (1987): Rasse, Klasse und Staat. Eine kritische Betrachtung der marxistischen Konzepte von Rasse und Rassismus in der englischen Debatte, in: Widerspruch Nr. 13, 59-74.

– (2003): Race and Racism in Britain. Third Edition. New York.

Sonnenberger, Barbara (2003): Nationale Migrationspolitik und regionale Erfahrung. Die Anfänge der Arbeitsmigration in Südhessen 1955–1967. Darmstadt.

Spanisches Zentrum Essen (1975): Spanien ist anders. München.

Stracke, Ernst (1980): Stadtzerstörung und Stadtteilkampf: Innerstädtische Umstrukturierungsprozesse, Wohnungsnot und soziale Bewegungen. Köln.

Tabili, Laura (1994): „We ask for British Justice“. Workers and Racial Difference in Late Imperial Britain. Cornell.

Taguieff, Pierre-André (2000): Die Macht des Vorurteils. Der Rassismus und sein Double. Hamburg.

Talpade Mohanty, Chandra (1988): Aus westlicher Sicht: feministische Theorie und koloniale Diskurse, in: beiträge zur feministischen theorie und praxis, Heft 23, 11 Jg., 149-162.

Terkessidis, Mark (1994): Die Geschichte zurückerobern, in: Wohlfahrtsausschüsse (Hg.): Etwas Besseres als die Nation. Berlin, 77-85.

– (2004): Die Banalität des Rassismus. Migranten zweiter Generation entwickeln eine neue Perspektive. Bielefeld.

Tévanian, Pierre (2001): Le Racisme Républicain. Réflexion sur le modèle français de discrimination. Paris.

Thränhardt, Dietrich (1984): Ausländer als Objekt deutscher Interessen und Ideologien, in: Griese, Hartmut M.(Hg.): Der gläserne Fremde. Bilanz und Kritik der Gastarbeiterforschung und der Ausländerpädagogik. Opladen.

Topaç, Fadime (1993): Der Nachzug von Frauen aus der Türkei, in: Berliner Geschichtswerkstatt e.V. (Hg.): „... da sind wir keine Ausländer mehr“. Eingewanderte ArbeiterInnen in Berlin 1961–1993. Berlin, 80-86.

TRANSIT MIGRATION Forschungsgruppe (2005b): Wo sind sie geblieben? In: Kölnischer Kunstverein et al. (Hg.): Projekt Migration, Köln: Dumont, 678-691.

– (2007): Turbulente Ränder. Neue Perspektiven auf Migration an den Grenzen Europas. Bielefeld: Transcript.

Treibel, Annette/Schöttes, Martina (1998): Frauen- Flucht – Migration. Wanderungsmotive von Frauen und Aufnahmensituationen in Deutschland, in: Pries, Ludger (Hg.): Transnationale Migration. Soziale Welt. Sonderband 12. Baden-Baden, 85-117.

Treichler, Andreas (1998): Arbeitsmigration und Gewerkschaften. Das Problem der sozialen Ungleichheit im internationalen Maßstab und die Rolle der Gewerkschaften bei der Regulation transnationaler Migrationen untersucht am Beispiel Deutschlands und der Arbeitsmigrationen aus der Türkei und Polen. Münster.

Tronti, Mario (1971): Extremismus und Reformismus. Berlin.

Tsianos, Vassilis (2000): In Hörweite des Marxismus, in: Texte zur Kunst, Jg. 10, Heft 40, 158-161.

– (2001): Quotierte Einmischung, in: iz3w, Nr. 253, Mai/Juni.

Uçar, Ali (1983): Illegale Beschäftigung und Ausländerpolitik. Berlin.

Vaneigem, Raoul (1995) [1963]: Basisbanalitäten II, in: Der Beginn einer Epoche. Texte der Situationisten. Hamburg, 122-148.

van der Linden, Marcel (2003): Transnational Labour History. Explorations. Aldershot.

Verlagskooperative Trikont (1970): Proletarischer Internationalismus und das Problem der Arbeitsemigration, in: Cinanni, Paolo (Hg.): Emigration und Imperialismus. München, 4-33.

Virdee, Satnam (1999): England: Racism, Anti-Racism and the Changing Position of Racialised Groups in Economic Relations, in: Dale, Gareth/Cole, Mike (eds.): The European Union and Migrant Labour. Oxford/NewYork, 69-90.

– (2002): Gewerkschaften und Antirassismus in England: Eine Replik auf Paul Gilroy und Ambalavaner Sivanandan, in: 1999. Zeitschrift für Sozialgeschichte des 20. und 21. Jahrhunderts, März, Heft 1, 153-186.

Virno, Paolo (1998): „Do You Remember Counterrevolution? Soziale Kämpfe und ihr Double“, in: Atzert, Thomas (Hg.): Umherschweifende Produzenten. Immaterielle Arbeit und Subversion, Berlin, 83-111.

– (2005): Die Grammatik der Multitude. Untersuchungen zu gegenwärtigen Lebensformen. Berlin.

Wallerstein, Immanuel (1986): Das moderne Weltsystem: kapitalistische Landswirtschaft und die Entstehung der europäischen Weltwirtschaft im 16. Jahrhundert. Frankfurt am Main.

– (1992): Haushaltsstrukturen und die Formierung der Arbeitskraft in der kapitalistischen Weltwirtschaft, in: Balibar, Etienne/Wallerstein, Immanuel: Rasse, Klasse, Nation. Ambivalente Identitäten. Hamburg, 131-138.

– (1997): Integration to What? In: Papers of the Fernand Braudel Center, http://fbc.binghamton.edu/iwinteg.htm; gekürzt und übersetzt in: Widerspruch, Nr. 37, 1999.

Weikart, Heinrich (1973): Streik für Teuerungszulage bei John Deere Mannheim, in: express, 20.Juni, Nr. 6/7, 6.

Werkkreis Literatur der Arbeitswelt (1974): Dieser Betrieb wird bestreikt. Frankfurt am Main.

– (1981): Sehnsucht im Koffer. Frankfurt am Main.

William, Raymond. H. (1958): Culture and Society, 1780–1950. London/New York.

– (1974): Television: Technology and Cultural Form. London.

– (1975): Keywords: A Vocabulary of Culture and Society. London.

– (1981): Culture. London: Fontana.

Wilpert, Czarina (2003): Racism, Discrimination, Citizenship and the Need for Anti-Discrimination Legislation in Germany, in: Layton-Henry, Zig/Wilpert, Czarina (2003): Challenging Racism in Britain and Germany. Hampshire/New York, 245-269.

Wright, Steve (2002): Storming Heaven. Class composition and struggle in Italian Autonomist Marxism. London.

Yano, Hisashi (1998): „Wir sind benötigt, aber nicht erwünscht". Zur Geschichte der ausländischen Arbeitnehmer in der Frühphase der Bundesrepublik, in: Aytaç Eryılmaz/Jamin, Mathilde (Hg.): Fremde Heimat. Eine Geschichte aus der Türkei. Essen, S. 39-55.

Zaimoğlu, Feridun (1995): Kanak Sprak. Hamburg.

Zeuske, Michael (2002): Sklavereien, Emanzipationen und atlantische Weltgeschichte. Essays über Mikrogeschichten, Sklaven, Globalisierungen und Rassismus. Leipzig.

Videos und Filme

Diese Arbeitsniederlegung war nicht geplant. (Thomas Giefert/Karl Baumgartner. BRD 1983. 45 Min.)

Douce France. La saga du mouvement beur. (Agence IM'média/Migrant Media. Frankreich/GB 1993. 120 Min.)

LPs

Gruppe Arbeitersache – Wir befreien uns selbst.

Essen Grugahalle 27. November 1976 – Leben. Kämpfen. Solidarisieren.

WESTFÄLISCHES DAMPFBOOT
Nevinghoff 14 · 48147 Münster · Tel. 0251 384400 20 · Fax 0251 384400 19
E-Mail: info@dampfboot-verlag.de · https://www.dampfboot-verlag.de

Information nach der Verordnung zur allgemeinen Produktsicherheit GPSR
Dieses Buch hat weder Beigaben noch ergänzende Funktionen und daher keine Bestandteile oder Eigenschaften, die ein mögliches Risiko für die Gesundheit von Verbraucher:innen (Artikel 9 Absatz 7 Satz 2 der Verordnung) darstellen können.